KB014538

언더백 기업을 위한 완벽한 가이드북

언더백 경영인 필수 도서

지금 바로 시작하는 경영 수업

언더백 경영의 모든 것

전문 컨설턴트 추천 도서

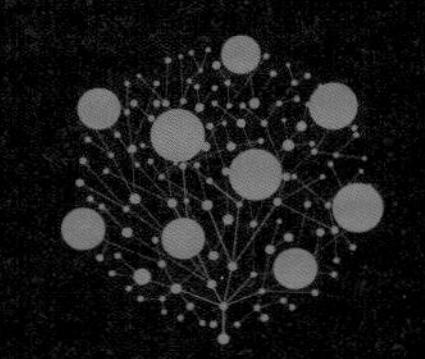

우리는
언더백 기업 경영자의
열정, 헌신 그리고
불안이라는 동력이
세상을 바꾸는
원천임을 알기에
치열한 비즈니스 현장에서
생존하고 성장하는
얼라이언스(Alliance)가
되길 간절히 바랍니다.

BUSINESS
CONCIERGE

머릿말

언더백 기업의 비즈니스 문제 해결사, 비즈니스 컨시어지
'어떻게'가 아닌 '누구', '방법'이 아닌 '사람'이 중요

요즘 경영 환경이 얼마나 복잡해졌는지 느끼고 계시나요? 과거의 방법으로는 새로운 도전을 헤쳐 나가기 어려워졌습니다. 이러한 시기에 우리는 '비즈니스 컨시어지'라는 혁신적 개념에 주목할 때입니다!

지난 10년 간 1,000여 개 기업을 컨설팅하고 멘토링하면서 깨달은 점이 있습니다. 많은 기업, 특히 작은 기업일수록 스스로 해결책을 알고 있지만, 실행에 옮길 적임자를 찾지 못하는 경우가 많았습니다. 코끼리를 냉장고에 넣는 방법을 아는 것보다 실제로 실행할 수 있는 사람을 아는 것이 문제 해결의 핵심입니다.

여기서 비즈니스 컨시어지의 개념이 빛을 발합니다. 비즈니스 컨시어지는 여러분이 직면한 도전과제를 함께 고민하고, 최적의 해결사를 찾아 연결해줍니다. 단순히 해결책을 제시하는 데 그치지 않고, 실행할 수 있는 적임자를 소개하는 것이 비즈니스 컨시어지의 진가입니다.

이 책은 특히 언더백(직원 수 100인 이하) 기업을 위해 쓰여졌습니다. 비즈니스 컨시어지는 언더백 기업에게 마치 대기업의 경영지원팀과 같은 역할을 수행하며, 다방면의 전문성을 바탕으로 기업 성장에 필요한 촉매제 역할을 톡톡히 해냅니다.

이제부터 여러분도 눈여겨보세요. '이 문제를 가장 잘 해결할 수 있는 사람은 누구일까?' 바로 이 질문 말이에요. 앞으로 펼쳐질 비즈니스 컨시어지와의 여정을 통해, 기업에 새로운 활력을 불어넣을 수 있는 방법을 함께 모색해 나가겠습니다. 책을 덮을 때쯤이면, 여러분도 비즈니스 컨시어지야말로 기업 성장의 숨겨진 열쇠임을 깨닫게 될 것입니다.

자, 그럼 비즈니스 컨시어지와 함께 설레는 항해를 시작해볼까요? 이 여정이 여러분에게 새로운 영감과 통찰을 선사하기를 진심으로 기원합니다.

13인 저자를 대표하여 이제희 올림

목차

PART 01 비즈니스 컨시어지

PART 02 리스크관리

PART 03 성장전략

PART 04 제도정비

PART 05 자금전략

PART 06 인증 및 특허

PART 07 노무

PART 08 출구전략

PART 09 세무

PART 10 CEO 라이프플랜

PART 11 CEO 리더십 & Life Balance

PART 12 인적자원관리와 개발

PART 13 리더의 조직문화 & Culture Engine

PART

비즈니스 컨시어지

저자의 핵심 메시지

"비즈니스 컨시어지는 기업에 꼭 필요한 맞춤형 솔루션을 제공하는 전문가입니다.
다양한 고객사의 요구에 부응하고, 기업 성장과 성공을 위해 광범위한 서비스를
지원하는 것이 비즈니스 컨시어지가 수행하는 핵심 역할입니다."

_ 이제희

1 비즈니스 컨시어지, 기업 성장을 위한 파트너

호텔에 투숙하면서 컨시어지 서비스를 받아본 적 있나요? 어려운 예약부터 맞춤형 추천까지, 컨시어지는 손님에 꼭 맞는 서비스를 제공하기 위해 최선을 다합니다. 이런 컨시어지 서비스의 개념이 이제 비즈니스 세계에도 도입되었습니다. 바로 '비즈니스 컨시어지'라는 이름으로 말이죠!

비즈니스 컨시어지는 기업에 꼭 필요한 맞춤형 솔루션을 제공하는 전문가입니다. 마치 호텔 컨시어지가 손님 한 명 한 명에 집중하듯, 비즈니스 컨시어지는 오직 여러분 회사에 초점을 맞춥니다. 단순한 서비스 제공을 넘어, 여러분의 비즈니스와 함께 성장하는 동반자가 되고 있습니다.

특히 중소기업이나 스타트업에게 비즈니스 컨시어지는 더욱 중요한 역할을 합니다. 제한된 자원으로 인해 다양한 분야의 전문성을 확보하기 어려운 상황에서, 비즈니스 컨시어지가 힘이 되어줄 수 있습니다.

이들이 제공하는 서비스는 매우 다양합니다. 일상적인 업무 지원부터 전략 기획, 전문가 매칭까지 광범위한 서비스를 제공하며, 각 분야 전문가들과 협력할 수 있는 네트워킹의 장을 열어줍니다. 성장 과정에서 맞닥뜨리는 난관을 극복하고 목표를 달성하는 단계에 비즈니스 컨시어지는 필수적인 파트너입니다. 기업의 성공을 위해 여러 가지 리소스와 전문 지식을 활용하여 최적의 솔루션을 제공합니다.

이제 조금 와 닿으시나요? 비즈니스 컨시어지는 사업의 든든한 조력자이자 길라잡이 같은 존재입니다. 이 책을 통해 전문가들과 함께 여정을 걷다 보면, 컨시어지가 기업의 성공을 위해 어떤 힘을 보태줄 수 있을지 실감할 수 있을 것입니다. 새로운 비즈니스 파트너, 비즈니스 컨시어지와의 만남을 기대해주세요.

01 비즈니스 컨시어지의 정의와 역사

비즈니스 컨시어지는 단순히 업무를 돕는 차원을 넘어, 기업 경영에서 핵심적인 역할을 수행합니다. 이 개념은 전통적인 호텔 컨시어지 서비스에서 출발했지만, 기업의 맥락에 맞게 진화했습니다. 고객인 기업의 요구사항을 깊이 이해하고, 그에 꼭 맞는 맞춤형 서비스를 제공하는 것이 비즈니스 컨시어지의 본질입니다. 나아가 기업 경영을 최적화하고 성장을 가속화하는 데 주력합니다. 즉, 비즈니스 컨시어지는 '어떻게'보다는 '누구'에 방점을 찍는 서비스라 할 수 있습니다.

비즈니스 컨시어지는 기업의 각종 다양한 니즈에 맞춤화된 솔루션을 제공하는 전문 서비스입니다. 일상적인 사무 업무부터 전략적 비즈니스 자문, 네트워킹 기회 제공에 이르기까지 광범위한 영역을 아우르죠. 그 핵심은 기업의 경영자가 본연의 비즈니스에 집중할 수 있도록 모든 지원을 아끼지 않는다는 것입니다. 시간과 비용을 절감하고 효율성을 높이는 한편, 전문가 네트워크 연결 등 실질적인 도움을 제공함으로써 기업의 성장과 발전을 견인하는 것이 바로 비즈니스 컨시어지의 존재 이유입니다.

비즈니스 컨시어지의 뿌리는 호텔 컨시어지 서비스에서 비롯되었습니다. 호텔 컨시어지는 고객들에게 최상의 맞춤 서비스를 제공함으로써 잊지 못할 경험을 선사하는 것을 목표로 하죠. 이러한 컨시어지 정신이 비즈니스 영역으로 확장되면서, 비즈니스 컨시어지가 탄생하게 되었습니다. 21세기에 접어들면서 기술의 발전과 디지털 트랜스포메이션은 비즈니스 컨시어지의 범위와 품질을 향상시켰습니다. 클라우드 기반 플랫폼, 인공지능, 빅데이터 분석 등의 첨단 기술이 도입되면서 서비스의 질과 스펙트럼이 한 단계 더 업그레이드되었습니다. 이제 비즈니스 컨시어지는 단순히 서비스 영역을 넓히는 데 그치지 않고, 서비스의 효율성과 효과성을 극대화하는 데에도 일조하고 있습니다.

비즈니스 환경의 변화에 발맞춰, 비즈니스 컨시어지는 더욱 전문화되고 개인화된 서비스를 제공하기 위해 노력하고 있습니다. 기업이 직면한 도전과제를 해결하고, 새로운 기회를 모색하는 과정에서 점점 더 중요한 역할을 수행하고 있습니다. 비즈니스 컨시어지는 이제 기업 경영에 없어서는 안 될 존재로 자리잡았습니다. 시간이 흐를수록 서비스의 폭과 깊이는 더욱 진화하고, 기업 성공의 핵심 동력으로 자리매김하고 있습니다. 비즈니스 컨시어지는 기업이 목표 달성을 위해 필요한 '누구'를 찾아주는 해결사 또는 동반자 같은 존재라고 할 수 있습니다.

02 고객과 서비스 범위

비즈니스 컨시어지의 성패는 고객인 기업의 니즈를 정확히 짚어내고, 그에 부합하는 맞춤형 서비스를 제공하는 데 달려 있습니다. 우리는 문제 해결의 '방법(How)'보다는 그 문제를 해결할 '사람(Who)'에 주목해야 합니다. 이런 관점에서 비즈니스 컨시어지는 각양각색의 기업 고객들의 요구사항에 귀 기울이고, 그들의 업무 효율성 제고부터 전략적 성장 지원에 이르는 광범위한 서비스를 제공해야 합니다.

비즈니스 컨시어지의 주요 고객층은 스타트업부터 언더백 기업에 이르기까지 다양합니다. 각 고객사는 저마다 독특한 요구사항과 목표를 가지고 있기에, 이에 맞춘 서비스 커스터마이징이 필수적이죠. 가령 스타트업은 사업 확장과 네트워킹 기회 창출에 초점을 맞출 수 있고, 중소기업은 운영 효율화와 비용 절감에 더 신경을 쓸 수 있습니다. 비즈니스 컨시어지는 이렇듯 다양한 니즈를 파악하고, 각 고객사에 가장 적합한 서비스를 제공하여 그 가치를 극대화합니다. 다만 대기업은 자체적인 경영지원팀을 갖추고 있어 컨시어지 서비스가 커버할 영역이 상대적으로 적습니다. 따라서 비즈니스 컨시어지의 주 타깃은 언더백 기업으로 한정하는 것이 효과적입니다.

비즈니스 컨시어지의 스펙트럼은 매우 넓습니다. 단순 업무 지원부터 복잡한 전략 수립에 이르기까지 다양한 영역을 포괄하죠. 주요 서비스 범위를 살펴보면 다음과 같습니다.

❶ **일상적인 업무 지원 :** 일정 관리, 문서 작성, 회의 준비 등 일상적인 업무를 대행함으로써 고객사가 핵심 비즈니스에 전념할 수 있도록 서포트합니다.

❷ **전문가 네트워킹 :** 특정 분야 전문가들과의 네트워킹 기회를 제공하여, 고객사의 사업 확장을 도와줍니다.

❸ **전략적 비즈니스 자문 :** 시장 분석, 비즈니스 전략 수립, 경쟁사 분석 등 전략적인 인사이트를 제공함으로써 고객사의 장기적 성공을 뒷받침합니다.

❹ **프로젝트 관리 :** 특정 프로젝트의 기획부터 실행, 모니터링까지 전 과정을 관리하여 프로젝트의 성공적 완수를 지원합니다.

자, 그렇다면 비즈니스 컨시어지의 사례를 살펴볼까요? 현재 운영하고 있는 비즈니스 컨시어지형 사업 사례를 소개하고자 합니다. 2024년 1월 사업을 시작하기 전에 여러 기업에서 16년간 CFO로 근무한 경험이 있습니다. CFO로 일하면서 CHRO와 COO 업무를 병행하는 경우가 많았기에 최고재무책임자 이상의 업무를 겸하기도 했습니다. 7년 간 여러 회사와 업종에서 일하다보니 정말 다양한 비즈니스 네트워크가 생겨났고, 그 때 만나서 협업했던 500명 이상의 인사들을 모두 데이터베이스화해서 관리해왔습니다. 사업을 시작하기 몇 년 전부터 CEO 컨설팅과 코칭 의뢰가 있었습니다. 그러다가 직장을 그만두고 사업을 시작하니 여러 곳에서 CEO코칭과 자금조달 컨설팅 요청이 들어왔습니다. CEO컨설팅과 코칭을 진행하면서 많은 기업들이 경영 전반에 대한 컨설팅을 받았고, 그 과정에서 다양한 필요를 요청하기 시작했습니다.

실내놀이터와 골프사업을 운영하는 C기업의 창업자는 처음에는 실내놀이터 사업에 관한 컨설팅을 의뢰해서, 1년간 계약을 맺고 컨설팅을 시작했습니다. 30대의 젊은 창업가이었기에 경험이 많이 부족해서 사업타당성 분석, 투자비 관리, 인력관리, 인테리어 업체 섭외, 운영관리 등 사업 전반에 대해 코칭을 해드렸습니다. 실내놀이터 매장이 4개에서 7개 정도로 확대되면서, IT시스템에 대한 관리 효율성을 높이는 것이 중요해졌습니다.

그래서 직전 직장에서 함께 일했던 IT팀장을 섭외해서 온라인으로 2시간 정도 컨설팅을 진행했습니다. 그 외에도 신규 실내놀이터 매장이 거의 1,300평에 육박하는 대형 매장으로 추진되면서, 과거 실내놀이터 회사에서 함께 일했던 인테리어 팀장을 섭외하여 전체적인 컨셉을 잡는데 2박 3일 정도 도움을 드리기도 했습니다. 이 젊은 창업가는 처음에는 아버지와 함께 운영하고 있는 실내놀이터 사업을 컨설팅 받았으나, 3개월 정도 지나면서 골프사업도 런칭했습니다.

골프사업 런칭을 기획하는 과정에서 컨설팅을 진행하고 골프 사업에 전문성이 있는 국내 유명 골프회사의 대표이사를 초대하여 사업 컨셉을 찾는데 두 번 정도의 도움을 받도록 지원했습니다. 이렇게 한 명의 젊은 창업가를 돕는데 과거의 다양한 경험뿐만 아니라 알고 있는 여러 전문가 네트워크를 이용해 6개월 간 지원한 결과, 혼자라면 하기 어려웠던 많은 일을 잘 해결하고 사업도 순항하는 중입니다.

키즈 뮤지컬 사업을 하는 B기업의 창업자도 6개월간 CEO 컨설팅을 받으면서 투자유치부터 현금흐름 개선, 신규사업 포트폴리오 확장, 그리고 해외로의 사업 확장까지 도움을 받았습니다. 재무 지식을 바탕으로 재무컨설팅을 하면서, 투자유치 외 별도의 자금조달이 필요한 상황이었습니다. 투자 외 자금조달을 위해 협력하는 자금조달 전문가를 소개해 5억 원 정도의 자금조달을 진행하고 있습니다. 신규 사업 확장에 대한 컨설팅을 하고 베트남과 필리핀으로의 확장을 계획하고 있기에 베트남에서 실제로 활동 중인 협력 파트너를 소개했습니다. 아울러 해외사업 확장을 돕기 위해 국내에서 재무를 도우면서, 뉴욕 브루클린에 있는 브랜드 전문가와 협업하여 법인설립부터 홍보, 마케팅까지 지원하고 있습니다.

식자재 유통 플랫폼 사업을 하고 있는 D사의 경우에는, 투자 유치를 돕기 위해 CEO 컨설팅 계약을 맺었습니다. 그 이후 벤처캐피탈의 전문가를 연결하여 다양한 VC를 대상으로 IR(Investor Relations)을 진행했고, 투자 외 자금조달을 위해서 협업하고 있는 자금조달 전문가를 소개했습니다. 비록 투자유치는 안 되었지만, 자금조달 전문가를 통해 2개의 금융기관에서 총 30억 이상의 자금을 조달할 수 있었습니다.

이렇듯 27년간 쌓은 비즈니스 경험과 지식을 바탕으로 금융, 회계, 세무, 법무, IT는 물론 국내 굴지의 쇼핑몰 회사와 디자인 및 인테리어 회사, 글로벌 인적 네트워크 등 광범위한 전문가 네트워크를 통해 창업가의 성장과 발전을 위해 지원하고 있습니다.

블레싱파트너스 배길동 대표의 비즈니스 컨시어지 활용 사례

비즈니스 컨시어지는 고객사의 니즈에 딱 맞는 맞춤형 서비스를 제공하여 그 진가를 발휘합니다. 이를 위해 고객사와의 끊임없는 소통과 깊은 이해가 필요합니다. 비즈니스 모델, 목표, 당면 과제 등을 종합적으로 분석해야 비로소 최적의 서비스를 설계하고 제공할 수 있습니다.

요컨대, 비즈니스 컨시어지는 '방법'에만 국한되지 않고 '누가' 문제를 해결할 수 있는지에 대한 해답을 제시하는 서비스입니다. 다양한 고객사의 요구에 부응하고, 광범위한 서비스 제공을 통해 기업의 성장과 성공을 뒷받침하는 것이 바로 오늘날 비즈니스 컨시어지가 수행하는 핵심 역할입니다.

2 비즈니스 성공을 위한 외부 지원 서비스의 특징

비즈니스 성공을 위한 외부 지원 서비스는 다양한 형태로 존재합니다. 컨시어지, 컨설팅, 코칭 등 세 가지가 대표적이죠. 각 서비스는 고유한 접근 방식과 목적을 가지고 기업과 개인의 성장을 돕습니다. 자, 그럼 적합한 지원 서비스를 선택하기 위해 컨시어지와 컨설팅, 코칭의 차이점을 살펴볼까요?

[외부 지원 서비스의 특징]

특징	비즈니스 컨시어지	비즈니스 컨설팅	비즈니스 코칭
서비스 범위	일상적 업무 지원부터 전략적 비즈니스 조언까지 광범위한 서비스	특정 비즈니스 문제 해결을 위한 전문적인 분석 및 조언	개인 또는 팀의 성능 향상 및 목표 달성 지원
목적	업무의 효율성 향상 및 시간·비용 최적화	비즈니스 성장, 구조조정, 효율성 개선 등 특정 목표 달성	리더십 개발, 의사결정 능력 향상, 개인·팀 성과 증대
접근 방식	고객의 요구에 따른 맞춤형, 실행 중심의 서비스 제공	문제 분석 및 전문적인 솔루션 제공에 중점	개인 또는 팀과의 지속적인 상호작용을 통한 지도 및 멘토링
결과	즉각적이고 실용적인 해결책 및 지원	구체적인 문제 해결 및 전략적 개선안	장기적인 개인·조직 성장 및 변화

01 비즈니스 컨시어지와 컨설팅·코칭의 비교

(1) 비즈니스 컨시어지 : 실질적이고 포괄적인 서포트

비즈니스 컨시어지는 범위가 매우 광범위합니다. 일상적인 업무 지원부터 전략적 조언에 이르기까지 다양한 영역을 아우릅니다. 궁극적 목표는 고객사가 핵심 역량에 집중할 수 있도록 최적의 환경을 만들어 줍니다. 시간과 비용을 절감하고, 맞춤형 서비스를 통해 실질적이고 즉각적인 솔루션을 제공합니다. 다시 말해 비즈니스 컨시어지는 '누가' 문제를 해결할 것인지에 집중하고, 기업의 효율성과 생산성 극대화에 기여합니다.

(2) 비즈니스 컨설팅 : 전문적 분석과 처방

비즈니스 컨설팅은 특정 비즈니스 과제나 목표에 초점을 맞춥니다. 해당 분야 전문가들의 빈틈없는 분석과 인사이트를 바탕으로 구체적인 솔루션을 제시하죠. 가령 기업의 성장

전략, 조직 개편, 효율성 제고 등에 있어 최적의 처방을 내리는 것이 컨설턴트의 역할입니다. 이들은 문제의 본질을 철저히 분석하고, 전문적인 통찰력을 총동원해 전략적 개선안을 제시함으로써 기업에 장기적이고 실질적인 가치를 선사합니다.

(3) 비즈니스 코칭 : 개인과 조직의 잠재력 개화

비즈니스 코칭은 개인이나 팀의 역량을 끌어올리는 데 방점을 찍습니다. 리더십 개발, 의사결정 역량 강화, 개인 및 팀 퍼포먼스 극대화 등이 주된 포커스죠. 코칭은 고객과의 지속적인 상호작용을 통해 이뤄집니다. 일종의 멘토링과 개인 트레이닝을 통해 개인과 조직의 장기적인 변화와 성장을 촉진합니다. '무엇이' 변화를 이끌어 낼 수 있을지에 대한 질문을 던지고, 개인과 팀이 잠재력을 마음껏 발휘할 수 있도록 이끄는 게 코치의 역할입니다.

02 비즈니스 컨시어지와 컨설팅·코칭의 관계

비즈니스 컨시어지, 컨설팅, 코칭은 각기 다른 접근법과 목표를 가지고 기업과 개인의 성공을 지원합니다. 이 서비스들을 통해 기업은 일상적 업무의 효율성을 높이고, 복잡한 문제를 해결하며, 개인과 팀의 성장을 도모할 수 있죠. 또한 이들은 기업과 개인이 목표 달성에 필요한 적임자(Who)를 찾는 데 중요한 나침반 역할을 합니다. 어떤 서비스를 선택할지는 전적으로 기업의 현재 상황과 장기적 비전에 달려 있습니다.

비즈니스 컨시어지는 컨설팅과 코칭의 경계를 넘어서며 독특한 입지를 구축하고 있습니다. 이 세 가지 서비스는 공통적으로 기업과 개인의 성장 및 효율성 제고라는 대의를 추구하지만, 접근 방식과 제공 서비스의 성격에서 분명한 차이를 보입니다. 컨시어지와 코칭은 개인 맞춤형 지원을 제공한다는 점에서 유사성이 있습니다. 코칭은 개인 또는 팀의 성과 향상, 리더십 강화, 목표 달성을 위한 지속적인 멘토링과 트레이닝에 주력하는 반면, 컨시어지 서비스는 고객사의 일상적 업무와 전략적 요구사항 충족에 필요한 광범위한 서비스를 제공하죠. 특히 개인의 업무 효율성을 높이고 시간 및 비용 절감에 기여하는 데 초점을 맞춥니다. 반면, 컨설팅은 구체적인 비즈니스 문제 해결이나 목표 달성에 필요한 전문적 분석과 조언 제공에 특화되어 있습니다. 컨시어지나 코칭 서비스에 비해 비즈니스 이슈와 전략적 도전 과제에 보다 구체적인 처방을 제시합니다. 따라서, 비즈니스 컨시어지는 컨설팅과 코칭의 장점을 결합한 형태라고 할 수 있습니다. 전문적인 조언과 개인화된 지원 사이에서 균형을 유지하며, 고객사의 요구에 유연하게 대응하는 면이 강점입니다. 또한 실무적 업무 지원과 효율성 제고를 통해 상황에 맞는 최적화된 솔루션을 제공함으로써, 코칭보다 즉각적인 성과를 도출하는 장점이 있습니다.

비즈니스 컨시어지의 핵심 역할

비즈니스 컨시어지는 고객사의 역사부터 경영 전반에 대한 깊은 이해를 바탕으로, 전문적 조언을 제공하기 위해 준비된 방대한 전문가 네트워크를 보유하고 있습니다. 아래 이미지는 비즈니스 컨시어지가 다룰 수 있는 경영 전반의 이슈들을 한눈에 보여줍니다.

[비즈니스 컨시어지 업무 영역 다이어그램]

리마커블	고객경험 관리	디자인씽킹	재무제표	신용도	정책자금 활용	법인전환 (설립)	정관	지배구조
브랜드 콜라보레이션	성장전략	마케팅	정책 자금구조	자금 전략	정책자금 기관활용	경영진	제도 정비	근로계약서
트리플 미디어	소셜 미디어	BM 검토	인증활용	유상 정책자금	무상 정책자금	퇴직연금	사내복지 기금	취업규칙
사업자	절세	상속세	성장 전략	자금 전략	제도 정비	중대재 처벌법	안전보건 체계구축	위험성평가
재무현황	세무	증여세	세무	비즈니스 컨시어지	노무	사업자 관리	노무	위험성결정
법인세	세무리스크	세무조사	인증 및 특허	리스크 관리	출구 전략	직장 내 괴롭힘	근로자대표	권고사직과 해고
인증	벤처기업 이노비즈 메인비즈	지식재산권	계획수립	표준가이드	대응전략	사업계획서	재무제표	M&A
기업가치 산정	인증 및 특허	특허/상표 등록	공정지연	리스크 관리	재무적 비재 무적리스크	청산	출구 전략	IPO
기업 신용등급 상향	병역 특례기업	인증·특허 활용전략	체인지오더	검증	계약체결	승계	구주거래	기술 특례상장

이는 곧 비즈니스 컨시어지가 단순한 조언자가 아니라, 고객사의 과거와 현재를 꿰뚫어 보는 통찰력을 가지고 전문적 조언을 제공할 준비가 되어 있음을 의미합니다. 나아가 필요한 전문 지식을 갖춘 인적 네트워크를 통해 실질적이고 실효성 있는 서포트를 제공할 수 있습니다.

비즈니스 컨시어지의 역할은 크게 두 가지로 나눌 수 있습니다.

첫째, 전문가 네트워크 구축 및 활용입니다. 이 부분에서는 비즈니스 컨시어지가 어떻게 각 분야 전문가들과의 네트워크를 구축하고, 이를 바탕으로 고객사에 전문적 조언과 서비스를 제공하는지 살펴보겠습니다. 네트워킹의 중요성, 효과적인 네트워크 관리 노하우, 그리고 이를 통해 기업에 창출할 수 있는 부가가치에 대해 알아볼 것입니다.

둘째, 경영 전반에 걸친 심층 컨설팅입니다. 이 부분에서는 비즈니스 컨시어지가 고객사의 역사와 현재 상황을 분석하고, 이를 토대로 맞춤형 솔루션을 제시하는 방법에 대해 집중적으로 살펴보겠습니다. 실제 사례 연구와 함께 경영 현장의 다양한 난제에 대한 해법을 모색하고, 컨시어지 서비스가 기업의 성장과 도약에 어떻게 기여할 수 있는지 확인해보세요.

01 전문가 네트워크의 구축과 활용

성공적인 비즈니스 컨시어지는 단순히 요청에 응대하는 것을 넘어, 한 차원 높은 가치를 제공합니다. 그 핵심은 바로 전문가 네트워크의 구축과 활용입니다. 이는 비즈니스 세계에서 성장과 혁신의 가속페달을 밟는 데 필수 불가결한 요소입니다. 우리는 성공의 열쇠가 '어떻게(How)'가 아니라 '누구(Who)'에게 있다는 사실을 잘 알고 있습니다. 자, 그럼 전문가 네트워크 구축과 활용이 비즈니스 컨시어지에게 왜 중요한지, 또 이를 통해 어떤 가치를 만들어낼 수 있는지 하나하나 짚어볼게요.

비즈니스 컨시어지가 전문가 네트워크 구축과 활용에 공을 들이는 이유는 다양합니다. 네트워크는 지식과 경험의 보고라고 할 수 있죠. 각 분야의 전문가들은 독보적인 인사이트와 노하우를 가지고 있습니다. 이러한 네트워크는 비즈니스 현안 해결에 있어 독창적이고 실효성 있는 아이디어를 제공하는 원천이 된답니다. 또한 네트워크는 새로운 기회를 열어줍니다. 적재적소의 인적 네트워크 하나면 새로운 시장, 혁신적 제휴, 그리고 성장의 돌파구가 될 수 있습니다. 네트워크는 지속가능한 성장의 토대가 되기도 합니다. 당면한 비즈니스 과제를 해결하는 것은 물론, 장기적 성공을 위한 전략적 청사진을 그리는 데도 전문가 네트워크의 힘은 막강하죠.

효과적인 네트워크 구축은 뚜렷한 목적의식과 전략적 접근을 필요로 합니다. 비즈니스 컨시어지는 다음과 같은 방법으로 전문가 네트워크를 체계적으로 확장해 나갈 수 있습니다.

❶ **명확한 목표 설정 :** 비즈니스 목표와 필요를 명확히 하고, 이에 부합하는 전문가 그룹을 식별하는 것이 출발점입니다.

❷ **적극적 참여와 교류 :** 업계 행사, 세미나, 온라인 포럼 등에 적극 참여하여 전문가들과의 협력관계를 형성합니다.

❸ **가치의 상호 교환 :** 네트워킹에 있어 일방적인 관계보다는 쌍방향적 가치 교환을 지향해야 합니다. 전문가에게도 실질적 도움을 제공함으로써 win-win 관계를 구축하는 게 중요합니다.

❹ **신뢰 관계 형성 :** 모든 성공적 파트너십의 기반에는 신뢰가 있기 마련입니다. 시간이 걸리더라도 꾸준한 교류와 성실한 태도로 신뢰를 쌓아가는 것이 네트워크 구축의 핵심입니다.

전문가 네트워크를 구축한 이후에는 이를 얼마나 효과적으로 활용하느냐가 비즈니스 컨시어지의 성패를 가르는 분수령이 될 수 있습니다. 세 가지 요소를 염두에 두면 서비스 효과를 높일 수 있습니다.

❶ **문제 해결 중심의 접근 :** 전문가 네트워크를 고객사가 당면한 구체적 문제 해결에 적극 활용합니다. 직접적인 조언이나 전문가 매칭 등을 통해 실질적인 솔루션을 제공하는 데 주력합니다.

❷ **새로운 기회 모색 :** 네트워크를 통해 고객사에 새로운 비즈니스 기회를 제안하고, 이를 실현할 수 있는 연결고리를 만들어주는 것도 중요합니다.

❸ **끊임없는 학습과 업데이트 :** 비즈니스 환경은 눈부시게 빠른 속도로 변화하고 있습니다. 전문가 협력관계를 활용해 최신 트렌드와 기술, 전략 등을 습득하고 이를 고객사 서비스에 반영할 수 있어야 합니다.

전문가 네트워크의 구축과 활용은 비즈니스 컨시어지의 근간을 이루는 핵심역량입니다. 기업은 자신에게 필요한 '누구(Who)'를 찾고, 이를 통해 '어떻게(How)'에 대한 답을 구할 수 있습니다. 이는 기업의 성장, 혁신, 그리고 장기적 번영을 위한 지름길이 된답니다.

02 경영 전반에 대한 심층 조언

비즈니스 운영에 있어 경영 전반에 걸친 심도 있는 조언의 가치는 아무리 강조해도 지나치지 않습니다. 기업은 종종 어떻게 문제를 해결할 것인가에 집중하느라 정작 누가 우리에게 필요한 조언과 지원을 해줄 수 있을지에 대해서는 간과합니다. 이때 비즈니스 컨시어지의 존재 가치가 빛을 발합니다. 이들은 일회성 처방을 제시하는 데 그치지 않고, 기업의 지속 성장과 발전을 위한 본질적이고 혁신적인 해법을 제시합니다.

경영의 모든 국면에서 전문적이고 심층적인 조언은 기업에 인사이트를 제공합니다. 전략 수립부터 재무, 운영, 인력 관리에 이르기까지 경영의 핵심 영역을 아우르는 통찰력 있는 조언은 기업의 성공을 좌우할 수도 있죠. 숙련된 비즈니스 컨시어지는 균형 잡힌 조언을 제공함으로써 기업이 장기적 목표에 한 걸음 더 다가설 수 있도록 돕습니다. 이는 당면한 현안을 해결하는 것은 물론, 미래의 기회를 선제적으로 포착하고 대비하는 데도 큰 도움이 됩니다.

비즈니스 컨시어지의 심층 조언은 기업의 성장을 위한 중요한 자산입니다. 컨시어지는 기업의 특성에 따른 전략적이고 실행 가능한 솔루션을 제안해야 합니다. 비즈니스 컨시어지가 기업에 심층적인 조언을 제공할 때 고려해야 할 사항과 전략에 대해 살펴보겠습니다.

❶ **개별 맞춤형 접근 :** 비즈니스 컨시어지는 각 기업의 독특한 필요와 목표에 대한 깊은 공감을 바탕으로 맞춤형 조언을 제공해야 합니다. 경영진과의 긴밀한 파트너십을 통해 기업의 특수한 상황을 잘 이해하고, 이를 기반으로 정확한 인사이트를 건네는 게 중요합니다.

❷ **종합적 분석에 기반한 조언 :** 경영 전반에 걸쳐 심층적인 조언을 제공하기 위해서는 기업의 현재 역량과 잠재력을 철저히 분석해야 합니다. 이를 통해 강점과 약점, 기회와 위협 요인을 명확히 진단하고, 전략적 처방을 제시할 수 있습니다.

❸ **장기적 비전 제시 :** 탁월한 비즈니스 컨시어지는 단기적 성과에 연연하기보다는 기업의 지속가능한 성장을 염두에 두고 조언을 제공해야 합니다. 현재의 문제를 해결하는 것을 넘어 장기적 비전을 함께 그려 나가는 것이 중요합니다.

❹ **혁신적 사고 지향 :** 비즈니스 환경은 끊임없이 변화하고 있습니다. 변화의 소용돌이에서 기업이 경쟁력을 유지하려면 혁신을 추구해야만 하죠. 비즈니스 컨시어지는 창의적이고 참신한 아이디어를 제안함으로써, 급변하는 시장 환경에서도 기업이 선도적 지위를 확보할 수 있도록 도와야 합니다.

❺ **실행 가능한 솔루션 제안 :** 아무리 훌륭한 조언이라 할지라도 실행 가능성이 담보되지 않으면 무용지물입니다. 비즈니스 컨시어지는 실질적인 변화를 견인할 수 있는 액션 플랜을 제안함으로써, 경영진이 조언을 실행할 수 있도록 뒷받침해야 합니다.

진정한 비즈니스 컨시어지는 경영 전반에 대한 전문적이고 심도 있는 조언을 제공함으로써 기업의 성장과 발전에 기여하는 존재라 할 수 있습니다. 경영진에게 필요한 조언과 지원을 아낌없이 제공하여, 기업이 목표를 달성하고 장기적 번영을 이룰 수 있도록 돕는 중요한 파트너입니다.

4 비즈니스 컨시어지가 선사하는 특별한 가치

비즈니스 세계에서의 성공은 단순히 훌륭한 전략이나 첨단 기술의 도입만으로 이뤄지지 않습니다. 진정한 성공을 위해서는 깊이 있는 이해와 전략적 통찰이 필수불가결한데, 바로 여기서 비즈니스 컨시어지의 존재 가치가 빛을 발합니다. 비즈니스 운영에 있어 가장 중요한 건 결국 '사람'입니다. 적합한 인재와의 연결이 성공의 지름길인 셈이죠. 비즈니스 컨시어지는 이런 연결고리의 중심에서 기업의 성장을 이끄는 일등공신이라 할 수 있습니다. 자, 그럼 비즈니스 컨시어지가 선사하는 특별한 가치에는 어떤 것들이 있는지 하나씩 짚어볼까요?

01 언더백 기업이 얻을 수 있는 가치

우수한 비즈니스 컨시어지는 기업의 시간과 자원을 최대한 활용할 수 있도록 도와줍니다. 일상적인 운영과 관리 업무를 대신 처리하여 경영진이 전략적 의사결정과 핵심 과제에 전념할 수 있는 여건을 조성하죠. 특히 언더백 기업에게는 더할 나위 없이 고마운 존재입니다. 잠재적 위험 요인을 미리 점검하고 선제적으로 대응함으로써 귀중한 시간과 비용을 아낄 수 있게 지원합니다. 천편일률적인 해결책으로는 최고의 성과를 이끌어낼 수 없습니다. 비즈니스 컨시어지는 개별 기업의 특성과 니즈에 맞춰 꼭 맞는 전략과 솔루션을 제안하죠. 고객의 목표와 과제를 깊이 이해하고, 최적화된 처방을 내리는 것이 이들의 진가입니다. 비즈니스 컨시어지는 다양한 분야의 전문가 집단과 긴밀한 네트워크를 구축하고 있습니다. 덕분에 기업은 문제 해결에 필요한 인적 자원과 노하우를 쉽게 확보할 수 있죠. 성장과 혁신의 물꼬를 트는 데 큰 도움이 됩니다.

[언더백 기업에 필요한 전문가 네트워크 및 영역]

언더백 기업

비즈니스 컨시어지

세무	법무	노무	특허	경영관리	인증	WIN-WIN	기타
세무사 회계사	법무사 변호사	노무사	변리사 감정평가사	경영 지도사	벤처, ISO 이노비즈	협력업체 홍보, M&A	채용, ERP, 프랜차이즈

공공기관		은행		보험		증권	
정책자금	정부지원금	대출 (담보, 신용)	자금운용 퇴직연금	R.M (임원, 종업원)	상해, 화재 자동차	IPO	자금운용 퇴직연금

기업 경영의 길은 험난하기 마련이에요. 비즈니스 컨시어지는 기업이 어려운 상황에 직면했을 때 신속하고 효과적인 해법을 제시함으로써 고객사를 위기에서 구해내는 든든한 방파제 역할을 수행합니다. 덕분에 기업은 어려움 속에서도 안정성과 연속성을 잃지 않을 수 있게 되죠. 비즈니스 컨시어지는 단기적 성과에 연연하기보다 기업의 지속 가능한 성장에 방점을 찍습니다. 장기적 비전과 목표 달성을 뒷받침할 수 있는 전략적 조언과 인사이트를 아낌없이 제공합니다. 시시각각 변화하는 시장 환경에서 기업이 안정적으로 성장 궤도를 그려나갈 수 있게끔 돕는 게 이들의 사명이랍니다. 특히 기업 운영에 있어 가장 중요한 자원은 '시간'과 '비용'입니다. 비즈니스 컨시어지는 기업의 시간과 비용을 절감하고 최적화하는 데 큰 가치를 제공하며, 효율성과 생산성 제고를 통해 기업의 경쟁력을 향상시킵니다.

그렇다면, 비즈니스 컨시어지가 어떻게 시간과 비용 절감에 기여하는지 좀 더 자세히 들여다볼까요?

(1) 시간의 최적화

비즈니스 컨시어지는 기업의 시간 관리 효율화에 일등공신입니다. 이들의 도움으로 기업은 다음과 같은 혜택을 누릴 수 있습니다.

❶ **업무 분담과 위임 :** 일상적 관리 업무나 잡무를 맡아 경영진이 핵심 과제에 집중할 수 있도록 도와줍니다.

❷ **전문가 협업 시 원활한 소통 :** 각 분야 전문가들과 협업할 때 비즈니스 컨시어지가 가교 역할을 해줌으로써 의사소통의 효율이 크게 높아집니다.

❸ **우선순위에 입각한 시간 배분 :** 전략적 의사결정과 중요 과제에 최우선 순위를 부여하고 불필요한 낭비 요소를 제거하는 식으로 시간 활용을 최적화할 수 있습니다.

(2) 비용의 최적화

효율적인 비용 관리야말로 기업 생존의 필수 요건이죠. 비즈니스 컨시어지는 다음과 같은 방법으로 비용 절감에 기여합니다.

❶ **비용 구조 최적화 전략 :** 사업 운영 전반에 걸쳐 비용 구조를 면밀히 분석한 뒤, 불필요한 지출을 없애고 효율을 높이는 전략을 제언합니다.

❷ **협상과 계약 업무 대행 :** 각종 거래나 계약 시 공급사 등과의 협상을 대신 수행함으로써 더 나은 조건을 이끌어냅니다.

❸ **자원 배분의 효율화 :** 제한된 경영 자원이 가장 효과적으로 사용될 수 있도록 조율하고 통제함으로써 장기적 비용 절감 효과를 극대화합니다.

(3) 시간과 비용 최적화가 주는 혜택

시간과 비용을 둘 다 잡으면 어떤 긍정적 변화를 맞이할 수 있을까요? 경쟁 우위 확보와 생산성 향상, 성장 잠재력 확대 등 다양한 혜택을 얻을 수 있습니다. 시간을 효과적으로 활용하고 원가를 절감하는 기업이야말로 시장에서 더 높은 경쟁력을 갖출 수 있습니다. 핵심 가치 창출 활동에 더 많은 시간과 자원을 투입하면서 전반적인 생산성이 높아지고요. 아낀 시간과 비용을 신규 사업 기회 발굴이나 혁신 활동에 투자함으로써 지속 성장의 발판을 마련할 수 있습니다. 숙련된 비즈니스 컨시어지의 조력 덕분에 기업은 시간과 비용이라는 희소한 자원을 한층 효율적으로 운용할 수 있습니다. 체계적 자원 관리를 통해 장기적인 성공의 기반을 마련할 수 있는 것이죠.

02 핵심 가치를 실현하기 위한 방법

기업이 비즈니스 컨시어지를 통해 특별한 가치를 온전히 누리기 위해서는 어떻게 해야 할까요? 몇 가지 주의할 점을 살펴보겠습니다.

기업의 목표와 기대치를 명확히 전달하고, 비즈니스 컨시어지와 지속적으로 원활한 소통을 이어가는 게 중요합니다. 성공적 파트너십의 근간은 언제나 상호 신뢰입니다. 비즈니스 컨시어지와의 관계에서도 두터운 신뢰를 쌓는 데 힘써야 하죠. 또한 적극적 협력 체제를 구축해야 합니다. 비즈니스 컨시어지와의 협업은 일방적이 아닌 쌍방향이어야 해요. 이들이 제안하는 해법과 전략에 적극 호응하고 협력하는 자세가 필수입니다.

우수한 비즈니스 컨시어지의 존재야말로 기업 성공의 든든한 버팀목이 아닐 수 없습니다. 시간과 리소스 운용을 최적화하고 꼭 맞는 솔루션을 제공할 뿐 아니라, 쟁쟁한 전문가 집단과의 네트워크 접점을 열어주는 귀중한 자산입니다. 여기에 위기 관리와 지속 성장을 위한 토대 마련까지 책임진다니 더할 나위 없이 든든하죠. 비즈니스 컨시어지와의 협업은 기업이 다양한 도전을 효과적으로 성취하고 최종 목표에 도달할 수 있는 성공의 열쇠입니다.

5

사전 예방, 비즈니스 컨시어지의 진짜 매력

비즈니스 세계에서 성공의 핵심 요소 중 하나는 바로 미래를 예측하고 사전에 대비하는 능력입니다. 문제가 불거진 후에 해결책을 모색하기보다는, 애초에 그런 상황이 발생할 개연성 자체를 낮추는 데 주력해야 합니다. 이런 맥락에서 보면 비즈니스 컨시어지의 진짜 매력은 사후 대응이 아닌 사전 예방에 있다고 할 수 있습니다. 잠재적 위험 요인을 미리 찾아내 선제적으로 대처함으로써 기업 운영의 효율성을 극대화하고, 결과적으로는 지속 성장의 발판을 튼튼히 하는 데 기여하는 거죠.

01 선제적 리스크관리의 중요성

비즈니스 컨시어지의 선제적 리스크관리 접근법은 사업 운영 전반에 걸쳐 잠재된 위험과 과제를 조기에 포착하고 해결하는 데 초점을 맞추고 있습니다. 재무, 법무, 인사, 영업 등 주요 부문별 위험 관리, 운영 효율화, 신규 사업 기회 발굴 등이 주된 영역입니다. 미래의 불확실성에 선제적으로 대응함으로써 한층 더 안정적이고 예측 가능한 경영 환경을 조성하는 데 일조하는 것이 비즈니스 컨시어지의 역할입니다.

(1) 비즈니스 컨시어지를 통한 사전 예방 분야

❶ **리스크관리 :** 재무, 법률, 운영 등 주요 영역에서 잠재적 리스크 요인을 면밀히 분석하고 평가합니다. 이를 토대로 해당 리스크를 최소화하기 위한 대응 전략을 수립하고 실행합니다.

❷ **프로세스 효율화 :** 핵심 업무 프로세스를 지속적으로 분석하고 개선함으로써 비효율과 낭비 요소를 사전에 제거합니다. 업무 효율이 높아지는 건 물론, 소중한 시간과 자원도 아낄 수 있습니다.

❸ **기술 기반 혁신 :** 데이터 관리, 고객 관계 관리, 마케팅 등 다방면에 걸쳐 첨단 기술과 솔루션을 도입해 운영을 자동화하고 최적화하는 작업도 빼놓을 수 없습니다.

❹ **조직력 강화 :** 직원들에게 필요한 교육과 성장 기회를 지속해서 제공함으로써 개개인의 역량을 제고하는 한편, 잠재적 문제에 대한 대비 태세를 갖추게 합니다.

❺ **외부와의 전략적 제휴 :** 강력한 비즈니스 네트워크를 구축하고 유지함으로써, 필요할 때마다 기업 경영에 유용한 자원과 노하우를 신속하게 동원할 수 있는 토대를 마련합니다.

이처럼 예방에 방점을 찍는 비즈니스 컨시어지를 효과적으로 활용하면 실익을 기대할 수 있습니다. 잠재적 위험 요소를 사전에 해소함으로써 문제 발생 시 수반될 수 있는 막대한 부대비용을 아낄 수 있고요. 프로세스 개선과 최적화를 통해 업무 효율이 한 단계 더 높아질 수 있습니다. 장기적 관점의 경영 안정성 확보와 성장성 예측이 한결 쉬워짐에 따라 기업의 발전을 도모할 수 있습니다. 다시 말해, 예방 중심의 비즈니스 컨시어지는 잠재된 위험과 도전을 선제적으로 파악하고 대비함으로써 경영의 연속성과 안정성에 기여합니다.

02 위험 관리, 지속 가능한 성장을 위한 필수 요소

기업의 지속 가능한 성장을 위해서라면 리스크관리는 결코 소홀히 할 수 없는 부분입니다. 잠재적 위험 요인을 미리 짚어내고, 현실화될 가능성을 따져본 뒤, 피해를 최소화할 수 있는 대응책을 마련해두는 일련의 과정을 뜻하죠. 이런 리스크관리 시스템이 부실하다면 기업은 예기치 못한 악재에 속수무책으로 당할 수밖에 없고, 끝내 존립 자체가 위협받는 상황에 직면할 수도 있습니다.

(1) 비즈니스 컨시어지를 통한 위험 관리

비즈니스 컨시어지는 리스크관리 과정에서 다음과 같은 핵심 역할을 통해 기업에 실질적인 도움을 제공합니다.

❶ **위험 요소 식별 :** 사업 운영 전반에 내재한 다양한 리스크 요인들을 체계적이고 세밀하게 찾아내죠. 재무 리스크, 운영 리스크, 법적 리스크 등 각 영역별로 면밀히 들여다볼 수 있습니다.

❷ **위험 평가와 우선순위 설정 :** 식별된 리스크 요인들이 실제 미칠 수 있는 영향력의 크기와 발생 가능성 등을 종합적으로 평가합니다. 그래야 더 시급하고 중대한 요인부터 집중적으로 관리할 수 있습니다.

❸ **대응 전략 수립 :** 각각의 리스크 유형에 걸맞은 최적의 대응 방안을 마련합니다. 위험 요소를 원천 차단하거나 피해를 최소화하기 위한 구체적인 행동 지침을 세웁니다.

❹ **지속적 관리와 개선 :** 리스크관리 계획을 꾸준히 모니터링하면서 필요할 때마다 수정·보완해 나가는 것도 중요합니다. 급변하는 경영 환경에 맞춰 유연하게 대처하려면 관리 체계를 상시 업그레이드해야 합니다.

효과적인 리스크관리를 통해 기업은 경영 안정성 강화, 효율적 자원 배분, 이해관계자 신뢰도 제고, 미래 성장 기반 마련 등 중요한 가치를 얻을 수 있습니다. 뜻하지 않은 악재로 인한 피해를 최소화함으로써 경영 기반을 한층 굳건히 다질 수 있고요. 제한된 경영 자원을 리스크 특성에 따른 우선순위에 맞춰 전략적으로 투입할 수 있습니다. 또한 투자자, 고객사, 파트너사 등 이해 당사자들로부터 '리스크 대응 능력이 탁월한 기업'이라는 신뢰와 지지를 얻게 되죠. 리스크를 슬기롭게 관리해 나감으로써 향후 기업의 지속적 성장과 발전을 위한 토대를 닦을 수 있습니다.

비즈니스 컨시어지를 통한 전방위적 리스크관리는 기업 성공의 필수 요건입니다. 장기적 번영을 위해서라면 안정성과 신뢰를 확보하는 것이 무엇보다 중요합니다. 이런 맥락에서 비즈니스 컨시어지는 리스크관리라는 중대한 임무를 수행하는 전략적 파트너라고 할 수 있습니다. 경영 환경의 불확실성에 철저히 대비하고 위기에 현명하게 대처할 수 있도록 독려하고 뒷받침하는 게 바로 비즈니스 컨시어지의 존재 이유입니다.

6 인공지능 시대에서 비즈니스 컨시어지의 필요성

인공지능(AI) 기술의 눈부신 발전은 기업의 의사결정 방식에 일대 혁신을 불러왔습니다. 빅데이터 분석, 예측 모델링, 업무 자동화 등 AI 기술의 다양한 활용 사례는 경영 효율성 향상에 크게 기여하고 있습니다. 첨단 기술의 발달과 함께 비즈니스 컨시어지의 역할은 더욱 부각되고 있습니다. AI 시대의 의사결정은 단순히 어떻게 할 것인가의 문제를 넘어, 누가 그 과정을 이끌고 지원할 것인가 하는 문제로 그 초점이 옮겨가고 있기 때문이죠. AI 기술은 방대한 데이터를 분석하고 복잡다단한 패턴을 파악해 냄으로써 정보에 기반한 의사결정을 내릴 수 있게 도와줍니다. 경영진에게 심도 있는 인사이트와 미래 예측 능력을 부여합니다. 하지만 동시에 의사결정 프로세스는 한층 더 복잡해지고 불확실성도 높아졌습니다. AI가 제시하는 결과를 그대로 받아들이기보다는 맥락에 입각해 세심하게 해석할 줄 아는 혜안이 어느 때보다 중요해졌습니다.

01 의사결정 과정의 역할

그렇다면 인공지능이 주도하는 의사결정의 시대, 비즈니스 컨시어지는 어떤 역할을 수행할 수 있을까요? 통찰력, 전략구상, 신속한 의사결정 지원 등 다양한 역할을 생각해볼 수 있습니다.

AI가 제공하는 방대한 데이터와 분석 결과에 인간만이 지닌 직관과 경험을 결합함으로써 보다 현명하고 균형 잡힌 의사결정을 유도해낼 수 있습니다. 개별 기업의 특수한 상황과 니즈에 부합하는 실행 가능한 전략을 고안해내는 일은 여전히 어렵죠. AI 분석 결과를 토대로 기업 고유의 맥락을 고려한 맞춤형 실행 계획을 짜내는 게 비즈니스 컨시어지의 역할입니다. 리스크와 기회 요인을 꼼꼼히 재점검할 수도 있습니다. AI를 활용해 포착한 위험과 기회 요소들을 균형 있게 평가하고, 현실적합성 높은 대응 방안을 모색하는 일은 비즈니스 컨시어지의 중요한 임무 중 하나예요. 급변하는 경영 환경 속에서 장기적 관점의 일관성 있는 의사결정이 이뤄질 수 있도록 돕는 것 또한 이들의 역할입니다. 상황 변화에 맞춰 신속하고 유연하게 의사결정 체계를 조율해 나갑니다. 결국 AI 시대의 의사결정이란 데이터와 알고리즘에 의존하되, 인간의 지혜와 경험치를 녹여내는 일종의 예술과도 같습니다. 비즈니스 컨시어지는 그 교집합을 찾아내는 일, 즉 복잡한 현실에서 최적의 의사결정이 이뤄질 수 있게 환경을 조성하는 담당자인 셈이죠. 첨단 기술이 열어 준 새 지평과 임직원의 통찰력이 조화롭게 어우러질 때, 기업은 비로소 지속 가능한 성공의 방정식을 풀어낼 수 있습니다. 비즈니스 컨시어지가 자신들의 역할에 충실할수록, 기업은 AI 시대를 성공적으로 헤쳐 나갈 수 있는 든든한 조력자를 얻을 수 있습니다.

02 멘탈 관리 차원의 필요성

이번에는 의사결정에 지대한 영향을 미치는 또 하나의 요인, 경영진의 심리적 건강과 관련해 비즈니스 컨시어지의 역할에 대해 생각해 보고자 합니다. 최고경영자의 길은 때로 고독하기 그지없죠. 문제 해결을 위한 묘수를 찾기에 앞서, 그 문제를 함께 고민하고 공감해 줄 누군가의 존재, 즉 'Who'를 간절히 필요로 합니다. 경영자의 정신건강 측면에서 볼 때 이런 고독감은 단순한 감정의 문제를 넘어, 리더십 발휘와 조직 전반의 성과에 직결되는 매우 중대한 사안입니다.

경영자의 고독은 소외감, 심리적 불안정, 그리고 과중한 책임감이 복합적으로 작용한 결과물입니다. 이런 부정적 정서는 의사결정 상황에서 자신감 결여로 이어지고, 창의적 사고를 방해하며, 리더십 효능감마저 저하시킵니다. 나아가 극심한 스트레스와 번아웃을 초래해 개인의 심신은 물론, 조직 전체의 사기와 성과에도 악영향을 미칩니다. 바로 이런 이유에서 비즈니스 컨시어지는 경영자의 심리 관리에서 핵심적인 역할을 수행할 수 있습니다. 전략적 파트너로서의 역할 수행, 동료 경영자와의 교류 기회 마련, 개인 웰빙 증진을 위한 맞춤 서비스, 일과 삶의 조화로운 균형 유도 등 다양한 역할을 합니다.

비즈니스 컨시어지는 어려운 의사결정의 순간마다 경영자 곁에서 전략적 조언과 지지를 보냄으로써 고독감과 심적 부담을 경감시켜 주는 동반자입니다. 유사한 고민을 안고 있는 다른 기업 경영진들과의 만남을 주선함으로써, 경험을 공유하고 상호 이해와 지지를 얻을 수 있는 연결고리를 만들어 주기도 합니다. 경영자 개인의 심신 건강과 활력을 위한 다양한 서비스를 제공하는 것도 중요합니다. 운동, 명상, 취미 생활 등 개별 니즈에 맞는 웰니스 케어 프로그램을 지원하는 거죠. 더불어 업무와 사생활 간 건강한 균형을 잡아갈 수 있도록 조력함으로써, 경영자로 하여금 일 외적인 삶의 영역에서도 충만감을 느낄 수 있게 만듭니다.

경영자의 정신건강 관리와 고독 해소는 조직 전체의 건강성과 직결된 매우 중요한 화두입니다. 비즈니스 컨시어지는 경영자가 심리적 역경을 극복하고 강인한 리더십을 발휘할 수 있도록 지원하는 든든한 버팀목이 되어 주죠. 일종의 멘탈 헬스 키퍼로서의 역할을 충실히 수행함으로써 경영자 개인은 물론, 기업 전체의 지속 가능한 성장에 기여합니다. 결국 리더의 마음이 건강할 때 조직의 면역력 또한 최상으로 유지될 수 있습니다. 그런 의미에서 비즈니스 컨시어지의 조력은 모든 이해관계자들의 공동 이익에 부합하는 일이라 할 수 있습니다.

7 비즈니스 컨시어지의 효율적인 활용 및 진행과정

01 효율적인 비즈니스 컨시어지 활용법

비즈니스 컨시어지 활용은 기업의 성장 잠재력을 극대화하고 경영진 개개인의 역량 발휘를 도모하는 데 매우 중요합니다. 서비스 효과를 높이기 위해서는 목표와 우선순위의 명확화, 빈틈없는 소통 체계 구축, 서비스의 전체 스펙트럼 파악, 두터운 신뢰 관계 형성, 적극적 피드백 제공과 유연한 서비스 조정, 장기적 파트너십 지향 등 다양한 노력이 필요합니다.

기업은 물론 경영진 자신의 목표와 우선과제가 무엇인지부터 분명히 해야 합니다. 이 과정은 컨시어지의 방향성과 범위를 설정하는 데 있어 나침반 역할을 합니다. 목표와 우선과제를 컨시어지 측과 투명하게 공유할수록 기업의 니즈에 부합하는 최적의 서비스를 제공받을 수 있습니다. 비즈니스 컨시어지의 성패는 기업과 서비스 제공자 간 얼마나 긴밀하고 효과적으로 소통하느냐에 달려 있습니다.

수시로 정보와 의견을 교환하고 피드백을 주고받을 수 있는 소통 채널을 구축하는게 필수적입니다. 컨시어지가 제공 가능한 서비스 메뉴의 종류와 범위를 빠짐없이 체크해 두는 것도 중요합니다. 그래야 기업에서 활용할 수 있는 모든 자원과 혜택을 놓치지 않고 누릴 수 있습니다. 의외로 그동안 미처 생각지 못했던 영역의 서비스가 큰 도움이 될 수도 있습니다. 비즈니스 컨시어지의 근간은 무엇보다 신뢰입니다. 허심탄회하고 생산적인 협력 관계로 발전하기 위해서는 기업과 컨시어지 간에 두터운 신뢰를 쌓아 나가려는 노력이 끊임없이 요구됩니다. 제공받은 서비스에 대해 수시로 솔직한 평가와 피드백을 전달하는 것도 중요합니다.

상황 변화에 맞춰 서비스 내용과 방식을 유연하게 조정해 나가는 자세가 필요하죠. 기업 경영 환경과 니즈는 계속해서 변화하는 만큼, 그에 발맞춰 서비스도 최적화해 나가야 합니다. 마지막으로 비즈니스 컨시어지를 단기적 처방이 아닌 기업의 미래를 함께 그려갈 장기적 파트너십의 관점에서 바라보는 노력이 중요합니다. 시간이 지날수록 컨시어지는 해당 기업에 대한 이해의 폭을 넓혀 가면서 더욱 통찰력 있는 맞춤형 솔루션을 제시할 수 있게 될 테니까요.

02 비용 구조와 운영 방식

많은 경영자들이 비즈니스 컨시어지의 과정과 비용에 대해 궁금해합니다. 비즈니스 컨시어지의 비용 책정 방식은 제공되는 서비스의 종류와 범위, 전문성 수준, 기간 등에 따라 달라질 수 있습니다. 일반적으로 시간당 요금제, 월정액 방식, 프로젝트별 견적 산정 등의 형태로 운영됩니다. 서비스 비용의 적정 수준은 기업이 얻을 수 있는 실질적 효용과 직결되는 만큼, 경영진은 어떤 부가가치를 창출할 수 있을지 면밀히 살펴봐야 합니다. 컨시어지 서비스 제공자와의 협의 시 구체적 기대효과를 철저히 고려하고, 투명하고 효과적인 의사소통을 통해 비용과 부가가치를 균형 있게 조정하는 노력이 중요합니다.

다음으로 비즈니스 컨시어지의 실제 운영 과정을 단계별로 짚어보겠습니다.

❶ **사전 미팅과 니즈 분석 :** 기업 경영진과 컨시어지 제공자 간 사전 미팅을 갖고 해당 기업의 특성과 경영 목표, 당면 과제 등을 구체적으로 논의해야 합니다. 이 단계에서 기업이 서비스를 통해 이루고자 하는 목표와 기대치를 명확히 설정하는 게 중요합니다.

❷ **서비스 제안서 작성과 검토 :** 사전 미팅에서 논의된 내용을 토대로 컨시어지 측에서 구체적인 서비스 제안서를 작성합니다. 제안서에는 기업의 요구사항을 충족시키기 위한 맞춤형 서비스 내용과 제공 방식, 기간 등을 상세히 기술합니다. 제안서를 면밀히 검토하고 필요한 부분을 조율해 나가는 과정이 필요합니다.

❸ **서비스 계약 체결 :** 제안된 서비스 내용과 조건에 대해 합의가 이뤄지면 구체적인 계약서를 작성합니다. 계약서에는 서비스 범위와 제공 방식, 기간, 비용 정산 기준 등이 명시되죠. 쌍방이 계약 내용을 꼼꼼히 확인하고 서명함으로써 공식적인 서비스 계약을 체결합니다.

❹ **서비스 수행과 점검 :** 계약 내용에 따라 비즈니스 컨시어지가 본격적으로 시작됩니다. 서비스 수행 과정에서 기업과 컨시어지 간 긴밀한 소통과 협업이 무엇보다 중요합니다. 수시로 진행 상황을 점검하고 필요한 사항을 조율해 나갑니다.

❺ **서비스 평가와 개선 :** 서비스 수행 종료 후에는 제공된 서비스의 질과 성과에 대한 평가 절차가 이어집니다. 기업 경영진과 실무진의 피드백을 바탕으로 서비스 개선점을 도출하고 차기 서비스에 적극 반영하는 과정을 거치는 거죠. 이를 통해 시간이 흐를수록 해당 기업에 최적화된 컨시어지로 진화해 나갈 수 있습니다.

지금까지 비즈니스 컨시어지의 효과적 활용법과 실제 운영 과정에 대해 살펴봤습니다. 경영자 여러분은 이를 참고해 기업의 상황에 맞는 비즈니스 컨시어지 파트너를 선택하고 협력 관계를 극대화하기 바랍니다. 그 여정에 많은 도전과 진통도 있겠지만, 비즈니스 컨시어지와 함께라면 더 높은 성장의 지평을 열어갈 수 있으리라 확신합니다. 참고로 현재 비즈니스 컨시어지센터에서는 비즈니스 컨시어지 도입을 고려하는 기업을 대상으로 무료 체험 서비스를 제공하고 있습니다. 책 마지막 장에 안내된 내용을 참고하시고, 필요하신 경우 신청하기 바랍니다. 비즈니스 컨시어지가 기업의 눈부신 성장을 함께 지원하고 견인할 수 있기를 진심으로 바랍니다.

〈비즈니스 컨시어지 뉴스레터 신청〉

https://maily.so/concierge

02 PART

리스크 관리

저자의 핵심 메시지

"리스크관리는 목표를 달성하고 경쟁력을 확보하는 데 필수 요소입니다.
언더백 기업은 체계적인 리스크관리 시스템 구축, 전문 인력 확보,
리스크관리 교육 및 투자 확대 등을 통해 리스크관리 역량을 강화해야 합니다."
_서항주

1 리스크관리는 경영 성공의 지름길이다

우리는 일상 생활에서 다양한 위험에 노출되어 있습니다. 어떤 수준의 위험이든 미리 파악하고, 발생 가능성을 줄이거나 발생 시 피해를 최소화하기 위해 리스크관리(Risk Management)를 해야 합니다. 리스크관리는 일상 생활에서 예상치 못한 위험을 미리 예측하고, 피해를 최소화하기 위한 과정입니다. 건강 관리, 안전 사고 예방, 가계 재정 관리, 개인 정보 보호, 계약 체결 등 다양한 분야에서 리스크관리는 중요한 역할을 합니다. 리스크관리는 안전하고 성공적인 삶을 위한 필수 요소입니다. 주변 환경을 파악하고 발생 가능한 리스크를 미리 예상하여 대비하는 습관이 필요합니다. 리스크관리는 개인뿐만 아니라 기업에도 중요합니다. 기업은 리스크관리를 통해 목표 달성, 지속가능한 성장, 불확실성 감소, 경쟁력 확보 등을 이룰 수 있습니다. 고객인 기업의 요구사항을 깊이 이해하고, 그에 꼭 맞는 맞춤형 서비스를 제공하는 것이 비즈니스 컨시어지의 본질입니다. 나아가 기업 경영을 최적화하고 성장을 가속화하는 데 주력합니다. 즉, 비즈니스 컨시어지는 '어떻게'보다는 '누구'에 방점을 찍는 서비스라 할 수 있습니다.

01 언더백 기업의 리스크관리 특징

언더백 기업은 제한된 리스크관리 자원, 비체계적인 프로세스, 단기적인 관점 등의 특징으로 인해 경영 운영과 프로젝트에 부정적인 영향을 받을 수 있습니다. 이러한 특징은 기업의 성장과 발전에 걸림돌이 되며, 심각한 경우 기업의 존립 자체를 위협합니다. 따라서 언더백 기업은 체계적인 리스크관리 시스템을 구축하고 전문 인력을 확보하며 리스크관리 교육 및 투자 확대 등을 통해 리스크관리 역량을 강화해야 합니다. 리스크관리는 기업이 예측할 수 없는 상황에 대비하여 안정성과 지속 가능성을 확보하는 데 중요한 역할을 합니다. 모든 리스크를 완전히 제거하는 것은 어렵지만, 적절한 리스크관리를 통해 잠재적인 손실을 최소화하고, 기업의 성장과 발전을 지원할 수 있습니다.

02 프로젝트관리 조직(PMO) 운영

많은 글로벌 기업과 대기업들은 프로젝트의 성공률을 높이고 전략적 목표를 달성하기 위해 프로젝트관리 조직(PMO : Project Management Office)을 운영하고 있습니다. PMO는 프로젝트 관리 전문 지식과 경험을 바탕으로 프로젝트 팀을 지원하고, 조직 전체의 프로젝트 관리 역량을 강화하는 역할을 수행합니다. 전체 프로젝트 리스크는 전반적인 불확실성이 프로젝트에 미치는 영향을 의미합니다. 이는 개별적인 리스크뿐만 아니라 모든 불확실성 요인을 포함하며, 이해관계자[1]가 프로젝트 결과에 미치는 긍정적 및 부정적 영향에 노출되는 정도를 나타냅니다. 전체 프로젝트 리스크관리는 프로젝트 리스크 노출을 허용 가능한 범위 내로 유지하는 것을 목표로 합니다. 위협 요인을 줄이고, 기회 요인을 촉진하며, 전반적인 프로젝트 목표 달성 확률을 극대화하는 전략을 수립합니다. 프로젝트 팀은 관련 이해관계자와 협력하여 리스크 선호도와 한계선을 파악하고, 이를 기반으로 프로젝트 계획 및 실행에 리스크관리 전략을 반영해야 합니다.

(1) 리스크 선호도와 한계선 이해

❶ **리스크 선호도 :** 조직 또는 개인이 보상을 기대하며 감수할 수 있는 불확실성의 정도를 말합니다. 쉽게 말해, "얼마나 위험을 감수할 의향이 있는가?"를 나타내는 지표입니다.

❷ **리스크 한계선 :** 리스크 선호도를 반영하여 목표 달성에 허용되는 변이 범위를 설정한 것입니다. "목표를 달성하기 위해 얼마나의 틀림은 허용되는가?"를 나타냅니다. 예를 들어, 비용 목표를 중심으로 리스크 한계선이 ±5%라면, 목표 비용 범위는 95% ~ 105%입니다. 리스크 한계선은 "±5%보다 ±10%가 더 높은 리스크 선호도를 가진다"는 것을 의미합니다.

❸ **리스크 선호도와 한계선이 중요한 이유 :** 프로젝트팀이 리스크를 어떻게 관리하고 대응할지를 결정하는 기준입니다. 프로젝트 전체 기간 동안 리스크를 탐색하고, 긍정적인 기회는 극대화하고, 부정적인 위협은 줄이는 데 활용됩니다.

❹ **위협과 기회 :** 위협은 프로젝트 목표 달성을 방해하는 요소로 지연, 비용 초과, 기술적 문제, 성능 저하, 평판 손상 등을 의미합니다. 또한 기회는 프로젝트 목표 달성에 도움이 되는 요소로 시간 단축, 비용 절감, 성능 향상, 시장 점유율 확대, 평판 향상 등이 해당됩니다.

❺ **리스크 대응의 중요성 :** 효과적인 리스크 대응은 위협을 줄이고 기회를 늘려 프로젝트 성공 가능성을 높입니다. 개별 리스크와 전체 프로젝트에 대한 리스크 대응을 모두 고려해야 합니다.

---

1) 이해관계자(Stakeholder)는 프로젝트·프로그램·포트폴리오의 의사결정, 활동 또는 결과로 인해 직·간접으로 영향을 받거나 영향을 받을 가능성이 있는 개인, 집단 또는 조직을 의미한다. 프로젝트에 적극적으로 참여하거나 영향을 미칠 수 있으며, 스스로 영향을 받는다고 인지하는 경우에도 이해관계자로 분류된다. 성공적인 프로젝트 수행을 위해서는 모든 이해관계자를 명확하게 파악하고, 그들의 기대사항을 이해하며, 적절한 관리 전략을 통해 참여를 유도하는 것이 중요하다.

프로젝트 리스크는 프로젝트 목표 달성에 영향을 미치는 불확실성을 의미합니다. 리스크는 긍정적(기회) 또는 부정적(위협)이며, 프로젝트 팀은 프로젝트 기간 동안 리스크를 식별하고 평가해야 합니다. 리스크 선호도는 프로젝트 팀이 감수할 수 있는 리스크 수준을 나타내고 리스크 한계선은 프로젝트 팀이 허용할 수 있는 최대 리스크 수준을 정의합니다.

위협은 프로젝트 지연, 비용 초과, 기술적 문제, 성능 저하 또는 평판 손실 등의 문제를 야기할 수 있으며, 기회는 프로젝트 일정 단축, 비용 절감, 성능 향상, 시장 점유율 확대, 평판 향상 등의 이점을 가져올 수 있습니다. 효과적인 리스크관리는 개별 및 전체 프로젝트 위협을 줄이고 기회를 늘리는 데 기여합니다. 하지만 언더백 기업은 제한된 자원과 취약한 시스템으로 인해 리스크관리 능력이 부족한 경우가 많습니다. 비즈니스 컨시어지는 언더백 기업의 리스크관리에 핵심적인 역할을 수행할 수 있습니다.

(2) 언더백 기업의 리스크관리 문제점

❶ **부족한 자원** (전문 인력, 시스템 구축 및 유지 비용, 데이터 확보 어려움)
❷ **낮은 경영 인식** (단기 성과에 집중, 리스크관리 전문성 및 경영층 인식 부족)
❸ **미흡한 외부 환경 변화 대응 능력** (급격한 환경 변화, 규제 강화, 시장 변동성 증가)

(3) 비즈니스 컨시어지의 역할

❶ **전문 인력 부족 문제 해결 :** 네트워크를 통해 필요한 전문성 제공
❷ **시스템 구축 및 유지 비용 부담 해결 :** 맞춤형 솔루션 제공
❸ **데이터 확보 어려움 해결 :** 정보 및 데이터 분석 지원
❹ **부족한 경영 인식 문제 해결 :** 리스크관리 중요성 교육 및 컨설팅
❺ **외부 환경 변화에 대응 능력 강화 :** 변화 분석 및 전략 수립 지원

2 리스크관리 첫 걸음은 완전한 계약서 작성부터

계약서 체결 전에 명확하고 완전한 내용을 작성하는 것은 리스크관리의 중요한 첫 걸음입니다. 계약서 작성 과정에서 소홀히 하여 발생할 수 있는 문제와 피해를 방지하기 위해 꼼꼼하게 확인해야 합니다. 공정지연 및 체인지 오더 미비는 언더백 기업에서 자주 발생하는 문제로 특히 부족한 자금 및 인력, 낮은 기술력 등의 이슈가 발생할 가능성이 높습니다. 이러한 과제는 기업의 성장과 발전에 심각한 영향을 미칠 수 있는 가장 큰 리스크이기에, 미리 예방해야 합니다.

01 공정지연과 체인지 오더

글로벌 기업으로 성장하기 위해서는 다양한 국가와 지역에서 프로젝트를 진행하게 됩니다. 이러한 과정에서 공정지연과 체인지 오더와 같은 문제가 발생할 수 있습니다. 공정지연은 계약상 약속된 납품 기한을 지키지 못하거나 지연되는 것을 의미하며, 체인지 오더는 프로젝트 진행 과정에서 계약 내용을 변경하는 것을 말합니다. 이러한 문제들은 다양한 이해관계자들의 요구와 예상치 못한 문제로 인해 발생할 수 있습니다. 언더백 기업은 공정지연과 체인지 오더로 큰 타격을 입을 수 있으므로, 사전에 이러한 문제들을 검토하고 파악하여 대비하는 것이 중요합니다.

(1) 손실 사례

❶ **2014년 :** 조선업계 빅3의 신용등급 강등

❷ **A중공업 :** 1조원이 넘는 영업손실 (2분기에 1조 1,037억원 영업적자)

❸ **B중공업 :** 대규모 영업손실 (해양사업 경쟁력 부족)

(2) 큰 손실이 발생한 이유

❶ **공정지연과 체인지 오더 :** 프로젝트 관리에서 흔히 발생하는 문제

❷ **계약서 검토 미흡 :** 문제의 근본 원인

(3) 계약서 검토가 제대로 이루어지지 않을 때 발생할 수 있는 문제

❶ **공정지연 :** 예상보다 공사 기간이 길어져 손실 발생

❷ **체인지 오더 :** 계약 내용 변경으로 추가 비용 발생

❸ **분쟁 :** 계약 해석 문제로 법적 분쟁 발생

(4) 언더백 기업이 리스크관리에 적극적으로 대응해야 하는 이유

❶ **경험 부족 :** 대기업에 비해 공정지연 및 체인지 오더 대처 경험 부족

❷ **재무적 어려움 :** 손실 감당 능력 부족

❸ **경쟁력 약화 :** 분쟁으로 인해 프로젝트 진행 지연 및 시장 경쟁력 약화

(5) 언더백 기업의 리스크관리 전략 및 대응 방안

❶ **전문가 활용 :** 계약서 검토 및 프로젝트 관리 전문가 활용

❷ **철저한 검토 :** 계약서 내용 철저히 검토 및 분석

❸ **사전 예방 :** 공정지연 및 체인지 오더 가능성 사전에 예측 및 대비

❹ **분쟁 관리 :** 분쟁 발생 시 신속하고 효과적인 해결

이러한 노력을 통해 언더백 기업은 공정지연과 체인지 오더로 인한 손실을 최소화하고 프로젝트를 성공적으로 수행할 수 있습니다.

계약서 검토 : 공정지연과 체인지 오더 방지하기

계약서 검토는 프로젝트의 범위, 일정, 비용을 명확하게 정의하여 분쟁을 예방하고 리스크를 줄이는 데 중요합니다. 특히, 언더백 기업은 공정지연과 체인지 오더를 방지하기 위해 계약서 검토에 더욱 신경써야 합니다.

(1) 명확하게 정의해야 하는 요소

❶ **프로젝트 범위 :** 포함 및 제외 사항

❷ **일정 :** 주요 마일스톤과 완료 기한

❸ **비용 :** 프로젝트 수행에 필요한 모든 비용

❹ **변경 관리 프로세스 :** 프로젝트 진행 과정에서 변경 사항을 처리하는 방법

❺ **분쟁 해결 절차 :** 분쟁 발생 시 해결 방법

(2) 공정지연 방지

❶ 계약서에 명확한 일정과 마일스톤을 설정하여 공정 지연 방지
❷ 프로젝트 진행 상황을 정기적으로 모니터링하고 필요에 따라 일정 조정
❸ 위험 요소를 식별하고 완화하기 위한 계획 수립

(3) 체인지 오더 방지

❶ 계약서에 명확한 프로젝트 범위를 정의하여 체인지 오더 최소화
❷ 모든 변경 사항은 서면으로 승인
❸ 변경 사항으로 인해 발생하는 추가 비용을 명확하게 정의

(4) 계약서 검토 팁

❶ 법률 전문가에게 도움 받는 것을 추천함
❷ 계약서 내용을 꼼꼼하게 읽고 이해해야 함
❸ 불분명한 부분은 반드시 명확하게 정의해야 함
❹ 서명하기 전 모든 내용에 동의해야 함

계약서 작성 전에 프로젝트의 범위, 일정, 비용을 명확하게 정의합니다. 계약서 검토는 전문가가 수행하고 계약서에 포함된 법적, 기술적 내용을 꼼꼼하게 확인하는 것은 물론 프로젝트에 미치는 영향을 분석해야 합니다. 검토 과정에서 프로젝트 관계자들의 의견을 수렴하고 조율한 후 결과를 문서화하여 관계자들에게 공유합니다. 이처럼 계약서 검토를 통해 공정지연과 체인지 오더를 방지하는 과정은 프로젝트의 성공을 위해 매우 중요합니다.

삼성전자는 해외 프로젝트 진행 시 현지 법률 및 규제를 준수하고 계약 분쟁을 방지하기 위해 현지 법률 전문가를 참여시키고 프로젝트 진행 상황을 실시간으로 모니터링하여 공정지연 가능성을 사전에 예측하여 대비하고 있습니다. 또한 현대건설은 체인지 오더 발생 가능성을 최소화하기 위해 프로젝트 기획 단계부터 고객과의 긴밀한 협의를 진행하고, 체인지 오더 발생 시 신속하고 효과적인 협상을 통해 프로젝트 진행에 지장을 최소화하고 있습니다.

공정지연이나 체인지 오더의 리스크를 낮추기 위해서는 관련 상품 및 서비스 제공과 관련된 모든 내용을 모니터링하고 관리하는 능력이 필요합니다. 고객사와의 신뢰와 의사소통을 바탕으로 파트너십을 강화하고 계약 초기 단계부터 명확한 기대치를 설정하고 정기적으로 재설정하는 것이 중요합니다. 또한 계약과 관련된 진행 상황을 평가하고, 공정지연 및 체인지 오더 미비를 예방하기 위한 노력을 지속적으로 기울여야 합니다.

02 서비스 수준 계약(SLA)

기술 또는 비즈니스 공급 계약은 회사의 성공에 매우 중요합니다. 잘못된 계약은 비즈니스 성과를 방해하고 부정적인 영향을 미칠 수 있습니다. 따라서 계약을 체결하기 전에 리스크관리 전략을 통해 잠재적인 문제를 식별하고 해결하는 것이 중요합니다. 서비스 수준 계약(SLA: Service-Level Agreement)[2] 은 리스크관리의 중요한 도구입니다. SLA는 제공업체와 고객 간의 계약으로 제공될 서비스, 기대 수준, 성능 측정 방법, 성능 불이행 시 조치 등을 명시합니다. 기술 또는 비즈니스 공급 계약 거래 시 SLA는 리스크관리에 중요한 역할을 합니다. SLA를 통해 모든 이해관계자에게 명확한 기대치를 설정하고 문제를 예방하며, 성공적인 관계를 구축할 수 있습니다.

(1) SLA의 주요 이점

❶ 모든 이해관계자에게 서비스 계약에 대한 명확한 이해 제공
❷ 고객 기대치 설정
❸ 검토 및 시정 절차 정의
❸ 최종 사용자 경험 최적화
❹ 보다 원활한 작업 관계 구축
❺ 향후 문제 최소화
❻ 관련 당사자의 이익 보호

(2) SLA 유형

❶ **고객 수준 SLA :** 특정 고객 그룹에 맞춤화된 SLA
❷ **서비스 수준 SLA :** 특정 서비스에 대한 SLA
❸ **다단계 수준 SLA :** 여러 서비스 수준을 제공하는 SLA

2) 서비스 수준 계약(SLA: Service-Level Agreement) : 고객이 공급업체에게 기대하는 서비스 수준을 기술한 문서로 해당 문서에는 서비스를 측정할 지표가 규정된다. 또한, 합의된 수준을 충족하지 못했을 때 해결책이나 불이익이 있으면 역시 명시하며 통상적으로 SLA는 회사와 외부 공급업체 간에 체결되지만 한 회사에 속한 부서 사이에서도 체결될 수 있다.

(3) SLA 체결 시 고려해야 할 사항

❶ **서비스 범위 :** SLA에서 다루는 서비스를 명확하게 정의
❷ **성능 목표 :** 측정 및 달성 가능한 목표 명시
❸ **보고 및 측정 :** 성능을 보고하고 측정하는 방법 명시
❹ **위반 시 조치 :** 성능 목표를 달성하지 못할 경우 취해야 할 조치 명시

서비스 수준 계약에는 고객 수준 SLA, 서비스 수준 및 다단계 수준 SLA 등 세 가지 기본 유형이 있습니다.

첫 번째로 고객 수준 SLA는 서비스 제공업체와 고객 간의 계약으로, 제공되는 서비스의 수준을 명시합니다. 이는 외부 고객 또는 내부 고객 모두에게 적용됩니다. 타사 클라우드 서비스 제공업체와 기술 회사 간의 클라우드 호스팅 애플리케이션 성능 계약, 개발팀과 비즈니스팀 간의 특정 애플리케이션 배포 주기 및 기대치 계약 등이 그 예시입니다.

두 번째로 서비스 수준 SLA는 여러 고객에게 제공되는 서비스 수준을 명시하는 계약입니다. 모든 고객에게 동일한 수준의 서비스 및 지원을 제공하는 경우에 사용합니다. 클라우드 서비스 제공업체가 모든 고객에게 제공하는 표준 서비스 수준 계약, IT 부서가 회사 내 모든 부서에 제공하는 표준 지원 수준 계약 등이 그 예시입니다.

다단계 SLA는 여러 수준의 서비스를 동일한 계약에 통합하는 경우에 사용합니다. 조직이 여러 퍼블릭 클라우드 제공업체를 사용하는 경우 다단계 SLA를 사용하여 각 제공업체와의 계약을 정의할 수 있고, 회사 내 여러 팀 또는 부서 간에 서로 다른 수준의 서비스가 필요한 경우 다단계 SLA를 사용하여 각 팀 또는 부서의 요구 사항을 정의할 수 있습니다.

언더백 기업은 다단계 SLA를 구현하는 데 유용합니다. 서비스 수준 계약은 계약 기간 동안 제공되는 서비스 수준을 명시하는 계약입니다. 명확하고 자세한 SLA는 공급 계약 관리의 중요한 구성 요소이며, 모든 이해관계자가 자신의 권리와 의무를 명확하게 이해할 수 있도록 해야 합니다.

3 경영진의 현명한 선택, 전략적 리스크 계획

경영진이 리더십, 전략 수립 능력, 실행력 등이 부족하면 기업의 성장에 부정적인 영향을 미칠 수 있습니다. 특히, 경영진의 리스크관리 능력이 부족하면 위기 상황에 대비하지 못할 수 있습니다. 예를 들어 새로운 제품이나 서비스와 관련된 불만 사항을 검토하는 경우, 대부분은 동일한 고객의 요구사항이나 불만과 관련이 있습니다. 패턴과 관계를 인식하면 이러한 불만의 근본 원인을 발견할 수 있습니다.

복잡성을 관리하는 또 다른 방법은 다양한 이해관계자의 요구 사항을 균형 있게 고려하는 것입니다. 직원, 관리자, 동료와 같은 내부 이해관계자뿐만 아니라 고객, 주주, 공급업체, 채권자와 같은 외부 이해관계자를 포함합니다. 예를 들어, 경영진은 종종 가성비, 낮은 가격, 높은 품질과 같은 고객의 요구사항을 충족시키는 동시에 주주의 부와 회사의 수익성을 높이기 위해 노력합니다. 이러한 유형의 우선순위가 충돌할 때 경영진은 가능한 최선의 절충안을 만들어야 합니다. 복잡성을 관리하는 방법은 아이디어를 전략적 목표에 맞추는 것입니다. 조직의 큰 그림을 이해하면 전략적 비전을 더 잘 이해하고 이를 통해 부서 또는 사업부에 대한 구체적인 목표와 목적을 정의할 수 있습니다.

01 경영진의 전략적인 접근

경영진이 전략적으로 판단하고 의사결정을 하기 위해서는 조직의 모든 이해관계자의 요구 사항을 균형있게 고려해야 합니다. 이를 위해 외부 전문가를 초빙하거나 그룹 구성원들에게 다양한 관점을 고려하도록 권장할 수 있습니다. 모든 비즈니스 이니셔티브는 목표를 달성하기 위한 구체적인 계획을 내포하고 있습니다. 이니셔티브(Initiative)[3]는 목적을 위해 핵심 결과를 '어떻게' 달성할지 알려줍니다. 또한 앞으로의 계획과 로드맵이 필요합니다. 조직의 리더는 전략적 리스크를 고려할 때 잠재적 위험과 완화 방법을 모두 포함하는 위험 계획을 수립해야 합니다. 이러한 계획은 광범위하고 철저한 범위로 비즈니스에 부정적인 결과를 초래할 수 있는 예기치 않은 사건이나 조건을 포함해야 합니다. 리스크관

3) 이니셔티브(Initiative): 일상적인 과업을 말하는 것이 아니라 미션·비전과 같은 방향성을 가지고 기존과 다른 특별한 과제 또는 프로젝트를 추진하는 것으로 각 산업계에 속한 글로벌 기업들의 행동강령이나 가이드 형태의 자율 규범과 같은 것을 말한다.

리는 모든 유형의 리스크를 고려하고 프로젝트 리스크를 포괄적으로 이해하도록 그 영역을 확장하고 있습니다. 다음은 프로젝트 리스크관리에 대한 새로운 동향과 실무사례입니다.

비사건 리스크

대부분의 프로젝트는 불확실한 미래 사건에 대한 리스크만 고려한다. 이러한 사건 기반 리스크의 예로는 프로젝트 과정에서 주요 판매자가 폐업하거나 설계가 완료된 후에 고객이 요구사항을 변경하는 경우 또는 하도급 업체가 표준 운영 프로세스 개선을 제안하는 경우 등이다. 그러나 비사건 리스크도 식별하고 관리해야 한다는 인식이 증가하고 있다. 비사건 리스크는 크게 두 가지 유형으로 나뉜다.

❶ **가변성 리스크 :** 계획된 사건이나 활동 또는 의사결정의 일부 주요 특성에 대한 불확실성이 존재한다. 가변성 리스크의 예로는 생산성이 목표보다 높거나 낮은 경우, 테스트 과정에서 발견된 오류 수가 예상보다 많거나 적은 경우, 또는 건설 단계에서 이상 기후가 나타나는 경우 등이 있다.

❷ **모호성 리스크 :** 미래에 어떤 일이 발생할지에 대한 불확실성이 존재한다. 불완전한 지식이 프로젝트의 목표 달성 역량에 영향을 줄 수 있는 프로젝트 영역은 요구사항 또는 기술적 해결책, 향후 규제 프레임워크 개발 또는 프로젝트에 내재된 전반적 복잡성을 들 수 있다.

모든 리스크관리 계획은 잠재적인 위협 즉, 비사건 리스크(non-event risk)[4]에 대한 포괄적인 목록과 예상되는 이점이 포함되어 있습니다. 가능한 장애물을 해결하거나 피하기 위해 취해야 할 특정 작업을 간략하게 설명합니다. 예를 들어 제품 중 하나의 가격 인상을 고려하고 있다고 가정해 보겠습니다. 모든 사람이 더 많은 비용을 지불할 의향이 있거나 지불할 수 있는 것은 아니기 때문에 제품에 대한 수요가 감소할 수 있습니다. 이러한 잠재적 위험에 대한 완화 대응은 새로운 마케팅 캠페인을 개발하는 것일 수 있습니다.

02 리스크 계획 수립 5단계

리스크 계획을 수립할 때는 다음과 같은 5단계 프로세스를 따르는 것이 좋습니다. 가격을 조정할 때는 잠재적인 영향을 신중하게 판단하고 결정해야 합니다.

4) 비사건리스크(non-event risk): 비사건리스크는 사건이 발생하지 않았음에도 불구하고 조직에 손실을 초래할 수 있는 잠재적인 위협을 의미한다. 이는 사고나 재해와 같은 명백한 사건이 아닌, 점진적이거나 누적적으로 발생하는 문제들을 포함한다.

1단계. 먼저 아이디어와 관련된 목표 목록을 설정합니다. 시장 점유율 증가처럼 달성하는 목표에 대한 논의를 포함합니다. 목표는 명확하고 철저하며, 조직의 전략적 목표와 일치해야 하지만, 최고를 선택적으로 추구해야 합니다. 하나의 이니셔티브에 중요한 리소스를 투입하는 것이 전체적인 전략적 목표를 지원하지 않는다면 비생산적일 수 있습니다. 따라서 많은 기회에 관심이 분산되어 견인력이 부족해지지 않도록 주의해야 합니다.

2단계. 고위 경영진은 조직 전체 구성원이 비즈니스의 기본 전략을 지원하도록 유도하기 위해, 피해야 할 비즈니스 기회 유형을 명시해야 합니다. 이를 위해 기존의 핵심 역량을 활용하고, 예상 재무 성과에 대한 최소한의 수준과 관련된 경계나 목표를 설정하는 것이 필요합니다. 이렇게 설정된 전략적 경계는 원하는 목표를 넓게 정의하며, 이에 따라 개인들은 주도적이고 창의적으로 행동할 수 있습니다. 내부 프로세스를 재구성하여 고객 요구에 대응하거나 효율성을 극대화하는 것이 가능해집니다.

3단계. 목표를 설정한 후에는 답변이 필요한 질문 목록을 작성해야 합니다. 질문에는 운영적 리스크에 미칠 수 있는 영향과 같은 내용이 포함되어야 합니다. 가능한 재정적 손실로부터 생존할 수 있는 가능성, 실패로부터 빠르게 배우고 방향을 전환할 수 있는 능력, 그리고 잠재적인 부족분을 감당할 수 있는 능력에 대한 질문을 만들어야 합니다. 리스크는 회사 경영진에게 재정적, 운영적, 또는 평판적인 영향을 줄 수 있으므로, 회사가 이러한 리스크를 어떻게 다룰지 고민하는 노력이 필요합니다.

4단계. 다른 회사들이 비슷한 문제를 어떻게 다뤘는지 살펴보고 분석해야 합니다. 다양한 사례 분석을 통해 어떤 대응 방안을 취할지 고려할 수 있습니다. 리스크를 무시하면 경쟁에서 밀려날 수 있으니, 신중한 대응이 필요합니다. 정보를 수집하고 아이디어를 공유하며, 검토하는 과정을 거쳐야 합니다. 업계 전문가와의 인터뷰도 도움이 될 것입니다.

5단계. 마지막으로, 리스크관리 계획을 세우는 것이 중요합니다. 회사의 강점과 약점, 기회와 위협을 고려하여 데이터를 분석하고 계획을 수립해야 합니다. 리스크 계획은 마지막 단계로, 모든 것을 자세히 정리합니다. 각 단계를 설명하고, 특정 위험을 식별하며, 위험을 완화하는 방법을 설명합니다. 만약 어떤 단계가 제대로 작동하지 않는다면, 조직은 조정을 하고 앞으로 나아가기 위한 방향과 목표를 다시 설정해야 합니다. 그리고 모든 것이 순조롭게 진행된다면, 작업 기간은 어느 정도인지 알아야 합니다. 그렇지 않은 경우, 추가적으로 어떤 조치가 필요한지 파악해야 합니다. 비즈니스에서는 리스크 계획이 매우 중요합니다. 경영진은 전략적으로 이러한 리스크를 다루어야 합니다.

4 기업의 리스크관리는 리스크 식별부터

기업이 성공적으로 운영하고 목표를 달성하기 위해서는 효과적인 리스크관리가 필수적입니다. 리스크관리의 첫 번째 단계는 다양한 유형의 리스크를 정확하게 식별하는 것입니다. 이는 기업이 직면할 수 있는 잠재적인 위협과 기회를 파악하여 적절한 대응 전략을 수립하는 기반을 마련하는 과정입니다. 이를 통해 법적 책임, 자연 재해, 사고, 관리 오류, 사이버 보안 위협 등 다양한 분야에 대응할 수 있도록 잠재적인 영향을 최소화하거나 제어할 수 있습니다.

01 리스크관리 표준 가이드

리스크 식별은 프로젝트에서 발생할 수 있는 문제와 위험을 찾아내고 그 특징을 적어놓는 과정입니다. 이것은 개별적인 문제와 프로젝트 전반적인 위험을 정리하는 데 유용합니다. 이 단계에서는 발견된 위험에 대처하기 위해 필요한 정보도 수집합니다. 이러한 작업은 프로젝트를 진행하는 동안 계속해서 이루어지며, 이 과정에 미국 PMI(Project Management Institute)[5] 의 프로젝트관리지식체계 지침서(PMBOK® Guide)[6]의 그림에서 보여지는 투입물, 도구 및 기법, 산출물이 사용됩니다.

글로벌 기업들은 PMI의 프로젝트관리지식체계 지침서를 활용하여 프로젝트 리스크 식별 과정을 체계적으로 수행하고 있습니다. 예를 들어, 애플은 신제품 개발 프로젝트에서 PMBOK®의 리스크관리 프로세스를 적용하여 제품 출시 지연, 기술 문제, 공급망 이슈 등 다양한 위험 요인을 사전에 발견하고 대응 계획을 수립합니다. 또한 GE는 대규모 인프라 프로젝트에서 이해관계자 인터뷰, 문서 검토, 브레인스토밍 등의 리스크 식별 기법을 활용하여 프로젝트 전반의 잠재적 위험을 체계적으로 관리하고 있습니다. 이처럼 글로벌 기업들은 PMBOK®의 지침을 바탕으로 프로젝트 리스크를 효과적으로 식별하고 대응함으로써 프로젝트 성공률을 높이고 있습니다.

---

5) PMI(Project Management Institute) : PMI는 프로젝트, 프로그램, 포트폴리오 관리를 전문 분야로 삼고 있는 사람들을 위한 세계적인 협회다. PMI는 글로벌 옹호 활동과 협업, 교육 및 연구를 통해 전 세계 300만명이 넘는 전문가들로 하여금 일과 개인이 프로젝트와 관련해 조직화되는 앞으로의 경제인 프로젝트 경제에 대비할 수 있도록 노력하고 있다.

6) 프로젝트관리지식체계 지침서(PMBOK® Guide) : PMBOK® Guide는 PMI에서 발행하는 프로젝트관리 지식체계에 대한 표준 가이드라인이다. 이 지침서는 프로젝트 관리 분야의 전문 용어, 개념, 프로세스를 정의하고 설명하며, 성공적인 프로젝트 수행을 위한 지침을 제공한다.

[리스크 식별]

투입물	도구 및 기법	산출물
01 프로젝트관리 계획서 · 요구사항관리 계획서 · 일정관리 계획서 · 원가관리 계획서 · 품질관리 계획서 · 자원관리 계획서 · 리스크관리 계획서 · 범위 기준선 · 일정 기준선 **02 프로젝트 문서** · 가정사항 기록부 · 원가 산정치 · 기간 산정치 · 이슈 기록부 · 교훈 관리대장 · 요구사항 문서 · 자원 요구사항 · 이해관계자 관리대장 **03 협약** **04 조달 문서** **05 기업환경요인(EEF)** **06 조직 프로세스 자산(OPA)**	**01 전문가 판단** **02 데이터 수집** · 브레인스토밍 · 점검목록 · 인터뷰 **03 데이터 분석** · 원인분석 · 가정 및 제약 분석 · SWOT 분석 · 문서 분석 **04 대인관계 및 팀 기술** · 촉진 **05 촉발(prompt) 목록** **06 회의**	**01 리스크관리대장** **02 리스크 보고서** **03 프로젝트 문서 업데이트** · 가정사항 기록부 · 이슈 기록부 · 교훈 관리대장

출처 : PMI협회, PMBOK® Guide 6판, 리스크관리 식별 : 투입물, 도구 및 기법, 산출물

프로젝트 관리 계획은 프로젝트 관리 프로세스 중 하나로, 여러 문서와 정보를 포함합니다. 요구사항 관리 계획, 일정 관리 계획, 원가 관리 계획, 품질 관리 계획, 자원 관리 계획, 리스크관리 계획 그리고 범위, 일정, 비용에 대한 기준선을 함께 넣습니다. 또한 가정사항 기록부, 원가 및 기간 산정, 이슈 기록부, 교훈 관리대장, 요구사항 문서, 자원 요구사항 및 이해관계자 등록이 프로젝트 문서에 포함됩니다. 계약, 조달 문서, 기업환경 요인 및 조직 프로세스 자산도 중요한 부분입니다. 이 프로세스에서는 전문가 의견, 브레인스토밍, 체크리스트, 인터뷰 등을 포함한 데이터 수집 기술이 사용됩니다.

데이터 분석에는 근본 원인 분석, 가정 및 제약사항 분석, SWOT 분석, 문서 분석 등이 포함됩니다. 대인 관계 및 팀 기술로는 촉진, 프롬프트 목록, 회의 등이 사용됩니다. 프로세스의 산출물로는 리스크관리 대장, 리스크 보고서, 프로젝트 문서 업데이트가 있습니다. 이 중에는 가정사항 기록부, 이슈 기록부, 교훈 관리대장이 포함됩니다. 리스크 식별 프로세스를 통해 프로젝트에 영향을 줄 수 있는 위험과 기회를 식별하고 문서화해야 합니다. 이러한 프로세스는 반복적으로 수행되며, 프로젝트 수명 주기 동안 여러 번 발생할 수 있습니다.

02 리스크 식별 프로세스

리스크의 잠재적인 원인을 보여주는 계통도인 리스크분류체계(RBS)를 사용하는 것은 리스크 범주를 구성하는 일반적인 방법입니다. RBS는 프로젝트팀이 개별 프로젝트 리스크가 발생할 수 있는 원인의 전체 범위를 고려하는 데 도움을 주며 이는 리스크를 식별할 때 또는 식별된 리스크를 분류할 때 활용할 수 있습니다. 조직은 모든 프로젝트에 일반 RBS를 사용하거나 프로젝트 유형마다 다른 여러 개의 RBS 프레임워크를 가지거나 프로젝트별 RBS를 개발할 수 있습니다. RBS를 사용하지 않는 경우, 조직은 프로젝트 목표에 기초한 구조 또는 단순 범주 목록 형태의 맞춤형 리스크 분류 프레임워크를 사용할 수도 있습니다. 언더백 기업은 프로젝트관리지식체계 지침서에서 안내하는 그림의 리스크분류체계(RBS) 발췌 예시를 참고하여 리스크를 식별하고 분류함으로써 체계적으로 리스크를 관리하는 노력이 필요합니다.

일반적으로 리스크 식별 프로세스에는 여섯 가지 입력 요소가 있습니다. 첫 번째로, 프로젝트 관리 계획과 관련 자회사 계획이 포함됩니다. 리스크관리는 프로젝트 관리의 중요한 측면으로, 프로젝트 관리 계획에 담긴 다양한 정보를 활용하여 리스크를 식별하는 것이 중요합니다. 예를 들어 요구사항 관리, 일정 관리, 원가 관리, 품질 관리, 자원 관리 및 리스크관리 등 다양한 영역의 계획 정보를 활용합니다. 이러한 계획에는 잠재적인 비용 초과에 대한 정보뿐만 아니라 지연, 품질 결함 그리고 프로젝트 인력 배치 방법 등과 같은 사항이 포함됩니다. 또한, 리스크관리 계획을 통해 팀 구성원의 역할과 책임, 리스크관리 활동에 할당된 예산 및 일정을 평가할 수 있습니다. 두 번째 입력은 관련 프로젝트 문서입니다. 여기에는 가정사항 기록부, 비용 및 기간 추정치, 이슈 기록부, 교훈 관리 대장, 요구사항 문서, 자원 요구사항 및 이해관계자 등록부가 포함됩니다. 가정사항 기록부는 프로젝트에 대한 가정을 식별하는 데 사용됩니다. 가정은 항상 참 또는 거짓일 수 있으므로, 리스크를 식별하는 데 도움이 될 수 있습니다.

경쟁 업체가 귀사보다 먼저 유사한 제품을 출시할 경우, 시장 수요의 이점을 누르고 소프트웨어에 대한 수요를 끌어내는 것이 가능합니다. 원가 및 기간 추정치를 사용하여 비용이나 일정 초과의 위험 또는 예산 절감 기회를 예측하고 정량화할 수 있습니다. 예를 들어, 특정 활동에서 계획보다 더 많은 비용이 들 수 있는 리스크를 조사하고 있다면, 낙관적 비용 추정치를 시작으로 높은 리소스 비용을 기반으로 한 비관적 추정치와 비교할 수 있습니다. 결국, 이 활동에 대한 비용 초과 위험이 높다고 결론을 도출하고, 이를 프로젝트에 대한 합법적인 리스크로 문서화할 수 있습니다.

리스크관리 계획에 설명된 역할과 책임과 마찬가지로 이해관계자 등록부에는 위험을 식별하고 특성화하는 데 도움이 될 수 있는 사람들의 이름과 세부 정보를 기록해야 합니다. 계약은 또 다른 입력으로, 외부 자원을 사용하는 경우 외부 공급업체와의 계약, 마일스톤 날짜, 계약 유형, 수락 기준, 특정 보상 또는 합의된 조건이 자세히 설명되어야 합니다. 조달 문서는 프로젝트 도중 외부 공급업체로부터 자재나 서비스를 구매할 때의 리스크를 식별하기 위해 중요한 데이터를 제공합니다. 이 데이터는 프로젝트에 대한 리스크를 파악하는 데 도움이 되는 정보를 포함해야 합니다. 리스크를 식별하는 과정에는 엔터프라이즈 환경 요인과 조직 프로세스 자산이라는 두 가지 다른 요소가 있습니다.

RBS 수준 0	RBS 수준 1	RBS 수준 2
0. 프로젝트 리스크의 모든 출처	**1. 기술적 리스크**	1.1 범위 정의 1.2 요구사항 정의 1.3 산정, 가정 및 제약 1.4 기술적 프로세스 1.5 기술 1.6 기술적 인터페이스
	2. 관리 리스크	2.1 프로젝트관리 2.2 프로그램/포트폴리오관리 2.3 운영관리 2.4 조직 2.5 자원조달 2.6 의사소통
	3. 상용 리스크	3.1 계약 약관 3.2 내부 조달 3.3 공급업체 및 판매업체 3.4 하도급업체 3.5 클라이언트/ 고객 안정성 3.6 파트너십 및 합작투자
	4. 외부 리스크	4.1 법률 4.2 환율 4.3 부지/설비 4.4 환경/기후 4.5 경쟁 4.6 규제

출처 : PMI협회, PMBOK® Guide 6판, 샘플 리스크분류체계(RBS) 발췌

엔터프라이즈 환경 요인은 산업 전반의 리스크를 요약한 연구나 학술 논문에서 얻을 수 있습니다. 이는 특정 위협이나 기회를 강조할 수 있습니다. 또한 프로젝트 기준과 계획이 산업의 벤치마크나 리스크에서 벗어나는 지 여부를 식별할 수 있습니다. 예를 들어, 리스크를 극복하려는 이해관계자의 태도는 프로젝트에 도움이 되거나 위험할 수 있습니다. 조직 프로세스 자산에는 과거 프로젝트 데이터와 이전 프로젝트의 리스크에 대한 정보가 포함됩니다. 이것은 현재 프로젝트에서 유사한 리스크를 식별하는 데 유용합니다. 과거 프로젝트에서 개발된 리스크 명세서 템플릿은 현재 프로젝트의 리스크를 식별하는 데 유용한 정보를 제공합니다.

5 우수 인력 확보가 기업의 리스크 대응에 미치는 영향

언더백 기업은 대기업에 비해 우수한 인재를 구하는 데 어려움을 겪을 수 있습니다. 전문 인력 부족은 기업의 성장에 큰 걸림돌 가운데 하나입니다. 리스크관리에서도 우수한 인재의 역할은 매우 중요합니다. 기업이 다양한 리스크에 효과적으로 대응하기 위해서는 우수한 인재를 확보하는 것이 필수입니다. 우수한 인재는 리스크를 사전에 예측하고 적절히 대응하여 손실을 최소화하는 데 큰 역할을 합니다. 인적 자원은 기업의 경쟁력을 유지하고 지속 가능한 성장을 이루기 위해 매우 중요합니다. 기업은 경영 목표를 달성하고 경쟁 우위를 확보하기 위해 인재를 확보하는 것이 필수적입니다.

01 우수 인재 발굴

인재 확보는 건초더미에서 바늘을 찾는 것만큼 어려운 작업입니다. 인재 확보 경쟁은 갈수록 치열해지고 있기 때문에, 많은 언더백 기업들이 경쟁사보다 앞서 나가기 위해 잠재적 지원자를 적극적으로 찾고 있습니다. 하지만 이에 따른 시간과 비용 증가는 숙제입니다. 미국 인적자원관리협회의 조사에 따르면, 새로운 직원 1명을 채용하는 데 평균 36일과 4,425달러의 비용이 소요되며, 입사한 직원 중 26%는 1년 이내에 퇴사하는 것으로 나타났습니다. 기업은 전략적인 투자와 노력을 통해 우수한 인재를 확보하고, 경쟁력을 강화하며 지속 가능한 성장을 이룰 수 있습니다.

이를 위해 기업은 명확한 채용 기준을 설정하고 기업의 비전, 가치, 목표와 부합하는 인재의 역량과 경험을 명확하게 정의해야 합니다. 또한 경쟁력 있는 채용 패키지를 제공하여 인재를 유치해야 합니다. 이는 경쟁력 있는 급여, 복리후생, 성장 기회 등을 포함합니다. 기업은 긍정적이고 매력적인 기업 문화를 구축하여 혁신을 장려하고, 직원들의 성장을 지원하며, 다양성을 존중하는 문화를 조성해야 합니다. 마지막으로, 효과적인 인재 관리 시스템을 구축함으로써 직원들의 성과를 평가하고, 역량 개발을 지원하며, 피드백을 제공해야 합니다. 우수한 인재를 모으면 프로젝트 팀은 각자의 역할과 책임을 맡아 공통의 목표를 이룰 수 있는 조합을 구성할 수 있습니다. 경영진이나 프로젝트 관리자는 팀원을 적절하게 확보하고 관리하며, 동기부여를 제공하고 권한을 부여하는 데 노력해야 합니다. 프로젝트 팀원들은 각자의 역할과 책임이 다르더라도, 모든 팀원이 기획과 의사결정에 참여하는 것이 중요합니다.

팀원이 기획에 참여하면 전문지식이 향상되고 소속감도 높아집니다. 경영진과 프로젝트 관리자는 리더로서 조직의 만족도와 동기부여를 유지하고 개선하며, 전문적이고 윤리적인 행동을 촉진해야 합니다. 프로젝트 팀은 다양한 기술과 역량을 갖춘 인재로 구성되며, 프로젝트가 진행되면서 팀원이 추가되거나 변경될 수 있습니다. 최근에는 프로젝트 관리에서 팀원에게 의사결정 권한을 부여하여 협력적이고 지원적인 관리 방식이 증가하고 있습니다. 프로젝트 인적 자원관리는 자원 활용을 최적화하기 위해 더욱 진화하고 있습니다.

다음은 프로젝트 인적 자원관리에 대한 새로운 동향과 실무사례의 일부 예입니다.

❶ **자원관리 방법 :** 중요 자원의 희소성으로 인해 몇몇 산업 분야에서 지난 몇 년 간 여러 가지 추세가 두드러지게 나타났다. 린(lean) 관리, 적시(JIT) 제조, 카이젠, 전사적 생산설비 보전(TPM), 제약 이론(TOC) 및 기타 방식에 대한 광범위한 문헌이 존재한다. 프로젝트 관리자는 수행조직이 하나 이상의 자원 관리 도구를 채택했는지 여부를 판별하고 그에 따라 프로젝트를 수정해야 한다.

❷ **감성지능(EI) :** 프로젝트 관리자는 내적(자기 관리, 자기 인식 등) 및 외적(관계 관리 등) 역량을 향상시킴으로써 개인의 감성지능에 투자해야 한다. 팀 감성지능 개발에 성공하거나 감성적인 역량을 확보하는 프로젝트팀이 보다 효과적인 조직이라는 연구 결과가 있다. 또한 구성원의 이직률이 낮아지는 효과도 있다.

❸ **자율구성팀 :** 주로 IT 프로젝트 실행을 위한 애자일 방식의 사용 증가로 인해 중앙의 통제 없이 자율적으로 운영되는 자율구성팀이 생겨났다. 자율구성팀이 참여하는 프로젝트의 경우 프로젝트 관리자(명칭이 프로젝트 관리자가 아닐 수도 있음)의 역할은 필요한 환경과 지원을 팀에 제공하는 것이며, 팀이 업무를 완수할 것으로 신뢰한다. 성공적인 자율구성팀은 일반적으로 관련분야 전문가 대신 변화하는 환경에 지속적으로 적응하고 건설적인 피드백을 수용하는 일반 전문가로 구성되어 있다.

❹ **가상팀/분산팀 :** 프로젝트의 세계화는 같은 프로젝트에 참여하지만 동일한 위치에서 활동하지 않는 가상팀의 필요성을 촉진시켰다. 이메일, 오디오 회의, 소셜 미디어, 웹기반 회의, 화상 회의 등의 의사소통 기술의 가용성 덕분에 가상팀이 실현되어 있다. 가상팀 관리는 전문가가 지리적으로 다른 위치에 있더라도 프로젝트팀에 특별한 전문 지식을 활용할 수 있고 재택 근무자를 비롯하여 이동에 제약이 있거나 장애가 있는 사람도 프로젝트에 참여시킬 수 있는 등 특별한 이점을 갖는다. 가상팀 관리에 있어 도전 과제는 주로 의사소통과 관련된 것으로 고립감, 팀원 간 지식과 경험의 공유 차이, 진행 상황 및 생산성 추적의 어려움, 시간대 차이, 문화적 차이를 예로 들 수 있다.

기업의 변화와 인적자원관리의 민첩성은 오늘날 기업의 생존과 성장에 필수적인 요소입니다. 시장 환경의 변화, 기술 발전, 고객 요구의 변화 등 다양한 요소들이 기업을 끊임없이 변화하도록 압박합니다. 이러한 변화에 적응하기 위해서는 기업 전체가 민첩하게 사고하고 행동해야 합니다. 인적자원관리는 기업의 민첩성을 높이는 데 중요한 역할을 합니다. 조직 구성원들이 변화에 유연하게 대처하고 새로운 아이디어를 적극적으로 수용할 수 있도록 지원하며 변화하는 환경에 맞춰 빠르게 학습하고 새로운 역량을 개발할 수 있도록 도와야 합니다.

엔터프라이즈 애자일리티(Enterprise Agility)[7]는 기업 전체의 민첩성을 향상시키는 데 효과적인 방법입니다. 조직 구성원들이 변화에 대한 두려움을 없애고, 새로운 기회를 포착하며, 협력을 통해 문제를 해결하도록 돕습니다. 또한, 의사 결정 과정을 간소화하고, 실패를 통해 배우는 문화를 조성합니다. 글로벌 기업들이 Enterprise Agility에 관심을 가지고 조직에 도입하는 이유는 비즈니스 가치를 창출하고 고객 요구를 충족 및 초과하며, 긍정적인 공유 문화를 창출하여 변화에 신속하게 적응할 수 있기 때문입니다. 이는 언더백 기업 또한 Enterprise Agility 도입을 고려해야 하는 것을 시사합니다.

02 검증되지 않는 인력의 리스크

국내 언더백 기업 경영자 300명을 조사한 가인지컨설팅그룹의 조사 결과에 따르면, 대부분의 기업은 직원 채용에 주로 채용 사이트를 활용하며, 그 다음으로는 직원 추천이나 지인 소개, 외부 스카우트를 사용합니다. 서비스 및 IT 업계는 업계 경험이나 경력 있는 직원을 선호하는 경향이 있으며, 유통 및 제조업은 주로 사회 초년생을 채용합니다. 직원 수가 5명 이하인 기업은 경력 직책을 선호하는 경향이 강하며, 일부 중소기업은 특정 직원에게 지나치게 의존합니다.

언더백 기업에서 일할 때 가장 어려운 점은 경영진과 직원 대다수가 리스크관리의 중요성을 인지하지 못하는 것입니다. 특히 핵심 인력의 이탈은 기업의 경쟁력을 약화시킬 수 있고, 인력 부족은 생산성 감소와 운영 어려움을 초래할 수 있습니다. 인력 부족은 언더백 기업에게 심각한 문제이지만, 업무 능력이 부족하거나 조직에 적합하지 못한 직원을 채용하는 것은 더 큰 위험을 가져올 수 있으니 주의해야 합니다.

---

7) 엔터프라이즈 애자일리티(Enterprise Agility): Enterprise Agility는 원칙과 관행을 채택하여 비즈니스 가치를 창출하고 고객 요구를 충족 및 초과하며 긍정적인 공유 문화를 창출하여 변화에 신속하게 적응할 수 있도록 지원하는 과정이다.

검증되지 않은 인력은 중대한 리스크의 원인이 될 수 있습니다.

❶ **성과 저하 :** 검증되지 않은 인력은 필요한 기술과 경험이 부족할 수 있다. 이는 업무 효율성 저하, 생산성 감소, 품질 문제 발생으로 이어진다.

❷ **높은 이직률 :** 검증되지 않은 인력은 회사 문화에 적응하지 못하거나 더 나은 기회를 찾아 떠날 가능성이 높다. 이는 높은 이직률로 이어져 채용 비용 증가, 팀 불안정, 지식 누출 등의 문제를 야기할 수 있다.

❸ **안전 및 보안 위험 :** 검증되지 않은 인력은 회사의 안전 및 보안 정책을 이해하지 못하거나 고의로 위반할 수 있다. 이는 사고 발생, 정보 유출, 금전적 손실 등의 위험을 증가시킬 수 있다.

❹ **법적 문제 :** 검증되지 않은 인력을 채용하면 노동법 위반, 비자 문제, 차별 소송 등의 법적 문제에 직면할 수 있다.

❺ **회사 평판 손상 :** 검증되지 않은 인력으로 인해 서비스 품질이 저하되거나 사고가 발생하면 회사 평판이 손상될 수 있다.

특히, 언더백 기업이 국가연구개발사업 및 연구개발과제를 수행할 때 검증된 우수한 인력을 과제에 투입해야 합니다. 2018년 한 언더백 기업이 국가연구개발사업의 일환으로 주도적인 역할을 맡았지만, 경험이 부족하고 학문적으로 검증되지 않은 개발자들로 구성된 연구팀은 프로젝트 진행 중 기술적 문제와 일정 지연을 겪었고, 결국 예산을 초과하는 상황에 봉착했습니다. 이는 검증되지 않은 인력이 프로젝트의 품질과 성과에 부정적인 영향을 미치는 사례로 지적되었으며 정부와 연구 개발 업계에서 인력의 적절성과 질적인 측면에 대한 중요성을 강조하는 계기가 되었습니다. 또한 2016년에는 한 기업의 연구책임자가 갑자기 사라져 연구팀이 혼란에 빠지고, 프로젝트 일정 지연과 예산 부족까지 초래했습니다.

이러한 문제를 방지하기 위해 조직은 사전에 대응책을 마련해야 합니다. 예를 들어, 연구책임자의 신뢰도를 검증하는 절차를 마련하거나, 잠적 시 대응할 비상 계획을 수립하는 것이 중요합니다. 필자 또한 스타트업에서 총괄 프로젝트 리더로 일할 때 정부지원 과제의 연구책임자가 잠적하는 사건을 경험했습니다. 당시 팀원들과 함께 밤낮없이 노력하여 프로젝트를 완수할 수 있었지만, 이 사건을 통해 검증되지 않은 인력의 위험성을 깨달았습니다. 연구책임자의 잠적은 단순한 개인적인 문제가 아니라, 연구

프로젝트와 조직 전체에 영향을 미치는 심각한 문제입니다. 따라서 모든 조직은 이러한 문제에 대한 경각심을 가지고 적극적으로 대비해야 합니다.

언더백 기업이 성장하기 위해서는 먼저 우수한 인재를 확보해야 합니다. 이를 위해 인턴십 프로그램을 운영하여 젊은 인재에게 경험을 제공하고 잠재적인 직원을 발굴할 수 있는 기회를 만들고, 파트타임 및 계약직을 활용하여 인력 부족 문제를 유연하게 해결할 수 있습니다. 또한 원격 근무를 허용하는 등의 유연한 근무 환경을 제공하여 많은 인재들이 회사에 관심을 갖도록 노력해야 합니다. 검증되지 않은 인력을 채용하는 것은 단기적인 해결책일 뿐, 장기적으로는 더 많은 리스크를 초래할 수 있습니다.

언더백 기업은 인력 부족 문제를 해결하기 위해 다양한 방법을 고려하고, 회사의 성장과 발전에 기여할 수 있는 인재를 채용하는 데 중점을 두어야 합니다. 채용 프로세스를 개선하고, 리스크관리 교육을 제공하며, 리스크관리 전문가를 고용하여 다양한 리스크에 대응해야 합니다.

6 리스크관리 인식, 빠른 성장의 비결이다

언더백 기업은 빠르게 성장하고 혁신하는 동시에 여러 가지 리스크에 직면하게 됩니다. 이러한 위험은 기업의 성장과 지속 가능성에 영향을 미칠 수 있으므로, 기업은 주요 위험을 식별하고 관리하는 것이 중요합니다. 이번 장에서는 언더백 기업이 주의해야 할 주요 리스크에 대해 알아보겠습니다.

(1) 재무적 리스크

❶ **재무 리스크 :** 자금 부족, 부채 증가, 수익성 악화 등

(2) 비재무적 리스크

❶ **시장 리스크 :** 시장 변화, 경쟁 심화, 고객 니즈 변화 등
❷ **운영 리스크 :** 생산 문제, 품질 문제, 시스템 문제 등
❸ **규제 리스크 :** 규제 변화, 법적 분쟁 등
❹ **인력 리스크 :** 인력 부족, 핵심 인력 유출 등
❺ **기술 리스크 :** 기술 변화, 기술 실패 등
❻ **사이버보안 리스크 :** 사이버 공격, 데이터 유출 등

01 언더백 기업의 재무적 리스크

리스크관리는 언더백 기업이 지속 가능한 성장과 혁신을 달성하는 핵심 요소입니다. 기업이 안정적으로 운영되고 성공적으로 발전하기 위해서는 재무, 시장, 운영, 유동성, 그리고 사업 리스크를 효과적으로 관리해야 합니다. 이를 위해 기업은 다양한 전략과 방안을 도입하여 각종 리스크에 대비해야 합니다. 먼저, 재무 리스크는 기업의 재무 상황에 부정적인 영향을 미칠 수 있는 요소입니다. 신용 리스크와 시장 리스크는 특히 중요한 문제로 대출 상환 불능이나 금리, 환율 등의 시장 변동으로 인한 손실 위험이 있습니다. 기업은 신용 분석을 강화하고 보증을 확보하며, 헤지 전략을 활용하여 재무 안정성을 유지해야 합니다. 또한, 운영 리스크는 내부 관리 시스템 문제나 인적 오류로 인한 손실 위험을 내포하고 있습니다.

리스크를 해결하기 위해서는 내부 관리 시스템을 강화하고, 컴플라이언스를 준수하며, 재해 대비 계획을 세워야 합니다. 유동성 리스크는 자금조달의 어려움으로 인한 손실을 의미합니다. 유동성 리스크를 대비하기 위해서는 자금조달 계획 수립, 유동성 자산 확보, 신용 라인 확보가 필수입니다. 사업 리스크도 유의해야 합니다. 사업 리스크는 경영환경의 불확실성으로 인한 손실 위험을 내포합니다. 지속적인 사업 전략 검토, 경쟁력 강화, 시장 변화 모니터링 등이 사업 리스크를 대응할 수 있는 방안입니다. 불확실한 환경 변화도 재무적 리스크에 영향을 미칠 수 있으므로, 기업은 변화에 대한 탄력성을 갖춰야 합니다. 예를 들어, IMF 금융 위기나 COVID-19와 같은 팬데믹은 언더백 기업들이 직면한 재무 리스크를 잘 보여주는 사례 중 하나입니다.

❶ **IMF 금융 위기 :** 1997년 발생한 IMF 금융 위기는 한국 경제에 큰 타격을 입혔습니다. 당시 많은 기업들이 부실 경영과 과도한 대출로 인해 재무 난에 직면했습니다. 특히, 언더백 기업들은 자금조달이 어려워져 도산하는 경우가 많았습니다.

❷ **COVID-19 팬데믹 :** 2020년 초 발생한 COVID-19 팬데믹은 전 세계 경제에 큰 영향을 미쳤습니다. 많은 기업들이 매출 감소, 공급망 차질 등으로 인해 어려움을 겪었습니다. 특히, 언더백 기업들은 유연성이 부족하고 자금력이 약하기 때문에 팬데믹의 영향을 더욱 크게 받았습니다.

언더백 기업이 위험에 대한 적절한 대비책을 마련하고 실행함으로써 성장과 혁신을 지속할 수 있습니다. 이를 통해 기업은 안정성을 유지하고 경쟁력을 강화하여 성공적인 비즈니스를 이어 나갈 수 있습니다. 언더백 기업은 창업 초기 단계에 있는 기업으로, 성장 가능성이 높지만 동시에 재무적 불안정성이 높습니다. 이는 언더백 기업이 재무적 리스크를 관리하지 못하면 사업 운영에 어려움을 겪을 수 있다는 것을 의미합니다. 따라서 언더백 기업은 재무적 리스크관리를 통해 사업 운영의 안정성을 높이고, 성장 기회를 포착하여 기업 가치를 향상시킬 필요가 있습니다. 아래의 실제 사례와 팁을 참고하여 효과적인 재무적 리스크관리 시스템을 구축하여 사업의 성공을 이끌어내길 바랍니다.

(1) 케이스 스터디 : 스타트업 A사

A사는 혁신적인 서비스를 개발한 스타트업 기업이다. A사는 초기 투자 유치에 성공하여 빠르게 성장했지만, 신규 사업 진출 및 마케팅 투자 확대로 인해 재무적 부담이 증가했다. 또한, 예상치 못한 규제 변화로 인해 사업 수익이 감소하여 재무적 위기에 직면하게 된다. 이러한 상황에서 A사는 재무 전문가의 도움을 받아 재무적 리스크관리 시스템을 구축하고 문제를 해결했다. A사가 실행한 대응책은 다음과 같다.

❶ **재무 예측 모델 구축 :** 사업 계획 및 시장 상황을 반영한 재무 예측 모델을 구축하여 미래의 재무 상황을 예측하고, 이에 따른 리스크관리 전략 수립

❷ **자금조달 전략 다변화 :** 투자 유치뿐만 아니라 부채 자금, 정부 지원 사업 등 다양한 자금 조달 전략을 활용하여 재무 구조 개선

❸ **비용 관리 시스템 강화 :** 비용 절감 목표를 설정하고, 예산 관리 시스템을 강화하여 불필요한 지출 감소

(2) 재무적 리스크관리 팁

❶ **재무 상황 정기 점검 :** 재무 상황을 정기적으로 점검하고, 주요 재무 지표를 분석하여 리스크 발생 가능성 파악

❷ **재무 예측 모델 활용 :** 재무 예측 모델을 활용하여 미래의 재무 상황을 예측하고, 이에 따른 리스크관리 전략 수립

❸ **자금조달 전략 다변화 :** 단일한 자금조달 방식에 의존하지 않고, 다양한 자금조달 전략을 활용하여 재무 구조 개선

❹ **비용 관리 시스템 강화 :** 비용 절감 목표를 설정하고, 예산 관리 시스템을 강화하여 불필요한 지출 감소

❺ **전문가 활용 :** 재무 전문가의 도움을 받아 재무적 리스크관리 시스템을 구축하고, 전문적인 도움 활용

02 언더백 기업의 비재무적 리스크

언더백 기업은 재무적 위험뿐만 아니라 다양한 비재무적 위험에 직면하게 됩니다. 이러한 위험들은 기업의 성장과 발전에 큰 영향을 미칠 수 있어서 미리 파악하고 관리하는 것이 중요합니다.

첫번째로, 시장 환경이 끊임없이 변화하기 때문에 기업은 이러한 변화에 적응하고 대응해야 경쟁력을 유지할 수 있습니다. 시장 변화, 경쟁 심화, 고객 요구 변화는 기업이 직면하는 주요 시장 위험입니다. 이에 대응하기 위해서는 경제 성장률, 금리, 인플레이션, 실업률 등의 경제 지표를 분석하여 시장 전체의 흐름을 파악해야 합니다. 또한, 인공지능(AI)과 같은 새로운 기술이 등장함으로써 기존 산업의 구조를 변화시키고 새로운 시장 기회를 창출할 수 있습니다. 정치적 및 규제적 변화도 기업 운영에 영향을 미칩니다.

사회 문화적 변화는 소비자의 가치관, 라이프스타일, 구매 패턴 등에 변화를 가져옵니다. 경쟁 심화에 대응하기 위해서는 혁신과 기술 개발에 주력해야 합니다. 생산 효율성을 높이고 비용을 절감하여 가격 경쟁력도 확보해야 합니다. 이러한 전략을 통해 기업은 궁극적으로 고객 만족도와 고객 충성도를 지속적으로 향상시킬 수 있습니다.

또한, 효과적인 마케팅 전략을 통해 브랜드 인지도를 높이고 고객을 유치할 수 있습니다. 고객 니즈 변화에 대응하려면, 고객의 요구를 정확히 알아야 합니다. 이를 위해 설문 조사, 인터뷰, 데이터 분석을 활용하여 맞춤형 제품과 서비스를 개발할 수 있습니다. 고객 만족도를 높이고, 고객 경험을 개선함으로써 고객과 긍정적인 관계를 유지할 수 있습니다. 시장 변화와 경쟁 심화에 대비하기 위한 방안도 고려해주세요. 데이터 분석 도구와 기술을 활용하여 시장 동향과 경쟁사의 움직임을 파악하고, 새로운 기술을 도입하여 생산성을 향상시킬 수 있습니다. 직원들에게는 혁신을 장려하고 새로운 아이디어를 받아들이며 협력을 촉진해야 합니다. 기업은 이러한 전략을 통해 시장 변화에 민첩하게 대응하고 성장할 수 있습니다.

두 번째로, 운영 리스크는 기업이 운영하는 도중에 예상치 못한 손실 가능성을 말합니다. 생산 문제, 품질 문제, 시스템 문제 등으로 나타날 수 있으며, 기업의 성공과 지속성에 큰 영향을 미칩니다. 생산 문제는 설비 고장, 자재 부족, 인력 부족, 생산 공정 문제 등이 원인이 될 수 있고, 이로 인해 생산량 감소, 납기 지연, 비용 증가, 고객 불만족 등의 문제가 발생할 수 있습니다. 이러한 문제를 해결하기 위해 기업은 예방적 유지 보수, 안정적인 자재 공급을 위한 공급망 관리, 생산 계획 최적화, 인력 교육 강화, 생산 공정 개선 등의 대응 방안을 고려해야 합니다. 불량 자재, 생산 공정 문제, 품질 관리 부실로 인해 제품 불량, 리콜, 브랜드 이미지 손상, 고객 불만족 등의 이슈가 발생할 수 있습니다. 대응 방안으로는 엄격한 품질 관리 시스템 구축, 불량률 감소를 위한 노력, 품질 검사 및 관리 강화를 들 수 있습니다. 시스템 문제는 시스템 오류, 보안 취약점, 데이터 손실 등이 원인이 될 수 있고, 이로 인해 업무 중단, 생산성 저하, 정보 유출, 고객 불만족 등의 문제가 생길 수 있습니다. 시스템 안정성 강화, 정기적인 시스템 점검, 보안 교육 강화 등을 통해 이슈를 해결할 수 있습니다. 문제 발생 시 근본 원인을 파악하여 재발 방지를 위한 시스템을 구축하며 신속하고 효율적인 대응을 위한 리스크관리 계획을 수립해야 합니다.

세 번째로, 규제 변화는 언더백 기업에 많은 영향을 줄 수 있습니다. 특히, 환경 및 노동, 안전 규제 등이 강화될 경우 비용이 증가해 사업을 운영하는 데 어려움이 생길 수 있고, 때로는 법적 문제를 겪을 수 있습니다. 이에 대응하기 위해 기업은 규제 변화를 지속적으로 주의 깊게 살펴보고 분석해서 영향을 평가해야 합니다. 발표자료나 뉴스, 보고서 등을 통해 정보를 얻고 전문가 의견을 듣고, 규제를 지키기 위한 시스템을 만들고 운영해야 합니다. 정책과 절차를 문서로 만들고 교육과 훈련을 실시하고, 내부 감사로 시스템을 평가하는 노력도 필요합니다. 법률 전문가의 도움도 받아야 하며 규제를 이해하고 법적 문제에 대응하며 규제를 준수하는 전략을 세우고 다른 기업이나 업계 단체와 협력하여 규제에 대응할 수도 있습니다. 규제 리스크는 기업 운영에 중요한 부분입니다. 기업과 법률 전문가는 지속적으로규제 변화를 주시하고 준수 시스템을 구축하며 규제 리스크를 효과적으로 관리해야 합니다.

인력 부족과 핵심 인력의 이탈은 경영 활동과 생산성에 직접적인 영향을 미치는 **네 번째** 문제입니다. 이로 인해 주요 업무가 늦어지고 제품 품질이 저하되며 생산량이 줄어들어 고객 만족도가 낮아집니다. 신규 인력을 채용하고 교육하고 훈련하는 데 드는 비용도 증가하며 생산성이 줄어 수익이 감소하는 문제로 이어집니다. 직원들의 불안과 업무 부담으로 인한 조직 내 분위기 악화와 핵심 인력의 이탈은 기업의 노하우와 기술 손실을 초래하기도 합니다. 이러한 문제에 대응하기 위해 인적 자원 관리 전략을 수립하고 경쟁력 있는 처우와 복리후생을 제공하며, 명확한 경력 개발 계획을 마련해야 합니다. 정부가 제공하는 인력 지원 정책과 프로그램을 활용하거나 전문가의 도움을 받는 것도 추천합니다.

다섯 번째로 기술 리스크는 기술 변화로 인해 발생할 수 있는 손실 가능성을 뜻합니다. 예를 들어, 프로젝트 중에 변경사항이 생기면 기술이 변화하고, 이는 프로젝트 일정을 늦출 수 있습니다. 새로운 기술을 도입하거나 기존 기술을 바꾸는 데는 시간과 비용이 많이 소요되고, 프로젝트 예산이 초과되는 문제로 이어집니다. 기술적 리스크는 프로젝트 품질을 저하시키고, 기술이 예상대로 작동하지 않을 때 발생하는 기술 실패는 직접적인 손실을 초래할 수 있습니다. 따라서, 기술 리스크를 관리하기 위해서는 변경사항을 체계적으로 관리하고, 충분한 테스트를 수행하여 기술 실패를 예방해야 합니다. 또한, 기술 실패 발생 시 신속하게 대응할 수 있도록 기술 리스크를 평가하고 적절한 대응 방안을 마련해야 합니다.

마지막으로 사이버보안 리스크는 다양한 조직에 위협이 됩니다. 해커가 시스템이나 네트워크에 침투하여 데이터를 탈취하거나 시스템을 손상시키는 공격, 중요한 데이터가 유출되는 사고 등이 주요 위험입니다. 또한 악성코드에 감염되어 시스템 손상, 데이터 손실, 금전적 피해 등이 발생할 수 있습니다. 이외에도 가짜 사이트나 메일을 통해 사용자 정보를 탈취하는 공격도 있습니다. 이를 대비하기 위해 직원에게 사이버 보안 교육을 실시하여 보안 인식을 높이고, 방화벽, 침입 탐지 시스템, 백업 시스템 등을 구축해야 합니다. 또한 중요한 데이터를 정기적으로 백업하고, 사이버 공격 및 데이터 유출 발생 시 대응할 수 있는 비상 계획을 수립해야 합니다.

7 비즈니스 컨시어지와 함께 하는 리스크관리 전략

언더백 기업이 창업 초기에 직면하는 리스크관리와 대응에 대해 언급된 부분들은 종종 모호할 수 있습니다. 그러나 비즈니스 성공을 위해서는 이러한 리스크를 효과적으로 다루고 대응하는 것이 중요합니다. 이를 위해 비즈니스 컨시어지를 활용하는 것이 한 가지 방법입니다.

01 최적의 비즈니스 컨시어지 선택 고려사항

첫번째로, 경험은 매우 중요합니다. 비즈니스 컨시어지가 해당 산업에서의 경험이 풍부하면 언더백 기업의 고유한 도전과 기회를 이해하고 적절한 솔루션을 제공할 수 있습니다. IT 기업에서 다양한 기술 기업을 지원한 비즈니스 컨시어지는 시장 변화와 기술 혁신에 대응하기 위해 업계 동향과 경쟁사 분석을 통해 제품 개발과 마케팅 전략을 재조정하는 데 도움을 줄 수 있습니다.

또한 인력 부족으로 인해 프로젝트의 진행이 지연되고 있다면 조직 구조를 분석하고 효율적인 인력 관리 방법을 제안하여 제품 출시일을 앞당기고 시장 경쟁력을 강화할 수 있습니다. 이러한 사례들은 비즈니스 컨시어지가 해당 산업에서의 풍부한 경험을 바탕으로 언더백 기업의 도전과 기회를 이해하고 적절한 솔루션을 제공하여 성과를 이끌어내는 과정을 보여줍니다.

두 번째로, 전문성이 필요합니다. 비즈니스 컨시어지가 어떻게 리스크를 식별하고 관리하는지, 그리고 어떻게 비즈니스를 성장시키는지에 대한 전문 지식이 있어야 합니다. 비즈니스 컨시어지는 기업이 글로벌 시장으로 확장할 때 환율 변동에 따른 리스크를 식별하고 헤지 도구를 활용할 수 있는 전문성이 있어야 합니다. 또한 비즈니스 컨시어지는 기술적 리스크를 관리하기 위해 주요 기술 동향을 주시하며, 시스템 백업 및 복구 계획을 수립하여 기술 장애에 대비하는 전문성을 가지고 있어야 합니다.

비즈니스 컨시어지는 이러한 리스크를 식별하고 관리함으로써 기업이 안정적으로 성장할 수 있도록 도와줍니다. 외환 리스크나 기술적 리스크와 같은 잠재적 위험에 대비하는 것은 기업의 안전성을 높이고 비즈니스 성과를 향상시키는 데 중요한 역할을 합니다.

세 번째로, 산업 이해도가 중요합니다. 비즈니스 컨시어지는 언더백 기업이 속한 산업의 동향과 특성을 이해하여 미래 동향을 예측해야 합니다. 최근에는 글로벌 경제의 불확실성으로 인해 수요가 변동적이며, 새로운 기술과 경쟁사의 등장으로 시장 상황이 빠르게 변화하고 있습니다. 언더백 기업은 컨시어지와 원활한 소통을 하며 적절한 조언을 제공해야 합니다. 문제 해결과 정보 교환을 위한 강력한 커뮤니케이션은 성공에 중요한 역할을 합니다.

마지막으로, 비용 역시 고려해야 합니다. 언더백 기업의 예산과 비용 대비 컨시어지의 서비스 수준을 고려하여 적절한 파트너를 선택해야 합니다. 이를 통해 언더백 기업은 리스크를 효과적으로 관리하고 사업의 성공 가능성을 높일 수 있습니다. 실례로 A사는 제품 출시 전에 전문적인 회계 및 법률 서비스가 필요한 상황에서, 비즈니스 컨시어지를 선택하여 예산을 효율적으로 관리하고, 비즈니스를 성공적으로 운영할 수 있었습니다.

02 비즈니스 컨시어지가 제공하는 주요 지원

언더백 기업은 빠른 성장과 발전을 위해 다양한 과제를 해결해야 합니다. 하지만 경영 경험이나 전문 인력 부족, 제도 및 규제에 대한 미숙한 이해 등으로 인해 어려움을 겪기도 합니다. 이러한 문제를 해결하고 성공적인 성장을 위해 비즈니스 컨시어지 서비스를 활용하는 것이 효과적입니다. 비즈니스 컨시어지는 언더백 기업의 특성과 상황을 파악하여 맞춤형 솔루션을 제공함으로써 성장을 위한 든든한 지원군이 되어줍니다.

❶ **전문가 매칭 :** 사업 아이템 검증, 시장 분석, 경쟁 전략 수립, 자금조달, 투자 유치, 회계 관리, 브랜드 구축, 홍보 전략 수립, 고객 관리, 법률 자문, 계약 검토, 규제 준수, 인재 확보, 채용, 교육, 평가 등 다양한 분야의 전문가를 연결해줍니다. 예를 들어 스타트업 기업이 제품 개발, 투자 유치, 규제 준수 등 사업 운영의 다양한 단계에서 전문가 매칭을 통해 시장 동향 파악, 투자 유치, 법률 자문 등 필요한 서비스를 지원받을 수 있습니다. 이처럼 비즈니스 컨시어지는 다양한 분야의 전문가를 연결하여 기업이 성공적으로 사업을 운영하고 발전시킬 수 있도록 돕습니다.

❷ **리스크관리 :** 사업 모델, 시장 환경, 경쟁 상황 등을 분석하여 주요 리스크를 파악하고, 발생 가능성과 영향도를 평가하여 우선순위를 설정합니다. 또한 리스크 완화 또는 회피 전략 수립을 위한 전문가 매칭과 지속적인 관리 시스템 구축 지원을 제공합니다. 제조업체 B사는 새로운 제품 라인을 출시하기로 결정했지만, 사업 모델, 시장 환경 및 경쟁 상황을 분석한 결과, 새 제품에 대한 주요 리스크가 발견되었습니다. 이를 해결하기 위해 리스

크관리 전문가와 협력하여 전략을 수립했습니다. 이를 통해 제품 개발 초기부터 품질 관리 시스템을 강화하여 제조 과정에서의 잠재적인 결함을 최소화하고, 시장 조사를 통해 경쟁사의 움직임을 지속적으로 모니터링하여 즉각적으로 대응할 수 있는 구조를 마련했습니다. 결과적으로, 새 제품 라인은 성공적으로 시장에 출시되었고, 리스크관리를 통해 회사의 안정성과 성장에 기여할 수 있었습니다.

❸ **경영 컨설팅 :** 사업 계획 수립, 경영 전략 수립, 조직 구축, 재무 관리, 마케팅 전략 수립, 인사 관리 등 경영 전반에 대한 컨설팅을 제공합니다. 예를 들어 회사는 성장하고 있는데, 조직의 구조와 역할이 모호한 상태라면, 비즈니스 컨시어지는 효율적인 조직 구조를 설계하고 업무 프로세스를 최적화하여 회사의 성과를 향상시킵니다. 또한 기업이 재무적인 어려움에 직면하고 있는 경우, 비즈니스 컨시어지는 비용을 절감하고 수익을 증대시킬 수 있는 방안을 제시하여 회사의 재무 건전성을 회복시킵니다.

❹ **멘토링 :** 창업 경험이 풍부한 멘토를 연결하여 사업 운영과 관련된 조언과 지도를 제공합니다. 스타트업 A사가 자율 주행 인공지능 배달 서비스를 개발하고 있다고 가정했을 때 비즈니스 컨시어지는 관련 분야의 경험이 풍부한 멘토를 연결함으로써 자율 주행 기술에 대한 최신 트렌드와 안전 규제에 대한 이해를 바탕으로, 적합한 센서나 알고리즘, 안전하고 효율적인 배달 서비스 운영방안 등의 가이드를 제공할 수 있습니다.

❺ **네트워킹 :** 투자자, 기업, 정부기관 등 다양한 네트워킹 기회를 제공하여 사업 성장에 필요한 인맥을 형성할 수 있도록 지원합니다. 예를 들어, 한국의 중소기업 A사가 미국 시장으로 진출할 때, 비즈니스 컨시어지를 활용하여 미국 투자자, 기업, 정부 기관과의 연결을 구축하고 네트워킹 플랫폼을 통해 투자 유치, 현지 시장 동향 및 규제 사항 파악, 현지 기업과의 파트너십 형성 등을 지원합니다. 이를 통해 A사가 미국 시장 진출에 필요한 인맥을 형성하고 사업 성장을 이룰 수 있는 네트워킹 기회를 제공합니다.

PART

1 언더백 기업의 성장과 컨시어지 서비스

01. 성장전략 비즈니스 컨시어지 서비스 영역
02. 성장전략 비즈니스 컨시어지 서비스 이용 시 고려사항

2 성장의 핵심은 리마커블이다

01. 리마커블하거나 리마커블할 준비가 되어 있나?
02. 리마커블 기업의 성공 사례와 트렌드 인사이트

3 상품이 아니라 인식의 전쟁이다

01. 고객관계관리에서 고객경험관리로
02. 이제는 고객 인식에 신경을 써야 할 때

4 경영자가 먼저 알아야 할 디자인씽킹

01. 디자인씽킹 다섯 단계 프로세스
02. 디자인씽킹 추진 시 고려사항

5 브랜드 콜라보레이션 전성시대

01. 다양한 콜라보레이션 유형
02. 콜라보레이션 할 때 유의사항

6 트리플 미디어와 소셜 미디어

01. 트리플 미디어 시대 : 페이드, 온드, 언드 미디어의 조화
02. 기업과 고객을 연결하는 소셜 미디어

7 성장을 위한 기업의 마케팅 전략

01. 빙그레우스와 아기상어 스토리
02. 아마존에서 마케팅 전략을 배우다

성장전략

저자의 핵심 메시지

"기업이 성장하기 위해서는 내부 역량 강화와 함께 사업 다각화, 마케팅 강화 등 시장의 변화에 능동적으로 대응해야 합니다. 비즈니스 컨시어지는 성장을 꿈꾸는 언더백 기업에게 나침반 역할을 합니다. 비즈니스 컨시어지는 기업에 꼭 필요한 맞춤형 솔루션을 제공하는 전문가입니다."

_ 신길자

1 언더백 기업의 성장과 컨시어지 서비스

가젤기업, 고영향기업, 히든챔피언, 강소기업은 공통점이 있습니다. 바로 일반적인 기업보다 빠르게 성장하고 고용을 창출함으로써 사회적인 영향력을 미친다는 점입니다. 급변하는 경영 환경에서 기업이 살아남기 위해서는 성장을 해야 합니다. 일본 경영학자 이나모리 가즈오는 "성장하지 않는 기업은 죽은 기업과 같다."고 강조했습니다.

하지만 기술 발전의 가속화와 시장 변동성의 증가는 균형 있는 기업 성장을 위협하고 있습니다. 인간의 평균 수명은 증가하고 있는 반면, 기업의 수명은 오히려 감소하는 것으로 나타났습니다. 글로벌 컨설팅 회사 맥킨지의 조사에 따르면, 1935년에는 90년이었던 기업의 평균 수명이 2015년에는 15년으로 크게 줄었습니다. 이는 80년 동안 75년이나 감소한 수치입니다. 우리나라 기업도 예외는 아닙니다. 한국무역협회 국제무역통상연구원이 발표한 보고서를 살펴보면, 1958년 기업 평균 수명은 61년이었지만 2027년에는 12년으로 예상되고 있습니다.

기업이 발전하기 위해서는 양적 성장과 질적 성장을 균형 있게 추구해야 합니다. 규모와 수익 등 양적 성장만 추구하면 지속 가능성을 확보하기 어렵고, 혁신과 잠재력 등 질적 성장만 추구하면 단기 성과를 놓칠 수 있기 때문입니다. 단순히 경쟁 업체를 모방하거나, 지역 시장에만 집중하는 기업은 정체되거나 사라질 위험이 더 높습니다. 내부 역량 강화와 함께 글로벌 확장, 사업 다각화, 인수합병 등 시장과 기술의 변화에 능동적으로 대응하는 다양한 전략을 추구해야 합니다.

언더백 기업도 마찬가지입니다. 성장하기 위해서는 다양한 내·외부적 요인을 개선해야 합니다. 이는 연구개발, 경영진 역량 강화, 조직 문화 구축, 제품 및 서비스 경쟁력 확보, 시장 기회와 수요 파악, 규제 완화, 네트워크 확장, 자금 확보 등을 포함합니다. 자금 전략, 제도 정비, 조직 문화 등과 관련된 내용은 다른 파트에서 자세히 안내할 예정이므로, 이 장에서는 비즈니스 모델과 마케팅을 중심으로 경쟁력을 강화하는 성장전략에 대해 살펴보겠습니다.

언더백 기업을 비롯한 중소기업은 자사의 핵심 역량과 차별점을 명확하게 파악하고 독창적이고 지속가능한 비즈니스 모델을 구축하고 혁신해야 합니다. 또한 제품이나 서비스의 우수성을 효과적으로 전달하고 고객에게 어필하기 위해 마케팅 활동에 힘써야 합니다. 이처럼 비즈니스 모델과 마케팅 전략에 노력을 기울여 경쟁력을 강화함으로써 고객 확보 및 유지, 브랜드 인지도 향상, 매출 증대 등 지속적인 성장을 이룰 수 있습니다.

01 성장전략 비즈니스 컨시어지 서비스 영역

기업은 성장 단계에서 여러 가지 어려움에 직면합니다. 창업 초기에는 시장 진출, 고객 확보, 브랜드 구축 등의 과제를 극복해야 하고 성숙 단계에는 경쟁 우위 확보, 수익성 향상, 글로벌 시장 진출 등 새로운 이슈가 생깁니다. 이러한 어려움을 해결하고 성장을 이루고자 할 때, 비즈니스 컨시어지 서비스가 유용합니다. 비즈니스 컨시어지는 기업이 새로운 시장으로 진출하거나 제품을 개발하는 과정에서 전문적인 지식과 경험을 바탕으로 다양한 지원을 제공합니다. 예를 들어 시장 조사 및 분석, 비즈니스 전략 수립, 마케팅 및 판매 전략 수립, 네트워킹 및 제휴 지원, 프로젝트 관리 등 성장에 필요한 전략적 조언을 하거나 인력과 자원을 신속하게 지원합니다.

A회사는 해외 시장 진출을 계획하던 중 비즈니스 컨시어지와 함께 현지 시장의 요구에 맞는 제품을 선보이고 마케팅 전략을 실행함으로써 시장 점유율을 확대하고 브랜드 인지도를 높였습니다. 또한 B회사는 비즈니스 컨시어지 서비스를 활용해 다양한 기술 옵션을 분석하고 적합한 기술을 도입함으로써 비용을 절감하고 경쟁력을 강화했습니다. 이처럼 비즈니스 컨시어지는 언더백 기업의 특징과 경영진이 원하는 목표에 맞게 성장에 필요한 맞춤형 서비스를 제공합니다.

02 성장전략 비즈니스 컨시어지 서비스 이용 시 고려사항

비즈니스 컨시어지는 길을 잃은 경영진에게 나침반 역할을 합니다. 우수한 컨시어지는 기업이 변화에 대한 위협을 최소화하고 기회를 최대한 활용할 수 있도록 지원을 아끼지 않습니다.

그렇다면, 언더백 경영인이 적합한 컨시어지를 찾기 위해서는 어떻게 해야 할까요? 먼저 기업이 원하는 목표를 명확하게 정의해야 합니다. 최신 시장 트렌드를 분석하고 미래 시장 변화를 예측하고자 하는지, 기업의 제품 특성과 타겟 고객층을 고려하여 적절한 마케팅 전략을 수립하고자 하는지, 새로운 기회를 발굴하고 사업 다각화 전략을 꾀하고자 하는지 등 원하는 목표를 구체화 해야 합니다.

비즈니스 컨시어지는 기업이 변화에 대응할 수 있도록 다양한 정보를 제공하고 전략적 방향을 제시합니다. 경쟁사들의 강점과 약점을 분석하고, 기업에 적합한 새로운 기술을 도입하고 차별화 전략을 수립하는 것도 컨시어지의 역할 중 하나입니다. 또한 기업의 제품 및 서비스 특성과 타겟 고객층을 고려하여 적절한 마케팅 채널과 전략을 수립함으로써 마케팅 효과를 극대화하고 비용 대비 효율성을 높일 수 있습니다.

맞춤형 성장 전략을 개발하고 지원하는 역할도 가능합니다. 핵심 역량을 기반으로 새로운 기회를 발굴하고 사업 다각화 전략을 수립합니다. 예를 들어 글로벌 시장 진출을 고려하는 기업을 위해 해외 시장 진출 계획, 현지 시장 조사, 진출 전략 수립 등 다양한 서비스를 제공합니다. 이처럼 원하는 서비스를 적절하게 지원받으려면, 사전에 기업 현황을 명확히 파악하고 목표를 구체화해야 합니다. 다음과 같은 질문을 통해 기업에 맞는 컨시어지 서비스 이용 방식을 선택할 수 있습니다.

· 기업이 달성하고자 하는 성장 목표는 무엇인가?
· 비즈니스 컨시어지에게 기대하는 역할은 무엇인가?
· 어떤 서비스가 필요하며, 서비스에 투자할 수 있는 예산은 어느 정도인가?
· 기업의 성장 단계는 무엇이고, 시장 환경 변화에 어떻게 대응하고 있나?
· 단기적인 문제를 해결하고자 하나? 장기적인 성장 전략을 수립하고자 하나?

특정 문제를 해결하고자 한다면, 컨시어지의 집중 지원을 통해 빠른 결과를 도출할 수 있습니다. 타겟 고객 분석 및 맞춤형 마케팅 전략 수립, 브랜드 구축 및 홍보 전략 수립, 온라인 마케팅 채널 활용 전략 수립, 해외 시장 진출 전략 수립 및 현지 파트너 발굴 지원 등이 그 예시입니다.

단기적인 프로젝트에서 나아가 지속적인 관계를 통해 변화하는 시장 환경에 적응하고 새로운 기회를 포착하는 데 도움을 받을 수도 있습니다. 비즈니스 컨시어지는 컨설턴트이자 코치이자 성장 파트너로서 역할을 합니다. 컨시어지 서비스에서 최대한의 효과를 얻기 위해서는, 기업의 특정 요구사항에 맞는 적합한 컨시어지를 선택하는 것이 중요합니다. 최신 동향을 파악하고 기본적인 개념을 이해하면 컨시어지와 원활하게 소통하는 것은 물론, 제안을 이해하고 평가하는데 유용하겠죠. 지금부터 언더백 기업이 성장하는 데 필요한 비즈니스 모델과 마케팅 전략 관점에서 최신 트렌드와 주요 개념, 대표 사례 등을 소개하겠습니다.

2 성장의 핵심은 리마커블이다

롯데칠성음료가 국내 종합음료기업 최초로 '3조 클럽'에 입성해 눈길을 끌고 있습니다. 2023년 연간 매출 3조 2247억 원을 달성해 주류업계를 놀라게 했는데요. 롯데칠성음료의 매출 성장을 이끈 것은 소주 '새로'였습니다. 새로는 2030세대 사이에서 높은 지지를 얻어 출시 8개월 만에 누적 판매 1억 병을 돌파하는 등 소주 시장에 새바람을 일으켰습니다. 새로의 인기 비결은 리마커블했습니다. 새로는 기존 제품과 차별화를 꾀하며 고객, 맛, 성분, 디자인, 마케팅 등을 완전히 새롭게 구성했습니다.

소주 시장의 주요 고객이 중장년층이었다면, 새로는 MZ세대를 대상으로 삼았습니다. 제품 기획 단계에 MZ세대 소비자를 참여시키고, 앰배서더 캐릭터를 바탕으로 세계관을 구축하고, 출시 전에 한정판 패키지를 만들어 인플루언서에게 제공하기도 했죠. 이처럼 제품 기획부터 마케팅까지 모든 과정에 MZ세대의 니즈를 반영하고 차별화한 결과, 새로는 소주 시장의 새로운 트렌드로 자리 잡는 성과를 이루었습니다.

해마다 많은 브랜드가 새롭게 등장하고 있지만, 모두 고객의 마음을 사로잡는 것은 아닙니다. 변화와 혁신을 추구하고 고객의 니즈를 기민하게 반영한 브랜드만이 시장의 역사를 새로 쓸 수 있습니다. 스테디셀러 『보랏빛 소가 온다』가 최근 다시 주목받고 있습니다. 수십 년 동안 세상이 달라진 반면, 마케팅의 핵심은 변치 않았기 때문입니다. 전 '월스트리트저널' 기자이자 『불변의 법칙』의 저자 모건 하우절은 "중요한 것은 변하는 것이 아니라 변하지 않는 것이다. 세상은 너무 빠르게 바뀌기 때문에 사람들은 무엇이 바뀔지만을 알려고 한다. 하지만 우리의 미래에 영향을 주기 위해 알아야 할 것은 과거에도 지금도 앞으로도 변하지 않는 것들이다."라고 강조했습니다.

세스 고딘이 저서 『보랏빛 소가 온다』에서 강조한 핵심은 바로 리마커블입니다. 보랏빛 소(Purple Cow)는 주목할 만한 가치가 있고 새롭고 흥미진진한 제품이나 서비스, 기업을 상징합니다. 페인트 용기를 새롭게 만든 더치 보이, 캐릭터가 인쇄된 반창고로 유명한 큐래드, 에어론 의자를 선보인 허먼 밀러 등 세스 고딘이 책에서 소개한 다양하고 인상적인 기업처럼 말입니다.

01 리마커블하거나 리마커블할 준비가 되어 있나?

현재 소비자들은 다양한 제품과 서비스를 선택할 수 있는 환경에 놓여 있습니다. 뷰티, 자동차, 패션, 음료 등의 카테고리에는 수십 개 이상의 유사한 브랜드가 존재합니다. 상품이 넘쳐나는 요즘, 소비자들은 전통적인 매스 미디어의 광고에 많은 관심을 갖지 않습니다. 제품을 출시하기 전에 우선적으로 리마커블한 가치를 지닌 제품을 개발하기 위해 노력해야 합니다.

그렇다면, 리마커블한 제품을 만들기 위해 언더백 기업이 고려해야 할 요소는 무엇일까요?

첫째, 대규모 시장 대신 틈새 시장을 겨냥해야 합니다. 언더백 기업은 제한된 자원으로 대규모 시장 경쟁에서 불리할 수 있습니다. 상품이 다양해지고 유사한 브랜드가 많은 현대 사회에서 언더백 기업은 시장에서 자체적으로 주목받을 수 있는, 흥미로운 제품과 서비스를 개발하는데 몰입해야 합니다. 자사 제품과 완벽하게 부합하는 소수의 고객을 찾는 것이 핵심입니다.

둘째, 스니저를 공략해야 합니다. 스니저(sneezers)란, 제품을 소비하고 나서 입소문을 남기는 전문가를 의미합니다. 이들은 얼리 어댑터이거나 이노베이터로, 모든 시장에는 존재합니다. 언더백 기업은 회사의 제품과 서비스에 관심을 가지는 스니저를 찾아 관계를 구축하고 지속적인 소통을 통해 입소문 마케팅 효과를 높여야 합니다.

셋째, 소비자들이 주목할 만한 제품과 서비스를 만들기 위해 필요한 것은 열정적인 사람입니다. 톰 피터스는 "열정으로 무장한 사람만이 미래를 여는 혁신적인 제품을 창조할 수 있다"고 강조했습니다. 리마커블한 제품은 자신의 열정과 노력으로 무언가를 만드는 사람들에게서 나옵니다. 따라서 열정적인 인재를 확보하고 혁신 문화를 조성하는 데 힘쓰는 것이 중요합니다.

자, 다음 질문에 답해 보시기 바랍니다.

우리 기업의 제품과 서비스는 리마커블한가요? 그렇지 않다면, 리마커블할 준비가 되어 있나요?

02 리마커블 기업의 성공 사례와 트렌드 인사이트

세계적인 소비 트렌드와 성공한 비즈니스 모델을 살펴보는 것은 기업 경영자의 시야를 넓혀줍니다. 소비자에게 사랑받는 제품과 서비스를 살펴보는 과정에서 리마커블한 제품과 서비스를 개발하는 데 힌트를 얻을 수 있습니다. 코트라가 발행하는 책 『한국이 열광할 세계 트렌드』는 국내 유일의 해외 트렌드 시리즈입니다. 전 세계 84개국에 위치한 해외무역관에서 수집한 수백 개의 사례를 분석해 가장 주목해야 할 트렌드를 한 자리에 모았습니다. 코트라 직원이 직접 발로 뛰며 취재하고 인터뷰를 통해 검증한 정보가 매우 유용합니다. 이러한 시리즈는 트렌드를 예측하고 새로운 비즈니스 모델을 위한 통찰력을 얻는 데 큰 도움이 됩니다. 『2024 한국이 열광할 세계 트렌드』는 '퓨처테크', '뉴노멀 라이프', '그린 이코노미', '도시와 인간' 등 4개의 주제 별로 참신한 비즈니스 사례가 담겨 있습니다. 기술이 발전하면서 변화된 일상, 건강과 안전에 대한 관심, 높아진 기업의 사회적 책임 등 다양한 측면에서 트렌드를 반영한 예시가 인상적입니다.

정희선 애널리스트가 쓴 『도쿄 트렌드 인사이트』에도 흥미로운 비즈니스 사례가 많이 나옵니다. 이 책은 경제학적 요인(저성장), 인구학적 변화(Z세대·고령화), 기술의 변화, 그리고 새로운 가치관의 등장(친환경) 등에 걸친 일본의 사례를 통해 비즈니스 기회를 찾고자 하는 경영자에게 추천하고 싶습니다.

이 중에서 로토제약의 사례를 소개할게요. 일반 의약품과 화장품을 생산하는 일본의 로토제약은 2019년 '벨에어 랩(BELAIR LAB)' 브랜드를 선보였습니다. 로토제약은 의학적 연구와 검증을 토대로 향수를 개발하여 소비자들의 건강을 책임지겠다는 의지를 보였습니다. 자연에서 추출한 성분을 활용한 향기가 스트레스 감소에 도움이 된다는 것을 확인한 후, 기능성 향수를 선보이며 제품을 차별화하고 소비자들에게 혜택을 알리는 노력을 기울였습니다. 특히, 운동선수들을 대상으로 한 연구 결과(피로 회복률 향상, 수면 시간 증진)를 강조함으로써 아로마에 관심이 없었던 남성 고객까지 사로잡았습니다. 로토제약의 성공 비결은 크게 두 가지입니다. 자연 성분 기반의 기능성 향수를 개발하여 소비자들의 건강에 대한 관심을 이끌어내고, 운동선수들을 대상으로 한 연구 결과를 강조하여 새로운 시장을 개척했습니다.

이처럼 리마커블한 제품과 서비스를 개발하여 소비자들에게 높은 가치를 제공하는 것이 성장하는 비결입니다. 새로운 시장을 개척하고, 고객을 확보하기 위해서는 혁신적인 아이디어와 철저한 분석이 필요합니다. 다양한 자료를 활용해 최신 트렌드를 파악하고 비즈니스 세미나와 컨퍼런스에 참석해 성장을 위한 아이디어를 얻으시기 바랍니다.

3 상품이 아니라 인식의 전쟁이다

최근 기업 경쟁에서 상품보다 더 중요해진 것이 있습니다. 바로 '인식'입니다. 수많은 제품이 쏟아지고 소비자의 요구가 다양해졌습니다. 기업이 신제품을 출시하고 '가장 좋은 상품'이라고 아무리 광고한들, 고객은 그 말을 바로 믿지 않습니다. 고객의 머릿속에 가장 좋은 상품으로 떠올랐을 때 그 상품은 비로소 가장 좋은 상품이 될 수 있습니다.

마케팅 전략가 알 리스는 "마케팅은 상품이 아니라 인식의 전쟁이다."라고 강조했습니다. 이 말은 마케팅에 대한 깊은 통찰력을 보여줍니다. 소비자들이 기업과 브랜드를 어떻게 인식하느냐에 따라 성공과 실패가 갈릴 수 있기 때문입니다. 마케팅 인식은 고객이 기업의 제품과 서비스를 어떻게 인식하고 평가하는지를 의미합니다. 이는 제품의 특징과 기능뿐만 아니라 브랜드 이미지와 가치관을 포함합니다.

많은 기업이 기술과 품질이 시장 경쟁력을 좌우한다고 생각합니다. 물론 일리가 있는 이야기입니다. 새로운 기술을 개발하고 적용하는 기업은 시장에서 경쟁 우위를 점할 수 있습니다. 고객은 혁신적인 기술이 적용된 제품을 선호하며 품질이 높은 제품은 신뢰를 쌓고 고객 만족도를 높여 시장에서의 입지를 견고히 할 수 있습니다.

하지만 기술적 우수성에만 집중하여 제품이나 서비스의 가치를 제대로 소비자들에게 전달하지 못하면 치열한 경쟁에서 살아남기 어렵습니다. 첨단 기술로 무장한 수많은 엔지니어가 창업에 도전해 성장의 문턱에서 좌절하는 이유도 고객과 시장을 고려하지 않았기 때문입니다.

『지금 중요한 것은 마케팅이다』 저자 신윤창 전 '세라젬H&B' 한·중법인 대표 또한 "마케팅에서 시장이란 사람의 마인드 속에 있다. 쉴 새 없이 변하는 소비자의 마음 속 시장에서, 브랜드와 제품을 자리 잡게 하기 위해 마케팅을 해야 한다."고 강조했습니다.

기억력 향상에 도움이 되는 무알코올 맥주, 혈당을 낮춰주는 차, 당뇨 환자를 위한 영양식, 골밀도를 높여주는 요구르트, 돌로 만든 친환경 노트 등이 바로 인식의 예시입니다. 고객 인식이 중요한 이유는 한 번 상품에 대한 인식이 생기면 바꾸기 쉽지 않기 때문입니다. 자주 구매하지 않는 제품은 해당 제품에 대한 정보가 적기에 인식은 더욱 강하게 작용할 수 있습니다.

01 고객관계관리에서 고객경험관리로

긍정적인 마케팅 인식을 통한 경쟁력을 확보하기 위해 기업도 많은 노력을 기울이고 있습니다. 특히 고객경험관리(CEM, Customer Experience Management)에 신경을 쓰고 있죠. 고객경험관리는 기업과 고객의 상호작용에서 일어나는 모든 경험을 관리하는 프로세스를 말합니다. 고객의 정보를 바탕으로 기업과 고객과의 관계를 관리하는 고객관계관리(CRM, Customer Relationship Management)보다 한 차원 높은 전략으로, 상품 탐색부터 구매, 사용, 그 이후의 모든 접점에서 고객의 경험을 긍정적으로 만들어가는 활동을 의미합니다.

고객은 매장과 인터넷 등 다양한 접점을 통해 기업의 제품이나 서비스를 경험합니다. 구매, 사용과 같이 직접적으로 만나는 순간뿐만 아니라 광고, 뉴스, 리뷰 등을 통해 계획되지 않은 상황에서 간접적인 순간까지 다양한 환경에서 고객은 기업과 만납니다. 한 명의 고객이 만족한 경험을 갖게 되면, 다른 고객에게 직간접적인 영향을 미쳐 해당 기업의 상품 및 서비스에 대한 고객 인식이 강화될 수 있습니다. 물론 그 반대의 경우도 발생합니다. 경험은 내적이고 주관적인 반응이기 때문에 관리하기 까다롭지만 이러한 경험이 쌓여 해당 기업과 브랜드에 대한 이미지를 형성하기에 소홀히 할 수 없습니다.

시장포화도가 높은 요즘, 더 이상 제품의 특징과 기능만으로는 소비자들의 관심을 끌기 어렵습니다. 제품을 단순히 홍보하기보다 소비자들이 상품을 어떻게 인지하고 인식하는지 파악하고 마케팅 전략을 통해 소비자들의 인식을 개선하고 원하는 위치를 선점하는 것이 중요해졌습니다.

02 이제는 고객 인식에 신경을 써야 할 때

제품과 서비스는 기업이 고객에게 제공하는 가치라고 할 수 있습니다. 제품은 물리적인 형태의 가치를 제공하고, 서비스는 경험적인 형태의 가치를 제공합니다. 그동안 이렇게 가치에 집중한 기업이라면, 이제 고객 인식에 신경을 써야 합니다.

애플, 나이키, 코카콜라, 테슬라 등의 글로벌 기업은 혁신적인 기술과 마케팅 전략, 브랜드 메시지 등을 통해 강력한 마케팅 인식을 구축하고 전 세계적으로 사랑받는 브랜드로 자리매김했습니다. 삼성전자, 현대자동차, 크몽, 무신사 등 우리나라의 주요 대기업과 스타트업 역시 소비자들에게 차별화된 브랜드 가치를 제공하며 마케팅 인식을 강화했습니다. 이러한 기업은 강력한 브랜드 메시지, 혁신적인 제품, 소비자 중심의 전략 등을 통해 성공적인 마케팅 인식을 구축하여 고객의 깊은 신뢰와 지지를 얻고 있습니다.

그렇다면, 마케팅 인식에 집중하기 위해 기업은 어떤 노력을 기울여야 할까요?

먼저 소비자들의 요구와 욕구를 파악하고, 그들의 인식과 관점을 이해하는 노력이 필요합니다. 시장조사, 소비자 행동 분석, 소셜미디어 모니터링, 구매 패턴 분석 등의 방법을 통해 소비자들이 제품과 서비스를 어떻게 생각하고, 어떤 요구와 욕구를 가지는지 파악할 수 있습니다. 특히 언더백 기업의 경영자는 고객 인식에 더욱 관심을 기울여야 합니다. 한정된 자원과 예산 내에서 효율적인 마케팅 전략을 수립해야 하기 때문입니다. 명확한 타겟 고객층을 식별하고 그들의 상품 인식을 중심으로 마케팅 전략을 구상하고, 자원을 최대한 활용하여 소비자의 인식을 변화시키고 제품의 가치를 강조하는 마케팅 전략을 꾀해야 합니다.

또한 마케팅 목표를 수정해야 합니다. 상품 홍보와 판매에서 나아가 소비자들의 인식을 개선해 상품에 대한 가치를 높이는 방향으로 목표를 바꿔야 합니다. 소비자의 요구와 욕구에 맞는 제품을 개발하고, 브랜드의 핵심 가치를 창출하고, 소비자와의 소통을 통해 제품이나 브랜드 가치를 명확하게 전달하는 활동을 지속해야겠죠.

소비자와 긍정적인 상호작용을 하고 신뢰관계를 구축하는 데도 노력을 기울여야 합니다. 개인화 마케팅을 하고 이벤트나 캠페인을 통해 소비자와의 접점을 만들고 고객센터를 운영하여 불만사항이나 개선사항을 적극적으로 수용하는 것도 한 방법입니다. 기업은 소셜미디어를 활용하여 소비자와 더 가까워질 수 있습니다. 소셜미디어를 통해 제품, 서비스, 이벤트 등의 정보를 공유하고, 소비자의 피드백에 대해 적극적으로 대응하여 소비자에게 친근한 이미지를 전달할 수 있습니다.

마케팅 인식은 단순히 행위나 기술이 아니라 기업이 시장을 바라보는 사고방식이며 경영철학을 의미합니다. 이는 기업의 핵심 가치 중 하나로, 기업 경영활동의 기초를 이루는 중요한 원칙입니다. 언더백 기업이 인식의 전쟁에서 승리하기 위해서는 마케팅 담당자는 물론이고 경영진과 실무진이 기업 제품과 서비스의 마케팅 인식을 위해 한 배를 타야 합니다. 모든 임직원이 공통된 방향의 마케팅 인식을 가지고 있다면 더 효율적으로 적절한 전략을 세우고 실천해갈 수 있습니다.

4 경영자가 먼저 알아야 할 디자인씽킹

클립과 펜을 결합하여 디자인 문구계의 혁신을 일으킨 클립펜의 구석모 대표, 을지로의 대표 핫플레이스로 떠오른 줄리아의 감영한 대표, 자연 소재의 디자인 제품으로 세계를 사로잡은 KHJ STUDIO의 김현주 대표는 공통점이 있습니다. 모두 디자인 분야 전공자로, 비즈니스에 디자인 씽킹을 성공적으로 접목하여 청년 창업가로 성장했다는 점입니다. 고은희 교수가 쓴 책 『스타트업 디자인 씽킹』에는 성공한 디자인 창업가 8인의 인터뷰가 생생하게 담겨 있습니다. 이 책은 국내 스타트업 창업가 50인의 마인드셋을 연구하여 4차 산업혁명 시대의 새로운 기업가 정신을 탐구한 결과물로, 창업가를 위한 7가지 디자인 마인드를 제시합니다.

변화하는 시장 환경에서 경쟁력을 유지하고 성장하기 위해서는 많은 노력이 필요합니다. 이러한 노력의 일환으로 최근 디자인씽킹에 대한 관심이 높아지고 있습니다. 디자인 씽킹은 단순히 디자이너의 전문성을 넘어서 고객 중심의 사고방식과 창의적인 문제 해결 능력을 갖춘 방법론입니다.

디자인씽킹은 고객 중심의 관점에서 문제를 바라보고, 다양한 아이디어를 도출하여 빠르게 프로토타입을 만들고 검증하는 과정을 반복합니다. 로저 마틴은 "직관적 사고와 분석적 사고, 이 두 사고방식이 조화와 균형을 취하는 제3의 사고방식이 디자인씽킹"이라고 정의합니다.

기업의 경쟁력을 향상시키기 위해 많은 조직이 벤치마킹을 사용합니다. 하지만 벤치마킹은 기존 제품이나 경쟁사에만 초점을 맞추는 한계가 있습니다. 고객의 니즈와 관점은 시장의 비밀을 풀어주는 중요한 열쇠입니다. 새로운 시장을 개척하거나 혁신적인 아이디어를 발굴하기 위해서는 더 넓은 시각이 필요합니다. 디자인씽킹은 문제 해결과 혁신을 위해 사용자 중심의 관점을 강조합니다. 사용자에 대한 깊은 이해와 공감을 바탕으로 문제를 다시 정의하고 새로운 아이디어를 발굴함으로써 기존의 틀에 얽매이지 않고 창의적인 솔루션을 찾을 수 있습니다.

언더백 기업은 새로운 성장 전략을 수립할 때 디자인씽킹을 직접 활용하거나 비즈니스 컨시어지 서비스를 도입할 수 있습니다. 비즈니스 컨시어지는 디자인씽킹 기반의 전문적인 문제해결 지원을 통해 고객의 니즈와 요구를 정확히 파악하고, 시간과 비용을 절약하면서도 효과적인 솔루션을 제시합니다. 예를 들어 D기업은 디자인씽킹 방법론을 적용해 제품 디자인과 사용자 경험을 개선해 시장 경쟁력을 높이기도 했습니다.

01 디자인씽킹 다섯 단계 프로세스

디자인씽킹을 구현하기 위한 프레임워크와 도구는 다양하지만, 프로세스는 공통적으로 공감하기(Empathize) → 문제정의하기(Define) → 아이디어 도출하기(Ideate) → 프로토타입 만들기(Prototype) → 실행 및 평가하기(Test) 등의 단계를 포함하고 있습니다. 자, 이제 세부적인 프로세스를 알아볼까요? 손현주 전주대 교수의 논문 '디지털 디자인씽킹:디지털 기술이 디자인씽킹 프로세스에 미치는 영향'에 따르면, 디자인 씽킹 프로세스에 대한 핵심 포인트는 다음과 같습니다.

❶ **공감하기 :** 해결하려는 문제와 관련된 고객을 충분히 이해하기 위한 과정으로 참여, 관찰, 몰입 등을 통해 고객의 생각과 행동을 이해합니다. 심층 인터뷰를 하거나, 고객의 일상을 살펴보거나, 고객의 경험을 공유함으로써 진정으로 고객을 이해하고 공감할 수 있습니다.

❷ **문제정의하기 :** 수집된 정보를 분석하여 해결해야 할 주요 문제를 확인하는 과정으로, 실행 가능한 문제해결지침(POV, Point of View)을 제시하는 것이 목적입니다. 의미 있는 POV는 아이디어 도출을 올바른 방향으로 이끌어줍니다. 고객의 경험을 알기 위해 고객 여정지도(Customer Journey Map), 페르소나(Persona), 이해관계자 맵(Stakeholder Map) 등을 활용합니다.

❸ **아이디어 도출하기 :** 다양한 방법을 활용하여 문제 해결을 위한 해결책을 제시하는 단계입니다. 브레인스토밍을 통해 최대한 많은 아이디어를 도출하고 선택의 폭을 넓히는 것이 중요합니다. 이러한 아이디어는 고객의 불만과 필요를 충족시킬 수 있는 여러 가설 중 하나입니다. 이 가설은 이후 프로토타입 제작과 테스트를 통해 최종안으로 확정됩니다.

❹ **프로토타입 만들기 :** 제안된 해결책을 빠르고 저렴하게 검증하기 위한 간단한 실험 모델입니다. 이용자 피드백을 받아 적절한 개선을 반영하고, 아이디어를 효과적으로 테스트하여 최종안을 만드는 것이 목적입니다. 아이디어를 신속하게 전달하는 것이 중요하며, 너무 상세하거나 품질이 높지 않아도 됩니다. 기능이나 작업 모드를 명확히 보여주는 것이 핵심입니다.

❺ **실행 및 평가하기 :** 최종 고객이 프로토타입 형태로 만들어진 최종 해결책을 경험하는 과정입니다. 이때, 고객은 명시적인 안내 없이 프로토타입을 사용하며, 디자인씽킹 팀은 고객의 반응을 관찰하고 피드백을 수렴합니다. 대면 인터뷰, 관찰, A/B테스트, 온라인 테스트 등

의 방법을 활용하여 고객의 경험을 평가합니다. 온라인 테스팅은 웹 기반 도구를 활용하여 사용자 피드백을 수집하는 방법입니다. 고객이 만족하면 프로세스가 종료되지만, 그렇지 않다면 피드백을 고려하여 이전 단계로 돌아가 디자인씽킹 프로세스를 다시 시작합니다.

디자인씽킹을 소개하는 책이나 논문은 다양합니다. 『비즈니스 아이디어의 탄생』, 『디자인씽킹 비즈니스를 혁신하다』 등 관련 책은 디자인씽킹의 가치와 방법론을 상세히 설명하고, 현실적인 사례와 실용적인 팁을 제공합니다. 이 중에서 마이클 루릭과 패트릭 링크의 저서 『디자인 씽킹 7 프로세스와 워크 툴킷』은 디자인 씽킹을 처음 접하거나 방법론을 배우고자 하는 전문 디자인 싱커에게 유익한 많은 도구를 소개하고 있습니다. 공감지도, 고객여정지도, 서비스 블루프린트 등 저자가 안내하는 150개의 디자인 씽킹 도구는 조직의 문제를 해결하고, 새로운 제품(서비스)을 개발하고 마케팅하는 데 유용합니다.

[디자인 씽킹 7 프로세스]

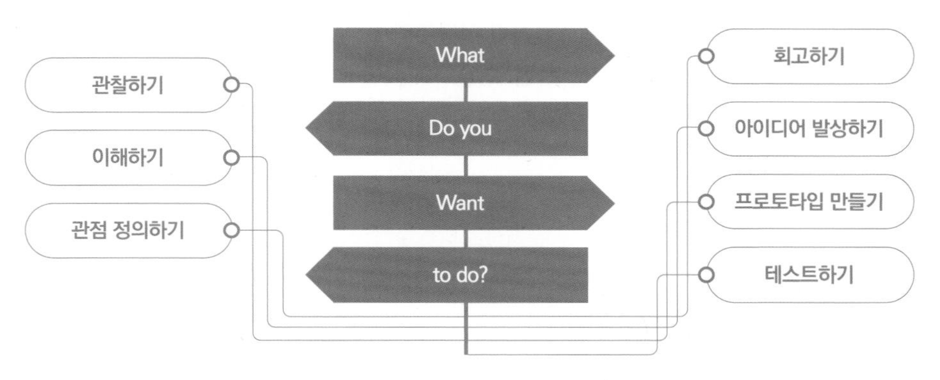

출처 : 『디자인 씽킹 7 프로세스와 워크 툴킷』 (마이클 루릭, 패트릭 링크 저)

02 디자인씽킹 추진 시 고려사항

디자인씽킹은 미래 지향적이고 창의적인 문제 해결 방법입니다. 핵심 문제를 정의하고 고객 중심의 솔루션을 개발하며 반복적인 프로토타입 제작과 테스트를 통해 혁신적인 가치를 창출합니다. IDEO의 최고경영자 팀 브라운은 디자인씽킹을 "인간의 니즈, 기술적 가능성 그리고 비즈니스의 성공 등에 필요한 것을 통합하기 위해 디자이너의 툴킷에서 도출된 혁신에 대한 인간 중심의 접근 방식"이라고 설명했습니다. 이는 디자인 씽킹이 문제 해결 방법에서 나아가, 미래 성장을 위한 혁신을 창출하는 전략적 접근 방식임을 강조합니다.

문구 기업 모나미는 최근 라이프스타일 브랜드로 변화하고 있습니다. 모나미는 국민 브랜드로 유명하지만, 브랜드 이미지가 고정되어 있다는 단점을 가졌습니다. 소비자는 새로운 트렌드와 가치에 민감하게 반응하기 때문에, 오래된 브랜드는 새로운 세대와 시장에 맞게 혁신하는 노력이 필요합니다. 모나미는 종합 문구 분야의 선도적인 위치를 넘어 문구와 유통을 아우르는 새로운 비즈니스 모델을 구축하기 위해 노력했습니다. 신동호 마케팅 팀장을 중심으로 임직원들은 8년간의 노력 끝에 모나미를 리브랜딩했습니다. 모나미 문구를 기존의 '쓰는 도구'에서 '그리는 도구'로 새롭게 정의하고, 국내외 브랜드들과 협업 마케팅을 전개하며 브랜드 이미지를 시각적으로 구현한 '모나미 콘셉트 스토어'를 운영하기도 했습니다. 전통적인 문구 기업에서 라이프스타일 브랜드로 리브랜딩한 비결은 바로 디자인씽킹이었습니다. 신 팀장은 서울경제와의 인터뷰에서 "디자이너 출신의 마케터로서 디자인씽킹를 통해 마케팅 과제를 해결했다."고 강조했습니다. 디자인씽킹이 60년 역사를 가진 모나미에 불러온 변화는 책 『모나미 153 브랜딩』에서 자세히 확인할 수 있습니다.

그렇다면, 리브랜딩에 성공한 모나미처럼 성장전략에 디자인씽킹을 접목하기 위해서는 무엇을 고려해야 할까요? 다양한 관점 수용, 고객 중심 접근, 실험과 유연한 대처 등 세 가지 요소를 확인해야 합니다.

❶ **다양한 관점 수용 :** 디자인씽킹에서 협업과 소통은 창의적인 아이디어 발굴과 문제 해결을 위해 필수적입니다. 다양한 능력과 전문지식을 갖춘 구성원 간의 협업은 문제 상황을 전체적으로 고려하는 데 중요합니다. 원활한 소통을 바탕으로 다양한 경험과 시각을 공유하고 더함으로써 새로운 아이디어를 발굴하고 문제를 다양한 각도에서 바라보는 과정은 기존의 관행에 도전하고 혁신적인 솔루션을 찾을 수 있도록 도와줍니다.

❷ **고객 중심 접근 :** 디자인씽킹은 고객의 니즈와 경험에 집중하는 과정입니다. 고객의 요구와 문제를 정확히 이해하고, 이를 해결하기 위한 솔루션을 찾는 것이 핵심입니다. 고객들의 니즈를 충족시키지 않는 제품이나 서비스는 시장에서 경쟁력을 유지하기 어렵습니다. 디자인씽킹을 통해 고객들의 실제 요구사항을 파악하고 이를 반영한 혁신적인 제품 또는 서비스를 개발할 수 있습니다.

❸ **실험과 유연한 대처 :** 창의적이고 고객 중심적인 해결책을 찾기 위해서는 실험과 피드백을 통해 아이디어를 지속적으로 향상시켜야 합니다. 프로토타입이 있어야 미래 고객으로부터 피드백을 받을 수 있겠죠. 빠른 프로토타이핑은 이를 위한 중요한 도구로, 간단한 모형이나 시제품을 만들어 아이디어를 시각화하고 검증하는 역할을 합니다. 고객의 니즈나 시장의 변화, 예기치 못한 문제 등 다양한 요인으로 인해 상황이 변할 수도 있으니 이에 유연하게 대처하는 모습도 필요합니다.

디자인씽킹의 가치를 이해하고 지지하는 것은 언더백 기업 경영자에게 매우 중요합니다. 경영자의 적극적인 참여는 디자인씽킹 문화 조성과 혁신 성공의 핵심입니다. 디자인씽킹 프로세스를 직접 주도하고 적극적인 참여를 유도하며, 고객 중심의 접근 방식을 조직 문화에 뿌리내림으로써 더 나은 제품과 경험을 만들 수 있습니다. 이는 미래 시장 변화에 적응하고 지속가능한 성장을 이루기 위한 유용한 방법론입니다. 고객 중심의 아이디어 도출과 혁신적인 솔루션 개발을 통해 새로운 시장을 개척하고 지속가능한 성장을 이끌 수 있습니다.

[디자인 씽킹 툴박스 마인드세트]

❶ **호기심에 따라 움직인다** : 우리는 호기심이 많고 개방적이며 W+H 질문을 지속적으로 하고, 다양한 측면에서 대상을 바라보기 위해 관점을 변화시킨다.

❷ **복잡함을 받아들인다** : 우리는 복잡한 시스템의 핵심을 구하고 불확실성을 받아들이며, 복잡한 문제는 복잡한 해결책을 요구한다는 사실을 알고 있다.

❸ **시각화하고 보여준다** : 우리는 스토리와 함께 시각화 자료 및 쉬운 용어를 사용하여 팀과 연구 결과를 공유하거나 사용자에게 명확한 가치를 제안한다.

❹ **실험하고 반복한다** : 우리는 사용자 입장에서 문제를 이해하고, 배우며, 해결하기 위해 프로토타입을 반복적으로 만들고 테스트한다.

❺ **사람에 집중한다** : 우리는 사람에 집중하고 그들과 공감대를 형성하며 그들의 니즈를 파악하는데 관심을 기울인다.

출처 : 『디자인 씽킹 7 프로세스와 워크 툴킷』 (마이클 루릭, 패트릭 링크 저)

5 브랜드 콜라보레이션 전성시대

막걸리와 과자, 호텔과 로봇, 커피와 도서관 등 산업을 막론하고 기업 간 콜라보레이션이 활발하게 이뤄지고 있습니다. 애플과 나이키가 공동으로 운동화를 만들고, 빙그레와 올리브영이 바나나맛 우유 바디케어 제품을 선보였습니다. 넥슨과 이디야커피는 블루 아카이브 콜라보 세트를 출시하고, 기아는 스타벅스와 협업을 통해 굿즈를 공개했습니다.

바야흐로 콜라보레이션 시대입니다. 국내는 물론 전 세계적으로 많은 기업이 고객에게 색다른 브랜드 경험을 제공하고 새로운 고객층을 확보하기 위해 노력하고 있습니다. 조사기관인 SocialBeta에 의하면, 2022년 3월부터 2023년 2월까지 중국에서 진행된 마케팅 사례 4,428건 중 15%가 콜라보레이션 마케팅이었습니다. 콜라보레이션은 같은 목표를 가진 두 기업이 서로의 역량을 바탕으로 매출이나 브랜드 이미지, 고객 관리 등에서 좋은 시너지 효과를 창출하는 것을 의미합니다.

재팬올 이재우 에디터는 "현재, 전 산업분야의 판매 및 마케팅의 큰 흐름은 3C로 통한다. 제품을 창조(Creation)하고, 세상에 나와 있는 요소들과 조합(Curation)을 거치고, 더 나아가 아이디어적인협업(Collaboration)을 모색하는 것"이라고 말했습니다. 콜라보레이션은 라틴어 cum(누구와 함께)과 laboro(노동, 일)을 어원으로 하는 단어로, 함께 노력하여 일을 완성한다는 의미를 담고 있습니다. 협업을 통해 더 나은 결과를 이루고, 다양한 아이디어와 역량을 결집시켜 함께 성공을 이루는 과정과 그로부터 얻는 결과물을 모두 포함합니다.

협업(Collaboration)과 경제(Economics)가 합쳐진 '콜라보노믹스(Collabonomics)'라는 용어도 새롭게 등장했습니다. 콜라보노믹스는 기업 간 협력을 통해 상호 이익을 극대화하고 새로운 비즈니스 모델을 만들어내는 경제 활동을 말합니다. 롯데마트·슈퍼는 디즈니 코리아와 협업해 다양한 식료품 패키지에 디즈니 캐릭터를 입히고 디즈니 완구 마켓을 열었습니다. 디즈니 캐릭터 패키지가 적용된 상품은 출시 후 50여 일 동안 전년 대비 40% 이상 매출이 증가하는 등 인기를 끌었습니다. 이처럼 기업이 브랜드 콜라보레이션에 참여하는 이유는 성장전략 중 하나로서 다양한 효과를 얻을 수 있기 때문입니다. 좋은 이미지를 가진 브랜드와의 협업은 상호간의 신뢰와 브랜드 가치를 높여줍니다. 서로의 강점을 결합해 새로운 제품이나 디자인을 선보임으로써 고객 기반을 확장하고 시장 개척에도 유용합니다. 성공적인 콜라보레이션은 마케팅 효과, 시장 확장, 혁신 창출, 가치 증대 등 여러 가지 이점을 가져옵니다. 윤은기 한국협업진흥협회 회장은 "협업은 신규자원 투입 없이 높은 성과를 낼 수 있는 최상의 혁신기법"이라고 강조했습니다.

01 다양한 콜라보레이션 유형

브랜드 협업이 성공적인지는, 각 브랜드의 장점이 발휘되어 소비자에게 가치를 제공하고 내적으로 융합되어 시너지를 발휘하는지에 달려 있습니다. 협업이 효과적으로 이뤄지면 브랜드 이미지의 확립 및 극대화, 고객 네트워크의 확장, 새로운 가치의 창출, 지속적인 브랜드의 성장 가능성 등 효과를 가져옵니다. 한국디자인진흥원이 발간한 디자인 연구보고서 '브랜드 콜라보레이션으로 디자인을 혁신하라'에는 다양한 콜라보레이션 사례가 나타나 있습니다. 해당 보고서에 따르면, 콜라보레이션 유형은 브랜드 아이덴티티 숨기기, 브랜드 아이덴티티 강조하기, 이야기와 브랜드 결합하기, 창의력 기반 협업하기 등 네 가지로 구분할 수 있습니다.

❶ **브랜드 아이덴티티 숨기기 :** 영향력이 강한 디자이너나 아티스트와의 콜라보레이션을 통해 브랜드에 관한 새로운 시각을 제시하여 소비자의 관심을 불러일으키는 방식입니다. 이러한 전략은 고유 브랜드는 숨기고 협업 파트너의 스타일을 강조합니다. 트렌디하고 스타일리시한 제품을 선보이며 소비자들의 구매욕구를 자극하고, 동시대적인 요구에 부합하는 새로운 경험을 제공합니다.

❷ **브랜드 아이덴티티 강조하기 :** 고유한 브랜드의 아이덴티티를 강조하고 제품에 새로운 인식을 부여하여 가치를 높이는 방식입니다. 이러한 방식의 콜라보레이션은 익숙한 브랜드의 이미지와 아이덴티티를 응용해서 새로운 제품군으로 개발되기 때문에, 고가시장에서 더욱 가치 있는 명품을 탄생시킵니다. 서로 다른 영역에서 스타일을 융합하여 통합적인 아이덴티티를 구축하고 새로운 부가가치를 창출합니다.

❸ **이야기와 브랜드 결합하기 :** 제품이 주는 편익이나 특징보다는 소비자의 감성을 자극하여 그 안에 담긴 이야기에 가치를 입히는 방식입니다. 스토리와 브랜드가 결합된 콜라보레이션은 브랜드를 돋보이게 하는 방식으로 더 많은 매력을 전달합니다. 소비자의 구매요인이 기능 중심에서 감성 중심으로 이동함에 따라, 이야기를 통한 간접적인 접근은 소비자들이 브랜드를 이해하고, 호감을 갖게 만드는 매력입니다.

❹ **창의력 기반 협업하기 :** 의외성과 재미 요소를 콜라보레이션에 접목시켜 소비자의 흥미를 자극하고 긍정적인 태도를 유발하는 방식입니다. 유머와 의외성을 담은 콜라보레이션은 감성 커뮤니케이션의 역할을 수행하여 소비자의 마음에 변화를 일으킵니다. 소비자에게 즐거움을 안겨주는 일시적인 이벤트나 서비스 형식으로 제한된 기간 안에 좋은 시너지 효과를 가져오는 장점이 있습니다.

02 콜라보레이션을 할 때 유의사항

물론 콜라보레이션이 항상 장점만 있는 것은 아닙니다. 콜라보레이션을 통해 선보이는 프로젝트가 기존 브랜드 이미지와 충돌하거나, 두 브랜드 간 의사소통이 원활하지 않아 프로젝트가 중단될 수 있죠. 계약 위반, 지적재산권 침해, 비밀 유출 등의 문제로 인해 법적 분쟁도 생길 수 있으니 세심한 주의가 필요합니다.

KOTRA 해외시장뉴스에 게재된 칼럼 'MZ세대 공략하는 중국 브랜드 콜라보레이션 마케팅 전략'에 콜라보레이션을 추진할 때 주의할 점에 대한 내용이 잘 나와 있습니다. 칼럼에 소개된 주의사항은 다음과 같습니다.

첫째, 브랜드간 혹은 유명 IP와 협업을 진행할 경우 두 브랜드(혹은 IP)가 '추구하는 가치가 일치하는지', '공통점을 형성할 수 있는지' 고려해야 합니다.

둘째, 홍보방식과 제품개발이 바탕이 되어야 합니다. IP와 협업하는 경우에도 IP에 대한 이해를 바탕으로 제품 개발이 이루어져야 합니다. 팬층이 확실한 영화나 게임, 애니메이션과 콜라보레이션을 진행할 때 IP에 대한 완벽한 이해를 바탕으로 제품을 개발하면 소비자의 지지를 받을 수 있습니다.

셋째, 콜라보레이션 마케팅 진행 시 상표권과 저작권 등 지식재산권 사용에도 주의해야 합니다. 협업 대상의 승인을 바탕으로 콜라보레이션을 진행하며, 사용 범위를 명확히 합니다. 또한 협업하는 브랜드의 평판에 손상이 가지 않도록 협업 제품의 품질관리도 엄격하게 진행해야 합니다.

상호 협력과 이해를 바탕으로 한 콜라보레이션은 새로운 아이디어를 발굴하고 혁신적인 제품(서비스)을 선보이는 기회입니다. 하지만 언더백 기업의 콜라보레이션 성공을 위해서는 신중한 계획 수립과 위험 관리가 필수입니다. 이쯤에서 다시 콜라보레이션의 어원을 떠올려볼까요? 콜라보레이션은 라틴어 cum(누구와 함께)과 laboro(노동, 일)를 어원으로 합니다. 성공적인 콜라보레이션을 위해서는 신중한 전략 수립, 적합한 파트너 선택, 위험 관리 등이 중요합니다. 이러한 과정에 비즈니스 컨시어지의 전문성을 활용 가능합니다. 컨시어지는 다양한 산업과 분야에서 축적한 경험과 네트워크를 바탕으로 언더백 기업의 콜라보레이션 성공을 지원합니다. 관련 계약서와 법적 문서를 검토하고 조언을 제공하거나 대기업이나 해외 기업과 콜라보레이션을 시도할 때 도움을 받을 수 있습니다.

6 트리플 미디어와 소셜 미디어

기술의 발전과 디지털 환경의 변화는 마케팅, PR, 광고의 영역을 융합으로 이끌고 있습니다. 과거에는 각 분야를 구분해서 사용하는 경우가 많았습니다. 마케팅은 타겟 고객의 요구와 욕구를 충족시키는 제품과 서비스를 개발하고 제공함으로써 기업의 목표를 달성하는 활동이고, 홍보는 조직과 관련된 다양한 이해관계자 그룹과 협력을 위해 정보를 제공하고 의사소통하며 관계를 구축하는 과정이고, 광고는 유료 매체를 통해 제품과 서비스 등을 알려 판매를 촉진하거나 브랜드 인지도를 높이는 활동을 의미했습니다.

[마케팅, PR, 광고의 차이]

특징	목적	핵심	주요 활동
마케팅	고객 만족도 향상, 수익 증대, 시장 점유율 확대	고객 중심 사고, 가치 창출, 수익 창출	시장 조사, 유통 채널 구축, 고객 서비스
PR	브랜드 인지도 향상, 고객과의 신뢰 관계 구축, 기업 이미지 개선	정보 제공, 관계 구축, 긍정적 이미지 구축	언론 보도, 기자회견, 브랜드 스토리 전달
광고	제품 및 서비스 판매 증진, 브랜드 인지도 향상, 고객 유치 및 유지	직접적인 판매 촉진, 시장 점유율 향상, 고객 행동 유도	TV 광고, SNS 광고, 검색 광고

하지만 다양한 채널과 플랫폼이 생겨나면서 소비자의 행동과 미디어 환경이 크게 바뀌었습니다. 변화하는 시대에 기업은 마케팅, PR, 광고를 융합하여 고객 중심의 전략을 수립해야 합니다. 데이터 기반 의사결정, 채널 통합, 콘텐츠 마케팅, 스토리텔링 등을 통해 더 나은 고객 경험을 제공하고 효과적인 고객 확보와 브랜드 가치 향상을 이룰 수 있습니다.

01 트리플 미디어 시대 : 페이드, 온드, 언드 미디어의 조화

언더백 기업은 트리플 미디어를 유기적으로 활용하여 시너지 효과를 창출하는 방안을 고려해야 합니다. 트리플 미디어는 페이드 미디어, 온드 미디어, 언드 미디어를 의미합니다. 페이드 미디어(Paid Media)는 TV나 인터넷의 디스플레이 광고와 같이 비용을 치르는 미디어를 말하고, 온드 미디어(Owned Media)는 자사의 웹사이트와 같이 기업이 자체적으로 보유하고 있는 미디어를 뜻합니다. SNS 광고를 통해 자사 웹사이트 트래픽을 유도하거나, TV 광고를 통해 브랜드 스토리를 전달하는 것이 페이드 미디어의 예시입니다. 블로그에 전문적인 콘텐츠를 올리고, 웹사이트에 만족도가 높은 고객의 목소리를 소개하며 신뢰도를 향상하는 것은 온드 미디어의 사례입니다. 마지막으로 언드 미디어란 소비자의 신뢰와 평판을 획득할 수 있는 미디어입니다. SNS에서 이벤트를 진행해서 고객 참여를 유도하고, 고객 문의와 불만에 신속하게 응답하여 긍정적 이미지를 구축하는 것이 언드 미디어를 활용하는 예시입니다.

트리플 미디어 전략은 다양한 채널을 통해 잠재 고객에게 효과적으로 다가가고 긍정적인 브랜드 이미지를 구축하는 데 유용합니다. 언더백 기업이 트리플 미디어를 효과적으로 활용하기 위해서는 비즈니스 컨시어지의 전문적인 지원을 검토해볼 수 있습니다. 컨시어지는 각 미디어의 특성을 정확하게 파악하고, 언더백 기업의 목표와 비전에 맞는 전략을 수립하며 성공적인 실행을 위한 지원을 제공합니다.

예를 들어 TV 광고를 비롯한 페이드 미디어는 단기간에 높은 인지도를 확보할 수 있으나, 비용이 발생하고 타겟팅 정확도가 떨어진다는 단점이 있습니다. 자사 웹사이트와 블로그 등 온드 미디어는 브랜드 메시지를 직접적으로 전달하고 고객과의 관계 구축이 가능하지만, 접근 범위가 제한적입니다. SNS 댓글과 리뷰 등의 언드 미디어는 높은 신뢰도를 확보하고, 브랜드 이미지를 개선하는 효과를 얻으나 직접적인 제어가 어렵다는 단점이 있습니다.

각 미디어의 장점을 살리고 단점을 보완하기 위해서는 이처럼 각 미디어의 특성을 파악하여 상호 연계를 강화해야 합니다. 적합한 비즈니스 컨시어지 서비스를 선정하고 컨시어지와 함께 전략을 수립하면 최적의 결과를 얻는 데 유용합니다. 페이드 미디어와 온드 미디어를 활용해 언드 미디어를 확대하고, 고객 만족 경험을 제공함으로써 긍정적인 언드 미디어를 생성하고, 고객과의 소통 및 상호작용을 통해 언드 미디어를 활성화할 수 있습니다.

02 기업과 고객을 연결하는 소셜 미디어

소셜 미디어는 대표적인 언드 미디어의 핵심 채널입니다. 소비자들은 소셜 미디어를 통해 브랜드 정보를 얻고 공유하고 평가합니다. 기업도 고객과의 관계를 구축하고 새로운 가치를 창출하기 위해 SNS를 활용한 마케팅을 진행하고 있습니다. SNS 마케팅은 블로그, 페이스북, 인스타그램, 유튜브 등과 같은 플랫폼을 활용하여 상품과 브랜드, 기업 등을 홍보하고 광고하는 활동을 말합니다.

여행사 노랑풍선은 한국인터넷소통협회가 주최하는 대한민국 소통어워즈 시상식에서 관광 · 여행 부문 소셜미디어 대상을 11회 연속(2023년 기준) 수상했습니다. 소통 지수 고객평가와 콘텐츠 경쟁력 지수, 운영성 평가, 전문가 평가 4단계 평가 과정에서 소셜미디어의 활용에 대한 적극성과 효과성 등에서 성과를 낸 여행사로 인정받았죠. 노랑풍선은 소셜미디어를 통해 고객과 적극적으로 소통하고 있는데요. 현재 페이스북, 카카오, 유튜브, 인스타그램, 네이버 블로그, 네이버 포스트, 스레드 총 7개의 공식 SNS 채널을 자체적으로 운영 중입니다. 다양하고 특색 있는 미디어 콘텐츠를 제공하고 발 빠른 여행 정보 전달로 온라인 유저들과 활발한 소통을 이어가고 있습니다.

에버랜드는 레저업계 최초로 2023년 9월에 100만 명의 유튜브 구독자를 돌파하여 '골드버튼'을 받았습니다. 이전까지 40만 명 수준에 머무르던 구독자 수가 2024년 3월 현재 130만 명을 돌파한 이유는 바로 푸바오였습니다. 푸바오의 인기로 인해 에버랜드가 유튜브 채널에 공개한 판다 가족 영상이 역주행하며 큰 인기를 얻었습니다. 푸바오와 판다 가족을 소재로 한 카카오톡 이모티콘도 많은 사랑을 받고 있습니다. 눈 벼락 맞는 푸바오, 춤추는 러바오, 심쿵 표정의 아이바오 등 에버랜드 공식 SNS 채널에 올라온 인기 영상 중 팬들에게서 사랑받은 모습을 24종의 이모티콘으로 구성했죠. 이렇듯 많은 기업이 SNS를 활용해 고객과 소통하며 브랜드 가치를 높이는 전략을 시도하고 있습니다. 소셜미디어를 활용한 마케팅 전략에 관심이 있다면, 선도 기업의 경험과 노하우를 참고해보세요. 성공 사례를 통해 소셜미디어를 효과적으로 활용하는 방법을 배우고 디지털 소통 효과를 높일 수 있습니다.

그렇다면, 언더백 기업이 소셜 미디어를 활용하여 긍정적인 언드 미디어 효과를 창출하고 고객 참여를 유도하기 위해서는 어떤 노력을 기울여야 할까요?

먼저 고객 중심 전략을 수립해야 합니다. 타겟 고객의 특성과 니즈, 소통 방식 등을 파악하고 고객이 브랜드와 어떤 방식으로 소통하고 상호작용하는지 분석합니다. 고객의 요구와 흥미를 반영한 맞춤형 콘텐츠를 제작하고 페이스북, 인스타그램, 유튜브, 틱톡 등 다양한 플랫폼을 활용하여 고객과의 소통 기회를 늘리고, 최신 트렌드를 반영한 콘텐츠 제작 및 이벤트 진행을 통해 고객 참여를 유도합니다. 고객의 목소리에 귀를 기울이는 것은 중요한 행동 중에 하나입니다. 고객의 질문과 댓글, 불만 등에 신속하고 적극적으로 응답해야 합니다. 고객에게 긍정적인 경험을 제공하여 브랜드 충성도를 높이고 고객 불만을 신속하고 효과적으로 해결하여 긍정적 이미지를 유지할 수 있습니다. 주기적으로 소셜 미디어 활동의 효과를 분석해보세요. 개선점을 찾고, 소비자 의견을 경청하고 반영하여 브랜드 개선에 활용하면 고객 관계 강화에 유용합니다.

SNS 마케팅의 효과를 높이기 위해서는 콘텐츠의 정보 특성에 신경을 써야 합니다. 정보성, 상호작용성, 오락성, 신뢰성 등의 요소가 브랜드 인식과 구매 의사결정에 영향을 미치기 때문입니다. 김기석(2023)은 '저비용 항공사의 SNS 마케팅이 고객가치, 브랜드 태도 및 브랜드 충성도에 미치는 영향' 논문에서 SNS 마케팅의 구성요인을 자세하게 설명했습니다. 논문에 따르면, 정보성은 다양하고 정확한 정보를 빠르게 제공하여 소비자 행동에 영향을 주는 것이고, 상호작용성은 기업과 소비자의 의견을 교환하여 양방향 의사소통을 진행하는 것을 의미합니다. 오락성은 재미와 즐거움을 제공하여 소비자에게 흥미와 유쾌함의 욕구만족을 제공하는 것이며, 신뢰성은 객관적인 정보를 제공하여 기업과 소비자 관계형성 및 행동에 소비자 행동에 영향을 주는 것을 말합니다. 언더백 기업이 SNS 마케팅을 계획한다면 정보성, 상호작용성, 오락성, 신뢰성 등의 구성요인에 신경을 써야 합니다.

예를 들어 제품과 서비스에 대한 다양하고 정확한 정보를 신속하게 제공하기 위해 노력하고 고객의 문의사항에 즉시 응답하는 등 고객 의견을 소중히 여깁니다. 고객의 부정적인 피드백이나 불만사항도 공개적이고 전문적으로 해결해 신뢰도를 높이고 고객의 정보 안전을 보장하기 위해 정보 보호 및 보안을 최우선으로 생각합니다. 또한 브랜드를 더욱 친근하게 느낄 수 있도록 유머와 스토리텔링을 사용하고 밈, 퀴즈, 비하인드 영상 등 재미있고 공유 가능한 콘텐츠를 만듭니다. 현재 트렌드에 맞게 콘텐츠를 맞춤화하는 것도 방법이죠. 이처럼 다양한 노력을 통해 긍정적인 상호작용을 촉진하면 브랜드에 대한 관심과 신뢰를 증진시킬 수 있습니다. 이는 곧 브랜드 가치를 향상시키고 고객의 충성도를 높일 수 있는 중요한 방법입니다.

소셜 미디어를 관리할 전문성이나 인력이 부족하다면, 비즈니스 컨시어지와 협력하거나 아웃소싱을 의뢰할 수 있습니다. 대행사를 선정할 때는 경험 및 전문성, 예산, 서비스 내용, 품질 등을 비교해야겠죠. 기존에 작업한 포트폴리오를 검토하고 다른 기업과의 협력 사례와 후기를 확인하고 담당자와 직접 상담하여 전문성을 확인해주세요. 아웃소싱을 할 때는 목표와 기대효과를 명확하게 설정하고 프로젝트 진행상황과 문제점, 개선 방안 등을 논의합니다. 성과를 지속적으로 평가하고 개선방안을 모색하는 과정도 필요합니다. 긍정적 언드 미디어를 창출하고 고객 참여를 유도하는 것은 기업의 성공적인 마케팅 전략에 필수적입니다.

7 성장을 위한 기업의 마케팅 전략

01 빙그레우스와 아기상어 스토리

많은 기업이 SNS를 적극 활용해 고객과 소통하고 브랜드 가치를 높이고 있습니다. 성공 사례를 살펴보면 새로운 아이디어를 발굴하고 인사이트를 얻는 데 유용합니다. 그럼, 기업의 대표적인 소셜미디어 마케팅 사례를 살펴볼까요?

빙그레는 바나나맛우유부터 빙그레우스까지 SNS 마케팅으로 브랜드 자산을 구축한 대표 기업입니다. MZ세대의 취향에 맞는 마케팅 기법으로 잠재 고객을 넓히고 매출도 증가시켰죠. 바로 기업 이미지를 젊게 바꾸기 위한 B급 감성의 마케팅 효과 덕분입니다.

바나나맛우유는 장수 브랜드이기 때문에 더 이상의 마케팅을 하지 않더라도 이미 두터운 고객층을 확보하고 있었습니다. 하지만 빙그레는 젊은 층의 소비자들과 소통하기 위해 SNS 마케팅에 신경을 쓰고 플래그십스토어 '옐로우 카페'를 여는 등의 노력을 적극적으로 기울였습니다.

빙그레의 이색 마케팅은 '빙그레우스'로 전성기를 맞았습니다. 2020년 빙그레 왕국의 왕자인 '빙그레우스 더 마시스'라는 캐릭터가 탄생했습니다. 빙그레우스는 빙그레나라의 후계자로 왕위를 승계받기 위해 인스타그램 계정을 운영한다는 설정을 갖고 만들어진 캐릭터입니다. 반응은 뜨거웠습니다. 빙그레우스 공개 이후 빙그레의 SNS 페이지 조회수는 2배 넘게 늘었고, 인스타그램 팔로워 수 역시 급증해 식품업계에서 독보적인 1위에 올랐습니다.

빙그레는 '빙그레우스'의 성공에 힘입어 2020년 8월 '빙그레 메이커를 위하여'란 브랜드 캠페인 영상을 공개했습니다. 뮤지컬 형식의 애니메이션 광고 영상은 700만 회 이상의 조회수를 기록했으며 재치있는 스토리와 뮤지컬 배우들의 노래가 어우러져 호평을 받았습니다. 관련 마케팅 활동은 '대한민국 광고대상', '온라인 광고대상' 등 다양한 광고·마케팅 시상식에서 수상하는 등 높은 관심을 받았습니다. 이후 빙그레는 2023년 확장된 세계관을 담은 또 다른 브랜드 캠페인 영상을 공개해 화제가 되었습니다.

미국 주간지 '타임'이 발표한 '2022 가장 영향력 있는 기업 100'에 우리나라 기업 두 곳이 선정됐습니다. 바로 '핑크퐁 아기상어'를 만든 더핑크퐁컴퍼니와 엔터테인먼트사 하이브가 그 주인공입니다. 아마존, 알파벳, 마이크로소프트, 디즈니, 넷플릭스 등의 글로벌 기업과 함께 100대 기업 리스트에 포함되었으니 쾌거가 아닐 수 없습니다.

이 중 더핑크퐁컴퍼니는 글로벌 패밀리 엔터테인먼트 기업으로, 2010년 창업한 이래 온 가족이 즐길 수 있는 문화를 만들어가고 있습니다. 후렴구 '뚜루루뚜루~'로 유명한 동요 '아기상어'가 대표작이죠. 타임은 '아기 상어'에 대해 '후크송 머신(Earworm Machine)'이라며 "그저 귀를 붙잡는 노래를 넘어서서, 큰 사업"이라고 정의했습니다.

더핑크퐁컴퍼니는 유튜브와 인연이 남다릅니다. 2016년 유튜브에 올린 'Baby Shark Dance' 영상은 유튜브 사상 최초로 누적 조회수 100억 뷰를 돌파했습니다. 지금은 짧은 콘텐츠가 대세이지만, 10년 전만 해도 어린이용 콘텐츠는 TV용 장편 애니메이션이 주를 이뤘으니, 아기상어가 숏폼 콘텐츠 시장의 시작이라고 할 수 있죠. 매일 유튜브 데이터를 분석하고 구독자의 반응을 빠르게 분석해 콘텐츠에 반영한 것이 기업의 성장 비결 중 하나입니다.

주혜민 더핑크퐁컴퍼니 사업개발총괄이사는 『2024 콘텐츠가 전부다』 책에서 더핑크퐁컴퍼니의 성공 스토리를 소개했습니다. 아기상어의 글로벌 성공 요인 중 하나는 브랜딩 전략입니다. 더핑크퐁컴퍼니는 2017년 전 세계적으로 유명했던 아기상어 댄스 챌린지의 영향력을 핑크퐁 브랜드로 연결하고자 노력했습니다. 유튜브를 비롯한 SNS에 업로드된 모든 핑크퐁 아기상어 댄스 챌린지 콘텐츠에 #Pinkfong라고 해시태그를 걸었습니다. 사람들이 아기상어를 '핑크퐁 아기상어'로 기억하게 하기 위해 'Baby Shark Dance' 영상 앞에 "핑크퐁~!"이라는 소리가 로고와 함께 등장하는 도입부를 콘텐츠 재생 시마다 노출하기도 했습니다.

또한 아기상어 댄스 챌린지의 수명을 늘리고 시청자층을 확장하기 위해서 적극적으로 콘텐츠를 재생산했습니다. 국악 아기상어, 크리스마스 아기상어, EDM 아기상어 등 리믹스 버전을 제작해 출시하고 실제 상어 이미지를 활용한 버전이나 클레이로 만든 상어가족이 출연하는 시리즈 등 이미지를 변주한 버전도 제작했습니다. 아기상어가 한 번의 챌린지로 끝나지 않고 이렇게 사랑을 받는 데는 100여 편의 변주 콘텐츠가 큰 몫을 담당했습니다.

소비자와 적극 소통하고 상호작용할수록 브랜드 충성도는 더욱 높아집니다. 이제 좋은 제품은 기본입니다. 정보성과 상호작용성, 오락성, 신뢰성 등의 구성요인에 신경을 쓰고 진정성을 담아야 고객이 응답하는 시대입니다.

02 아마존에서 마케팅 전략을 배우다

세계적인 전자상거래 기업 아마존은 고객 지향적인 기업문화로 잘 알려져 있습니다. 아마존을 세계 최고의 기업으로 성장시킨 CEO 제프 베조스는 최고의 고객 지향 마케팅을 추구했는데요. 이를 단적으로 보여주는 것이 바로 회의실에 있는 '빈 의자'입니다. 베조스는 회의할 때마다 직원들에게 '의자에 앉은 고객'을 상상하도록 요청했습니다. 그는 의자를 가리키며 "이 방에서 가장 중요한 분입니다!"라고 강조했다고 합니다. 이처럼 고객을 상상하며 니즈와 요구를 세심하게 파악하고 서비스를 제공함으로써 고객의 신뢰를 얻고 있습니다.

독일 온라인 플랫폼 스태티스타에 따르면, 2023년 미국 이머커스 시장의 리테일러 중 아마존의 시장 점유율은 37.6%로 1위를 기록하고 있습니다. 2위인 월마트가 시장 점유율 6.4%로 1위와 2위의 큰 점유율 격차를 보면, 아마존의 위상을 쉽게 짐작할 수 있습니다. 세계 최대 규모의 쇼핑몰인 만큼 거래되는 제품도 매우 다양합니다. 판매되는 제품군이 대략 6만 6,000가지가 넘는다고 하네요. 전통적인 유통 채널의 진입 장벽이 낮아지고, 온라인 채널을 통한 홍보와 유통이 중요해진 시대에, 아마존은 살아있는 디지털 마케팅 교과서라고 할 수 있습니다.

아마존은 전 세계의 수많은 소비자들에게 다가갈 수 있는 유통채널입니다. 새로운 아이템으로 사업을 구상하고 있는 언더백 경영자나 온라인 판매율을 높이고 싶은 마케팅 담당자라면 아마존을 벤치마킹해보세요. 세계에서 가장 많이 팔리는 제품을 눈으로 확인하고, 막대한 양의 데이터와 소비자 인사이트를 한 자리에서 얻을 수 있습니다. 특히 아마존 슈퍼판매자의 노하우에 관심을 기울여보세요.

아마존에서 베스트셀러로 분류되는 슈퍼판매자의 연 매출은 약 300만 달러에 달하는 것으로 알려져 있습니다. 베스트셀러는 대부분 소비자들의 니즈와 선호를 잘 파악하고 그에 맞는 마케팅 전략을 구사한다는 공통점이 있습니다. 이러한 제품의 마케팅 전략을 분석해 소비자와 어떻게 소통하고 어떤 메시지를 전달해야 하는지 학습함으로써 자사에 적용할 마케팅 방안을 모색할 수 있습니다.

아마존 공식 파트너사가 펴낸 책 『아마존 베스트셀러의 마케팅 법칙』에는 작은 브랜드의 광고전략과 판매페이지 구성요소 등 유용한 정보가 들어 있습니다. 앵그리 오렌지(Angry Orange), 닥터 스콰치(Dr. Squatch), 서울수티컬즈(SeoulCeuticals), 핑크 스터프(The Pink Stuff) 등 아마존 판매 랭킹 1위 제품 12개의 마케팅 전략을 만날 수 있습니다. 이 중에서 언더백 기업이 참고하는데 도움이 될 수 있는 3가지 사례를 소개합니다.

- 앵그리 오렌지는 성공적인 리브랜딩을 통해 반려동물 탈취제 시장에서 1위로 도약했습니다. 기존 반려동물 탈취제 제품의 고질적인 문제는 심한 냄새였습니다. 이러한 단점은 고객 리뷰에서도 자주 언급되었습니다. 앵그리 오렌지는 이러한 단점을 개선하였으나, 소비자들은 이 강점을 충분히 인지하지 못했습니다. 앵그리 오렌지는 브랜드 리뉴얼을 통해 제품의 강점을 소비자가 한눈에 알아볼 수 있도록 디자인을 변경하기로 결정했습니다. 오렌지를 메인 컬러로 사용하여 이미지만으로도 제품의 향을 떠올릴 수 있도록 하고, 모든 제품을 새롭게 디자인하였습니다. 최종 디자인은 소비자 의견을 반영하기 위해 여론조사 플랫폼을 활용하기도 했습니다. 이처럼 고객의 목소리에 집중한 결과, 제품 선호도가 변화하였습니다. 판매율은 하루 만에 7% 상승했고, 연간 수익이 10배 이상 증가하는 성과를 이뤄냈습니다.

- 서울수티컬즈는 스킨수티컬즈를 경쟁 제품으로 설정하고 이 제품을 구매하는 고객을 집중 공략하는 마케팅 전략으로 성공했습니다. 스킨수티컬즈는 세계 1위 병원판매용 스킨케어 브랜드로 인지도가 높지만 가격이 부담스러운 제품입니다. 서울수티컬즈는 이 점을 고려해 제품명을 유사하게 짓고, 가격을 대폭 낮췄습니다. 그렇다면, 제품 이름에 '서울'을 넣은 이유는 무엇일까요? 바로 품질로 유명한 K-뷰티 제품이라는 이미지를 전달하기 위해서입니다. 아시아 모델을 사용해서 광고를 한 것도 비슷한 이유 때문입니다. 또한 단순히 저렴한 화장품이라는 소비자의 의구심을 정면 돌파하기 위해 화장품 효능을 비교하는 실험 이미지를 넣어 효능도 강조했습니다. 그 결과 대대적인 광고를 하지 않고도 초기 시장을 선점하는 데 성공했습니다.

- 레인보우 삭스에서 가장 유명한 제품은 피자양말입니다. 이 제품이 특별한 경쟁 없이 꾸준히 팔리는 이유는 키워드에 대한 기대효과를 충족시키는 KBF(key Buying Factor)를 구성했기 때문입니다. 이커머스 플랫폼에서 판매하려는 제품의 카피라이팅과 키워드는 매우 중요한 마케팅 요소입니다. 레인보우 삭스가 겨냥한 키워드는 양말, 스포츠양말, 남자양말 같은 키워드가 아니었습니다. 바로 'funny socks'와 'fun socks' 키워드를 노렸습니다. 'funny socks'의 연간 검색 량은 43만 회 이상으로 소비자는 매달 3~4만 번씩 이 단어로 검색을 합니다. 레인보우 삭스는 소비자가 많이 찾는 공략 키워드를 설정해 모

든 제품의 타이틀에 'funny'라는 키워드를 넣었고 제품을 흥미롭게 설명하기 위해 노력했습니다. 그 결과 피자 박스를 이용한 메인 이미지가 탄생한 것입니다.

다양한 기업의 사례처럼 제품 디자인부터 이미지, 영상, 카피라이팅 등 여러 요소를 고객의 관점에서 접근해주세요. 리마커블한 시도가 언더백 기업을 성장하게 합니다.

04 PART

1 개인회사에서 주식회사로 전환하다

01. 법인전환, 언제 해야 할까
02. 법인전환 시 고려해야 할 사항들

2 정관을 제대로 만들고 업그레이드 하다

01. 정관의 정의와 구성 이해
02. 절대적 기재사항과 상대적 기재사항 마스터

3 사업목표 달성을 위한 맞춤형 지배구조 설계하기

01. 주식회사 설립 시 필요한 발기인은 몇 명일까
02. 지배구조를 확립할 때 필요한 4가지 전략적 접근 방식

4 기업 운영의 핵심 요소, 임원진 구성

01. 임원의 역할과 책임
02. 적절성, 실질성, 적법성 등 임원진 구성 시 고려사항

5 첫 번째 약속, 근로계약서와 취업규칙을 만들다

01. 근로계약서 중요성과 작성 가이드
02. 노사관계 강화를 위한 취업규칙 가이드

6 두 번째 약속, 퇴직연금을 도입하다

01. 법률에 근거한 퇴직연금의 도입 시기
02. 다양한 퇴직연금의 종류

7 세 번째 약속, 사내복지기금을 설립하다

01. 사내복지기금의 필요성
02. 사내복지기금 도입 시 고려사항

제도정비

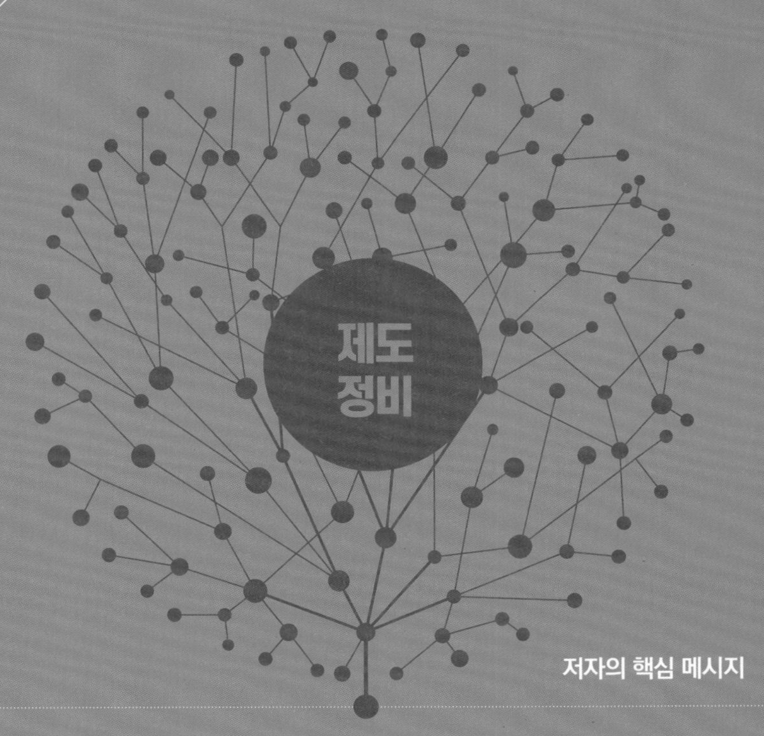

저자의 핵심 메시지

"기업은 비즈니스 컨시어지를 통해 현 시대의 고용 특성인 단기성과 불안정성을 보완할 수 있습니다.
인재의 고용 안정성을 확보하고 법인과 근로자의 이익은 물론 과세 측면에서의
비용 절감과 절세 효과를 얻을 수 있습니다."
_홍명기

1 개인회사에서 주식회사로 전환하다

보통 개인사업자로 창업하여 4~5년 정도 사업을 운영하다 보면 기업은 여러 가지의 니즈에 의해 주식회사로의 전환을 고민하게 됩니다. 그러나 많은 경영자들은 주식회사 전환의 중요성을 충분히 인지하지 못하고 주도적으로 깊이 생각하기보다는 기장세무사의 간단한 조언이나, 지인의 경험에 의존하여 성급한 결정을 내리는 경우가 있습니다. 주식회사 전환은 기업의 성장 전략과 미래 방향을 좌우하는 중요한 결정입니다. 따라서 창업자들은 주식회사 전환의 장점과 한계를 명확히 파악하고 기업의 성장 전략과 연계하여 신중하게 고민하고 의사결정을 내려야 합니다. 이 장에서는 창업자들이 주식회사 전환을 고민해야 할 시점과 고려해야 할 사항에 대해 살펴보겠습니다.

01 법인전환, 언제 해야 할까

법인 전환을 고민하는 시기는 크게 세 가지로 나눌 수 있습니다.

첫째, 매출이 일정 수준 이상에 도달하여 성실신고대상자가 되었을 때입니다. 개인사업자가 도소매, 제조, 음식점, 서비스, 부동산 임대업 등 특정 업종에서 일정 금액 이상의 매출을 달성하면 성실신고확인사업자로 선정되어 법인과 유사한 수준의 관리를 받습니다. 이때 기장세무사로부터 법인전환을 권유받을 수 있습니다. 성실신고대상자 선정 기준 및 관련 내용은 국세청 홈페이지(www.nts.go.kr)에서 확인 가능합니다.

둘째, 거래처의 권유입니다. 대기업, 정부기관, 일반기업 등 일부 거래처는 거래 안정성과 재무 투명성을 확보하기 위해 일정 자본금 이상의 법인과 거래를 선호하는 경우가 있습니다. 이러한 상황에서 매출 유지 또는 증대를 위하여 법인전환을 고려하게 됩니다.

셋째, 세금 문제입니다. 개인사업자는 종합소득세를 납부하며 종합소득과세표준에 따라 일반적으로 금액 대비 15%에서 45%(지방소득세 제외) 사이의 세율을 적용받습니다. 반면, 법인사업자는 법인세를 납부하며 법인세전순이익 금액 대비 9%에서 19%(지방소득세 제외)의 세율을 적용받습니다. 보통 개인사업자가 부담하는 세율이 30% 이상인 경우, 법인전환을 통해 세금 효율성을 높일 수 있는 가능성이 있습니다. 국세청 홈페이지(www.nts.go.kr) '국세신고안내' 메뉴를 통해 법인세율 정보를 확인할 수 있습니다.

02 법인전환 시 고려해야 할 사항들

법인 전환을 고려할 때는 여러 가지 요소를 검토해야 합니다. 그 중에서도 세금 문제는 가장 많고 현실적인 요소 중 하나입니다. 세금 측면을 고려한 법인전환에 대해 컨시어지 서비스 관점에서 다루어 보겠습니다. 법인전환을 고려할 때는 크게 3가지 경우를 검토해야 합니다.

첫째, 법인전환의 적절성입니다. 법인전환은 기업의 성장과 발전을 위한 전략적 선택이 될 수 있지만, 신중하게 검토해야 할 사항이 많습니다. 단순히 세금을 절감하기 위해 법인전환을 결정하는 경우, 불편함을 겪을 수 있다는 점을 유념해야 합니다. 법인전환을 결정하기 전에 종합소득세와 법인세의 구조를 비교하고, 사업소득 이외의 다른 종합소득을 파악하여(Fact Finding) 현재의 종합소득세율을 정확하게 계산하는 것이 중요합니다. 법인전환을 통해 발생하는 추가적인 비용과 관리 부담 등도 고려해 법인전환의 적절성을 판단합니다.

법인으로 전환한 후에는 법인의 대표로서 근로소득, 대표의 다른 종합소득, 그리고 가족이 일하는 경우 발생하는 가족 근로소득, 주주로서의 배당소득 등을 포함한 법인세를 산출합니다. 가족이 일하는 경우에는 가족 근로소득, 주주로서의 배당소득 등을 추가로 반영하여 법인세를 계산합니다. 이를 통해 개인사업자로서의 종합소득세와 법인사업자로서의 법인세를 비교하고, 세금 측면에서 법인전환의 적절성을 파악합니다. 예를 들어, 개인사업자로서의 종합소득세가 법인사업자로서의 법인세보다 높은 경우, 법인전환을 통해 세금 부담을 줄일 수 있습니다.

또한 퇴직소득, 주식 양도소득, 배당소득, 청산소득 등 미래에 발생할 수 있는 세금까지 고려하여 종합적으로 법인전환의 적절성을 검토해야 합니다. 이때 비즈니스 컨시어지는 플랫폼을 활용해 직접 검토하거나 법인컨설팅 전문가에게 위임할 수 있습니다. 국세청 홈페이지(www.nts.go.kr) '국세신고안내' 메뉴에서 최신 정보를 확인하고 고려해야 할 사항을 자세히 알아볼 수 있습니다.

둘째, 법인전환의 방법입니다. 법인전환의 적절성을 검토하여 사업을 법인으로 전환하기로 결정하였다면, 아래 세 가지 방법 중 하나를 선택하여 법인 전환을 진행합니다.

❶ 신규법인을 설립하고 기존 개인사업자는 유지 또는 폐업하는 것으로, 대부분 이 방법으로 진행합니다. 법인으로 전환한다는 원래의 의미는 개인사업자의 재무제표를 법인에

넘긴다는 뜻이지만 개인사업자의 재무제표는 잘 관리되지 않기 때문에 넘길 자료가 부족한 경우가 대부분입니다. 따라서 신규법인을 설립하고 개인사업자의 자산 중 필요한 자산을 부분만 선택적으로 양도·양수하는데, 이때 영업권을 평가하여 넘기기도 합니다.

❷ 포괄 양도·양수입니다. 신규법인이 개인사업자를 인수하는 방법입니다. 개인사업자의 재무제표를 넘겨 받아서 개인사업자의 자산과 부채를 승계받을 수 있다는 장점이 있지만 법인설립 비용 외에 추가로 200만 원 정도의 비용이 드는 것은 물론이고 법인사업자가 개인사업자를 인수하는 과정에서 현금을 지급해야 하는 단점도 있습니다.

❸ 현물출자의 방식입니다. 포괄 양도·양수의 경우 개인사업자가 부동산 등을 보유하여 자산 규모가 크다면 법인사업자가 개인사업자에게 거액의 현금을 지급해야 합니다. 그러나 현물출자는 개인사업자를 가치평가한 후에 이를 자본금 삼아 법인을 만드는 방법으로 많은 현금을 준비하지 않아도 법인을 설립할 수 있습니다. 그러나 세무사, 회계사 비용이 약 2~3천 만원 정도 들고, 법원의 인가를 받아야 하므로 기간이 많이 소요되는 단점이 있어 실제로는 많이 사용하지 않는 방법입니다. 하지만 법인전환을 위해 이 방식이 필요한 법인도 존재합니다.

비즈니스 컨시어지를 통해 법인전환을 한다면, 법인 전환 방법을 안내받고 기장 세무사와 협의하여 진행하는 것을 추천합니다. 만약 기장 세무사와의 관계가 원만하지 않아서 직접 진행하기 어렵다면, 플랫폼의 법인 컨설턴트에게 의뢰할 수 있습니다. 법인컨설턴트가 플랫폼의 세무사를 연결하여 세무사가 법인전환 절차를 대신 진행할 것입니다.

셋째, 법인설립등기입니다. 법인설립등기의 과정은 비용확인 – 지배구조 및 임원검토 – 법인기본정보입력 – 정관검토 – 잔고증명서증빙 – 접수 및 등기 완료 – 사업자등록 등의 순으로 진행됩니다. 각 과정을 간략히 설명하면 다음과 같습니다.

'비용확인'은 보통 법인의 경우 자본금의 크기와 본점의 주소지에 따라 법인설립등기 비용이 몇 십 만원 ~ 몇 백 만원 정도 발생합니다. 사전에 사업자 대표에게 이를 인지시켜야 합니다. '지배구조 및 임원검토'는 주주권의 행사, 유보금 회수, 임원의 적절성 등을 검토하는 과정입니다. '법인기본정보입력'은 상호, 본점소재지, 공고방법, 자본금, 1주의 금액, 사업목적 등 법인등기부등본에 등재될 항목과 발기인, 임원구성, 임대차계약서 등을 입력하는 프로세스입니다.

'정관검토'는 사업목적과 법인의 추후 계획에 부합되는 원시정관을 검토하는 단계이고 '잔고증명서증빙'은 자본금을 출자하는 주주 중 1명의 개인 자유입출금 통장에 자본금 이상의 돈을 예금하고 은행에서 발급받은 후 제출하는 프로세스입니다. '접수 및 등기완료'는 여러 서류를 준비하여 법무사가 등기소에 설립 등기하는 단계이며 '사업자등록'은 법인설립등기 완료 후 관할세무서에 사업자등록을 하는 과정입니다. 법인사업자의 대표나 직원 또는 법무사가 대행하여 국세청 홈텍스에 사업자등록을 하고 사업자등록증을 발급받습니다.

이러한 법인설립등기 과정에서 비즈니스 컨시어지와 법인컨설턴트, 법무사는 각자의 전문성을 발휘하여 효율적인 법인 설립 및 전환을 지원합니다. 컨시어지는 비용확인과 법인기본정보 전달 등의 과정에 참여하고 법인컨설턴트는 비용확인, 지배구조 및 임원 검토, 법인기본정보입력, 정관검토, 잔고증명서 증빙 과정에 관여하며 법무사는 접수 및 등기, 사업자등록 프로세스를 담당합니다.

법인 전환에 대한 컨시어지 서비스를 다시 한번 정리해서 소개하겠습니다. 비즈니스 컨시어지로서 관련 서비스를 제공할 때는, 경영자에게 법인전환 과정에 대한 전반적인 이해를 바탕으로 명확하게 설명하는 것이 중요합니다. 법인전환의 적절성 검토는 컨시어지가 직접 하거나 플랫폼의 법인컨설턴트에게 맡겨 진행합니다. 법인전환 방법은 기장 세무사나 플랫폼의 법인컨설턴트에게 의뢰해 지원받고, 법인설립등기는 플랫폼의 법인 컨설턴트에게 요청하는 것이 좋습니다. 법인컨설턴트가 사업자 대표에게 직접 연락하기보다는 비즈니스 컨시어지를 통해 업무를 진행한다면, 명확한 정보 제공과 원활한 소통을 바탕으로 서로 간의 신뢰와 만족도 향상에 기여할 수 있습니다.

2 정관을 제대로 만들고 업그레이드 하다

개인 회사를 법인으로 전환할 때 가장 신경 써야 할 부분은 정관입니다. 하지만 아쉽게도 정관에 대한 특별한 검토 없이 상법상 절대적 기재사항에만 중점을 두고, 권유하는 대로 작성하는 것이 현실입니다.

01 정관의 정의와 구성 이해

정관은 '법적인 범위 안에서 회사의 자치법규로서, 조직과 활동에 관한 근본 규칙'이라고 정의할 수 있습니다. 정관의 기초가 되는 상법이 변경되거나, 정관 기재사항에 대한 사실관계가 변경되면 정관을 개정해야 합니다. 이 장에서는 정관의 중요한 요소를 간략하게 설명하되, 중요한 부분인 만큼 가장 많은 페이지를 할애하고자 합니다. 그리하여 컨시어지를 제공할 때 올바른 정관에 대한 필요성을 강조하는데 활용되어지길 바랍니다. 법인대표가 정관 점검과 개정을 요청할 경우, 플랫폼의 법인컨설턴트에게 연결하여 도움을 받을 수 있습니다.

정관은 크게 절대적 기재사항, 상대적 기재사항, 임의적 기재사항으로 나누어집니다. 절대적 기재사항은 상법 제289조에 따라 회사설립 시 반드시 포함해야 하는 8가지 사항입니다. 상대적 기재사항은 정관에 기재해야만 해당 사항이 회사와 주주에게 효력이 생기는 사항을 뜻합니다. 비즈니스 컨시어지가 회사대표에게 강조해야 할 부분은 상대적 기재사항입니다. 최초설립 시 정관인 원시정관이나 개정 이력이 있는 정관에서 부족한 부분이 있다면 상대적 기재사항 중 회사에 필요한 부분을 채워서 개정할 수 있습니다. 임의적 기재사항은 회사의 원활한 운영을 위하여 필요에 따라 임의로 기록하는 사항으로, 강행법규 또는 주식회사의 본질에 반하지 않는 한 정관에 명시할 수 있고, 기재한대로 효력이 발생합니다. 이 사항은 비즈니스적으로는 의미가 크지 않아 여기서는 다루지 않겠습니다.

정관은 통상적으로 총칙, 주식과 주권, 사채, 주주총회, 이사와 이사회, 감사, 계산, 부칙, 별첨 등의 소제목으로 구성됩니다. 총칙, 주식과 주권으로 이어지는 제1조부터 제7조까지가 절대적 기재사항입니다. 참고로 발기인의 성명, 주민등록번호, 주소는 원시정관의 맨 뒤에 위치합니다. 상대적 기재사항은 내용의 성격에 따라 각 소제목 아래의 조문으로 존재합니다.

02 절대적 기재사항과 상대적 기재사항 마스터

(1) 절대적 기재사항

먼저 절대적 기재사항을 살펴보겠습니다. 이 장에서 소개하는 절대적 기재사항은 제1조부터 제7조까지이며, 언제든지 변경이 가능합니다. 그러나 변경 시 주주총회의 특별결의(상법 제434조: 출석한 주주의 의결권의 3분의 2이상, 발행주식 총수의 3분의 1 이상의 수)에 의하며, 변경사항은 반드시 등기해야 법적 효력이 발생합니다.

제1조 '상호'입니다. 관할 등기소 내에서 동일한 상호는 쓸 수 없으며, 영어만으로 이루어진 상호도 안 됩니다(단, 병기는 가능). 최초 법인설립 시 인터넷 등기소 상호검색을 통해서 대표가 원하는 상호가 있는지 미리 검색한 후 상호를 정합니다. 상호는 언제든지 변경할 수 있습니다.

제2조 '목적'입니다. 정관상의 (사업)목적은 사업자등록증의 업종이나 업태처럼 인덱스가 있는 것이 아니므로 대표가 어느 정도 자율성을 가지고 목적을 작성할 수 있습니다. 다만 최초 설립 시 예상되는 목적을 최대한 나열하는 것을 추천합니다. 또한 추후에 사업으로 돈을 벌게 되면 법인도 부동산을 소유하는 시기가 올 것이므로 '부동산 임대업'도 목적에 추가하기를 권유합니다.

제3조 '본점의 소재지'입니다. 최소행정구역(특별시, 시, 군)등을 기재하며 본점이 그 구역을 벗어나면 반드시 등기하여야 합니다.

제4조 '공고방법'입니다. 법인은 공적인 회사이므로 회사의 주요한 변경내용이 있을 경우 주주, 채권자를 보호하기 위하여 법률에 따라 공고해야 합니다. 통상적으로는 해당 지역의 일간신문을 통해 널리 알리고 있습니다. 회사 홈페이지가 있을 경우, 홈페이지에 공고한다면 비용을 절감하고 편리성을 높일 수 있습니다.

다음 조항부터는 총칙이 아닌 '주식과 주권' 소제목 아래에 있는 조항입니다.

제5조 '회사가 발행할 주식의 총수'입니다. 수권주식이라고도 하며 과거 상법에서는 회사 설립시 발행하는 주식의 총수의 4배 이내로 규정했습니다. 그러나 현재는 폐지되었으므로 설립 시부터 '회사가 발행할 주식의 총수'를 많이 늘려 놓으면 유리할 수 있습니다.

제6조 '1주의 금액'입니다. 상법상 1주의 최소 금액은 100원 이상으로 되어 있으나, 일반적으로 일천원, 오천원, 일만원 등을 많이 사용합니다. 추후 상장을 목표로 하는 경우, 유통주식수를 늘리기 위해 일백원, 오백원으로 정하거나, 추후 액면 분할을 하기도 합니다.

제7조 '회사 설립시 발행하는 주식의 총수'입니다. 액면가를 곱하여 계산한 자본금을 뜻하는 조항으로 최초 원시정관에 제시된 내용이 변경되지 않을 유일한 조항입니다.

절대적 기재사항이 잘못되어 법인을 설립할 일은 없겠지만 제2조 목적, 제4조 공고방법, 제5조 회사가 발행할 주식의 총수 등 현재 또는 미래의 회사 상황에 맞지 않는 부분이 있다면 비즈니스 컨시어지는 변경을 제안해야 합니다.

(2) 상대적 기재사항

상대적 기재사항은 상법상으로는 수십 가지에 이르지만, 비즈니스 컨시어지 입장에서는 12가지 정도만이 의미가 있습니다. 이 중에서 특히 중요한 7가지를 서술하겠습니다. 나머지 5가지는 컨시어지가 필요한 경우, 따로 공부할 수 있도록 해당 법률조항을 기록하겠습니다.

❶ **'전자공고'입니다.** 절대적 기재사항의 '공고방법'을 홈페이지에 공고할 수 있도록 하는 조항으로 법인등기부등본에 기재해야 하는 등기 사항입니다.

❷ **'주식양도제한'입니다.** 주주에게는 자익권(이익배당청구권, 신주인수권, 잔여재산분배청구권), 공익권(의결권, 회계장부열람권, 임원해임청구권 등)이 있습니다. 주주에게 있는 권리를 악용하여 회사가 위기에 처하는 것을 방지하기 위해 회사 주식이 적대적으로 거래되지 않도록 제한을 두는 장치입니다. 이 조항은 '본 회사의 주식을 타인에게 양도하는 경우, 이사회(이사회가 없는 경우 주주총회)의 승인을 얻어야 한다. 이사회의 승인을 얻지 아니한 주식의 양도는 회사에 대하여 효력이 없다...' 등으로 시작합니다. 주주관계가 복잡하거나 가족 이외의 주주가 있는 경우 검토해야 합니다. 주주에게 중요한 사항이므로 법인등기부등본에 등기해야 합니다. (상법335조 조항 참조)

❸**'주식매수선택권'입니다.** 스톡옵션이라고 불리는 조항으로 직원의 충성도를 높이고, 회사에 기여한 직원들에게 주는 보상으로 회사의 주식을 시장 가격보다 낮은 가격으로 구매할 기회를 주는 제도입니다. 주로 벤처기업이나 상장을 목표로 하는 기업에서 도입을 검토하는데, 회사에 중요한 내용이므로 마찬가지로 법인등기부등본에 등기해야 합니다. 하지만 직원 입장에서는 상장이 요원한 회사이거나 배당을 받지 못할 경우 본인이 소유한 비상장법인의 주식은 크게 의미가 없으므로 대표이사의 지분을 회사에 양도하기 위한 명분으로 활용되기도 합니다. (상법 340조의 2,3,4,5 참조)

❹ **'제3자 배정'입니다.** 상법418조의 2항에 규정되어 있는 것처럼, 정관이 정하는 바에 따라 주주 외의 자에게 신주를 배정할 수 있습니다. 이 경우 신기술의 도입, 재무구조 개

선 등 경영 상의 목적을 달성하기 위해 필요한 경우에 한하여 진행할 수 있습니다. 실무적으로 재무구조 개선을 위해 외부 투자자를 주주로 참여시킬 수도 있고, 대표이사의 특수관계인에게 주식을 주기 위한 방법으로도 사용될 수 있습니다. 이 과정에서 명분과 절차가 중요합니다.

이상 ❷,❸,❹조항은 주식에 관련된 내용이므로 '주식과 주권'의 소제목 아래의 조항입니다.

❺ **'임원의 보수'입니다.** 상법388조의 조항으로 임원의 경우, 정관에서 보수와 퇴직금을 정의했다면, 정관을 따라야 합니다. 특히 퇴직금의 경우, 법인세법과 소득세법에 의하여 일반 직원과는 다른 퇴직금을 적용받을 수 있도록 정관을 제대로 정비하는 것이 중요합니다. 보통 임원의 퇴직금은 공적배수를 3배수(일반직원 1배수)로 정하여 정관을 정비합니다.

이 조항은 '이사 이사회 감사' 소제목 아래의 조항입니다.

❻ **'중간배당'입니다.** 상법462조의 3의 조항으로 회사는 3월에 하는 정기 배당을 제외하고 연간 1회에 한하여 중간배당을 할 수 있습니다. 정관에 중간배당 조항을 두어야 하며, 이사회(이사회가 없는 경우 주주총회)의 결의로 배당결의를 할 수 있습니다. 배당금을 지급할 현금이 언제 회사에 충분히 쌓일지 예측하기 어려우므로, 정관에 중간배정 규정을 두어서 연중 필요시 언제든지 배당을 할 수 있도록 하는 것이 좋습니다.

❼ **'현물배당'입니다.** 상법462조의 4의 조항으로 회사는 정관에서 정한대로 금전 이외의 재산으로 배당할 수 있습니다. 금전 이외에 현금화 할 수 있는 자산으로 배당할 수 있음을 정할 수 있습니다. 주주의 권익을 위하여 중요한 조항으로 대상 자산은 보험증서, 서화, 예금증서 등이 될 수 있습니다.

❻,❼ 의 조항은 '계산'이라는 소제목 아래의 항목입니다. 의미 있는 상대적 기재사항 중 나머지 5가지는 법조항으로 대신하겠으니 참고하세요. 특히 종류주식은 향후 비즈니스 컨시어지 서비스의 주요 테마로 예상되므로 관심을 가지시길 바랍니다.

❽ **'종류주식 발행과 그 유형'** - 상법344조 ~ 351조

❾ **'이사회 소집기간의 단축'** - 상법390조

⑩ **'대표이사를 이사회가 아닌 주총에서 선임'** - 상법389조

⑪ **'집중투표 배제'** - 상법382조의 2

⑫ **'신주발행을 이사회가 아닌 주총에서 결정'** - 상법416조

이상으로 정관의 절대적 기재사항과 중요한 상대적 기재사항을 말씀드렸습니다. 정관 개정은 법인 설립 시 원시정관이나 등기사항이 없을 경우, 공증하지 않고 소집절차를 준수하여 주주총회 특별결의 의사록을 작성하여 간인한 후 보관하면 최종 정관으로 인정받을 수 있습니다. 그러나 일반적으로 공증을 받는 것이 비즈니스적으로 의미가 있으므로, 공증까지 진행하는 것을 추천 드립니다. 이를 통해 정관 개정에 대한 법적 효력과 신뢰성을 확보할 수 있습니다.

3 사업목표 달성을 위한 맞춤형 지배구조 설계하기

지배구조란 주주구성을 뜻합니다. 이 장에서는 주식회사가 영리추구 목적이 달성되어 회사에 유보금이 많이 쌓이고, 추후 가업 승계까지 염두에 둔 지배구조 구성에 대해 이야기하되, 가족법인(가족으로 모든 주주가 구성된 법인)을 전제로 합니다.

01 주식회사 설립 시 필요한 발기인은 몇 명일까

주식회사 설립 시 필요한 발기인 수의 변천사를 살펴보면 1996년 9월 30일 이전에는 7명, 2001년 7월 23일까지는 3명, 그 이후 2024년 3월 현재까지는 1명으로 점차 감소하는 추세입니다. 과거에는 이러한 제한 때문에 어쩔 수 없이 차명주주가 발생하기도 했으나, 요즘은 1인 주주로도 설립이 가능하므로 대표이사가 1인 주주로 출발하기도 합니다. 하지만 아직도 과점주주의 문제 또는 잘못된 지식으로 인하여 여전히 차명주주가 포함된 3인으로 법인을 설립하는 경우도 종종 볼 수 있습니다. 이러한 과점주주 및 발기인 수의 문제는 모두 잘못된 정보의 전달로 빚어지는 불상사이지만, 이 장에서는 별도로 다루지는 않겠습니다.

02 지배구조를 확립할 때 필요한 4가지 전략적 접근 방식

지배구조를 정할 때는 의사결정의 편의성, 세금 부담 최소화, 자금의 효율적 조달, 원활한 가업승계 등 네 가지 관점을 고려해야 합니다. 이를 바탕으로 지배구조를 설계하면 경영 효율성과 재무 안정성을 높일 수 있으며, 장기적인 발전을 이루는 데 유용합니다,

첫째, 의사결정의 편의성입니다. 주식회사의 의사결정은 전체 주주가 모이는 전주주 총회, 주주총회 특별결의, 주주총회 보통결의, 이사회, 대표이사 순으로 권위가 있습니다. 통상적인 의사결정의 경우, 주주총회 보통결의(상법368조: 출석한 주주의 의결권의 2분의 1 이상의 수와 발행주식 총수의 4분의 1이상의 수)로 결정합니다. 중요한 의사결정은 주주총회 특별결의(상법434조: 출석한 주주의 의결권의 3분의 2 이상의 수와 발행주식 총수의 3분의 1이상의 수)로 이루어집니다. 따라서 독자적으로 의사결정을 할 수 있는 편의성을 고려한다면 기업대표가 50% 또는 70%로 지분을 가져가고, 나머지는 배우자나 자녀에게 배분하는 지배구조가 일반적입니다.

둘째, 유보금 회수 시 세금 절약의 관점입니다. 가족법인에서 가족이 임직원으로 근무하면 근로소득, 주주로서 배당받는 배당소득, 회사주식을 양도함으로 생기는 양도소득 등 다양한 소득이 발생합니다. 오로지 세금만을 생각한다면 모든 가족이 동일한 지분을 보유하는 것이 가장 유리할 수 있습니다. (다만, 이 문제는 복잡하므로 자세한 설명은 생략하겠습니다.) 예를 들면 4인 가족의 경우 각자 25%의 지분을 소유하면 세금 절약에 효과적입니다.

셋째. 자금 도입의 관점입니다. 회사를 운영하다보면 성장을 위해 추가적인 사업자금이 필요해집니다. 사업자금은 일반적으로 금융권 대출이나 외부 투자 유치로 조달됩니다. 이 때, 금융권이나 외부 투자처에서는 대표이사의 일정 이상의 지분보유를 요구할 수 있습니다. 일반적으로 25%, 33% 또는 50% 이상의 지분보유율을 요구하므로, 이를 미리 감안하여 지배구조를 결정할 수 있습니다.

넷째, 가업승계의 관점입니다. 사업이 성공적으로 운영되면, 자녀에게 사업을 승계하여 이어가는 경우가 많습니다. 일정 금액 이상의 재산을 상속받은 경우, 대표가 신규 법인을 설립하거나 기존 법인의 주식을 자녀에게 양도하는 방식으로 법인을 설립하고, 다양한 상속세 절감 전략을 고려할 수 있습니다. 주식회사는 소유와 경영을 분리하여 운영할 수 있으므로, 대기업에서도 이러한 사례가 많습니다. 지배주주와 친족이 30% 이상의 지분을 보유한 법인은 '특정법인'으로 분류되어 출구전략에 고려할 수 있습니다.

한편, 위의 4가지 사항을 감안하여 지배구조를 정할 때 많이 나오는 질문은 미성년자의 지분 보유 문제와 소득이 없는 자녀의 자본금 출자자금 마련에 대한 질문입니다. 미성년자가 지분을 보유하는 경우는 법적으로 문제가 없습니다. 삼성전자의 주식을 수많은 미성년자들이 보유하고 있다는 사실이 이를 입증합니다. 다만 (출)자금 마련에 대한 출처가 확실해야 합니다. 구체적으로 살펴보면 다음과 같습니다.

소득이 없는 자녀의 자본금 출자자금은 증여신고를 하면 됩니다. 미성년자의 경우 10년간 2천만 원, 성인 자녀는 10년간 5천만 원, 배우자는 10년간 6억 원까지 공제되므로 증여세가 부과되지 않습니다. 하지만 세금이 없더라도 증여세는 신고하길 권합니다. 통장거래의 경우 국세청의 홈텍스에서 수증자가 쉽게 신고할 수 있습니다. 국세청 홈텍스 홈페이지에서 '세금신고' 메뉴를 선택한 후 '증여세신고' 항목에서 처리할 수 있습니다. 요약하면 비즈니스 컨시어지는 법인 설립 시 또는 설립 이후 가족법인의 지배구조를 정할 때, 위에서 설명한 4가지 관점을 감안해야 합니다. 예를 들어 4인 가족을 기준으로 지배구조를 정한다면, 대표이사의 지분율은 0%, 20%, 25%, 33%, 50%, 70% 등이 될 수 있습니다. 나머지 지분은 가족의 상황에 따라 균등하거나 차등적으로 배분합니다. 다만, 이는 절대적인 기준이 아니며, 참고치일 뿐입니다.

4 기업 운영의 핵심 요소, 임원진 구성

주식회사의 의사결정 기관은 중요도에 따라 우선순위가 있습니다. 굳이 나누자면 모든 주주가 모인 전 주주총회, 주주총회 특별결의, 주주총회 보통결의, 이사회, 대표이사, 각 부서장, 각 부서 담당자 등의 순으로 나타낼 수 있습니다. 이사회를 구성하는 이사와 대표이사 그리고 회계장부의 적절성을 검증하는 감사는 권한과 책임을 가진 임원으로서 매우 중요한 위치를 차지합니다. 하지만 언더백 기업은 관례적으로 임원을 두는 게 현실입니다. 이 장에서는 비즈니스 컨시어지 입장에서 임원의 정의와 구성 시 고려사항을 살펴보겠습니다.

01 임원의 역할과 책임

법인설립시 발기인(주주)과 임원의 내역은 반드시 들어가야 할 사항으로, 그만큼 중요도가 크다고 할 수 있습니다. 이사는 주주총회 다음의 의사결정 기관으로 회사의 주요한 경영사항을 결정하고, 권한이 있는 만큼 책임도 따릅니다. 등기 여부에 따라 등기이사와 미등기이사로 나뉘고, 해당 사업장에 근무하느냐에 따라 사내이사와 사외이사로 구분됩니다. 또한 상시로 출근하느냐에 따라 상근이사와 비상근이사로 나눌 수 있습니다. 감사는 이사들이 회사를 적절하게 운영하는지, 회계장부 등이 적절하게 작성되었는지를 검토하는 임원입니다. 감사위원회는 감사 1인 또는 감사 3인 이상으로 구성됩니다. 상법상으로는 등기임원, 상근이사, 사내이사, 감사만을 임원으로 간주합니다. 법인세법상으로는 상기의 모든 사람을 임원으로 볼 수 있지만, 이 장에서는 자본금 10억 원 미만 비상장법인의 상법상 임원을 대상으로 소개하겠습니다.

02 적절성, 실질성, 적법성 등 임원진 구성 시 고려사항

임원을 고려할 때는 다음의 세 가지를 살펴봐야 합니다.

첫째, 적절성입니다. 법인 설립 시 잘못된 정보를 전달받아 이사회를 두고 지분이 없는 임원이 창립총회 보고서를 작성해야 한다는 이유로 지분이 없는 이사나 감사를 두는 경우도 있습니다. 하지만 자본금 10억 미만의 경우 복수의 이사와 감사를 둘 의무는 없습니다. 따라서 이사회가 이미 존재한다면, 추가적인 임원을 구성해서 번거로운 절차를 진행하거나, 임원으로 인한 문제의 소지를 만들 필요는 없습니다. 실제로 필요하지 않은 임원의 경우, 종임(3년 임기종료 후 중임을 하지 않음)하거나 적법적인 절차에 따라 해임할 수 있습니다. 임원의 해임은 주주총회의 특별결의로 결의해야 합니다. 다만 감사의 경우는 경영권 분쟁 시 중요한 역할을 하므로, 가족 법인이라고 하더라도 감안해야 할 부분이 있습니다.

둘째, 실질성입니다. 이사와 감사는 실제로 회사에서 중요한 직무를 수행하고 의사결정에 참여합니다. 따라서 회사는 유능한 인재를 고용하여 임원의 지위를 주고, 일반 직원에 비해 많은 급여를 지급합니다. 하지만 대부분의 언더백 기업은 대표이사가 업무 대부분을 독자적으로 처리하고, 회사 자금을 가족에게 지급하기 위한 방편으로 가족을 임원으로 두고 이사나 감사로 선임하는 것이 현실입니다. 물론 명목상의 이사나 감사라도 상법이 정한 권한과 의무를 수행하고, 위반에 다른 책임을 진다면 급여를 받을 권리가 있습니다. 그러나 임원이 해야 할 일을 하지 않고 오로지 급여만 수령한다면 실질성 원칙에 위배되어 문제가 발생할 수 있습니다. 따라서 가족을 임원으로 등재하고 급여를 지급하려면, 최소한의 직무 수행을 하도록 하여 실질성 원칙을 위반하지 않아야 합니다. 국세청은 2024년부터 지배 주주의 특수 관계인이 임원으로 등재된 기업을 전수 조사할 예정이므로 주의해야 합니다. 실질성의 원칙에 부합하는 직무 행위와 관련하여 플랫폼의 법인컨설턴트가 자문해 줄 수 있습니다.

셋째, 적법성입니다. 적법성은 임원의 선임과 해임의 문제가 아닌, 놓치기 쉬운 법인등기부등본 등기사항에 대한 이야기입니다. 통상적으로 임원의 임기는 3년을 초과할 수 없어서 3년 단위로 재임용하는 방식인 중임을 주주총회 보통결의로 결의하고, 중임등기를 합니다. 특별히 법무사가 알려주지 않는 한, 많은 법인들이 중임등기를 놓치는 경우가 있어 주의가 필요합니다. 5년째 되는 12월에 등기소에서 일괄하여 해산간주를 등기하게 되며, 이를 통지받은 법인대표는 부랴부랴 주주총회 특별결의로 계속등기를 하게 됩니다. 그러나 200~300만원의 과태료는 피할 수 없습니다. 또한 대표이사의 경우, 집주소도 등기하게 되는데, 이사 후 관할 주민 센터에 신고하는 것으로 끝나지 않고, 마찬가지로 대법원등기소에 등기까지 해야 합니다. 비즈니스 컨시어지가 이러한 부분을 미리 챙겨준다면 법인대표의 만족도는 더 높아질 수 있습니다.

임원을 구성할 때 추가적으로 감안해야 할 부분은 공동대표이사와 각자대표이사입니다. 공동대표의 경우, 법인등기부등본에 '공동대표이사'로 표시됩니다. 대표이사 전원이 찬성해야 의사결정이 효력을 가지며, 제3자 동업자의 경우가 이 제도를 많이 채택합니다. 반면, 각자대표는 등기부등본에 '대표이사'로 표기되며, 대표이사 중 1인만 찬성해도 의사결정의 효력이 나타납니다. 주로 믿음이 강한 부모와 자식 간에 많이 채택되는 제도입니다.

5 첫 번째 약속, 근로계약서와 취업규칙을 만들다

기업을 경영하는 대표에게 중요한 역할은 무엇일까요? 신기술의 발명, 제품의 개발, 불량율이 없는 효율적인 생산, 판매 촉진을 위한 마케팅, 판로의 개척, 저렴한 원자재의 구입, 제품 판매 후 매출채권의 회수, 기업 구성원의 인사관리 등 경영자에게 맡겨진 역할은 다양합니다. 이에 따라 수반되는 스트레스도 상당하고, 직원과의 관계에서 오는 실망감과 배신감도 매우 큽니다. 예를 들면, 재직 당시에는 원만한 관계로 지냈던 직원이 퇴사 후 고용노동부에 민원을 제기하거나, 심지어 유통업의 경우에는 믿고 맡겼던 직원이 퇴사 후 개인 사업을 시작하며 거래처를 고스란히 자신의 사업체로 이전하는 경우도 있습니다. 이러한 일이 발생하는 근본적인 이유는 회사대표와 근로자는 서로에게 바라는 바가 다르기 때문입니다. 대표의 입장은 근로자에게 근태, 생산성, 효율의 극대화, 주인의식 등을 요구하지만, 근로자의 입장은 회사에 근로를 제공함으로써 정당한 급여는 물론 휴가, 상여금, 각종 수당, 워라밸 등 높은 복리후생 혜택도 받기를 원합니다.

01 근로계약서 중요성과 작성 가이드

위에서 언급한 바와 같이 각자의 입장 차가 있기는 하지만, 서로 간의 신뢰를 바탕으로 최초 근로계약 시 문서로 근로조건 등을 명시하여 남기는 것이 바로 근로계약서입니다. 근로계약서를 미작성하거나 미교부 시 법적으로 500만원 이하의 과태료가 부과되므로 주의해야 합니다. 1953년 5월 10일 최초 근로기준법이 제정된 이후, 근로계약을 법제화한 지 70년이라는 시간이 지났습니다. 수많은 개정을 거쳐 2021년 11월 19일에 현행 근로기준법이 제정되었습니다. 현재 근로기준법에서 요구하는 근로계약서상 명시해야 할 사항은 근로계약기간, 근무장소, 업무내용, 소정근로시간, 휴일, 임금책정 및 지급방법, 연차유급휴가, 사용자와 근로자의 정보, 휴게시간, 퇴직급여, 해고 및 징계사항, 근로계약서의 교부 등입니다. 고용노동부에서는 표준근로계약서를 배포하여, 근로계약서 작성과 교부를 독려하고 있습니다. 다만 법에서 요구하는 기본적인 근로계약서의 명시 조건 이외에도, 컨시어지는 대표에게 향후 노무 문제 발생 시 소명근거를 명확하게 마련하고, 다음의 예시와 같이 최대한 상세하게 근로계약서를 작성하도록 조언을 해야 합니다.

❶ **수습·시용기간 명시 :** 처음부터 직원을 정규직으로 고용하기보다는 일정기간의 수습·시용기간을 두어 회사에 적합한 직원인지 판단하는 시간을 명시해야 분쟁의 소지를 예방할 수 있습니다.

❷ **근무장소, 업무내용 :** 사용자가 필요하다고 인정할 경우에는 근로자의 적성, 자격, 업무상 필요성을 고려한 직무전환, 전보배치를 명할 수 있습니다. 근로자에게 이러한 지시에 대하여 정당한 이유 없이 이의를 제기하지 않는다는 동의를 구할 필요가 있습니다.

❸ **소정근로시간 외 근무의 동의 :** 근로자에게 담당업무 및 경영상 필요에 따른 연장·야간·휴일 근무를 1주 12시간의 범위 내에서 수행한다는 조건에 동의를 구해야 합니다.

❹ **휴게시간 :** 회사는 근로자에게 근로시간이 4시간인 경우에는 30분, 8시간인 경우에는 1시간 이상의 휴게시간을 근로시간 도중에 제공해야 합니다.

❺ **휴일 및 휴가 :** 2022년 1월 1일 이후 연차휴가를 공휴일과 대체하여 사용처리함은 위법입니다. 회사와 근로자간 합의에 따라 연차휴가를 하계휴가 및 경조사휴가로 대체할 수 있음을 기재해야 합니다.

❻ **회사동의 없는 연장근로 방지 :** 근로자는 회사의 근무시간표를 준수하며, 회사의 승인 없이 임의로 실시한 근로에 대해서는 연장근로로 인정하지 아니함을 기재해야 합니다. 근로자의 임의 연장근로는 향후 소정근로 시간 외 각종연장수당 지급 시 분쟁의 소지가 발생 할 수 있습니다.

❼ **임금의 지급 :** 임금은 현금으로 지급해도 무방하지만, 근로자 명의 계좌에 입금 처리해야 분쟁을 방지할 수 있습니다. 근로자가 지각, 조퇴 등으로 소정의 근무시간을 준수하지 않을 경우, 평균 임금을 기준으로 차감하여 지급함을 기재하여 근로자의 근태관리를 명확하게 합니다.

❽ **퇴직 :** 근로기준법 제26조에 의하면 사용자가 근로자를 해고할 경우, 30일 전에 미리 통보해야 하며, 그렇지 못한 경우에는 30일분의 통상임금을 지급해야 합니다. 반면, 근로자가 퇴사할 경우, 퇴사 통보에 대한 법적 규제가 없습니다. 따라서 근로계약서 상에 근로자가 퇴사하고자 할 때는 최소한 30일 전에 퇴직사유를 기재한 사직서를 제출하도록 명시하고, 동의를 구해야 합니다.

❾ **특약사항 :** 근로자의 업무 특성 상 발생할 수 있는 문제를 미연에 예방하고자 특약 사항을 만들어 근로계약서에 기재할 수 있습니다. 가령 회사로부터 승인받지 않은 불법 소프트웨어를 사용하거나 설치할 경우, 이로 인해 발생하는 민형사상의 책임은 전적으로 근로자에게 있다는 조항을 명시할 수 있습니다.

근로계약서는 근로자와 기업 간의 권리와 의무를 명확히 규정하고, 원치 않는 노무 관련 민원을 예방하는 데 필수적입니다. 근로계약서를 작성할 때, 기업은 법적인 규정을 준수하고, 근로자와의 신뢰를 유지하는 노력이 중요합니다. 노무관리 지도점검을 위해 근로감독관이 사업체를 방문할 경우에도 근로계약서를 요구하오니 정확히 준비해야 합니다. 이를 위해, 비즈니스 컨시어지는 기업의 요구사항과 근로자의 권리 및 의무를 고려하여 근로계약서를 작성하는 데 필요한 조언을 하거나 관련 교육을 진행할 수 있습니다.

02 노사관계 강화를 위한 취업규칙 가이드

대표가 사업을 시작할 때에는 일반적으로 소수의 직원과 함께 시작하지만, 사업이 잘 되면 외연의 확장과 더불어 직원 수도 증가합니다. 사업초기에는 직원이 몇 명밖에 안되어 의사소통이 원활하고, 서로간의 암묵적 합의(Consensus)를 바탕으로 문제없이 사업을 영위할 수 있습니다. 그러나 근로자가 늘면서 회사를 운영하는데 있어, 회사와 근로자 간의 명확한 규칙(Rule)이 필요한 시기가 찾아옵니다. 이러한 이유로 근로기준법 제93조에 따르면, 상시 10인 이상의 근로자를 고용하는 사용자는 근로자의 과반수 이상의 의견을 수렴하여, 취업규칙을 작성하고 고용노동부에 신고해야 한다고 규정하고 있습니다.

미준수 시 500만 원 이하의 과태료가 부과될 수 있습니다. 친절하게도 고용노동부에서는 2023년 12월 표준취업규칙을 배포하여, 취업규칙의 작성과 신고에 대한 가이드라인을 제공하고 있습니다. 표준취업규칙은 고용노동부 홈페이지(www.moel.go.kr) '정책자료실' 메뉴의 '근로조건개선' 게시판에서 확인할 수 있습니다. 컨시어지는 대표 및 실무자와 협의하여 해당 사업장의 특성에 맞게 표준취업규칙을 적용하는 작업이 필요합니다.

표준취업규칙의 내용은 크게 다음과 같습니다. 제1장 총칙, 제2장 채용 및 근로계약, 제3장 복무, 제4장 인사(1절 인사위원회, 2절 배치·전진 및 승진, 3절 휴직 및 복직), 제5장 근로시간, 제6장 휴일·휴가, 제7장 모성보호 및 일·가정 양립 지원, 제8장 임금, 제9장 퇴직·해고 등, 제10장 퇴직급여, 제11장 표창 및 징계, 제12장 교육, 제13장 직장 내 괴롭힘의 금지, 제14장 직장 내 성희롱의 금지 및 예방, 제15장 안전보건, 제16장 재해보상, 제17장 보칙 등입니다.

취업규칙의 조문은 필수 항목과 선택 항목으로 나뉘어집니다. 필수 항목은 법 규정을 적용받으므로, 있는 그대로 적용시켜야 하는 반면, 선택 항목은 해당 사업장에 맞게끔 재량껏 적용이 가능합니다. 컨시어지는 선택 항목을 적용할 때 해당 사업장을 운영하는데 회사와 근로자가 합리적인 선택을 할 수 있도록 조언하고, 원활한 합의점을 이끌어 내야 합니다. 사용자의 의견을 적극 반영하는 것도 중요하지만, 회사의 한축을 이루는 근로자의 입장을 반영함으로써 장기적으로 원활하게 운영하는 데 중요하기 때문입니다.

대표와 근로자의 의견을 수렴하여 취업규칙을 작성했다면, 고용노동부 사이트에 해당 사업장 명의로 접속합니다. 이후 근로자의 과반수 이상의 동의(의견)서와 최종 작성된 취업규칙을 제공하여 신고를 진행합니다. 근로감독관은 요청된 취업규칙을 검토하여 신고 가능 여부를 통보해줍니다. 만약 수정이 필요한 사항이 생기면 해당사항을 고쳐서 다시 신고할 수 있습니다. 이상으로 근로계약서와 취업규칙에 대해 대략적으로 살펴보았습니다.

"법은 양심의 최소한"이라는 말이 있습니다. 근로계약서, 취업규칙 모두 법의 적용을 받는 항목이지만, 비즈니스 컨시어지는 법으로 규제받는 대표와 근로자와의 관계 이전에 리더로서 대표의 역할이 무엇인지 전달할 수 있어야 합니다. 이러한 노력을 통해 대표와 근로자 간의 원활한 소통과 협력을 촉진함으로써 조직의 목표를 달성하는 데 도움을 줄 수 있기 때문입니다.

6 두 번째 약속, 퇴직연금을 도입하다

회사가 성장 단계에 접어들고 직원 수가 10명을 넘어서면, 경영자는 퇴직연금제도 도입을 고려합니다. 주변에서 먼저 제도를 시행한 대표에게 조언을 듣기도 하고, 주거래 은행의 권유 또한 무시하지 못하는 상황을 접하기도 합니다. 이번 장에서는 적절한 퇴직연금제도 채택 시기와 종류를 알아보고, 관련 의사결정 과정에서 비즈니스 컨시어지가 해야 할 역할을 살펴보겠습니다.

01 법률에 근거한 퇴직연금의 도입 시기

퇴직연금제도는 직원들의 퇴직 후 안정적인 생활을 보장하기 위해 중요한 역할을 합니다. 따라서, 회사 규모가 커지고 직원 수가 증가함에 따라 퇴직연금제도 도입을 고려해야 합니다. 퇴직연금제도는 회사와 직원들이 함께 퇴직금을 적립하고 투자하여 안정적인 수익을 창출하는 방식입니다. 그렇다면, 모든 기업이 퇴직연금제도를 시행해야 할까요? 근로자퇴직급여 보장법을 바탕으로, 퇴직연금제도 구축 및 도입 결정 전에 알아야 할 법적 측면을 살펴보겠습니다.

제4조(퇴직급여제도의 설정) ① 사용자는 퇴직하는 근로자에게 급여를 지급하기 위하여 퇴직급여제도 중 하나 이상의 제도를 설정하여야 한다. 다만, 계속근로기간이 1년 미만인 근로자, 4주간을 평균하여 1주간의 소정근로시간이 15시간 미만인 근로자에 대하여는 그러하지 아니하다.

제5조(새로 성립된 사업의 퇴직급여제도) 법률 제10967호 근로자퇴직급여 보장법 전부개정 법률 시행일 이후 새로 성립(합병 · 분할된 경우는 제외한다)된 사업의 사용자는 근로자대표의 의견을 들어 사업의 성립 후 1년 이내에 확정급여형퇴직연금제도나 확정기여형퇴직연금제도를 설정하여야 한다.

제8조(퇴직금제도의 설정 등) ① 퇴직금제도를 설정하려는 사용자는 계속근로기간 1년에 대하여 30일분 이상의 평균임금을 퇴직금으로 퇴직 근로자에게 지급할 수 있는 제도를 설정하여야 한다.

제11조(퇴직급여제도의 미설정에 따른 처리) 제4조제1항 본문 및 제5조에도 불구하고

사용자가 퇴직급여제도나 제25조제1항에 따른 개인형퇴직연금제도를 설정하지 아니한 경우 에는 제8조제1항에 따른 퇴직금제도를 설정한 것으로 본다.

상기한 근로자퇴직급여보장법을 자세히 보면, 퇴직급여제도 중 하나 이상의 제도를 설정해야 한다고 명시되어 있으므로(제4조 1항), 퇴직연금제도를 반드시 도입해야 한다는 의미는 아닙니다. 물론 제5조의 내용을 보면, 법률 제10967호 시행일 이후 설립된 사업자는 1년 이내에 퇴직연금제도를 설정해야 한다고 나와 있습니다. (법률 제10967호는 2012년7월25일을 기준으로 합니다.)

그러나 의무가입이 아니라고 할 수 있는 근거는 법 제11조의 제5조에서 찾을 수 있습니다. 이 조항에 따르면, 퇴직연금제도를 도입하지 않아도 제8조 제1항에 따른 퇴직금제도를 설정한 것으로 본다고 명시되어 있습니다. 즉 제8조 제1항만 지켜지고 있으면 현재로서는 의무 가입이 아니라고 해석할 수 있습니다.

결론적으로 퇴직연금제도 도입은 현재로서는 법적인 요구사항은 아니지만 직원의 복지와 회사의 장기적인 계획에 따라 시행을 고려할 수 있습니다. 퇴직연금제도를 도입하는 시기는 회사의 상황과 목표, 직원의 요구사항에 따라 다릅니다. 일반적으로 직원 수가 10명 이상이고, 회사 규모가 커지는 단계에서 도입을 검토하지만, 재무 상태와 비전을 반영해 적절한 시기를 정하는 것이 중요합니다.

비즈니스 컨시어지는 관련 지식과 경험을 바탕으로 해당 회사가 퇴직연금제도를 도입하는 것이 유리한지, 아니면 향후에 적용하는 것이 유리한지 판단하는 데 도움을 줄 수 있습니다. 또한 퇴직연금 제도의 종류와 장단점을 분석하고, 도입 시기와 방법에 대한 가이드를 마련해 회사의 상황과 전략에 맞는 퇴직연금제도 구축 및 도입을 지원합니다.

02 다양한 퇴직연금의 종류

퇴직연금제도를 도입하기로 결정했다면 다음으로 퇴직연금 중에서 어떤 제도를 선택해야 유리한지를 판단해야 합니다. 퇴직연금의 종류는 확정급여형 퇴직연금, 확정기여형 퇴직연금 및 개인형 퇴직연금 등이 있습니다(「근로자퇴직급여 보장법」 제2조제7호).

(1) 확정급여형 퇴직연금(Defined Benefit Retirement Pension)

확정급여형 퇴직연금의 의의

'확정급여형 퇴직연금'이란 근로자가 퇴직할 때 받을 퇴직급여가 사전에 확정된 퇴직연금제도를 말합니다(「근로자퇴직급여 보장법」 제2조제8호). 고용주는 매년 부담금을 금융회사에 적립하여 책임지고 운용하며, 운용 결과와 관계없이 근로자는 사전에 정해진 수준의 퇴직급여를 수령합니다(출처 : 고용노동부 퇴직연금).

확정급여형 퇴직연금의 설정

확정급여형 퇴직연금제도를 설정하려는 고용주는 근로자대표의 동의를 얻거나 의견을 들어 확정급여형 퇴직연금 규약을 작성하여 고용노동부장관에게 신고해야 합니다(규제 「근로자퇴직급여 보장법」 제13조 및 규제 「근로자퇴직급여 보장법 시행령」 제4조제1항).

(2) 확정기여형 퇴직연금(Defined Contribution Retirement Pension)

확정기여형 퇴직연금의 의의

'확정기여형 퇴직연금'이란 고용주가 납입할 부담금이 사전에 확정된 퇴직연금제도를 말합니다(「근로자퇴직급여 보장법」 제2조제9호). 고용주가 근로자 개별 계좌에 부담금(매년 연간 임금총액의 1/12 이상)을 정기적으로 납입하면, 근로자가 직접 적립금을 운용하며, 근로자 본인의 추가 부담금 납입도 가능합니다(출처 : 고용노동부 퇴직연금).

확정기여형 퇴직연금의 설정

확정기여형 퇴직연금제도를 설정하려는 고용주는 근로자대표의 동의를 얻거나 의견을 들어 확정기여형 퇴직연금 규약을 작성하여 고용노동부장관에게 신고해야 합니다(규제「근로자퇴직급여 보장법」 제19조제1항, 제13조 및 규제「근로자퇴직급여 보장법 시행령」 제10조제1항·제2항).

(3) 개인형 퇴직연금(Individual Retirement Pension)

개인형 퇴직연금의 의의

'개인형 퇴직연금'이란 근로자가 직장을 옮기거나 퇴직하면서 지급받은 퇴직급여를 근로자 본인 명의의 계좌에 적립하여 노후재원으로 활용하도록 하는 퇴직연금 적립 전용 개인제도를 말합니다(출처 : 고용노동부 퇴직연금). 개인형 퇴직연금제도를 설정한 사람은 자기의 부담으로 개인형 퇴직연금제도의 부담금을 납입합니다(규제「근로자퇴직급여 보장법」 제24조제3항 본문).

※ 다만, 연간 1,800만원(개인형 퇴직연금제도의 계정이 여러 개인 경우에는 부담금의 합계액을 말함)을 초과하여 부담금을 납입할 수 없습니다. 이 경우 이전 사업에서 받은 퇴직급여제도의 일시금 등을 제외합니다(규제「근로자퇴직급여 보장법」 제24조제3항 단서 및 「근로자퇴직급여 보장법 시행령」 제17조의2).

개인형 퇴직연금의 설정

다음 어느 하나에 해당하는 사람은 개인형 퇴직연금을 설정할 수 있습니다 (규제「근로자퇴직급여 보장법」 제24조제2항 및 규제「근로자퇴직급여 보장법 시행령」 제17조).

- 퇴직급여제도의 일시금을 수령한 사람
- 확정급여형퇴직연금제도, 확정기여형퇴직연금제도 또는 중소기업퇴직연금기금제도의 가입자로서 자기의 부담으로 개인형 퇴직연금제도를 추가로 설정하려는 사람
- 자영업자
- 퇴직급여제도가 설정되어 있지 않은 계속근로기간이 1년 미만인 근로자
- 퇴직급여제도가 설정되어 있지 않은 4주간을 평균하여 1주간의 소정근로시간이 15시간 미만인 근로자
- 퇴직금제도를 적용받고 있는 근로자
- 공무원
- 군인
- 교직원
- 별정우체국 직원

비즈니스 컨시어지는 상기 퇴직연금제도 중에서 어떤 제도를 도입해야 회사에 유리할 지 판단하고, 판단 근거를 제시해야 합니다. 퇴직연금제도의 도입을 마무리하기 위해 누구에게(Know-Who) 일을 맡길 것인가를 결정하는 것도 비즈니스 컨시어지의 역할이라 할 수 있습니다. 이 과정에서 비즈니스 컨시어지 플랫폼의 일원인 은행PB나 투자증권의 퇴직연금 담당자 등을 고려할 수 있습니다.

7 세 번째 약속, 사내근로복지기금을 설립하다

현 시대에서 근로자의 고용과 유지는 급격한 트렌드의 변화를 겪고 있습니다. 이는 직업을 바라보는 사회적인 관점과 환경의 변화와도 밀접한 관계가 있습니다. 근로자는 회사에게 삶과 일의 균형을 요구하고 있습니다. 또한 이전 세대가 가지고 있던 평생직장의 개념은 희박해지고, 근로자 자신의 필요에 따라 잦은 이직도 빈번하게 일어나고 있습니다.

01 사내복지기금의 필요성

사내근로복지기금은 이러한 사회 변화에 대응하여 직원들의 복지를 증진시키고 근무환경을 개선하기 위해 기업이 조성하는 기금입니다. 이 기금의 도입은 직원의 만족도와 생산성을 높이고, 근로 조건을 향상시키며, 회사의 경쟁력을 강화하는 데 필수입니다. 사내근로복지기금을 통해 제공되는 혜택은 건강관리, 교육지원, 긴급재정지원 등 다양하며, 이는 직원들이 직면할 수 있는 여러 가지 문제에 대응할 수 있는 기반을 마련해 줍니다. 이러한 기금의 조성과 운영은 직원들에게 안정감을 제공하고, 장기적으로 회사와 직원 모두에게 긍정적인 영향을 미칩니다. 기존에도 사내근로복지기금은 존재했으나, 2021년 세법 개정으로 인하여 기금을 출연하는 법인과 그 수혜를 받는 근로자의 세금문제가 대폭 변경되었습니다. 이로 인해 사내근로복지기금의 도입이 폭발적으로 이루어졌습니다.

02 사내복지기금 도입 시 고려사항

사내복지기금 도입을 위해서는 다음 3가지 사항에 대한 이해와 실행이 필요합니다.

첫째, 사내근로복지기금 도입이 사업주와 근로자에게 주는 장점입니다. 사내근로복지기금을 도입함으로써 회사는 근로자에게 다양한 복지를 지속적으로 제공하여 필요인재의 고용안정성과 고용지속성을 도모할 수 있습니다. 제공되는 복지혜택은 직접적인 급여 상승과 무관하므로 직원들이 체감하는 급여상승분이 노·사 측의 사회보험료 증가로 이어지지 않습니다. 이로 인해 법인의 사회보험료 부담이 줄어듭니다. 또한 복지기금을 출연한 모법인은 출연금액의 전액을 손금으로 인정받음으로써 기금출연금액에 대하여 모법인의 법인세 실효세율만큼의 법인세를 절세할 수 있습니다. 더불어 사내복지기금을 도입함으로써 인재육성형 중소기업 선정 시 가점, 국가지원사업 우선 선발, 병역지정기업선정 시 가점, 중소기업진흥공단의 '일자리창출촉진 인재육성' 자금 신청자격 등 다양한 정부지원사업의 혜택을 받을 수 있습니다. 근로자 측은 근로소득 외의 추가적인 복지비용(장학금, 기념품, 복지카드 구입상품 등)의 수혜를 받을 수 있습니다. 기금에서 지급받는 금품은 소득의 증가로 간주되지 않고, 증여세 또한 면제되어 소득세와 사회보험료가 증가하지 않습니다. 또한 우리사주 구입비를 지원받거나, 주택 구입 및 임차할 때도 기금을 통한 자금 지원으로 근로자의 재산형성에 도움을 줄 수 있습니다.

둘째, 사내근로복지기금 기본 설립 절차입니다.

❶ **설립준비위원회 구성 :** 사내근로복지기금 설립을 위한 첫 단계로, 사용자와 근로자 각 2인 이상, 총 10명 이하로 구성됩니다. 사용자는 사업장의 대표자 또는 대표자가 위촉한 대리인이며, 근로자는 사업장에 현재 재직 중인 직원입니다.

❷ **필요서류 준비 :** 고용노동부에 인가신청을 하기 전에 설립인가신청서, 설립준비위원회 위원의 신분증명 서류 또는 재직증명서, 정관 및 시행세칙, 사업계획서 또는 예산서, 기금 출연서 또는 재산목록 등의 필요서류를 준비해야 합니다.

❸ **관할 고용노동부 신청:** 기금의 주사무소인 관할 고용노동부의 근로개선지도과에 신청합니다.

❹ **설립인가증 수령 :** 신청일로부터 약 4주 이내에 사내근로복지기금 설립인가증을 수령할 수 있습니다. 인가증을 수령한 후에는 문제가 없는지 확인하고, 기금법인의 등기신청을 진행합니다.

출연금의 방식은 직전 사업연도 세전 순이익의 5%를 기준으로 결정하며, 사업주는 이 기준에 따라 임의로 재산을 출연할 수 있습니다. 출연금은 일시에 전액을 출연하거나 나누어 출연할 수 있습니다. 사내근로복지기금에서 손실금이 발생한 경우에는 다음 회계연도로 이월합니다. 잉여금이 발생한 경우에는 손실금을 보전한 후 남은 잉여금을 사내근로복지기금에 전입합니다.

사내근로복지기금의 운영기관은 노사가 같은 수로 구성되며 협의회, 이사(집행기관), 감사(감사기관)로 구성됩니다. 사내근로복지기금의 조성은 복지기금협의회 결정에 의해 진행되며, 실행 가능한 사업과 불가능한 사업이 정해져 있습니다. 기금 관련 서류는 사내에서 5년 동안 보관하고, 회계연도 종료 후 3개월 내에 고용노동지청에 보고해야 합니다. 위 과정은 다소 복잡하고 전문성을 필요로 하기 때문에 기금법인 설립경험이 있는 세무사나 법무사를 통하여 진행하는 것이 일반적입니다.

셋째, 목적사업의 정의 및 구성입니다. 사내근로복지기금의 목적사업은 소속 근로자의 연령, 지역, 분야, 생활수준, 국적 등을 고려하여 적절한 사업을 선정합니다. 효과적인 사업 실행을 위해 실효성과 지속성을 중요하게 고려해야 합니다. 일반적인 목적사업으로는 근로자주택구입 및 임차금 보조, 저소득근로자의 생활안정자금 대부, 장학금의 지급 및 대부, 재난구호금지급, 모성 보호 및 일과 가정의 양립을 위한 비용지원, 체육 및 문화활동 지원, 근로자 복지시설에 대한 출자 또는 구입설치 및 운영에 따른 비용지원 등이 있습니다.

결론적으로 비즈니스 컨시어지는 대표에게 사내근로복지기금 도입으로 생기는 사업주와 근로자 측의 장점을 인식시켜야 합니다. 진행이 결정될 경우에 플랫폼의 법인컨설턴트에게 연결할 수 있습니다. 법인대표와 법인컨설턴트는 여러 사항을 고려하여 기금설립 여부를 신중히 결정하고, 이후 적절한 목적사업들을 구성하여 기금을 운용해야 합니다. 이러한 접근 방식을 통해 서두에서 언급했던 고용의 단기성과 불안정성을 보완함으로써 인재의 고용안정성을 높일 수 있습니다. 궁극적으로 법인과 근로자 모두에게 이익을 가져다주며, 과세측면에서도 비용절감과 절세효과를 가져올 수 있습니다.

05 PART

1 언더백 기업 경영자를 위한 자금조달 솔루션

01. 기업의 타인자본 조달 방법
02. 성장단계별 자금조달 유형

2 자금조달 시 선결문제 가이드

01. 재무제표와 대표 신용의 중요성
02. 자금조달 시 회사를 구분하는 방법

3 정책자금의 중요성과 활용을 위한 구조 이해

01. 다양한 정책자금의 종류 및 특징
02. 무상자금과 유상자금 핵심 차이점 비교

4 기업메이크업과 자금조달의 상관관계

01. 놓치면 안 되는 필수 기업인증 5형제
02. 성장 도약! 인증과 자금조달 로드맵

5 기업 경쟁력을 강화하는 무상자금의 종류와 활용

01. 출연금 지원을 신청할 때 고려해야 할 사항
02. 지원금과 바우처, 정확한 이해와 효과적인 활용

6 현명한 자금조달 방안, 유상자금 활용법

01. 저리대출 기관과 융자지원 기관 이해
02. 이차보전 및 은행 내 정책자금 마스터

7 효율적인 자금조달을 위한 전략과 주의사항

01. 대표자의 신용도 관리와 책임경영심사제도 이해
02. 정책자금 중요사항과 기관별 특징 및 가점사항

자금전략

저자의 핵심 메시지

"인력 및 원자재 확보, 설비 투자, 마케팅 활동 등 기업의 성장 과정에는 다양한 자금이 필요합니다. 레버리지를 활용한 자금조달은 현실적인 대안이며, 창업 초기부터 체계적인 자금조달 계획을 세우고 이를 실현해 나가야 합니다."
_장호종

1 언더백 기업 경영자를 위한 자금조달 솔루션

01 기업의 타인자본 조달 방법

기업의 지속적인 성장과 발전을 위해서는 투자와 자금조달이 필수적입니다. 하지만 자기자본만으로는 한계가 있기 때문에, 전 사업 주기에 걸쳐 타인자본의 활용이 중요합니다. 타인자본 조달 방식은 주식 발행, 정책자금, 금융기관 융자, 회사채 및 기업어음 발행 등 다양하며, 크게 5가지 유형으로 분류할 수 있습니다.

❶ **주식 발행 :** 주식 발행은 새로운 투자자를 유치하여 자본을 확충하는 방법입니다. 자본 조달액에 제한이 없고, 채무 상환 부담이 없으며, 경영 지배권 변동 없이 자금을 조달할 수 있다는 장점이 있습니다. 하지만, 주식 발행은 소유 구조 변화, 배당금 지급 의무, 주가 변동 위험 등이 따릅니다.

❷ **정책자금 :** 정책자금은 정부에서 지원하는 자금으로, 낮은 금리로 자금을 조달할 수 있다는 장점이 있습니다. 하지만 신청 자격 제한과 엄격한 서류 준비, 용도 제한 등의 어려움이 있습니다. 정책자금은 중소기업진흥공단, 소상공인진흥공단의 융자금과 신용보증기금 및 기술보증기금의 보증을 활용한 자금 등을 통칭합니다. 출연금으로는 R&D 자금, 지자체의 기업육성기금, 고용지원금, 바우처 등의 자금이 있습니다.

❸ **금융권 융자 :** 은행 대출은 가장 일반적인 자금조달 방법이지만, 신용 등급에 따라 이자율이 결정되고, 담보나 보증이 요구됩니다. 또한, 장기간의 자금조달에는 적합하지 않은 경우가 많습니다.

❹ **회사채·기업 어음 발행 :** 회사채는 채권자에게 지급하는 증권 형태의 증서로 장기적인 자금 조달을 위한 방법입니다. 기업 어음은 보증이나 담보 없이 진행되지만, 신용도가 높은 기업만 활용 가능합니다.

이외에도 크라우드펀딩, 투자 등 다양한 자금조달 방법이 존재합니다. 각 방법마다 특징과 장단점이 있으므로, 기업은 자신의 상황과 목표에 맞는 최적의 자금조달 방법을 선택해야 합니다. 또한, 단일한 방법에 의존하기보다는 여러 방법을 조합하여 사용하는 것을 추천합니다.

02 성장단계별 자금조달 유형

기업의 성장단계에 따라 자금조달 수단으로 다양한 방법이 있습니다. 그러나 대다수의 중소기업들은 정책금융과 민간금융을 중점적으로 이용하고 있습니다. 특히, 경기가 얼어붙은 시장 상황에서는 투자자들이 보수적으로 투자운용을 하고 있어, 많은 기업이 정책금융과 민간금융에 더욱 의지하고 있는 상황입니다.

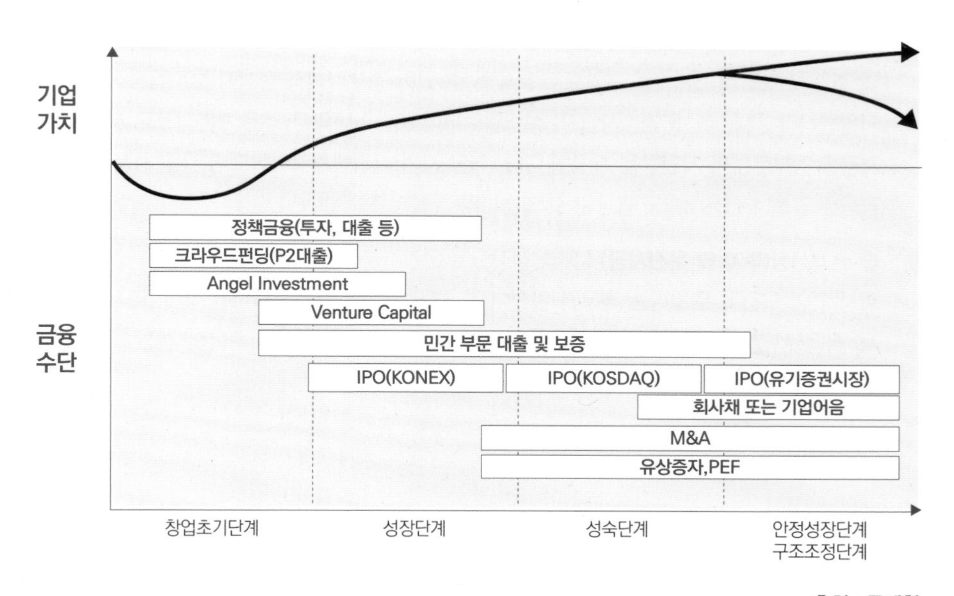

출처 : 통계청

우리나라 기업 대부분은 보이지 않는 금융장벽이 존재합니다. 또한 사업자들에게 외부 투자는 조달 확률이 낮고 어렵기 마련입니다. 따라서 본 편에서는 이론적으로는 쉬우나 실제로는 어려운 투자 관련 자금은 다루지 않고, 대부분의 기업이 쉽게 접근할 수 있고, 준비가 많지 않아도 실행할 수 있는 정책자금과 민간금융 활용방법을 중심으로 설명하고자 합니다. 각 시기별로 필요한 자금조달유형은 다음과 같습니다.

❶ **창업 시기(창업운전자금) :** 이 시기에는 창업자를 포함한 임직원들의 지분투자나, 창업 관련 정책자금을 주로 조달하게 됩니다. 창업 관련 정책자금 중 예비창업패키지와 같은 유형은 무상자금이며, 혁신적이고 창조적인 아이디어만으로도 자금을 조달하여 운전자금으로 활용할 수 있습니다. 최근에는 경쟁률도 높아지고 조달금액도 과거보다 많이 낮아졌지만, 여전히 아이디어만으로도 운전자금을 확보할 수 있는 유용한 수단으로 활용되고 있습니다.

❷ **기술 또는 상품개발(개발자금) :** 이 시기에는 기업의 코어기술이나 상품을 개발하는데 상당한 시일과 자금이 필요합니다. 이 단계의 조달 방법에는 임직원 투자, 대표의 가수금, 정책자금조달, 엔젤투자 등이 있습니다. 이른바 '죽음의 계곡(Valley of Death)' 구간으로 기업이 가장 어려운 시기라고 할 수 있습니다. 정책자금도 이 시기를 집중하여 기업을 지원하도록 설계되어 있습니다.

❸ **양산준비(시설자금투자) :** 준비된 제품이나 서비스를 본격적으로 펼쳐가는 단계입니다. 따라서 제품 양산을 위한 시설자금과 운전자금이 매우 필요합니다. 양산준비 기간도 '죽음의 계곡(Valley of Death)' 구간으로 분류될 수 있어 정부정책과 정책자금이 집중적으로 지원됩니다. 특히 회사(개인 사업자) 설립일로부터 3년 이내의 기업은 기본적으로 사업화자금을 정부로부터 지원받을 수 있습니다. 해당 시기부터 벤처캐피탈도 투자를 시작하고, 금융권 담보나 신용대출도 활용할 수 있습니다.

❹ **본격성장(투자 및 운전자금) :** 매출 성장으로 운전자금이 필요한 단계로 보통 4~7년 차 회사가 이 구간에 위치하는 경우가 많습니다. 해당 시기에는 벤처캐피탈 투자, 메자닌투자, 금융권차입 등이 활발하게 이루어지며, 정책자금도 집중적으로 이루어집니다.

2 자금조달 시 선결문제 가이드

01 재무제표와 대표 신용의 중요성

(1) 재무제표의 중요성

정책자금과 민간금융을 다루다보면 컨설턴트 입장에서 가장 많이 직면하는 문제는 다름 아닌 재무제표 관리입니다. 대부분 기업 입장에서 항상 필요하고 원하는 것이 자금조달입니다. 그럼에도 불구하고 실제 중소기업의 현장에서 재무제표를 잘 관리하고 있는 기업은 10%도 찾아보기 힘든 것이 현실입니다.

기업이 외부에 보여지는 신뢰지표는 크게 두 가지로 나눌 수 있습니다. 하나는 인증이나 지적재산권이고, 다른 하나는 재무제표입니다. 특히, 재무제표는 자금조달 시 외부에 현재의 기업상태를 나타내는 가장 객관적인 지표입니다. 정책자금 지원 기관과 민간 금융기업이 기업의 상태를 평가할 때 재무제표를 적극적으로 사용합니다. 이는 법인 사업자나 개인사업자 모두 공통적으로 적용되는 지표입니다.

재무제표는 자금조달의 0순위 지표에 해당할 정도로, 기업의 자금조달 능력에 관한 중요 정보를 제공합니다. 하지만 안타깝게도 대부분의 경영자가 당기순이익과 매출에만 치중하여 건전한 재무제표의 중요성을 간과하는 경향이 강합니다. 관점의 문제라는 점에서 말씀을 드리면, 경영자 대부분은 기장 세무사를 내부 컨설턴트라고 여기는 경향이 뚜렷합니다. 세무사는 본연의 임무인 절세의 관점에서 재무제표를 관리하는 편입니다. 하지만 기업의 자금조달을 위해서는 세무보다는 관리회계가 필요합니다. 이러한 인식의 차이에서 재무제표 관리의 문제가 발생합니다.

A회사는 곡물가루 OEM제조 회사로 자본금이 100만원에 불과한 신생기업이었습니다. 대표는 외국에서 온라인 마케팅을 전공하고 한국에서 사업을 시작한 청년기업가였습니다. 온라인 마케팅을 적극적으로 한 덕분에 1년 만에 매출이 가파르게 성장하였고, 2년 차에 매월 1억 이상의 매출이 나오자, 보다 적극적인 마케팅과 사업확장을 위해 정책자금과 민간금융을 활용해 자금조달을 하기를 원했습니다.

1년차 재무제표를 검토한 결과, A회사는 어떤 지원도 받기 어려웠습니다. 그 이유는 손익계산서 상 2백만 원의 적자가 발생했고, 완전자본잠식 상태였기 때문입니다. 사업이 그렇게 확장일로에 있었지만 외부 자금조달을 받을 길이 막힌 것입니다. 1년차에 굳이 하지 않아도 되는 감가상각 비용을 많이 잡아 2백만원 손실이 났고, 자본금이 100만 원에 불과하여 완전자본잠식으로 이어졌기 때문입니다. 그렇다고 세무사를 비난할 수 없습니다. 자신의 본연의 임무를 지켰기 때문입니다. 결국 이 대표는 1년을 기다려 재무제표를 정상화시킨 뒤에야 자금조달을 받을 수 있었습니다.

이 사안의 주안점은 관점의 차이가 사업에 큰 영향을 미칠 수 있다는 점입니다. 재무제표에 대한 이해 부족과 더불어 경영진과 세무사의 관점 차이는 투명한 정보 공유와 효과적인 의사소통을 방해할 수 있습니다. 따라서 경영자는 재무제표의 중요성을 인지하고, 컨설팅을 통해 전문적인 조언을 구해야 합니다. 재무제표에서 점검해야 할 부분 중 세 가지 핵심사항은 다음과 같습니다.

❶ 가수금 / 가지급금 ❷ 부채비율 ❸ 이자보상배율

❶ 가수금과 가지급금은 모두 자금조달에 바람직한 방법은 아닙니다. 둘 다 좋지 않기는 마찬가지지만, 특히 가수금이 더 나쁘다고 할 수 있습니다. 가수금은 회사에 돈이 부족할 때 대표이사 등 특수 관계인이 개인 자금을 빌려주는 것을 의미합니다. 대표는 회사에 빌려준 돈을 언제든지 회수할 수 있기 때문에 자금조달 시 문제가 될 수 있습니다. 또한 가지급금도 대표가 회사 돈을 임의로 인출하여 사용했다는 지표이므로 돈을 빌려주는 입장에서는 가수금과 마찬가지로 리스크이며, 여신한도에도 큰 영향을 미칩니다. 또한 가수금과 가지급금을 빠르게 정상처리하지 않고 방치하면, 기업신용도에 악영향을 끼치므로 담당 세무사나 회계사와 상의하여 조치를 취해야 합니다.

❷ 부채비율은 (부채총계 ÷ 자본총계) X 100 으로 계산할 수 있습니다. 재무제표의 2가지 항목만 나누면 누구나 쉽게 알 수 있습니다. 그러나 자금조달 시 부채비율은 재무건정성을 나타내는 핵심지표로 매우 중요한 부분입니다. 일반적으로 부채비율은 낮을수록 좋으며, 안정적인 부채비율로 200~300% 이하를 선호합니다. 특히, 자산을 구매하는 경우에는 대부분 담보부여신을 이용하기 때문에 회사의 부채비율이 급증하게 됩니다. 이런 상황에서 갑자기 운전자금이 필요할 경우, 급증한 부채비율로 인해 자금조달이 매우 어려워질 수 있습니다. 따라서 자산구매 당시부터 전략적으로 운전자금을 넉넉하게 조달할 필요가 있습니다.

❸ 이자보상배율은 영업이익÷이자비용으로 손익계산서 상의 영업이익을 영업외 비용 중 이자 비용으로 나눈 지표입니다. 이자보상배율은 '1' 이상이 되어야 합니다. 이는 1년간 벌어들이고 남은 이익이 1년간의 이자비용도 충당하지 못한다면 자금조달 시 이자조차 낼 수 없다는 것을 의미합니다. 따라서 기업의 이자보상율이 '1' 이하인 경우, 금융기관은 여신을 거절합니다.

(2) 대표 신용도의 중요성

대표의 신용도는 매우 중요하며 지속적으로 관리해야 합니다. 개인사업자는 물론 법인사업자 대표 개인신용도 역시 자금조달에 상당한 영향을 미치기 때문입니다. 개인 신용도 평가에 있어서 정책자금과 민간금융은 조금 다르기는 하지만 기본적인 원칙은 비슷합니다.

[공통사항]	[정책자금조달시 추가사항]
❶ KCB / NICE 신용점수	❶ 정부기관 대출자금 미상환 여부
❷ 신용불량 여부	❷ 정부기관 대출자금 연체 여부
❸ 회생, 파산 여부 (5년간)	❸ 정부기관 부정수급 여부
❹ 국세, 지방세 체납여부	❹ 관계기업 보유 여부 (타법인 30%이상 주식보유 여부)
❺ 일반 금융 연체여부	

위의 지표들을 종합적으로 고려할 때, 대표의 신용도 문제는 꾸준하게 관리해야 자금조달에 차질이 없게 됩니다. 특히 정책자금의 경우 가족 신용도까지 평가에 반영될 수 있기 때문에 신중하게 관리해야 합니다. 다음과 같은 사례가 생기지 않도록 주의를 기울여야 합니다.

A대표는 경기도 김포에 청년창업으로 법인을 설립했습니다. 사출(플라스틱 성형, 사출)업체로 소재·부품·장비 및 뿌리기업에 해당함을 확인하여, 중소기업진흥공단(이하 중진공)과 기술보증기금에 자금 지원을 신청했습니다. 중진공은 이 기업이 제조업이고 뿌리기업, 소부장 기업에 청년창업이었기 때문에 혁신창업자금 2억원을 지원하기로 하고, 현장 실사를 진행하였습니다. 그런데 현장실사와 사업계획발표 과정에서 창업 법인의 주소가 A대표 아버지가 운영하는 개인사업체와 주소가 동일하다는 점, A대표 아버지가 당시 채무연체로 신용보증기금에 자산압류 중인 점을 지적받았습니다. 이에 중진공은 A대표의 법인이 아버지의 개인사업체를 돕기 위한 위장업체로 판단하여 자금 지원을 취소하였고 기술보증기금도 이와 동일한 판단을 내렸습니다. 결국 A대표는 정부기관에 기록이 남게 되어 향후 정책자금 및 금융조달이 불가능해졌습니다.

02 자금조달 시 회사를 구분하는 방법

경영자는 경험과 전문성을 바탕으로 시장상황, 경쟁환경, 기술동향 등을 깊이 이해하고 있습니다. 업계 현황을 가장 잘 아는 사람은 대표 자신입니다. 그러나 정책금융이나 민간금융에서 업종을 바라보는 기준은 대표가 아는 것과 다를 수 있습니다. 금융지원 시 1차 산업인 농업·임업·수업·축산·광업 등은 일반 업종과 전혀 다른 기준을 적용받고 있습니다. 흔히 볼 수 있는 도소매·제조·건설·서비스 등의 일반 업종들도 지원한도, 보증한도, 여신한도 등이 모두 다릅니다.

정부의 경우 제조업과 IT업은 도소매·건설에 비해 훨씬 지원 범위와 규모가 큽니다. 예를 들어 같은 매출이라도 제조업과 도소매업은 여신한도와 보증한도가 달라집니다. 또한 수출여부, 고용창출 기업 여부에 따라 그 한도도 바뀝니다.

그렇다면, 정책금융이나 민간금융은 업종을 어떻게 나눌까요? 손익계산서 상의 매출액으로 구별합니다. 즉, 회사가 생산제조를 하고 사업자등록증 상에 제조로 업종등록이 되어 있다고 하더라도 해당 기장 세무사가 매출을 '상품매출'로 신고했다면 이 회사는 제조회사가 아니라 도소매회사로 판단됩니다.

일반적인 기업의 경우 매출을 ①제품매출 ②상품매출 ③공사(시공)매출 ④서비스매출 ⑤기타매출 등으로 구분하는데, 단독매출인 경우도 있고 ①~⑤가 혼재되어 있기도 합니다. 혼재되더라도 가장 많은 비율(50%이상)을 차지하는 매출이 그 회사의 업종을 구분 짓습니다. 즉 ①제품매출이면 제조업, ②상품매출이면 도소매업, ③공사(시공)매출이면 건설업, ④서비스매출이면 서비스업 등으로 판단합니다. 문제는 회사가 제조업이어서 자금조달이 훨씬 수월함에도 불구하고 재무제표상 상품매출로 기장되어 자금조달을 조금 밖에 받지 못하거나 정책금융을 이용할 수 없는 경우가 허다하다는 것입니다. 회사가 아동복을 만드는 제조회사임에도 손익계산서에 상품매출로 잡혀 있어, 제조원가명세서가 있었음에도 불구하고, 정책금융 지원 시 도소매로 분류되어 자금지원을 받지 못한 사례도 있습니다. 따라서, 당장 손익계산서를 열어보시고 회사의 매출이 어떻게 분류되어 있는지부터 확인하시기 바랍니다.

3 정책자금의 중요성과 활용을 위한 구조 이해

정책자금은 기업 경영자가 자주 혼동하여 사용하는 용어 중 하나입니다. 컨설팅을 해보면 무·유상을 가리지 않고 저리대출을 정책자금으로 착각하는 대표가 많습니다. 본 파트에서는 민간금융을 제외한 정책자금의 구조를 알아보고 무상자금과 유상자금들의 종류를 알아보겠습니다.

01 다양한 정책자금의 종류 및 특징

정책자금은 매년 정부예산의 약 10%정도의 비중을 차지하고 있습니다. 정부정책지원자금은 전체적으로 약 4,500개 이상의 사업이 있습니다. 해마다 없어지거나 새로 생기는 사업도 있어 그 크기를 가늠하기는 어렵지만 정보의 비대칭성으로 인해 실제 지원대상인 기업이 정보가 부족해 지원하지 못하고 혜택을 누리지 못하기도 합니다. 정책자금은 크게 출연금, 지원금, 바우처, 융자지원사업 등 4가지 사업으로 나눌 수 있습니다. 출연금, 지원금, 바우처는 무상자금이며, 융자지원사업은 유상자금입니다.

출연금	지원금	회사자부담, 바우처	융자지원사업
① R&D 사업 -기술개발 자금이 필요할때 -공장을 보유하고, 공정개선 포인트가 있을때 ② 패키지(사업화 자금) -사업 모델이 고용창출력이 높거나 -수입품 대체 / 수출효과가 있거나 -공공성 있을때(지역경제 활성화	① 고용보험가입자 5인 이상일 경우 대부분 지원 -벤처기업, 청년창업기업일 경우 예외 존재 -정부 육성지원 사업군일 경우 예외 존재 ② 일정기간, 고용을 유지할 경우, 매달 일정금액을 고용이 유지되는 한 지원해주는 사업 ③ 고용장려금, 고용촉진금 등 다수의 사업 존재	① 제조회사 : 제조혁신 바우처 ② 수출(준비)기업 : 수출바우처 홈페이지, 동영상, 시제품, 지식재산권 등 ③ 스마트팩토리 (공장자동화 사업) ④ 안전시설 설치 지원 사업 ⑤지자체 특허출원지원사업 등 다수의 지원사업	① 만 7년 미만의 기업, 최저금리 중진공 ② 기술을 보유하고 있다면 초기는 기술보증기금 ③ 도소매, 혹은 높은 매출기업은 신용보증기금 ④ 은행 내의 정책자금 (한국은행, 산업은행 자금) 융자지원사업은 전략적으로 운영했을 때, 풍성한 자금을 조달할 수 있습니다.

02 무상자금과 유상자금 핵심 차이점 비교

(1) 무상자금

무상자금은 기업이 자본을 확충하고 재무구조를 개선하는 데 중요한 역할을 합니다. 새로운 사업을 시작하거나 기존 사업을 확장하는 데 필요한 자금을 제공함으로써 기업이 성장하는 데 큰 역할을 합니다. 이러한 무상자금은 출연금, 지원금, 바우처 등 크게 3가지로 구분할 수 있습니다. 각 유형은 특징과 지원 조건이 다르기 때문에 기업은 자신의 상황에 맞는 무상자금을 선택하여 활용할 수 있습니다.

❶ **출연금** : 출연금은 주로 R&D형태로 지원됩니다. 기술개발이나 공정개선 등 주로 정부와 협약을 통해 공공성, 혁신성, 수출대체기술, 지역기반 경제활성화, 고용활성화 등 정책부합도와 맞는 과제를 대상으로 자금을 무상으로 지원합니다. 통상적으로 연구기관, 대학 등과 산학협력이나 산연협력 등을 통해 정부과제 기술개발 형태로 기업에 기술개발을 돕습니다. 또한, 사업화자금도 무상으로 제공하는데 이는 기술개발이 완료된 제품을 판매단계에 이르기까지 필요한 자금을 지원하는 것으로, 기술개발과는 별도로 지원하는 자금을 말합니다. 그러나 이 R&D자금은 기술력이 있는 회사가 선정되기 때문에 특별한 기술력이 없거나 기술혁신이 핵심적인 역할을 하지 않는 기업은 선정되기가 매우 까다롭습니다. R&D자금은 정부 부처별로 지원 사업이 광범위하므로, 자금이 필요한 경우 해당 부처별로 접근해야 합니다.

❷ **지원금** : 지원금은 무상자금의 한 종류로, 우리나라에서는 주로 고용 창출과 관련하여 집행되는 대표적인 자금입니다. 대부분의 회사가 고용관련 지원금을 이용하고 있습니다. 지원금은 사전에 사업계획서 등을 통해 일정요건에 맞는 기업을 선정하고 선 신청 후, 승인을 받으면 지급되는 지원금과 요건만 갖추면 즉시 신청하여 받을 수 있는 지원금으로 분류될 수 있습니다.

❸ **회사자부담, 바우처** : 이 자금은 특정 서비스에 대해 신청하고 회사가 전체 사업의 일부 비용(15~50%)을 부담하고, 나머지를 정부에서 지원하는 사업입니다. 예를 들면, 스마트공장을 건립하고 싶을 때 기기장비와 가동에 필요한 소프트웨어를 50% 지원해주는 스마트공장이나, 수출 시 필요한 판로개척사업, 신뢰성 바우처 등 다양한 분야와 정부기관에서 지원하는 프로그램이 있습니다. 사업마다 지원 금액이나 프로세스, 사업내용이 모두 다릅니다. 해당 바우처 사업은 정부기관, 도·시·군·구, 정부유관기관, 정부업무위임기관 등 다양한 형태를 이루고 있어서 계속해서 정보를 수집하고, 외부자금조달을 위해 정부 지원 사업을 적극적으로 활용해야 합니다.

(2) 유상자금

경영자 대부분이 오해하는 정책자금이 바로 융자사업입니다. 융자사업은 유상자금으로 분류할 수 있고, 크게 ①직접대출 ②보증 ③이차보전 ④은행 내 정책자금으로 나눌 수 있습니다. 직접대출은 정부기관이 기업에 직접 대출하는 방식을 말하며 보증은 담보가 없는 기업에게 정부기관이 보증만 해주고, 실제 대출은 민간금융에서 이루어지는 구조입니다. 이차보전은 기업이 대출을 했을 때 이자의 약 1/3을 정부가 지원해주는 제도이며, 은행 내 정책자금은 특수한 조건에 부합하는 기업을 은행이 검토하여 한국은행 등의 자금을 저리로 이용하게 하는 자금입니다. 보다 상세한 설명은 다음에 서술하겠습니다.

4 기업메이크업과 자금조달의 상관관계

정책자금과 민간금융 조달을 원활하게 하기 위해 정책자금의 구조와 종류, 선결과제들을 설명하였습니다. 하지만 기술하지 않은 부분이 있는데 바로 기업메이크업 과정입니다. 기업의 메이크업은 각종 인증을 받아 기업의 외적인 신뢰도를 향상시키는 과정입니다. 물론 이견이 있을 수 있지만 우리나라에서 일반기업들의 자금조달을 수월하게 하는 중요요소 3가지를 꼽으라고 한다면 재무제표, 고용, 기업인증을 선택하고 싶습니다.

현장에서 만나는 경영자들 중 다수가 "기업인증을 누군가 하라고 해서 했는데, 대체 이걸 어디에 활용합니까?"라고 질문하기도 합니다. 많은 경영자들이 인증을 받았지만 실제로 활용하는 방법에 대해 잘 모르거나, 소극적입니다. 이는 정보의 비대칭에서 비롯된 문제입니다.

정부는 창업부터 7년차 이내의 기업들에게 가장 많은 지원정책과 지원금을 제공하고 있습니다. 회사 설립일로부터 7년이 넘어가면 이러한 지원이 급격히 줄어듭니다. 기업의 인증은 3년 이내와 7년 이내에 받아 최대한 활용하고, 저렴한 비용으로 가성비 있게 자금조달하는 것을 목표로 해야 합니다.

즉, 기업의 인증은 죽음의 계곡을 지나 7년 이내까지 받아서 ① 기업의 대내외 신뢰성을 높이고 ② 정책자금 등의 자금조달을 최대한 활용할 수 있게 하는 것을 목적으로 합니다.

01 놓치면 안 되는 필수 기업인증 5형제

기업이 대내외적인 신뢰를 받으려면 필요한 기본적인 인증이 있습니다. 제품에 대한 의무인증은 논외로 하고 업종불문하고 공통적으로 자금조달에 큰 역할을 담당하는 5가지 인증이 있습니다. 간략하게 정리해보면 다음과 같습니다.

❶ **연구소(또는 연구전담부서) :** 정책자금조달의 출발점입니다. 연구개발을 하는 회사인지, 기술개발을 하는 회사인지를 판가름하는 잣대입니다.

❷ **ISO인증 :** 최근 ESG 평가에 대한 Needs가 늘고 있습니다. ISO 9001, ISO 14001,

ISO 45001이 기본적으로 필요합니다. 특히 ISO는 국제표준 시스템경영인증이기 때문에 대기업, 조달 등에서 대표적인 가점사항이며 수출을 할 때도 해외 거래처 신뢰성 확보에 독보적인 역할을 합니다.

❸ **벤처기업 :** 기술력을 중점적으로 보는 인증입니다. 특허가 없으면 인증받기 매우 어렵습니다.

❹ **메인비즈 :** 경영혁신형중소기업 인증으로 경영을 잘 하고 있는지를 주요하게 평가합니다. ESG의 S에 해당하여 ESG 신용평가 시 가점이 있습니다.

❺ **이노비즈 :** 이노비즈 인증은 정책자금과 신뢰성에서 끝판왕이라고 합니다. 기술력과 경영능력 둘다 심사대상이며 특허 숫자와 기술 개발을 중점적으로 보는 인증입니다.

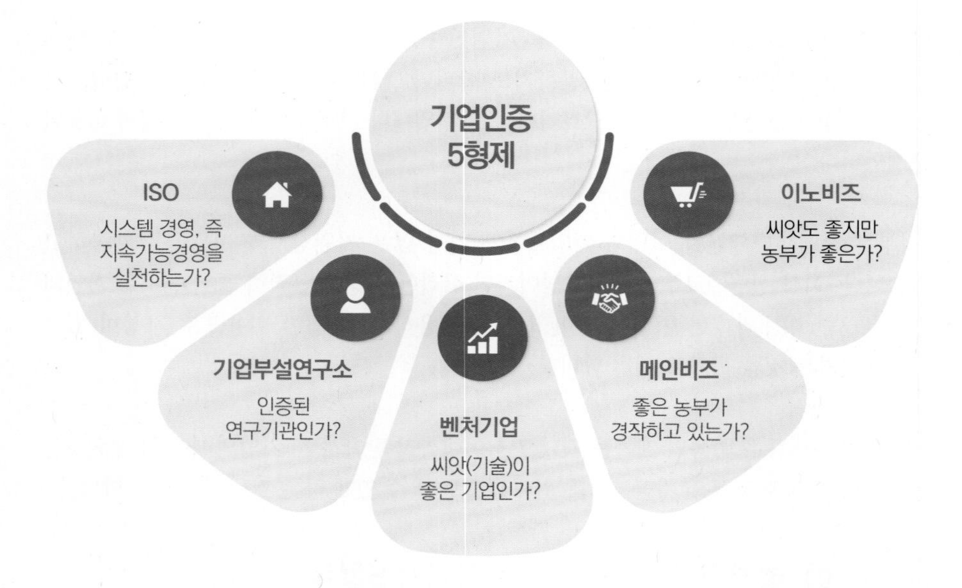

5가지 인증들은 정책자금조달 시 상당한 가점을 부여받을 수 있습니다. 또한 민간금융에서도 TCB평가 시 좋은 점수를 받을 수 있는 인증입니다. 2023년 4월에 과거 정책금융의 큰 줄기인 중진공 신청방식이 변경되었습니다. 과거에는 선착순 모집이었으나 지금은 기간 안에 신청한 모든 기업을 심사평가하고 여러 가지 기준을 더해 선정하는 방식으로 바뀌었습니다. 특히 상대 평가 방식으로 인해 가점이 중요해졌으며, 동일한 평가 점수를 받은 경우 가점이 더 많은 기업이 우선 지원 대상으로 선정됩니다. 기업인증은 이제 필수라고 할 수 있습니다.

[기업인증 5형제의 요건과 자격]

구분	ISO	벤처	기업부설연구소 (연구개발전담부서)	이노비즈 (기술혁신)	메인비즈 (경영혁신)
신청자격	업력, 업종 상관 無 모두가능	창업 초기(3년↓) 혜택 多	일부 업종을 제외한, 서비스 및 제조, 기타 업종 가능	업력 3년↑ 중소기업	업력 3년↑ 중소기업
대상	전 업종 대상 기업의 경영시스템 구축과 함께 인증획득 (품질, 환경, 안전보건 등)	첨단 신기술과 아이디어 연구소를 통해 연구하는기업 벤처투자기관이 투자한 기업 기술집약형 중소기업	모든 기업 : 최소 1인 이상 연구 전담하는 직원이 있는 기업	기술력 (특허, 실용신안, 프로그램등록, 신기술, 신제품 등)을 보유 연구소, ISO 등 필수 (평가 항목)	기술보다는 경영능력이 중요한 기업 거의 모든 기업이 가능하며 비교적 가장 수월함
제외대상	제외 대상 없음	숙박요식업, 부동산임대업, 오락문화업, 기타서비스업	제외 대상 없음	숙박요식업, 부동산임대업, 오락문화업, 기타서비스업	사행성, 불건전 소비업종
평가기관	국내 및 해외 인증기관 매년 사후심사, 3년마다 갱신	외부 전문 평가기관 3년마다 갱신	산업기술진흥협회 (KOITA) 특수조건 외, 갱신없음	기술보증기금 3년마다 갱신	신보, 기보, 한국생산성본부 3년마다 갱신
요 건	ISO 규격 요구사항에 적합한 매뉴얼절차서 구축 및 외부 3자 인증심사/심의 합격	1. 벤처투자유형(V/C) 2. 연구개발투자유형 3. 혁신성장유형 (특허권) 4. 예비 벤처유형	1. 인적요건 충족 : 연구소 별 연구원 자격 2. 물적요건 : 독립공간 또는 파티션 가능	1. 신청조건 : 자가진단 650점↑ 2. 기술혁신시스템 : 700점 이상 3. 개별기술평가 : B등급 이상	1. 신청조건 : 자가진단 600점↑ 2. 경영혁신시스템 : 700점 이상 3. 개별 생산성경영시스템평가 : PMS 3등급 이상

출처 : 나눔파트너스컨설팅

02 성장 도약! 인증과 자금조달 로드맵

창업 후 적절한 시기에 인증을 받으면 지속적으로 정부정책자금을 조달할 수 있습니다. 많은 대표님들이 창업 후 3년이 지난 후에 "조금만 더 일찍 기업인증을 알았다면 그렇게 힘들지 않았을텐데…."라고 후회하곤 합니다. 창업 초기 단계부터 전문 컨시어지의 도움을 받아 회사의 로드맵과 자금조달 계획을 세심하게 설계하길 추천합니다. 단기적인 자금 확보뿐만 아니라, 중장기적인 관점에서 성장 전략을 수립하고 기업 가치를 높일 수 있습니다.

[성장단계별 인증활용(예)]

창업 → 성장 3년 → 도약 7년

			녹색인증(3년)_ 녹색인증	**월드클래스300(5년)_ 월드클래스기업협회**
			• 녹색기술/제품/ 전문기업/사업분야 • 녹색산업 융자지원, 판로 및 마케팅 지원 • 지자체별 자체 지원 등	• 매출액 400억~1조 / 수출 20% 이상 등 • 중기부 전용 R&D (2~5년 / 15억) • 해외마케팅 (5년간 매년 75천만) 등
		병역지정업체 지정_ 병무청	**조달우수제품 지정(3년)_조달청**	**글로벌 강소기업(4년)_ 중소벤처기업부**
		• 산업기능요원 : 학사이하 (34/26개월) • 전문연구원 : 자연계 석사이상 (36개월)	• 중소, 벤처기업 생산 우수제품(NEP 등) • 수의계약, 제3자 단기계약, 총액계약 • 조달물품 홍보 등 판로지원	• 매출액 100~1,000억 / 수출 10% 이상 등 • 중기부 전용 R&D (2년 / 6억) • 해외마케팅 (4년 / 2억) 등
K-Global300(2년) 과학기술정보통신부	**수출유망 중소기업 (2년)_중소벤처기업부**	**이노비즈 인증(3년)_ 중소기업기술혁신협회**	**지식재산경영 인증(4년)_한국발명진흥회**	**인재육성형 기업지정_ 중소벤처기업부**
• K-Global 프로젝트 수행기업 중 선발 • 당해년도 K-Global 프로젝트 우선지원 • KF자금지원, 크라우드펀딩 지원 등	• 중소 제조/서비스업 수출 500만불 미만 • 수출지원 (정보제공, 박람회 등) 각종 혜택 • 수출금융 / 환거래 등 우대	• 3년 이상 / 연구소, 특허 등 기술보유 • 정부지원사업 지원시 필수 / 가점 • 인력 / 판로지원, 자금혜택 등	• 산업재산권 관련 평가 (70점 이상) • 우선심사 / 등록료 감면 • 정책 자금 융자 한도 증액 등	• 대표의지, 성과공유 등 70점 이상 • 인재육성형 전용자금, 공공구매 홍보지원 • 중진공 대출한도 상향, R&D 가점, 해외판로
기업부설 창작연구소_ 한국콘텐츠진흥원	**직무발명보상우수기업 (2년)_한국발명진흥회**	**메인비즈 인증(3년)_ 한국경영혁신중소기업협회**	**클린사업장 조성지원_ 안전보건공단**	**강소기업 확인 (1년)_ 고용노동부**
• 문화콘텐츠 분야 • 문체부 지원사업 지원시 필수 / 가점 • 연구 / 인력 개발비 세액공제 25% 등	• 규정보유 / 2년 이내 보상 • 정부지원사업 지원시 가점 • 산업재산권 우선심사 / 등록료 감면	• 3년 이상 / 경영혁신 수행 • 정부지원사업 지원시 필수 / 가점 • 인력 / 판로지원, 자금혜택 등	• 50인 미만의 자금지원 사업장 • 최대 2천만원 (+1천만원 지원) + 융자 • 10년 경과 후 재신청	• 취업지원, 기업홍보, 재정/금융 지원 등 • 청년 강소기업 선정 대상
기업부설 연구소_ 한국산업기술진흥협회	**벤처기업확인(3년)_ 중소벤처기업부**	**ISO 인증(3년)**	**위험성평가 우수 인정(3년)_안전보건공단**	
• 과학기술 / 지식서비스 분야 • 정부지원사업 지원 시 필수 / 가점 • 연구 / 인력 개발비 세액공제 25% 등	• 투자 / 연구개발 / 혁신성장유형 • 정부지원사업 지원시 필수/가점 • 법인세(소득세) 50% 감면(5년)	• 9001(품질경영체계) • 14001(환경경영체계) 등 • 정부지원제도 (공장심사 등) 우대	• 위험성평가 실시기업 대상 • 인정기간 동안 안정/보건 감독 유예 • 클린보조금 1천만원 추가 지원	

출처 : 나눔파트너스컨설팅

[일반기업의 인증 자금조달 로드맵(예)]

출처 : 나눔파트너스컨설팅

나눔파트너스컨설팅 사의 일반기업 인증 자금조달 로드맵은 창업 초기부터 성장 단계까지 필요한 인증과 자금조달 방법을 효과적으로 계획할 수 있도록 도와줍니다. 이 로드맵은 청년이 과밀억제권역 외에서 제조업 창업을 한다고 가정했을 때, 창업 후 10년까지 필요한 인증과 정부 자금조달 방법을 나타낸 예시입니다.

[가업승계]

	창업전	창업	창업 1년	창업 3년
무상지원금 (출연금사업)	**예비창업패키지** 무상지원금 최대1억원 지원		**초기창업패키지** 무상지원금 최대1억원 지원	**디딤돌 R&D** 무상지원금 평균 1억원 2회 확보
이력서 (특허,기업인증)	**특허출원 등**	**기업부설연구소** R&D를 위한 요건만들기	**벤처기업인증** 과일억제권역외 법인세100%, 5년감면	**특허지원사업** 지자체 지원을 통한 추가특허 확보
운전자금 (자금조달)		**중진공청년융자** 2억원 운전자금조달	**중진공/기보** 매출의 4억당 1억 각각 운전자금조달	**중진공/기보** 매출의 4억당 1억 각각 운전자금조달
기타 (성장전략)			**제조혁신바우처** 최대 5천만원 마케팅자금 활용	**제조혁신바우처** 최대 5천만원 마케팅자금 활용

	3년 이후			창업 10년
무상지원금 (출연금사업)	**창업도약패키지** 무상지원금 최대3억원 지원	**디딤돌 R&D** 무상지원금 평균 1억원 2회 확보	**연구원고용지원** 신진연구원, 고경력 연구원 (인당 매월250)	**네트워크형** 산학연계 등
이력서 (특허,기업인증)	**메인/이노비즈**	**인재육성형** 중진공 인증 중진공 자금 확대	**병역특례기업** 인건비 지원사업 등	
운전자금 (자금조달)	**중진공/기보** 매출의 4억당 1억 각각 운전자금조달			**중진공/기보** 매출의 4억당 1억 각각 운전자금조달
기타 (성장전략)	**스마트팩토리** 자동화자금 정부지원 (50%)	**제품인증** KS인증/CE인증 녹색기술인증 등	**NEP/NET** 신기술 인증 신제품 인증	**조달우수기업** 조달청 의무구매대상

이러한 구조로 전략적인 로드맵을 만들어 실행한다면 보다 체계적인 자금조달 전략이 가능해지며 로드맵에 나타나지 않는 다양하고 광범위한 정부정책 자금을 중복하여 조달할 수 있습니다.

5 기업 경쟁력을 강화하는 무상자금의 종류와 활용

전편에서 무상자금과 유상자금에 대해 개괄적으로 알아보았습니다. 본편에서는 무상자금의 종류는 무엇이 있는지, 활용을 어떻게 할 수 있는지 살펴보겠습니다.

01 출연금 지원을 신청할 때 고려해야 할 사항

정부는 중소기업 R&D 자금을 성장주기별, 분야별로 지원하고 있습니다. 분야별로는 소재·부품·장비(이른바 소부장)와 IT, 탄소중립을 중심으로 지원합니다. 성장주기별로 본다면 초기 기업에 집중하고 있습니다. R&D 자금 지원은 '무상'으로, 중소기업의 기술 혁신과 성장을 위한 중요한 동력이 될 수 있지만, 선정되기 어렵다는 단점이 있습니다.

[중소기업의 연구개발 활동을 지원하는 정부 R&D 자금 종류]

업명	내역사업명		지원규모(단위 억)	개발기간	지원한도	지원비율	추진구분	공고	접수	선정
중소기업 기술혁신개발	수출지향형		422	4년	20	65%	1차	1월	2월	5월
							2차	4월	5월	8월
							3차	7월	8월	10월
	시장확대형		920	2년	6	75%	1차	1월	2월	5월
							2차	4월	5월	8월
							3차	7월	8월	10월
	시장대응형		459	2년	5	75%	1차	1월	2월	5월
							2차	4월	5월	8월
							3차	7월	8월	10월
창업성장 기술개발	디딤돌		1,284	1년	1.2	80%	1차	1월	2월	5월
			1,284	1년	1.2	80%	2차	4월	5월	8월
			1,284	1년	1.2	80%	3차	7월	8월	10월
	TIPS	일반형	807	2년	5	80%	상반기	1월	세부 사업공고 참조	
							하반기			
		특화형 딥테크 팁스	394	3년	15	80%	상반기			
							하반기			
산학연 Collabo R&D	산학협력 기술개발	예비연구	10	8개월	0.5	75%	상반기	1월	2월	5월
		사업화R&D	10	2년	2.6	75%	상반기	1월	2월	4월
	산연협력 기술개발	예비연구	4	8개월	0.5	75%	상반기	1월	2월	5월
		사업화R&D	6	2년	2.6	75%	상반기	1월	2월	4월
스마트제조혁신 기술개발	스마트제조혁신기술개발 (현장적용)		119	3년	4.5	75%	하반기	2월	2월~3월	6월
중소기업 연구인력 지원	신진연구인력 채용지원		37	3년	연봉 50%	50%	상반기	2월	2월	5월
	고객연구인력 채용지원		39	3년	연봉 50%	50%	상반기	2월	2월	5월
	공공연 연구인력 파견지원		25	3년	연봉 50%	50%	상반기	2월	상시	상시
	중소기업연구인력 현장맞춤형상담지원		48	2+1년	12.1	100%	상반기	1월	1월	2월

최근 들어 국가세수 감소로 인해 R&D 예산도 상당히 줄어들면서 현장에서 기업에게 지원하는 R&D 자금의 규모도 줄어들었고, 지원받기가 어려워졌습니다. 그럼에도 불구하고 기술력이 부족한 회사에 가서 마치 무상자금을 쉽게 받을 수 있는 것처럼 컨설팅해 주는 업체들이 있습니다. 정부가 무상자금을 지원하는 데는 반드시 그 이유와 기준이 있습니다. 정부자금은 회사의 자금사정을 원활하게 할 수는 있지만, 자금 그 자체가 사업의 목적이 되어서는 안 됩니다.

정부는 각 부처별로 기술개발이 완료된 과제들의 사업화를 돕기 위해 사업화 자금을 지원하고 있습니다. 무상 지원이라는 매력적인 혜택과 더불어, 사업화 가능성을 높여줄 4가지 핵심 지표를 점검해 보기 바랍니다.

❶ **고용창출 :** 이 기술개발로 고용창출 가능성이 있는가?
❷ **수출가능성 :** 이 기술개발로 수출이 확대될 수 있는 가능성이 있는가?
❸ **국산화 :** 이 기술개발로 수입을 대체하는 효과가 생길 가능성이 있는가?
❹ **경제활성화 :** 이 기술개발로 지역경제 활성화 효과가 생길 수 있는가?

R&D 자금 신청 시 필수조건과 가점사항은 다음과 같습니다.

필수조건	기업부설연구소, 스마트공정확인서 Level1
직접가점	ISO 9001, 뿌리산업전문기업인증, 소부장전문기업확인서
간접가점	벤처기업인증, 메인비즈인증, 이노비즈인증, 강소기업인증 등

02 지원금과 바우처, 정확한 이해와 효과적인 활용

(1) 지원금

지원금의 대표적인 예는 바로 고용지원금입니다. 코로나19를 거치면서 대부분의 기업이 활용했던 고용지원금이지만, 2024년부터는 세수부족으로 인해 많은 예산이 삭감되었고 활용도가 떨어졌습니다. 예를 들면 청년채움공제는 가장 각광받았던 고용지원금이었으나, 2024년부터는 기존 가입자만 유지하고 신규가입이 불가능해져 활용할 수 없게 되었습니다. 그럼에도 불구하고 고용지원금 제도 자체는 여전히 무상으로 회사의 비용을 직접 지원해주는 좋은 제도임에는 틀림없습니다. 주의할 점은 고용관련 지원금은 매년 예산편성에 따라 지원사업의 존폐가 바뀌므로 반드시 채용 전에 사업의 유무와 지원 범위를 확인해야 합니다.

(2) 바우처

바우처 지원사업이란 회사의 성장을 위해 필요한 마케팅(홈페이지, 홍보동영상). 생산을 위한 시제품 제작, 지식재산권(특허, 상표권), 기술컨설팅(원가, 기술분석 등) 등의 비용 일부를 정부가 지원해주는 사업입니다. 회사의 매출규모에 따라 자기분담금이 차등 배정되며(소규모 기업 10% ~ 최대 50%), 정부가 인증한 관리기관(중소벤처기업진흥공단, 한국데이터산업진흥원, 창업진흥원, 벤처협회, 코트라 등)에 등록되어 검증된 업체를 이용하거나, 직접 사용한 비용을 정산해주는 무상지원 서비스입니다. 회사는 절대평가가 아닌 상대평가 기준으로 지원대상 중 경쟁을 통해 관리기관이 지원기업을 최종 선정합니다.

바우처는 중소기업에게 추천하는 무상지원 사업으로, 회사의 자부담이 적고 진입장벽이 높지 않습니다. 기술개발뿐만 아니라 마케팅, 컨설팅 등 다양한 분야에 활용 가능합니다. 제조업은 시제품 제작이나 시험성적 비용, 기술지원도 받을 수 있어 제품개발에 들어가는 비용을 상당 부분 줄일 수 있습니다. 지역기업혁신 성장 바우처는 지역 기업의 성장을 촉진하기 위한 맞춤형 지원 사업입니다. 지역 특성에 맞춰 사업계획을 수립하고 지원금을 조정하기 때문에 지원금은 다소 줄 수 있지만, 판로개척 관련 사업은 활용 범위가 넓어 유용합니다. 제공된 지원 금액은 매해 예산에 따라 변경될 수 있으니 참고하기 바랍니다.

고용장려금	고용유지지원금
❶ 워라밸일자리 장려금 ❷ 고용촉진 장려금 ❸ 일·가정 양립 환경개선 지원금 ❹ 출산·육아기 고용안정장려금	❶ 유급 휴업·휴직 고용유지지원금 ❷ 무급 휴업·휴직 고용유지지원금
청년·장년·장애인 고용장려금	**기타 지원금**
❶ 청년일자리도약장려금 ❷ 고령자 계속고용장려금 ❸ 고령자 고용지원금 ❹ 장애인 고용장려금 ❺ 장애인 신규 고용장려금	❶ 중소기업퇴직연금기금제도 재정지원금 ❷ 직장어린이집 인건비·운영비·설치비 지원금 ❸ 루누리 사회보험료 지원금

[바우처의 종류]

제조혁신바우처	중소벤처기업진흥공단 관리 (최대 5천만원) 마케팅, 기술지원, 컨설팅 등의 용도로 사용
수출바우처	KOTRA/ 중소벤처기업진흥공단 관리 (2천만원 ~ 1억원) 통번역, 해외지식재산권, 홍보, 동영상, 브랜드, 전시회, 해외인증 등의 용도로 사용
신뢰성바우처	한국산업기술진흥원(KIAT) 관리/ 소재부품장비 기업 대상 (3천만원 ~ 1억원) 연구개발비 및 각종 시험성적서 비용 지원
데이터바우처	한국데이터산업진흥원 관리(1천8백만원 ~ 7천만원) 데이터 구매(1천8백만원), 데이터 가공(4천5백만원), AI가공(7천만원)
비대면바우처	창업진흥원, 벤처협회 관리 (2백만원) 온라인교육, 화상회의, 보안, 재택근무 등 도입비로 활용
지역기업혁신 성장바우처	17개 도별 테크노파크 관할 (최대 3천만원) 중소기업+공급기업 매칭 → 사업계획서 신청 → 선정 및 협약 → 지원금 지급

출처 : 나눔파트너스컨설팅

6 현명한 자금조달 방안, 유상자금 활용법

유상자금은 대출, 보증, 이차보전 등으로 이루어져 있습니다. 이는 기업 자금조달시장의 대부분을 차지하고 있으며, 무상으로 자금조달이 이루어지지 않을 경우 차선으로 선택해야 하는 자금조달 경로입니다. 하지만 현실에서는 우선적으로 접근하는 자금조달 경로이기도 합니다. 본 파트에서는 민간금융은 제외하고 정부기관과 지자체기관을 위주로 설명하겠습니다.

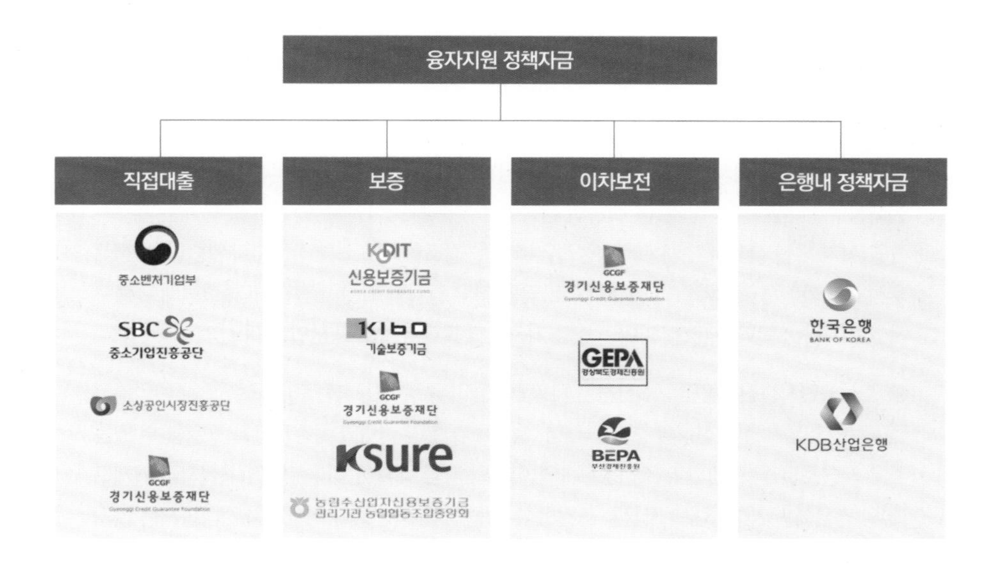

01 저리대출 기관과 융자지원 기관 이해

중소벤처기업진흥공단, 소상공인시장진흥공단, 지역신용보증재단 등은 기업의 생산성과 경쟁력 향상을 위해 다양한 지원사업을 제공하는 기관입니다. 각 기관은 저금리로 대출을 제공하여 경영에 필요한 자금을 지원합니다. 언더백 기업은 대출 제도를 활용해 인력 양성, 기술 개발, 사업 확장 등에 투자할 수 있으며, 경영 안정성을 높일 수 있습니다. 기업은 각 기관의 저리 대출과 맞춤형 지원 프로그램을 활용하여 자금 부족 문제를 해결하고 경쟁력을 강화할 수 있습니다.

(1) 저리대출 기관

❶ **중소벤처기업진흥공단** : 중소벤처기업진흥공단(이하 중진공)은 소상공인진흥공단(이하 소진공)과 상시근로자수 5인 기준으로 지원을 달리합니다(광업, 제조, 건설, 운수업은 상시근로자수 10인 미만 기준). 하지만 제조, 혁신성장, 초격차, 신산업, 그린 분야를 영위하는 기업은 소상공인에 해당하더라도 중진공에 자금 신청이 가능합니다. 중진공의 특징은 자금이 저리라는 점과 정부의 정책의지가 매우 깊이 반영되어 있다는 점입니다. 과거 운전자금의 경우에는 상당히 많은 자금을 대출할 수 있었으나, 최근 자금부족을 겪는 회사가 늘어남에 따라 많은 회사들에게 과거보다 훨씬 적은 자금을 대출하는 형태로 바뀌었습니다. 즉, 중진공 스스로의 판단에 따라 자금을 지원하기도 하지만, 정부의 정책과 맞물려 지원 수위를 조절하기 때문에 이를 신청 기업이 조절하기 불가능합니다. 중진공은 매달 자금을 신청할 수 있지만, 1~3월 상반기에 대부분의 자금예산이 소진되고 8~9월 추경 때 다시 자금이 충전됩니다. 아이러니한 점은 1분기에 가장 소진이 많으나, 12월 결산법인들은 3월이 결산시기이기 때문에 대부분 전년실적이 아닌 1년 전의 재무제표로 자금을 신청합니다. 따라서, 재무제표의 중요성이 대두되는 것입니다. 만약 1년 전의 재무제표가 좋지 않다면 탈락할 가능성이 높고, 탈락한다면 다시 1년을 기다려야 하는 경우가 많습니다. 과거에는 대표가 대면상담이나 전화상담 시 적극성, 사업성 등 회사의 정성적인 부분을 어필할 수 있었지만, 현재는 재무지표를 AI가 우선 심사하기 때문에 정성적인 측면을 강조할 기회조차 주어지지 않습니다. 정책우선도 평가에서 가점사항이 상대적으로 낮을 경우 탈락할 확률이 높습니다. 그럼에도 불구하고 이자율이 낮기 때문에, 기업의 주요 자금조달 통로로 활용되고 있습니다.

❷ **소상공인시장진흥공단** : 소진공은 자영업자들이 주로 이용하는 기관으로, 1인 기업부터 5인 미만의 업체들이 신청할 수 있습니다. 사업초기 뿐만 아니라 운전자금을 조달할 수 있는 주요 자금조달 창구입니다. 소진공은 1억 이내의 자금 대출이 대부분이며 시설자금(기계구매)의 경우에는 2억 이내의 자금을 조달할 수 있습니다. 중진공과 비교하여 까다롭지는 않지만, 많은 자금을 대출받을 수 없다는 것이 단점입니다. 소진공의 장점 중 하나는 제조업만 지원받을 수 있는 소공인특화자금과 스마트설비(예: 식당에 서빙로봇도입, 주문용 스마트패드 설치, 온라인쇼핑몰 도입 등)를 이용하는 회사나 자영업자들이 지원할 수 있는 스마트자금이 특화되어 있다는 것입니다. 최근 대출기관이나 보증기관들의 경향에 따라 매출이 없거나 적다면 대출 자체를 받지 못할 수 있습니다. 또한 대표자의 신용점수가 KCB 기준 700점 이상이어야 가능성이 있습니다. 소공인은 매달 온라인 접수를 받고 있으며, 직접대출과 간접대출(대리대출)로 나눌 수 있습니다. 대리대출은 확인서를 받아 지역신용보증재단에서 보증서를 받고, 민간금융기관에서 그 보증서를 담보로 대출을 받는 구조입니다.

❸ **지역신용보증재단** : 각 지역별로 지역신용보증재단이 있으며, 통상 '재단'이라고 불립니다. 이 기관은 신용보증기금과는 다른 곳으로, 지방자치단체 예산으로 대출과 보증을 제

공합니다. 소진공과 비슷한 성격을 가지고 있지만 특이하게 대출, 보증, 이차보전 사업을 동시에 진행합니다. 그러나 대출할 수 있는 금액이나 보증금액이 높지 않습니다. 몇천만 원 이하의 대출이 주로 이뤄져 소상공인이나 자영업자들이 주로 이용합니다. 정책자금 제한 업종이 아니고, 업력이 짧아 매출액이 적은 사업장의 경우, 임대보증금을 기준으로 보증금액을 결정해주기도 합니다. 신용보증재단에서는 보증뿐만 아니라 대출도 진행합니다. 다만, 그 금액이 최대 1억 원을 넘지 않는 경우가 대부분입니다. 또한 이차보전 사업도 진행합니다. 이차보전이란 사업자의 이자부담을 해소하기 위해 이자비용의 1/3 정도를 지원하는 사업을 말합니다. 예를 들어, 2억 원의 신용대출을 일으켜 이자부담이 한해 300만원이라면, 이 중 100만원을 지원해주는 사업입니다. 이차보전 사업을 잘 활용하면 회사 비용을 절약할 수 있습니다.

(2) 융자지원(보증)

융자지원기관은 담보력이 부족한 회사들에게 보증서를 발행하여 민간 금융에서 자금 조달을 돕는 역할을 수행합니다. 이 보증서를 통해 기업은 안정적인 자금조달이 가능합니다. 하지만 융자지원기관은 직접 대출을 제공하는 것이 아니라, 민간 금융에서 대출을 받도록 유도하기 때문에, 결국 민간금융(주로 1금융)의 이자를 부담해야 합니다. 따라서 이자율이 상대적으로 정책금융기관의 대출보다 높을 수밖에 없는 구조입니다. 융자지원기관으로는 신용보증기금, 기술보증기금, 한국무역보험공사, 농림수산업자신용보증기금 등이 있습니다. 융자지원기관을 활용하기 전에 각 기관의 지원 대상, 조건, 이자율 등을 비교 분석하여 기업 상황에 맞는 기관을 선택하는 것이 중요합니다.

❶ **신용보증기금** : 신용보증기금(이하 신보)은 특별한 기술력이 없는 회사들이 이용할 수 있는 자금조달 창구입니다. 주로 도소매, 건설 등 매출액이 많은 회사들이 이용합니다. 물론 제조업도 지원받을 수 있으나, 매출의 1/10에서 1/6정도를 보증해 주기 때문에 제조업은 기술보증기금을 이용하는 것이 훨씬 유리합니다. 보증서를 발급해주는 것도 여신한도 안에서 이루어지기 때문에 이미 부채가 많은 회사들은 보증서를 발급받기 어렵습니다. 신용보증기금은 업력과 매출을 많이 보기 때문에 어떤 면에서는 까다롭다고 할 수 있습니다. 그럼에도 불구하고 담보력이 부족할 때 가장 먼저 찾게 되는 곳입니다. 특이하게도 특허 1개당 1억의 보증서 발급이 가능한 초기기업 IP 대출 상품이 있습니다. 만약 특허가 있다면 기술보증기금을 먼저 시도해보고 안 된다면 신보를 두드려 보는 것도 하나의 방법입니다. 신보는 신용보증재단에서 보증을 받았을 경우, 한도 내에서 재단보증금액을 제외하고 추가로 보증서를 발급받을 수 있으니 이를 활용해 보시기 바랍니다.

❷ **기술보증기금** : 기술보증기금(이하 기보)은 제조업이나 기술력을 갖춘 기업을 지원합니다. 따라서 신보에 비해 상대적으로 업력과 매출 기준이 낮습니다. 1년 미만의 업력에 매

출이 적더라도 기술이나 특허를 보유하고 있다면 1억 정도의 보증도 가능합니다. 심지어 매출이 없더라도 사업성과 대표이사의 경력이 우수하다면 최대 3억까지도 보증이 가능합니다. 다만, 최근에는 기보도 장기간 매출이 없으면 보증서 발급을 거부하는 경우가 있습니다. 기보는 사업성과 기술력, 즉 기업의 원천적인 내면을 보기 때문에 대표자의 경력이 매우 중요하며, 특허에 대해서도 평가점수가 후합니다. 또한 기보는 고용에 대한 관심도도 높아서 심사 시 고용에 대한 조건이 붙을 수 있습니다. 공통사항이긴 하지만 대표자의 신용점수도 매우 중요하므로 신용도도 적극적으로 관리해야 합니다. 기보는 본래 신용보증기금의 일부였다가 독립하여 현재는 별도로 운영되고 있습니다. 때문에 기보와 신보 간에는 원칙적으로 상호보증을 하지 않습니다. 만약 신보에서 보증서를 발급받았다면 신보 보증 채무를 갚고, 기보에서 새로 보증서를 발급받을 수 있습니다. 기보에서 더 많은 자금을 받고 싶다면 연구소 인증, 특허 보유, 벤처기업 인증까지 진행하는 것이 좋습니다. 이러한 인증은 기업이 기술력과 사업성을 갖추고 있다는 것을 입증하는 데 도움이 되므로, 기보에서 많은 자금을 확보할 가능성이 높아집니다.

❸ **한국무역보험공사** : 정부는 수출하는 중소·중견기업을 대상으로 수출물품을 제조, 가공하거나 조달 시 금융기관에서 필요자금을 대출받을 경우 연대보증을 하고 있습니다. 또한 선적 전, 선적 후, 매입, 포괄매입, 다이렉트 보증 등 다양한 형태의 수출보증을 제공하여 기업이 자금을 조달할 수 있도록 도와줍니다. 다이렉트 보증은 최대 1억까지 보증서를 발급하여 저리의 금융기관 자금조달이 가능하므로, 수출기업이라면 수출보증도 활용해 볼 수 있습니다.

❹ **농림수산업자신용보증기금** : 농림수산업자신용보증기금(이하 농신보)은 담보력이 미약한 1차산업인 농림, 수산, 임업 등에 종사하는 개인이나 단체, 회사의 신용보증을 해주는 기관입니다. 주로 농협을 이용하면 농신보의 보증을 받는 경우가 많습니다. 농신보는 매우 낮은 금리로 자금을 지원합니다. 지원 대상은 농업인, 어업인, 원양어업인, 농기계 사후관리업체, 농림수산물유통 가공업자, 농림수산물 수출업자, 기자재 제조업자 등으로 농어업의 전·후방 배후 산업까지 광범위하게 지원하고 있습니다.

02 이차보전 및 은행 내 정책자금 마스터

(1) 이차보전

중소기업육성기금은 각 시도의 중소기업육성기금 설치 및 운용 조례에 따라 지방자치단체의 상황에 맞게 변경 및 운용됩니다. 이를 위해 다양한 기관들이 이차보전사업을 진행하고 있습니다. 이차보전사업은 대출은 민간자금으로 이루어지고, 정부는 수혜자가 이자를 지불할 때 그 일부를 지원하는 방식입니다. 현재 이차보전은 지불할 이자의 1/3을 정부에서 지원하는 방식으로 운영되고 있습니다.

❶ **신용보증재단** : 신용보증재단은 이차보전사업을 병행하고 있습니다. 이차보전이 가장 활성화되어 있는 전문기관은 각 지역 신용보증재단입니다. 신용보증재단은 지방자치단체의 예산으로 운용되므로 해당 지역 내 중소기업과 자영업자들을 우선적으로 지원합니다. 그러나 예산이 많지 않아 이자의 일부를 지원하는 방식으로 운영하고 있습니다. 각 지역별로 보전율이 상이할 수 있으니 미리 확인하고 진행하시기 바랍니다.

[서울시 이차보전율 예시]

대출금액	이차보전율
3천만원 이하	2.0%
3천만원 초과 ~ 1억원 이하	1.5%
1억원 초과	1.0%

❷ **지역경제진흥원** : 지역 내 경제진흥원은 다양한 이름으로 존재합니다. 예를 들어 서울경제진흥원, 충남일자리경제진흥원, 경기도경제과학진흥원 등이 있습니다. 이러한 경제진흥원들은 해당 지방자치단체 예산을 통해 해당지역 기업들을 위해 많은 정부사업들을 진행하며, 그 중 이차보전사업도 병행하고 있습니다. 전국 22개의 '테크노파크'도 지역 내 기업들을 대상으로 중앙정부와 별개로 사업을 진행하고 있습니다. 기업은 이러한 기관들의 정보를 지속적으로 수집하고, 맞는 사업을 찾아 신청하여 혜택을 받을 수 있습니다.

(2) 은행 내 정책자금

은행에서는 자기 자금이 아닌 한국은행의 자금을 저리로 차입하여 기업에 저리로 제공하는 자금을 운용하고 있습니다. 이를 통상적으로 C1, C2 자금이라고 합니다. 이 자금은 일정 요건에 맞는 기업이 은행에 대출을 신청하면 은행에서 요건을 검토 후 한국은행에 차입하고, 정책자금으로 매우 낮은 이자율을 적용하여 기업에 대출해주는 자금입니다. 은행은 이때 지원부문과 인증서 등을 확인한 후 한국은행에 자금신청을 하고, 한국은행에서 승인 후 자금을 실행해 줍니다.

이러한 자금은 기업의 부담을 최소화하기 위해 합리적인 이자율을 적용하고 있습니다. 일반적으로 0.5~1.5% 정도의 금리 인하 효과를 가져오는 자금입니다. 전략자금과 일반자금으로 나뉘며, 전략자금의 경우 평균 1%의 이자절감 효과가 있습니다. 해당 자금은 지역 전략 산업, 수출 관련 기업, 소재부품장비 생산기업, 지역특화 산업, 녹색 기업, 혁신 기업 등이 대상입니다.

7 효율적인 자금조달을 위한 전략과 주의사항

01 대표자의 신용도 관리와 책임경영심사제도 이해

(1) 대표자의 신용도 관리

기업의 재무제표 관리는 자금조달을 위한 0순위 지표이지만, 대표자의 신용도 또한 매우 중요한 요소입니다. 개인기업이든 법인기업이든 자금조달 과정에서 대표자의 신용점수는 핵심 평가 지표로 작용합니다. 특히 중소기업은, 법인 규모가 비교적 작고 대표자의 영향력이 크기 때문에 법인과 대표자를 구분하지 않고 통합적으로 평가하는 경향이 강합니다. 따라서 기업의 자금조달 성공 여부는 재무제표 관리뿐만 아니라 대표자의 신용점수 관리에 크게 좌우된다고 할 수 있습니다. KCB(1금융)와 NICE(2금융 이하) 신용점수는 바로 이러한 대표자 신용도를 평가하는 지표입니다. 낮은 신용점수는 자금조달 과정에서 다양한 어려움을 초래할 수 있으므로 대표자의 신용점수를 향상시키기 위해 노력해야 합니다. 이를 위해 다음과 같은 방법을 고려할 수 있습니다.

❶ **신용카드 개수 줄이기 :** 4개 이상의 신용카드를 보유하고 있다면, 2~3개로 줄이는 것이 좋습니다.

❷ **카드 한도 늘리기 :** 카드 한도가 작아 한도 대비 사용 비율이 크면 신용점수에 부정적인 영향을 미칠 수 있습니다. 이 때는 카드 한도를 늘려야 합니다.

❸ **현금서비스와 카드론 피하기 :** 현금서비스와 카드론은 신용점수에 부정적인 영향을 줄 수 있으니 사용을 자제하는 것이 좋습니다.

❹ **대출 빨리 갚기 :** 오래된 대출은 빨리 갚는 것이 좋습니다. 대출 상환을 빠르게 진행하면 신용점수에 긍정적인 영향을 줍니다.

❺ **체크카드 같이 사용하기 :** 체크카드를 월 30만 원 이상씩 6개월 이상 사용하면 신용점수에 도움이 됩니다.

❻ **연체 금지 :** 연체 기록은 신용에 절대적인 악영향을 끼칩니다. 연체 기록은 모두 전산에 남기 때문에 신용이 좋아도 자금조달을 거절당할 수 있습니다.

❼ **리스 대신 렌트 이용하기 :** 차량 때문에 '리스'를 사용하면 제3금융을 이용하게 되어 신

용점수가 낮아집니다. 법인도 마찬가지로 제3금융 이용으로 신용도가 떨어지므로 비용처리가 가능한 '렌트'가 훨씬 좋습니다.

(2) 책임경영심사제도

정책자금조달 시 정책기관들은 공통적으로 '책임경영심사제도'를 운영합니다. 이 제도는 대표자의 신뢰도를 평가하는 기준으로 이를 통해 자금조달 여부를 평가합니다. 평가 담당자들은 아래의 항목들로 1차적으로 평가점수를 내고, 약간의 차이는 있으나 아래 항목 중 70% 이상은 되어야 통과되고 그에 따라 지원을 받을 수 있습니다. 자가진단을 통해 스스로의 점수를 가늠해 보시기 바랍니다.

❶ 최근 6개월 이내 국세나 지방세 체납 여부

❷ 금융질서 문란 및 사해행위 존재 여부

❸ 책임경영이해 약정 위반 사실 존재 여부

❹ 정책금융의 용도 외 사용 사실 존재 여부

❺ 주된 사업장(임차 계약)이 신청기업 명의인지 여부

❻ 경영자 신용등급 7등급 이하 여부(KCB 619, NICE664 이하)

❼ 실제 경영자가 소송정보 보유 여부

❽ 4대 보험 체납이력 여부

❾ 실제 경영자가 대표이사 또는 최대주주인지(법인)

❿ 가수금 또는 가지급금이 총 자산의 2% 이내(법인)

⓫ 경영주(특수관계자 포함)가 지분 30% 이상 보유 여부(법인)

⓬ 최근 1년이내 경영주 변동 사실 존재 여부(법인)

02 정책자금 중요사항과 기관별 특징 및 가점사항

(1) 정책자금 기관별 중요 우선사항

아래 표는 정책자금을 지원하는 기관별로 우선적으로 고려하는 중요사항들을 나열한 것입니다. 기관별로 중요도가 조금씩 다르지만 지금까지 설명한 내용에서 크게 벗어나지 않기 때문에 공통적인 부분을 찾아서 관리하는 것이 매우 중요합니다.

기관명	중요사항
중소기업 진흥공단	① 정책우선도(정책부합도) ② 고용창출실적(많으면 많을수록 좋음) ③ 지적재산권 ④ 기업인증(ESG 포함) - ESG자가진단을 함 ⑤ 사업성 및 사업계획 ⑥ 재무제표 / 대표자 신용도 ⑦ 대표자 경력
소상공인시장 진흥공단	① 매출액 ② 대표자 신용점수 ③ 부채비율, 매출액 대비 부채비율
기술보증기금	① 대표자 경력, 출신(기술이력) ② 사업성, 사업계획 ③ 특허 및 지적재산권 유무 ④ 제조업, 기술기업, 신산업기업, 플랫폼 기업에 우선
신용보증기금	① 업력 ② 매출액 ③ 특허 및 지적재산권 유무 ④ 업력 1년 미만시 불리 ⑤ 업종 불문
신용보증재단	① 사업초기 매출 없을 시 이용가능(대출액은 적음) ② 사업장 임차보증금 및 대표자의 신용점수(주로 NICE점수) ③ 첫 보증 후 매출증가 시 6개월-1년 단위 증액 가능

(2) 기관별 특징 요약표

기관	특징				장점	단점
	대출규모	난이도	소요기간	금리		
신용보증기금	많음	중간	빠름	은행 기준	비제조업	부동산업종 제외
기술보증기금	보통	매우 어려움	보통	은행 기준	제조, IT업종 인증/특허평가/신규	
중소기업 진흥공단	보통	매우 어려움	오래걸림	매우저렴	대출과목의 다양성 시설자금	건설업 등 제외
신용보증재단	적음	쉬움	빠름	나쁨	업종제한 없음	1억원 이하
소상공인시장 진흥공단	적음	쉬움	보통	-	매월접수 소상공인 제조업	

출처 : 나눔파트너스컨설팅

(3) 가점사항

정책자금 신청 시 추가 가점사항은 신청 기업이 재무적으로 비슷한 경우, 상대평가에서 우위를 점할 수 있는 중요한 요소입니다. 따라서, 이러한 가점사항을 미리 확인하고 준비하는 것이 좋습니다.

❶ **여성기업 :** 여성기업은 성장 동력 확보를 위해 정부 및 금융기관의 다양한 지원 정책을 활용할 수 있습니다. 일부 기관은 여성기업에 보증료 할인이나 금리할인을 제공합니다. 이러한 지원을 받기 위해서는 여성기업확인서 발급이 필수입니다. 여성기업확인서는 기업의 실제 대표자가 여성인지, 경영 지분의 50% 이상이 여성에게 있는지 등을 확인하는 서류입니다. 실제 경영자가 다른 경우 향후 정책자금 기관이나 금융기관에서 차입이 어려워지고, 허위로 여성기업확인서를 발급받으면 처벌도 받을 수 있으므로 주의해야 합니다.

❷ **연구소(전담부서) :** 연구소는 세액 감면과 정부 가점이라는 두 가지 장점이 있습니다. 작은 중소기업이라도 1명만 필요한 전담부서를 둘 수 있고, 연구소와 전담부서의 차이가 그리 크지 않기에 매우 중요한 역할을 합니다.

❸ **특허와 지적재산권 :** 산업 지적재산권은 특허, 실용신안, 디자인권, 상표권으로 구성됩니다. 이 중에서 특허는 가장 중요한 부분으로, 벤처 기업인증을 받을 수 있는 기회를 높여줍니다. 제품, 기술, 비즈니스 모델 등 다양한 분야에서 최소 1개 이상의 특허를 확보하는 것이 좋습니다. 특허 비용이 부담스러울 경우 IP나래 또는 IP R&D 사업을 활용하여 비용을 절감할 수 있습니다.

❹ **벤처인증 :** 벤처인증은 사업초기에 정부지원 자금을 활용할 수 있게 해주는 스모킹건과 같은 역할을 합니다. 최근 벤처인증이 매우 어렵기 때문에 사업초기에 특허는 반드시 1개 이상 확보하길 추천합니다.

❺ **ISO, 메인비즈, 이노비즈 :** ISO 인증은 국제적으로 인정받는 표준으로 대기업 납품, 조달, 수출 등 기업의 다양한 분야에서 대외적인 신뢰성을 확보하는 역할을 합니다. 최근에는 정부기관 및 상장업체들은 ESG 경영보고서를 제출해야 하는데 국내 ESG 표준 인증이 없기 때문에 ISO 9001, 14001, 45001과 메인비즈가 활용되고 있습니다. 메인비즈와 이노비즈는 창립일로부터 3년이 지나야 신청 자격이 주어지기 때문에 초기에는 신청이 불가능합니다. 메인비즈는 경영과 관련된 인증이기 때문에 난이도가 높지 않으나, 이노비즈는 경영과 기술이 어우러져야 하기 때문에 기술력이 부족한 회사는 쉽지 않은 인증입니다. 하지만 두 인증 모두 경영과 기술에 대해 외부의 신뢰도를 높여주는 역할을 하므로, 가능하다면 인증을 받아두는 것이 유리합니다.

❻ **고용창출 :** 고용은 매우 중요하며, 고용이 계속 늘어난다면 '고용창출기업'으로 분류되어 많은 수혜를 받을 확률이 높습니다. 다만, 한번에 채용할 경우 기업운영상 어려움이 있을 수 있으므로 연 단위 고용전략을 수립하여 천천히 고용을 늘리는 것이 좋습니다.

(4) 정책자금 한도

정책자금도 한도가 있습니다. 이 한도는 민간금융의 한도와 비슷하지만 약간씩 차이가 있습니다. 회사의 재무제표 상 한도에 맞추어 관리가 필요합니다.

업종	3년 이하		3년 ~ 7년	7년초과	운전자금한도	비고
	자본금	최소매출	최소매출			
제조업	5천만원	4억원	7억원	3~7년 최소매출액 + 제조업 IT 전문가 도소매 (수출기업)	매출액 30%	소재/부품/장비업체 금리우대
IT	5천만원	2억원	5억원		매출액 50%	
도소매	5천만원	7억원	7억원		매출액 20%	수출업체 금리/한도 우대 제조업종 전환 가능
전문가 (의사, 변호사 등)	5천만원	없음	5억원		-	시설자금(사옥매입) 등
건설업	5천만원	7억원	7억원		매출액 20%	전문건설업 별도플랜 가능
음식업	5천만원	7억원	7억원		매출액 30%	

출처 : 나눔파트너스컨설팅

정책자금은 민간금융과 마찬가지로 한도가 존재합니다. 하지만 한도 설정 기준과 관리 방식은 다소 차이가 있습니다. 따라서, 회사의 재무 계획에 따라 한도를 적절히 관리해야 합니다.

❶ 자본금은 권고사항이며 절대적인 수치는 아닙니다. 자본금 권고 사항은 주로 법인사업자를 대상으로 하지만, 정책자금은 법인사업자와 개인사업자 모두 수혜대상입니다.

❷ 3년 초과 기업 중 지속적으로 적자가 발생한 기업은 정책자금을 받을 수 없습니다.

❸ 3년 미만 기업 중 일부 자본잠식기업은 정책자금을 받을 수 있지만, 3년 초과 기업은 자본잠식기업 여부와 관계없이 지원 대상에서 제외됩니다.

❹ 사업 양수도 형태로 법인전환을 하면, 개인사업자의 업력까지 인정받을 수 있습니다.

이상으로 기업의 정책자금과 민간금융을 활용하여 자금을 조달하는 방법과 조건을 살펴보았습니다. 많은 경영자들에게 어려운 과제가 포함되어 있으나, 결국 회사가 잘 성장할 수 있는 밑거름은 경영자 스스로 관리해야 합니다. 시간이 들고 힘들 수 있지만, 스스로 재무제표를 판단할 수 있는 실력을 갖추는 것을 권장합니다. 원활한 자금조달을 통해 대표님들의 사업이 승승장구하기를 기원합니다.

06 PART

1 인증과 특허로 비즈니스 가치 극대화하기

01. 비즈니스 컨시어지에서 인증 및 특허의 중요성
02. 기업 가치를 한 단계 높이는 도구

2 회사 경쟁력 강화를 위한 필수 인증

01. 능력을 보여주는 다양한 인증
02. 성장을 촉진하는 차별화된 인증

3 회사의 권리를 보호하는 특허와 상표

01. 지식재산권 이해와 경쟁 우위 확보 전략
02. 사업을 위한 필수 과정, 특허와 상표권 등록

4 연구조직을 활용한 기업의 지속 발전 전략

01. 기업부설연구소 설립 방법
02. 기업부설연구소 효과적 활용 가이드

5 재무건정성을 위한 기업 신용등급 향상

01. 기업 신용등급이 경영에 미치는 영향
02. 기업 신용평가 절차와 평가 요소

6 기업가치를 산정하는 목적과 이유

01. 기업가치 평가의 다양한 용도
02. 기업가치를 높이는 유용한 전략

7 전략적 인재확보, 병역특례로 해결하기

01. 병역특례 제도 이해와 활용
02. 병역특례업체 선정 절차와 혜택

인증 및 특허

저자의 핵심 메시지

"인증과 특허는 기업 경영 활동의 필수 요소로 자금조달, 지원사업 수주,
절세 도구 등 경영의 다양한 측면에서 중요한 역할을 합니다.
인증과 특허를 확보하는 가장 큰 목적은 기업의 경쟁력을 강화하기 위함입니다."
_안지윤

1 인증과 특허로 비즈니스 가치 극대화하기

01 비즈니스 컨시어지에서 인증 및 특허의 중요성

비즈니스 컨시어지는 인증과 특허가 기업에 미치는 영향에 대한 설명과 이를 확보하기 위한 전략을 제시하는 전문가입니다. 비즈니스 컨시어지는 고객사의 현재 상황을 자세히 진단하여 어떤 인증이 필요한지, 특허 확보를 위한 전략은 어떻게 수립해야 하는지 맞춤형으로 제시합니다. 그리고 인증과 특허 확보를 위해 찾아가야 할 전문자격사는 누구인지, 전문자격사와 협업하기 위해 최소한 알아야 할 지식은 무엇인지, 어떻게 함께 일하면 좋을지에 대한 솔루션을 제공합니다.

인증과 특허는 기업 경영 활동의 필수 요소로 자금조달, 지원사업 수주, 절세의 도구 등 경영의 다양한 측면에서 중요한 역할을 합니다. 인증과 특허를 확보하는 가장 큰 목적은 기업의 경쟁력을 마련하기 위함입니다. 초기 사업을 시작하는 기업은 인력과 자원이 부족하므로, 기술과 기업 경영 역량을 향상시키기 위해 많은 노력을 기울여야 합니다. 개인 사업자에서 법인 경영으로의 도약을 고민하는 대표도 이 장에서 안내하는 정보를 참고하면 사업을 확장하고 브랜드 가치를 높이는 데 도움을 받을 수 있습니다.

정부는 중소기업의 성장을 지원하기 위해 다양한 정책을 마련하고 있습니다. 최근에는 창업 10년 이내 기업까지 지원이 필요하다는 의견을 적극 수렴해 10년 차까지 지원 가능한 사업을 확대했습니다. 하지만 일반적으로 초기 기업을 위한 지원사업이 더 많습니다. 예비/초기 창업, 3년 이내, 7년 이내, 10년 이상 등 기업 성장 단계에 맞춘 지원사업이 무엇이 있는지, 어떻게 찾을 수 있는지도 비즈니스 컨시어지를 통해 안내받을 수 있습니다. 지원 혜택이 큰 벤처인증과 초기 창업지원 자금은 창업 초기 단계의 기업에게 매우 중요한 제도입니다. 이러한 지원 제도는 대부분 창업 3년 이내나 7년 이내의 기업만을 대상으로 지원하기 때문에 신청 가능한 기한 내에 성장을 위한 발판을 마련하는 것이 중요합니다.

필자는 한국조선해양플랜트협회에서 표준분과위원회 및 기술분과위원회를 운영하며 ISO, KS, 단체표준 등 다양한 표준 업무를 수행했습니다. 이 경험을 통해 기술 분야에서의 국내 및 해외 특허 방어와 안전 인증이 기업 경영 활동에 얼마나 중요하고 민감한 영역인지 알았습니다. 실제로 해외 클라이언트와 납품 계약 중 준비되지 않은 인증이 필요한 것을 뒤늦게 알고, 긴급하게 인증 절차를 진행해 추가 비용을 지불했던 사례를 보기도 했습니다. 인증과 특허를 확보하기 위한 절차는 1개월에서 1년 이상까지 긴 시간이 소요될 수 있습니다. 비즈니스에 있어 시간은 금이기에 적시에 필요한 인증과 특허를 확보할 수 있도록 도움이 되는 정보를 소개합니다.

02 기업 가치를 한 단계 높이는 도구

기업이 돋보이고, 경영활동에 윤활유가 되어주는 인증과 특허는 무엇이 있을까요? 중소벤처기업부는 벤처기업, 이노비즈, 메인비즈와 같은 경영 인증 제도를 통해 초기 기업이 경쟁력을 강화할 수 있는 기회를 제공하고 있습니다. 이러한 인증은 기업이 일정 요건을 갖추어 중소벤처기업부 산하 운영기관을 통해 신청하고 발급받을 수 있습니다. 또한 산업통상자원부는 초기 기업의 아이디어와 기술, 디자인 상표를 보호하기 위해 특허 등록 제도를 구축해 놓았습니다. 이를 통해 기업은 지식재산권을 보호하고 경쟁력을 강화할 수 있습니다.

이 밖에도 기업부설 연구소/연구전담부서 등록, 병영특례업체 지정, 기업신용등급 상향, 기업가치 평가 등 기업의 가치를 높여주는 다양한 제도가 있습니다. 이 장에서는 모든 업종과 업태의 법인에 적용할 수 있는 인증/특허 및 기타 제도에 대해 안내해 드리겠습니다. 비즈니스 컨시어지가 제안하는 인증과 특허의 활용 방안을 꼼꼼하게 살펴보면, 제품과 서비스의 가치를 높이고, 시장에서 안전하게 유통되며, 기업 신용도를 향상시킬 수 있는 유용한 정보를 얻을 수 있습니다.

인증의 종류는 무척이나 다양합니다. 경영 시스템, 안전, 기술 등 각 나라별, 제품별로 여러가지 인증이 있습니다. 최근에는 국제적으로 지속가능 경영에 대한 관심도가 높아짐에 따라 친환경 인증과 ESG인증 등 새로운 인증이 만들어지기도 합니다. 국내에서는 벤처기업, 이노비즈, 메인비즈와 같이 경영과 기술의 혁신성과 차별성을 증명하는 인증이 있습니다. 국제 표준 인증으로는 ISO 9001(품질경영시스템), ISO 14001(환경경영시스템), OHSAS 18001(안전보건관리시스템), ISO 27001(정보보호경영시스템) 등이 있습니다.

이러한 인증을 획득하면 기업은 품질, 환경, 안전, 정보보호 등의 분야에서 우수한 경영체계를 갖추었음을 인정받을 수 있습니다. 또한 제품은 KS, CE, UL 등 특정 국가로 제품을 수출하는데 필요한 인증을 갖춰야 하는 경우도 있습니다. 어떤 인증이 필요한지는 타겟 시장과 해당 국가의 규정을 고려해야 합니다.

특허는 국내 특허청을 통해 지식재산권을 확보하거나 해외 각 국가별로 확보하는 경우에 따라 권리를 보호받는 범위가 달라집니다. 특허와 상표권은 기업이 기술이나 제품을 보호하고 경쟁사와 차별화할 수 있는 중요한 도구입니다. 제품의 핵심 기술에 대한 특허를 보유함으로써 기술적 우위를 확보하고 보호받을 수 있는 권리를 갖기에 제품과 아이디어 실현에 앞서 우선적으로 해결해야 할 과제입니다. 또한 회사의 상호나 제품의 이름인 고유한 상표를 보유해 브랜드 가치를 높이고 소비자들에게 신뢰를 주어 시장 경쟁력을 강화할 수 있습니다. 기업부설연구소 및 연구조직을 설립하면 회사의 기술 발전을 위한 전문 조직을 운영할 수 있고, 이를 통해 법인의 세금 혜택과 우수한 연구인력을 확보할 수 있습니다. 또한, 기업부설 연구소 등록으로 정부 R&D 사업을 수주하거나, 병역특례 제도를 활용해 구인난을 해소할 수 있습니다.

기업을 운영하다 보면 현금흐름 유동성 확보가 어려워 기술보증기금, 신용보증기금 및 은행을 통해 자금을 조달해야 하는 상황이 생기기도 합니다. 좋은 이율로 자금을 조달하기 위해서는 기업의 신용등급도 잘 관리해야 합니다. 금융기관을 통한 자금조달 외 투자자로부터 투자를 받거나, 기술 이전 또는 인수합병을 통해 더 큰 비즈니스로 도약할 수도 있습니다. 이를 위해서는 현재 우리 기업이 보유한 기술과 자산을 평가하는 절차도 필요합니다. 비즈니스 컨시어지는 경영인증과 특허 외에도 다양한 방법을 종합적으로 활용해 제품의 품질, 기술력, 브랜드 가치 등을 향상시켜 줄 도구와 방법을 제공하고 성공적인 비즈니스 로드맵을 그릴 수 있도록 지원합니다.

회사 경쟁력 강화를 위한 필수 인증

01 능력을 보여주는 다양한 인증

벤처기업, 이노비즈, 메인비즈 인증은 정부에서 좋은 기업을 선별해 성장을 지원하기 위해 만든 제도입니다. 기업의 혁신성, 기술력, 경영능력에 대한 세부 기준에 따라 평가하고 확인서를 발급해줍니다. 이 인증으로 법인세, 취득세 등 세제 혜택과 금융 우대를 받을 수 있고, 정책 자금 확보를 위한 지원사업 신청 시엔 가점도 받을 수 있습니다.

벤처기업 인증은 법인설립 3년이 지나면 신청할 수 없습니다. 이노비즈와 메인비즈는 적어도 3년 이상의 경영 이력을 갖추어야 신청이 가능합니다. 정부는 이러한 인증 제도를 통해 경제 성장과 일자리 창출에 중요한 역할을 하고, 시장에서 경쟁력을 갖춘 기업으로 더 빠르게 성장할 수 있도록 지원합니다.

[인증별 특징]

적용법령	벤처기업진흥법	중소기업기본법	중소기업기본법
소관 부처	중소벤처기업부		
신청	벤처확인종합관리시스템 www.smes.go.kr/venturein	기술혁신형 중소기업 www.innobiz.net	경영혁신형 중소기업 www.smes.go.kr
목적	기술기반의 혁신적인 사업을 영위하는 중소기업 인증	기술우위를 바탕으로 경쟁력을 확보해 제품 및 공정 중심기술혁신형 중소기업 인증	경영혁신을 통한 새로운 성장동력을 가진 중소기업을 발굴해 우수 기업으로 성장 가능한 기업 인증
평가 기관	**벤처투자유형 :** 한국벤처캐피탈협회 **연구개발유형 :** 신용보증기금/ 중소벤처기업진흥공단 **혁신성장 유형 :** -기술보증기금, 나이스평가정보, 연구개발특구 진흥재단 외 6곳	기술보증기금, 신용보증기금, 생산성본부 업력 3년 이상 중소기업	한국생산성 본부, 신용보증기금, 기술보증기금
필수 요건	**예비벤처 유형** -기술보증기금 평가	업력 3년 이상 중소기업	업력 3년 이상 중소기업, 매출액 4억 이상, 고용인력 4인 이상, 기술력 무관
평가 기준	**예비벤처 유형** -기술보증기금 평가	기술혁신능력, 기술 사업화 능력, 기술혁신 경영 능력	경영자의 인프라, 혁신활동(경영관리, 마케팅 전략, 조직운영 등), 혁신성과
혜택	자금 지원, 금융우대 및 세제혜택, 해외 시장개척 및 수출 지원,기술개발 지원	기술개발 자금 지원, 금융우대 및 세제혜택, 해외 시장개척 및 수출 지원, 우선구매 지원, 중소기업 육성자금 지원	정책자금 지원, 금융우대 및 세제혜택, 해외 시장개척 및 수출 지원, 기타 인센티브 지원

벤처기업, 이노비즈, 메인비즈 인증 등록은 행정사를 통해 절차를 진행할 수 있습니다. 행정사는 전문 분야를 기준으로 일반행정사, 외국어 번역행정사, 해사행정사로 나뉩니다. 법률이 정한 행정사 업무의 범위는 행정기관에 제출하는 서류의 작성 및 작성 후 제출 대행, 인허가의 대리입니다. 주로 벤처기업/이노비즈/메인비즈, 기업부설연구소, 병역특례업체 지정, 여성기업확인, 장애인기업확인 업무 등을 맡길 수 있습니다. 대부분 인증은 일반행정사를 통해 처리할 수 있습니다.

벤처기업 인증을 받으면 절세 외에도 여러 혜택을 누릴 수 있습니다. 창업 후 3년 이내에 벤처기업 인증을 받으면, 법인세 또는 소득세를 최대 50%까지 감면받을 수 있고, 취득세는 75%, 재산세는 3년간 면제 후 2년간 50% 감면을 받을 수 있습니다. 또한, 우리 회사에 투자한 개인 투자자들에게 소득공제 혜택을 제공할 수 있습니다. 해당 과세 연도의 종합소득금액의 50% 한도까지 소득공제를 받을 수 있으며 개인이 창업투자조합, 벤처투자조합 등에 출자하는 경우 출자금액의 10%를 공제받을 수 있습니다. 개인이 직접 또는 개인투자조합을 통해 투자한 경우 금액 구간별로 30%부터 100%까지 공제 가능합니다. 조세특례제한법 제 14조에 따라 개인이 직접 또는 개인투자조합을 통해 벤처기업에 투자하고 3년 이상 보유한 주식 또는 출자 지분은 양도소득 비과세 혜택도 받을 수 있습니다.

최근 중소벤처기업부에서는 경영혁신형 중소기업(메인비즈)과 기술혁신형 중소기업(이노비즈) 인증에 ESG 평가 지표를 도입할 예정이라고 알렸습니다. 현재는 ESG 평가항목이 포함되어 있지 않지만, EU(유럽연합)에서 대기업 협력사의 ESG 역량까지 살펴보는 '공급망 실사법' 도입을 예고하고 있어, 선정에 대한 평가 기준이 더욱 높아질 수 있습니다. 이 인증을 받은 기업들은 정기 세무조사 유예, 신용보증기금·기술보증기금 보증료 우대, 마케팅 및 수출 지원, 중기부 R&D 사업 지원 시 가점 등 혜택을 제공합니다. 현재 기준 메인비즈 인증기업은 2만3,268개로 이 중 수출기업 비중은 23.1%입니다. 이노비즈 인증 기업은 2만2,473개로 수출 기업 비중은 46.8%에 달합니다. 이는 국제적 표준에 부합하는 기업임을 증명하는 공신력 높은 인증입니다.

최적의 행정사 선정은 사업 성공의 핵심 요소입니다. 경험과 전문성을 갖춘 행정사를 만나기 위해서는 다양한 레퍼런스를 확인해야 합니다. 여러 업종과 업태의 기업 인증 발급 경험을 갖췄는지, 유사한 기업 사례를 보유하고 있는지 확인해야 합니다. 무엇보다 회사의 현재 재무 상태 및 세부 현황을 자세히 공유해야 하기 때문에, 원활한 소통이 가능한 행정사와 협력하는 것이 중요합니다.

02 성장을 촉진하는 차별화된 인증

벤처기업 인증, 이노비즈 인증, 메인비즈 인증 외에도 회사의 성장에 도움이 되는 다양한 인증이 있습니다. 각 인증의 특징을 꼼꼼히 살펴보고, 적합한 인증을 취득한다면 기업 신뢰도 향상과 브랜드 가치 제고, 정부 지원 혜택 등 이점을 누릴 수 있습니다.

새로운 제품을 시장에 내놓는 경우, 제품이 속한 산업군별로 유관 부처에서 제공하는 신기술 인증을 취득하는 것이 유리합니다. 신기술인증(NET)은 대한민국 기업 및 연구기관, 대학 등에서 개발한 신기술을 정부가 인증함으로써 신기술의 상용화와 기술거래 촉진을 목적으로 도입되었습니다. 신제품인증(NEP)은 국내 최초로 개발된 기술 또는 이에 준하는 대체 기술을 적용한 제품에 대한 인증으로, 제품의 초기 판로 지원과 기술 개발 촉진을 목적으로 합니다. 두 인증을 받기 위해서는 한국인정기관(KORAS)에서 인정한 시험기관의 시험성적서를 갖추고 있어야 합니다. 최대 3년간 유효하며, 1회 연장이 가능합니다.

KC인증(제품안전관리제도)은 소비자의 재산과 생명을 보호하기 위해 정부 각 부처(국가기술표준원, 고용노동부, 국토교통부, 환경부, 식약의약품안전처, 관련 중앙행정기관)에서 소관분야 법령별로 제품 안전에 관해 부여하는 인증입니다. KS(Korea Standard)인증은 국가표준에 따라 제품을 지속적으로 생산할 수 있는 체계를 갖춘 기업임을 인증하는 제도입니다. KC와 달리 산업표준 이상의 품질을 보증하는 임의의 인증입니다.

유럽연합(EU) 시장에서 상품을 판매하려면 의무적으로 제품상에 CE 마크를 표기해야 합니다. CE인증은 안전, 건강, 환경 및 소비자보호와 관련해 EU 이사회 지침의 요구사항을 모두 만족한다는 의미의 통합규격 인증마크입니다. 제품을 해외에 수출하고자 하는 기업은 진출 국가가 제시하는 규격인증을 사전에 반드시 알아보고 준비해야 합니다. 녹색인증은 '탄소중립기본법'에 따라 유망한 녹색기술을 인증하고 지원하는 제도입니다. 녹색기술인증, 녹색기술제품 확인, 녹색전문기업 확인이 있습니다. 이 인증은 한국산업기술진흥원을 통해 받을 수 있습니다.

제품 및 기술, 녹색 인증 외에도 경쟁력을 강화하고 성장을 촉진하는 다양한 유사 인증이 있습니다. 유망중소기업, 비전기업, 수출유망중소기업, 가족친화 인증기업, 뿌리기업, 소부장 기업, 장애인기업, 여성기업, 협동조합, 사회적기업, 자활기업, 마을기업, 여성친화기업, 청년친화기업 등 사업장이 속해있는 지역의 조례를 근거로 마련된 여러 인증이 있으니 소관부처의 홈페이지를 통해 알아보길 권합니다. 이 인증들은 각 산업의 진흥을 위해 부여하는 인증이므로 그 목적과 지원 요건에는 차이가 있습니다.

❶ **(지역별) 유망중소기업 :** 지방자치단체별로 관내 기술력이 우수하고 성장잠재력이 높은 소규모 중소기업을 대상으로 유망중소기업을 선정해 중소기업 육성자금조달 및 우대 금리 적용, 지방세 세무조사 일부 유예, 시책사업 우선지원 및 가점을 부여해 기업을 지원합니다.

❷ **수출유망중소기업 :** 성장가능성이 높은 중소기업을 수출유망중소기업으로 지정해 수출 지원기관의 해외마케팅, 수출금융· 보증 등을 우대 지원하는 사업입니다. 수출실적이 500만불 미만인 기업이 참여할 수 있으며 중소벤처기업부, KOTRA, 무역보험공사 등 19개 수출지원유관기관을 통해 지원서비스를 제공합니다.

❸ **가족친화인증기업 :** 여성가족부에서 주관하고, 가족친화제도를 모범적으로 운영하는 기업 및 공공기관에 대해 심사를 통해 인증을 부여하는 제도입니다. 가족친화지원사업을 통해 컨설팅과 인증 절차를 지원받을 수 있습니다. 가족친화인증기업으로 선정되면 기업 이미지 향상 효과를 누릴 수 있고, 정부사업 가산점 및 우선권이 부여됩니다. 이 밖에 금융혜택 등 다양한 인센티브를 얻을 수 있습니다.

❹ **뿌리기술 전문기업 :** 핵심 뿌리 기술을 보유하고 성장 가능성이 우수한 기업을 뿌리기업 전문기업으로 지정해 뿌리기술의 육성과 뿌리산업 발전 촉진을 위한 제도입니다. 정부지원사업 가점부여, 외국인 고용확대 및 안정화, 병역특례 혜택 등을 제공합니다.

❺ **여성기업확인서 :** 여성이 경영하거나 소유하는 기업으로 법률상 대표권이 여성인 기업에 확인서를 발급하는 제도로 공공기관의 우선구매 혜택과 입찰 시 가산점 부여, 수의계약 금액 한도 상향 등 혜택을 줍니다.

정부는 나라장터, K-Startup, 기업마당, 소상공인진흥공단 등 정부의 공공입찰 사이트를 통해 업체를 선정해 국가가 검증한 중소기업의 제품을 우선적으로 구입합니다. 공공입찰 참가 자격이나 우대사항 또는 가점 항목을 보면 항상 등장하는 몇 가지 인증이 있습니다. 주로 중소기업 확인서, 벤처기업, 이노비즈, 메인비즈 인증을 갖춘 기업을 우대하며, 여성기업의 경우 수의계약의 한도를 상향하기도 합니다. 공공기관에 제품을 납품한 실적을 쌓으면 치열한 시장에서 기업 경쟁력을 보여줄 수 있고, 매출과 신용도의 안정성을 확보하는데 이점이 있습니다.

실례로 공공기관 신규 사업 입찰 시 가족친화 인증과 여성기업확인서 확보 이후 가점을 받아 입찰에 성공하고, 기관에서 직접 수의 계약 참여를 제안받는 사례가 있었습니다.

B2G 계약에서 관련한 여러 인증을 획득하면 더 많은 기회를 얻을 수 있습니다.

이 밖에도 경영과 기술에 대한 인증을 다양하게 확보한 기업은 최소한의 경영 관리 역량과 안정성을 확보했다고 평가받기 때문에 인증이 없는 기업 대비 신규 채용에서도 유리합니다. 중견 이상 규모 기업은 가능한 많은 인증을 확보해 채용 포털사이트에 인증 마크를 달아 입사 예정자들에게 어필하고 있습니다. 더불어 일부 채용 포털사이트에서는 가족친화 인증기업 채용관을 별도로 운영해 안정성이 높은 회사임을 홍보해 주기도 합니다.

최근 기업의 경제활동에 대한 환경적, 사회적 책임과 지배구조에 대한 경영 평가 이슈가 중요해지고 있습니다. 작은 기업은 지금 당장 ESG와 SDGs가 직접적인 영향을 미치지 않는다고 여겨질 수 있지만, 회사가 성장하면서 다국적 거래처들을 확보했을 때, 글로벌 ESG 경영 기준을 준수하기 위해 경영 구조와 제조 설비를 개선하는 과정에서 막대한 자금을 추가로 투입하게 될 수 있습니다. 따라서, 사업 초기 단계부터 친환경 인증과 ESG 경영인증에 관심을 기울여 지속가능 경영활동의 기반을 마련해야 합니다.

한때 CE인증과 ISO 13485 인증 절차를 수행하는 회사에 근무하며 다양한 인증에 대해 알게 되었습니다. 인증 사냥꾼처럼 모든 인증을 다 받을 필요는 없지만, 정글 같은 시장에서 고객과의 신뢰를 구축하고 우리 회사를 돋보이게 해줄 필수적인 인증은 꼭 획득하는 것을 권장합니다.

3 회사의 권리를 보호하는 특허와 상표

01 지식재산권 이해와 경쟁 우위 확보 전략

지식재산권(intellectual property rights)은 인간의 지적 창조물에 대한 독점적 권리를 법적으로 보호하는 권리입니다. 크게 저작권과 산업재산권으로 나뉘며, 기업의 경쟁력 강화와 지속 성장을 위한 중요한 자산으로 활용됩니다. 미술, 음악, 영화, 시, 소설, 소프트웨어, 게임 등 문화예술 분야의 창작물에 부여되는 것을 저작권이라고 합니다. 산업과 경제활동 분야의 창작물에 부여되는 발명품, 상표, 디자인, 특허권, 상표권과 같은 것은 산업재산권입니다. 저작권과 달리 산업재산권은 등록주의를 취하고 있어, 그 권리의 존부에 대한 범위를 명확히 해야만 합니다. 기업이 전략적으로 가장 먼저 획득해야 하는 것은 무형의 자산인 산업재산권으로 특허권, 상표권, 실용신안권, 상표권, 디자인권 등이 있습니다.

❶ **특허권 :** 새로운 기술이나 발명에 대한 독점적 권리를 부여합니다. 제품, 공정 또는 그 개선에 적용될 수 있는 새로운 기능적 아이디어를 포함합니다. 보호 대상은 기술적인 발명으로, 산업상 이용 가능한 모든 분야의 발명이 해당합니다. 보호 기간은 출원일로부터 20년간 유효합니다.

❷ **실용신안권 :** 새롭고 유용한 기술적 아이디어나 발명에 대한 권리로, 소발명이라고도 합니다. 특허보다는 기술적 난이도가 낮은 발명에 적용됩니다. 보호 대상은 기계, 도구, 기구 등의 형태나 구조에 관한 발명에 해당하며, 보호 기간은 출원일로부터 10년입니다.

❸ **상표권 :** 상품이나 서비스를 구별하기 위해 사용되는 기호, 로고, 단어, 문구 등에 대한 권리로, 소비자에게 브랜드 인지도를 높이고 경쟁 제품과 차별화하는 데 효과적입니다. 보호 대상은 상품이나 서비스를 식별할 수 있는 모든 표시입니다. 보호 기간은 초기 등록 시 10년이며, 갱신을 통해 기간 연장이 가능합니다.

❹ **디자인권 :** 제품의 형태, 무늬, 색상 또는 이들의 결합을 통한 심미적 창작물에 대한 권리입니다. 디자인은 제품의 외관을 통해 시각적으로 호소력을 가지고, 차별성을 확보하는 데 도움이 됩니다. 보호 대상은 산업상의 제품에 적용되는 형태, 구성 또는 색채이며 보호 기간은 출원일로부터 15년간 유효하나 출원 국가에 따라 다를 수 있습니다. 지식재산권은 무엇보다 시장에서 기업의 독점적인 지위를 확보할 수 있는 장치입니다. 독점적, 배타적 효

력이 있어 제품과 서비스에 대한 지식재산권을 확보하면 후발주자의 모방을 차단하거나 시장진입을 저지해 독점적 지위를 확보할 수 있도록 합니다. 이를 통해 경쟁 우위를 구축하고 수익 창출 기회를 확대할 수 있습니다.

회사에서 개발한 상품이나 서비스를 적합한 시점에 권리화하면, 타인과의 분쟁을 막는 보호막이 되어줍니다. 많은 비용, 시간, 인력을 투입한 제품과 아이디어에 대해 다른 기업이 등록한 권리를 무단으로 사용하는 경우 확보한 권리를 이용해 법적으로 보호받을 수 있습니다. 또한 확보한 지식재산으로 특허기술을 사업화하고, 기업가치를 높게 평가받아 외부의 자금 유치나 금융혜택을 얻기에 용이합니다. 더불어 시제품 제작 지원, 해외 수출 지원 등 다양한 정부 사업을 유치하는데도 특허는 매우 중요한 기반이 됩니다.

지식재산권을 확보하는 것은 매우 중요한 일이지만, 이미 등록된 타인의 권리를 의도치 않게 침해할 수 있는 위험성도 주의해야 합니다. 제품과 상표 등을 특허 출원하기 전에 한국특허정보원의 특허정보검색서비스(KIPRIS)를 통해 유사한 발명의 선출원·선등록 여부를 검색하여 사전등록 가능 여부를 확인해야 합니다. 등록하고자 하는 특허권, 실용신안권, 상표권, 디자인권을 검색해 유사한 품목이 있는지 확인하고 등록 절차를 진행해야 불필요한 자원 낭비 없이 권리를 확보할 수 있습니다. 가능하다면 자신의 기술과 유사한 프로세스나 원천기술에 대한 특허까지 검색하여 미리 대비하는 것이 좋습니다.

02 사업을 위한 필수 과정, 특허와 상표 등록

[등록신청 방식 심사 절차도]

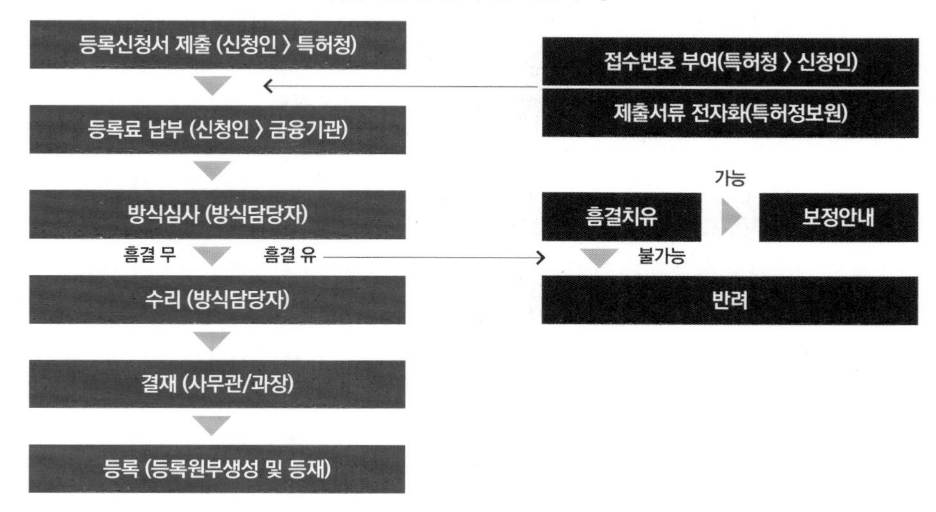

구분					
특허 실용신안		선행기술 조사	사용자등록 (특허고객번호 부여신청)	출원서/ 서식 작성	제출서류 준비
	접수 및 출원번호 통지서 수령	수수료 납부	디자인 심사 및 일부심사	등록료 납부	
디자인		선행디자인 자료조사	사용자등록 (특허고객번호 부여신청)	출원서/ 서식 작성	제출서류 준비
	접수 및 출원번호 통지서 수령	수수료 납부	디자인 심사 및 일부심사	등록료 납부	
상표	견본준비	선출원/선등록 상표조사	사용자등록 (특허고객번호 부여신청)	출원서 작성	제출서류 준비
	접수 및 출원번호 통지서 수령	수수료 납부	심사 및 이의 신청	등록료 납부	

출처 : 특허로

특허 출원은 선행기술 조사부터 심사 신청까지 복잡한 과정을 거치며, 전문 지식이 필요한 업무입니다. 변리사 또는 특허 전문 변호사의 도움을 받으면 시행착오를 간소화할 수 있습니다. 특허 전문가들은 권리를 획득하고자 하는 특허와 상표에 대해 선행 기술 조사부터 최종 등록까지 원스톱으로 해결해 줄 수 있습니다. 특허 관련 절차를 혼자 진행하면 반려와 보완 처분이 나오더라도 그 이유를 확인하는 데 오랜 시간이 걸립니다. 제가 직접 제품명의 상표권을 신청한 적이 있었는데, 담당관과 공문을 주고받으며 9개월 가까이 절차를 진행하다가 반려 사유를 확인하지 못한 채 비즈니스를 접게 되어 상표권 등록을 포기하기도 했습니다. 시간과 비용을 줄이고 권리를 적기에 확보하기 위해서는 변리사나 특허 전문 변호사를 통해 특허 등록을 하시길 권장합니다. 기술 특허의 경우 업무를 담당할 변리사의 세부 전공 분야를 고려하는 것이 더 원활한 특허 확보에 도움이 될 수 있습니다. 그리고 확보하고자 하는 특허에 대해 국내 및 해외시장과 앞으로 확장할 비즈니스 영역을 고려해 꼼꼼하게 선행조사를 진행하고, 사전에 방어 전략까지 제시하는 전문가에게 업무를 맡기는 편이 좋습니다.

자금난으로 인해 중요한 시기에 권리확보에 어려움을 겪고 있다면 각 지역별 지식재산센터의 지원사업을 활용하는 것도 추천합니다. 전국에 지식재산센터가 있고, 본사 기준으로 사업을 신청할 수 있습니다. 지역센터에 방문하면 사업 담당자와 1:1 상담을 받을 수 있고, 참여가능한 사업 준비도에 맞는 사업을 제안해줍니다. IP로 창업을 준비하는 예비창업자부터 해외진출을 위한 해외 특허 출원 지원 사업도 운영하고 있습니다. 매년 2-3월 경 신규사업과 사업설명회가 공고됩니다. 특허청의 직무발명제를 도입하는 것도 추천합니다.

직무발명제는 직원이 직무 수행 과정에서 발명한 기술을 회사가 승계하여 사업화하는 제도입니다. 이를 도입하면 임직원들이 기술개발에 적극적으로 참여하도록 동기 부여하고, 기업 기술 경쟁력을 확보하는 데 도움이 될 수 있습니다. 직무발명제 우수기업으로 인정되면 여러 인센티브 혜택도 받을 수 있습니다. 지식재산에 대한 전반적인 이해를 높이고 싶다면, 특허청에서 운영하는 무료 정기 세미나에 참여해보는 것을 추천합니다. KIPRIS를 활용한 특허와 실용신안권 검색 방법, 전자 출원방법, 알기 쉬운 저작권을 등 유용한 강의가 준비되어 있습니다.

제가 직접 경험한 지식재산권 관련 사례를 소개해 드리겠습니다. 어느 날 회사 앞으로 소장이 날아왔습니다. 이전에 퇴사한 직원이 외주를 받아 제작한 이미지가 있었는데, 그 이미지에 활용된 폰트 하나가 상업용으로 사용해선 안 되는 폰트였다고 합니다. 수년 전에 일어난 일이고, 당시 회사는 다른 비즈니스를 하는 상황이라 히스토리를 파악하기도 어려웠습니다. 해당 폰트 제작사는 수년 전 확인할 수 없는 자료를 근거로 지식재산권 침해로 고소를 진행했습니다. 경영상 민감한 정보이기 때문에 사건의 결과를 공유할 수는 없지만, 이 사례를 통해 지식재산권과 관련된 법적인 이슈가 예상하지 못한 상황에서 발생할 수 있다는 점을 알려드립니다.

산업재산권인 특허와 상표권 분쟁은 계속해서 논쟁이 될 주제입니다. 대기업이 스타트업의 아이디어를 도용한 사례(알고케어-롯데헬스케어)와 엔터산업에서 아이돌 이름에 대한 상표권 분쟁(어트랙트-피프티피프티), 변리사가 특허 등록 의뢰를 받은 기업의 기술을 도용해 제품개발을 한 사례(치약탑재칫솔 특허), 가수 노유민님의 카페 상호 브로커 사례를 보면 알 수 있듯 특허의 권리는 선등록한 자의 권리가 인정되기 때문에 지식재산권 보호의 중요성과 이를 둘러싼 경제적, 법적, 윤리적 이슈에 대한 리스크관리가 필요합니다.

4 연구조직을 활용한 기업의 지속 발전 전략

01 기업부설연구소 설립 방법

자금과 기술력, 인재가 넘치는 기업은 법인설립 즉시 바로 영업에 뛰어들어 매출을 창출할 수 있습니다. 하지만 다수의 회사는 제품개발, 공장설립, 양산, 영업 및 인력 채용에 막대한 초기 자금이 필요합니다. 이러한 경우 기업부설연구소 또는 연구전담부서를 설립해 초기 자금 유치와 인적·기술적 경쟁력을 확보할 수 있는 도구를 적극 활용해야 합니다. 비즈니스 영역에 따라 기업부설연구소 등록이 불가능한 기업도 있습니다. 그러나 지속 가능한 발전과 기술 경쟁력 강화를 위해 연구 개발은 필수적이기에 업종 업태를 추가해 기업부설연구소(연구전담조직) 설립을 권장합니다.

기업부설연구소를 설립하기 위해 갖추어야 할 요건은 구체적으로 무엇일까요? 중소벤처기업부는 왜 연구조직을 갖춘 회사에 세제 혜택을 제공할까요? 연구소 설립을 위해서는 회사 내 별도의 연구 공간과 일정 자격 요건을 갖춘 연구전담인력을 보유해야 합니다. 구체적인 인적·물적 요건을 확인하고 연구소 설립 자격을 갖춘 후 행정 절차를 진행할 수 있습니다.

[기업부설연구소 설립 요건]

<table>
<tr><th colspan="2">구분</th><th>인적요건</th><th>물적요건</th></tr>
<tr><td rowspan="6">기업부설
연구소</td><td>벤처기업
연구원·교원창업</td><td>연구전담요원 2인 이상</td><td rowspan="7">연구개발 활동을
수행해 나가는 데
필수적인 독립된 연구 공간
(고정된 벽체와 별도의 출입문,
연구소 현판 부착 필수)과
연구시설을 보유하고 있을 것</td></tr>
<tr><td>소기업</td><td>연구전담요원 3인 이상
단, 창업일로부터 3년까지는
2인 이상</td></tr>
<tr><td>중기업</td><td>연구전담요원 5인 이상</td></tr>
<tr><td>해외 연구소</td><td>연구전담요원 5인 이상</td></tr>
<tr><td>중견기업</td><td>연구전담요원 7인 이상</td></tr>
<tr><td>대기업</td><td>연구전담요원 10인 이상</td></tr>
<tr><td>연구개발
전담부서</td><td>규모 무관</td><td>연구전담요원 1명 이상</td></tr>
</table>

(1) 중소기업 연구전담요원의 자격 요건

❶ 기업 규모에 무관하게 적용되는 사항

- 연구개발 활동과 관련된 자연계 분야 학사 이상인 자
- 국가자격법에 의한 기술·기능 분야 기사 이상인 자

❷ 중소기업에 한해 적용되는 사항

- 자연계 분야 전문학사로 2년 이상 연구 경력이 있는 자(3년제는 1년 이상)
- 국가기술자격법에 의한 기술·기능 분야 산업기사로 2년 이상 연구 경력이 있는 자
- 마이스터고 또는 특성화고 졸업자로 4년 이상 연구 경력이 있는 자
- 기능사 자격증 소지자의 경우 경력 4년 이상 연구 경력이 있는 자
- 창업 3년 미만 소기업 : 대표이사가 연구전담요원 자격을 갖춘 경우 연구전담요원 인정

❸ 중견기업에 한해 인정되는 경우

- 중소기업 당시 연구전담요원으로 등록되어 해당 업체에 계속해서 근무하는 경우는 중소기업에 한해 인정되는 자격을 중견기업이 되었어도 인정

❹ 산업디자인 분야 및 서비스 분야를 주업종으로 하는 경우

[기초연구진흥 및 기술개발지원에 관한 법률 시행규칙 제 2조 제4항]

- 자연계 분야 전공자가 아니더라도 가능
- 학사 이상인 자
- 전문학사로 2년 이상 연구 경력이 있는 자
- 국가기술자격법 제9조 제2호에 따른 서비스 분야 1급 이상의 자격을 가진 자
- 국가기술자격법 제9조 제2호에 따른 서비스 분야 2급 소유자로서 2년 이상 연구 경력이 있는 자

02 기업부설연구소 효과적 활용 가이드

기업부설연구소 등록에 성공하면 다양한 세제 혜택 등 많은 장점을 누릴 수 있습니다. 이러한 장점을 최대한 활용하기 위해서는 운영 관리도 소홀히 해서는 안 됩니다. 연구전담인력의 입·퇴사로 인해 구성에 변경이 발생한 경우, 반드시 시스템을 통해 신고해야 합니다. 이를 활용한 세제 혜택 등을 받기 위해서는 회계연도 결산 전에 세무 대리인에게 기업부설연구소 설립에 관한 정보를 전달하고 공제 항목에 포함시켜야 합니다.

[기업부설연구소 설립 시 혜택]

조세지원	기타혜택
- 연구인력개발비 세액 공제 - 기업부설연구소용 부동산 취득 시 지방세 감면 - 연구전담인력 연구활동비 및 연구보조비 월 20만 원 이내 소득세 비과세 - 연구개발을 위해 수입하는 물품 관세 감면 (시약, 견본품, 수리 부품, 원재료)	- 벤처기업인증, 이노비즈 인증 가점 - 정부 R&D 자금 및 인력지원(병역특례) - 판로개척 지원

[기업부설연구소 설립 절차]

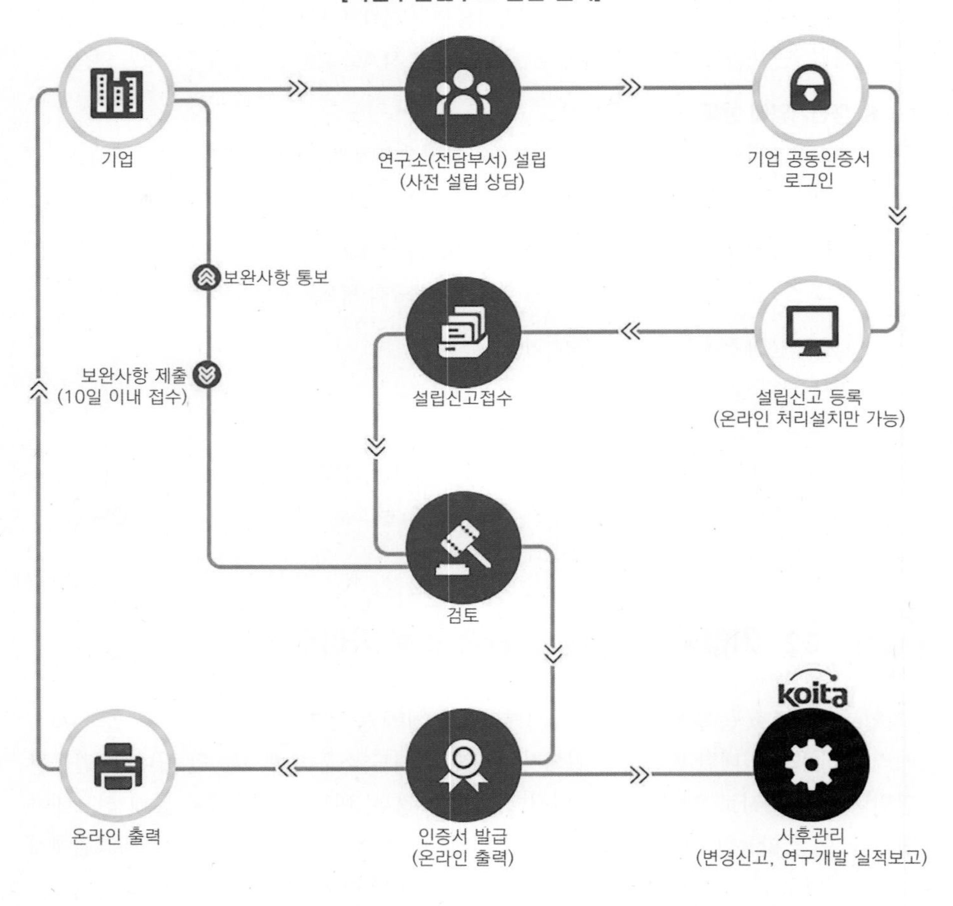

출처 : 한국산업기술진흥협회

기업부설연구소를 설립할 때는 기업이 직접 신청해 절차를 진행할 수 있지만, 행정 절차의 번거로움을 줄이고 전문적인 도움을 받기 위해 행정사를 통하거나 정부 지원 사업을 활용하는 것을 추천합니다. 연구소 설립을 준비 중이라면, 회사가 위치한 지역의 테크노파크를 방문하여 중소기업 지원사업을 알아보는 것도 좋은 방법입니다. 테크노파크는 지역 산업, 대학, 연구소, 공공기관과의 유기적인 협력 네트워크를 구축하고 지역 실정에 맞는 산업 전략 및 정책을 수립하여 지식기반 강소기술 기업을 발굴하고 육성하는 거점 기관입니다.

산업기술단지지원에 관한 특례법 및 민법 제32조에 근거하여 설립된 공공기관으로 산업 발전을 위한 다양한 사업을 기획하고 운영합니다. 지역 센터마다 차이가 있을 수 있지만 보통 연구조직 설립 컨설팅을 제공하며, 설립에 필요한 행정비용과 전문가 활용비를 지원해줍니다. 각종 지원사업에 대한 정보는 기업마당, 나라장터, 지역별 테크노파크 공식 홈페이지에서 확인할 수 있습니다.

2021년 4월 말 기준 43,758개의 기업이 기업부설 연구소를 운영하고 있으며, 매년 연구개발 세액 공제로 세금을 감면받고 있습니다. 하지만 제대로 관리하지 않으면 기업부설연구소 등록이 취소되거나 세무조사 대상이 될 수 있으므로 사후 관리에도 노력을 기울여야 합니다.

필자는 연 매출 40억 규모의 회사 경영지원팀에서 일하며, 기업부설연구소를 통해 매년 약 3천 만원 정도의 세금을 절감했습니다. 이 비용으로 우수한 인재를 채용하는 데 활용했습니다. 그리고 중소벤처기업부 산하에 있는 에너지기기평가원, 산업기술진흥원 등의 정부 R&D 사업에 참여하여 정부 사업 수주 레퍼런스를 만들고 회사의 지속 가능한 성장을 위한 기반을 마련했습니다. 기업부설연구소 설립이 회사 상황과 목표에 맞는지 신중하게 검토해 적극적으로 활용하길 권장합니다.

5 재무건정성을 위한 기업 신용등급 향상

01 기업 신용등급이 경영에 미치는 영향

개인 신용등급과 달리 기업신용등급은 기업의 부도 가능성을 평가해 기업 신용위험의 상대수준을 서열화함으로써 위험 수준이 유사한 기업들을 동일한 등급으로 계량화한 지표입니다. 이 지표는 공인된 신용평가기관에서 평가서 형태로 발행되며, 거래 상대방과의 안정성을 확보하는 데 목적이 있습니다. 거래 상대방은 국가(공공기관, 지자체), 민간기업 등 다양합니다. 공인된 신용평가기관은 공공기관 제출용, 민간기업 제출용 기업신용평가 뿐 아니라 지속가능경영(ESG) 평가도 수행합니다.

평가 등급(점수)은 기업이 금융기관으로부터 자금을 조달할 때 중요한 역할을 합니다. 신용등급이 높을수록 더 낮은 이자율로 자금을 조달할 수 있습니다. 일반적으로 전문 신용평가기관에 의해 평가되고, 이 기관들은 기업의 재무제표, 사업 모델, 시장 환경, 경영진의 질 등 다양한 요소를 분석하여 등급이 매겨집니다.

A, B, C, AA, BB, CC 등 알파벳의 나열로 등급이 표기되고, 평가사마다 표기법이 다를 수 있습니다. 같은 기업이라도 평가기관마다 다른 등급을 부여하기도 합니다. 시중에 있는 여러 은행 역시 기업의 대출 심사를 위해 활용하는 내부 기준이 있습니다. 이는 공개되지 않는 자료라 기술하기 어렵지만, 신용보증기금과 기술보증기금 등 보증서 발급 기관과 연동되는 자료로 활용되기도 합니다. 또한 법인사업 이력이 없는 경우에는 대표자 개인의 주거래 은행이나 개인사업자 사업 이력이 있는 곳에서 법인 통장을 개설하는 방안을 추천합니다. 최근 제 지인이 개인사업자에서 법인사업자로 전환하기 위해 은행을 방문했으나 법인 통장 개설을 거절당한 적이 있었습니다. 개인사업자 이력이 없는 은행을 찾은 것이 원인이었습니다. 이러한 어려움이 있을 수 있으니, 사전에 여러 은행의 지침을 확인하고, 가능하다면 개인사업자 이력이 있는 은행을 이용하기 바랍니다.

기업신용등급을 높게 받았을 때 이점 중 하나로 공공입찰 수주가 있습니다. 국가나 지자체, 공공기관 사업을 수주하는 방법은 입찰과 수의 계약이 있습니다. 기술과 서비스 역량에서 높은 평가를 받아도 기업신용등급에서 부적격 점수를 받으면 최종 낙찰에 실패할 확률이 높아집니다. 기업 신용등급은 성장에 중요한 역할을 합니다. 적극적인 관리를 통해 높은 신용등급을 유지하고, 다양한 혜택을 누리길 바랍니다.

[기업신용등급별 정의]

공공입찰 제출용

신용등급	회사채등급에 준하는 기업신용등급	등급정의
e-1	AAA	최상위의 상거래 신용도를 보유한 수준
e-2	AA	우량한 상거래 신용도를 보유하여, 환경변화에 대한 대처능력이 충분한 수준
e-3	A	양호한 상거래 신용도를 보유하여, 환경변화에 대한 대처능력이 상당한 수준
e-4	BBB	양호한 상거래 신용도가 인정되나, 환경변화에 대한 대처능력은 다소 제한적인 수준
e-5	BB	단기적 상거래 신용도가 인정되나, 환경변화에 대한 대처능력은 제한적인 수준
e-6	B	단기적 상거래 신용도가 인정되나, 환경변화에 대한 대처능력은 미흡한 수준
e-7	CCC	현 시점에서 신용위험 발생가능성이 내포된 수준
e-8	CC	현 시점에서 신용위험 발생가능성이 높은 수준
e-9	C	현 시점에서 신용위험 발생가능성이 매우 높고 향후 회복가능성도 매우 낮은 수준
e-10	D	상거래 불능 및 이에 준하는 상태에 있는 수준

민간협력사 제출용

신용등급	등급정의
AAA	최상위의 상거래 신용도를 보유한 수준
AA	우량한 상거래 신용도를 보유하여, 환경변화에 대한 대처능력이 충분한 수준
A	양호한 상거래 신용도를 보유하여, 환경변화에 대한 대처능력이 상당한 수준
BBB	양호한 상거래 신용도가 인정되나, 환경변화에 대한 대처능력은 다소 제한적인 수준
BB	단기적 상거래 신용도가 인정되나, 환경변화에 대한 대처능력은 제한적인 수준
B	단기적 상거래 신용도가 인정되나, 환경변화에 대한 대처능력은 미흡한 수준
CCC	현 시점에서 신용위험 발생가능성이 내포된 수준
CC	현 시점에서 신용위험 발생가능성이 높은 수준
C	현 시점에서 신용위험 발생가능성이 매우 높고 향후 회복가능성도 매우 낮은 수준
D	상거래 불능 및 이에 준하는 상태에 있는 수준

출처 : 나이스디앤비 기업신용등급체계 공시

기업 등급을 잘 관리하면 자금조달이 용이하고 비용을 절감하는 효과를 얻을 수 있습니다. 높은 신용등급을 유지하는 기업은 금융시장에서 자금을 조달하기가 더 쉽고, 대출 이자율이 낮아지는 등의 혜택을 받을 수 있습니다. 이는 장기적으로 기업의 재무비용을 절감하고, 투자 및 사업 확장에 유리하게 작용합니다.

기업의 신용등급은 그 기업의 신뢰성과 안정성을 외부에 알리는 지표로 작용합니다. 높은 신용등급은 투자자, 고객, 협력업체 등 외부 이해관계자들에게 긍정적인 이미지를 제공해 비즈니스 기회의 확장으로 이어질 수 있습니다. 경쟁사 대비 우수한 재무 건전성을 나타내 시장에서 경쟁 우위를 확보하며, 대규모 프로젝트 입찰이나 정부 사업 참여, 대기업의 협력사 계약 체결 시 신용등급은 중요한 선정 기준 중 하나가 됩니다. 외부 투자 유치 시 투자자의 의사결정에 의미 있는 참고 자료로 활용되어 유리한 조건에서 협상하는 데 기여합니다.

02 기업 신용평가 절차와 평가 요소

기업신용평가는 재무적 요소와 비재무적 요소를 종합하여 산정됩니다. 그 요소는 아래와 같습니다.

(1) 재무 상태

❶ **자산과 부채 :** 기업의 총 자산 대비 총 부채의 비율을 평가합니다. 높은 부채 비율은 재무적 위험을 나타냅니다.

❷ **유동성 :** 기업이 단기적인 채무를 충족시킬 수 있는 능력을 평가합니다. 현금 흐름, 유동비율, 당좌비율 등이 중요한 지표입니다.

❸ **수익성 :** 영업이익, 순이익, 자본 대비 수익률 등을 평가하여 기업의 수익 창출 능력을 측정합니다.

❹ **운전자본 관리 :** 재고자산 회전율, 매출채권 회전율 등을 통해 기업의 운전자본 관리 효율성을 평가합니다.

[기업신용평가 절차]

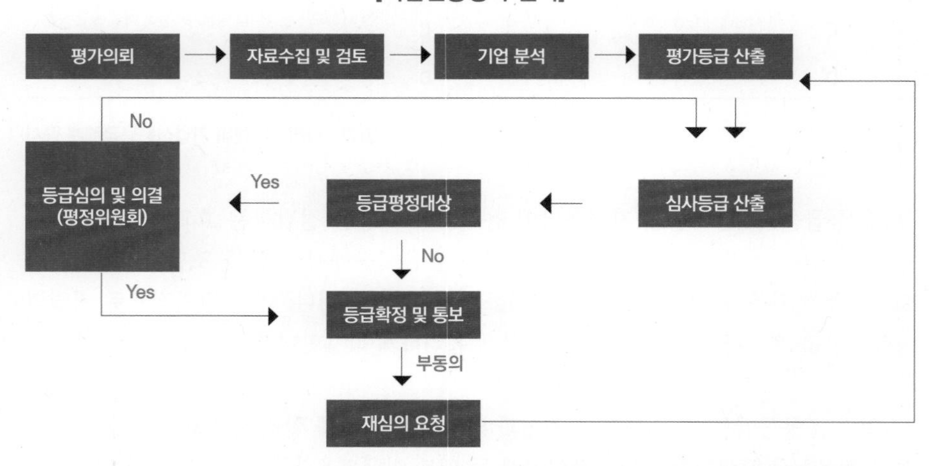

출처 : 나이스디앤비 기업신용등급체계 공시(https://www.nicednb.com)

(2) 영업 성과 및 전략

❶ **시장 위치 :** 시장 내에서의 경쟁력, 시장 점유율, 브랜드 인지도 등을 평가합니다.

❷ **사업 다각화 :** 사업 부문의 다양성과 각 사업 부문의 안정성을 평가합니다.

❸ **성장 전략 :** 장기적인 성장 전략과 이를 지원하는 요소들의 실현 가능성을 평가합니다.

(3) 외부 환경

❶ **경제적 환경 :** 경제 성장률, 인플레이션, 금리 등 거시경제적 요인이 기업에 미치는 영향을 고려합니다.

❷ **산업 환경 :** 특정 산업의 성장성, 경쟁 구조, 규제 환경 등을 평가합니다.

❸ **정치적/법적 요인 :** 정치적 안정성, 법적 제한 사항, 정책 변화 등이 기업 운영에 미치는 영향을 고려합니다.

(4) 경영진의 능력

❶ **경영진의 경험과 전문성 :** 경영진 이력, 업계 내 경험, 전문성 등을 평가합니다.

❷ **기업 거버넌스 :** 투명한 경영, 이해관계자와의 소통, 감독 체계 등 기업 거버넌스의 질을 평가합니다.

(5) 기타 요소

❶ **기술 혁신 :** 기술 개발 및 혁신 능력이 기업의 지속 가능성에 미치는 영향을 평가합니다.

❷ **환경, 사회, 거버넌스(ESG) :** 지속 가능한 경영 및 사회적 책임 이행 정도를 평가합니다.

기업신용평가 결과는 신용보증기금 대출(이율), 나라장터(조달청) 납품 및 지원사업 신청 시 필수 제출 자료로 요구되기 때문에 1년에 한 번 법인 회계 결산(3월 법인세 신고) 이후에 평가를 받는 것이 좋습니다. 평가 기관마다 수수료가 달라 기관별로 가격을 비교해보고 저렴하면서도 신속하게 등급을 발급받는 곳을 선택하는 것이 좋습니다. 평가에 소요되는 기간이 짧을수록 비용이 더 발생하기 때문에 신규 사업이나 입찰에 참여하기 전 여유를 갖고 준비하길 권장합니다. 매출액에 따라 적게는 20만 원에서 많게는 수백만 원의 수수료를 지불할 수 있습니다.

국내의 대표적인 기업 신용평가 회사는 나이스디앤비, 이크레더블, 코리아크레딧뷰로, 한국평가데이터, 나이스평가정보, 에스씨아이평가 정보 등이 있습니다. 해외의 경우 Moody's Investors Service, Standard & Poor's (S&P) Global Rating, Fitch Ratings, DBRS Morningstar 등이 유명합니다. 있고, 해외 투자 유치나 해외 진출을 계획 중인 기업은 해당 평가회사들도 참고하기를 바랍니다.

6 기업가치를 산정하는 이유와 목적

01 기업가치 평가의 다양한 용도

기업가치평가는 기업이 보유한 유·무형자산, 수익성, 시장에서의 위치, 성장 잠재력 등 여러 요소를 종합적으로 고려해 그 가치를 객관적으로 평가하는 것입니다. 주로 기업공개(IPO)된 상장사들의 주식가치가 적정한가를 판별하는 용도로 많이 사용되지만, 중소기업과 스타트업을 운영하는 경영자들에게도 매우 중요한 개념입니다. 기업가치 평가 방법은 다양하며, 대상 기업의 특성과 거래 상황에 따라 다릅니다. 하나의 방법을 기준으로 기업가치를 평가하기보다는 다양한 방법을 적용하여 기업가치를 추정하는 것이 일반적입니다. 기업의 현재 상황에 대한 이해와 재무 정보 분석뿐 아니라 미래 예측을 고려해야 하지만 미래 예측에는 각종 추정치와 가정, 평가자의 주관이 반영될 수 있어 절대적 값을 산출하기는 어렵습니다. 그렇다면, 열심히 키운 우리 회사의 가치는 어느 정도일까요? 기업가치는 어떤 기준으로 평가되는지, 기업의 현재 가치를 파악하는 방법과 미래 가치를 극대화할 수 있는 전략을 알아보겠습니다.

기업가치 평가의 목적은 기업의 기술 이전거래(라이센스 IN/OUT), 기술·지식재산권의 담보 설정, 기술·지식재산권의 현물 출자, 경영전략수립(인수합병M&A, spin-off), 투자유치(자본금 조달, 기술 실사), 기업 청산(자산평가), 소송(지식재산권 침해), 기업 상장(IPO, 기술특례상장), 재무보고와 세무 계획, 사업재편 및 전략적 결정, 퇴직보상 계획 등 경영상 중요한 의사결정을 위한 합리적 근거를 확보하는 데 있습니다. 기업가치 평가를 통해 회사의 재무 건전성을 확인하고, 재무적인 리스크를 사전에 진단할 수 있습니다. 또한, 평가 활용 용도에 따라 방법을 달리 적용해야 합니다. 핵심적인 목표 달성에 적합한 산출 방식을 따라야 회사가 달성하고자 하는 목적에 맞는 산출 값을 얻을 수 있습니다.

기업가치 평가에는 다양한 방법이 있습니다. 보유한 자산을 중심으로 하는 자산가치 평가법, 수익을 중심으로 하는 수익가치 평가법, 자산과 수익을 모두 고려한 혼합 평가법, 다른 회사와 비교를 통해 평가하는 상대가치 평가법 등이 있습니다. 투자를 통해 지분을 산정하기 위해서는 주로 수익가치법과 상대 가치법을 사용합니다. 기업가치평가는 대체로 공인회계사들이 수행하는 업무영역이지만 신용평가회사와 시중 은행, 증권사, 투자사 등 기업가치 산정의 활용처에 따라 평가 결과는 다르게 작용될 수 있습니다.

[기술가치 평가 구조]

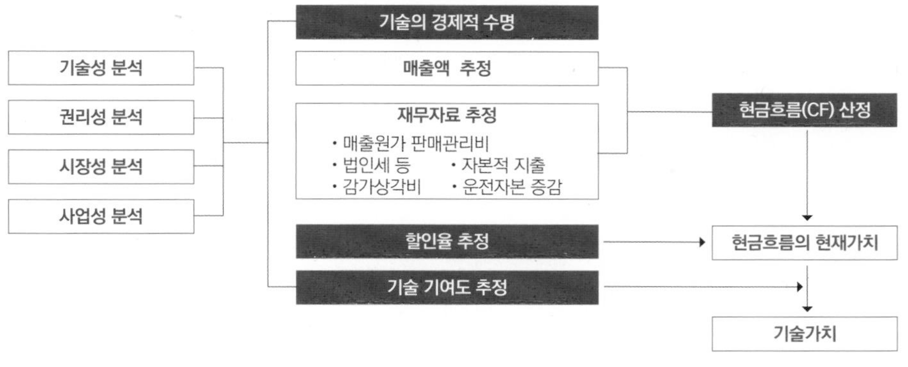

출처 : 특허법인 비엘티

02 기업가치를 높이는 유용한 전략

기업가치를 높이기 위해서는 재무건전성 확보가 필수적입니다. 높은 수익성, 안정적인 현금 흐름, 적절한 부채 수준 등을 포함해 재무 건전성은 투자자와 평가기관에 기업 리스크가 낮고 안정적인 투자처라는 인상을 줄 수 있습니다. 무엇보다 강력한 비즈니스 모델을 구축해 지속 가능하고 수익성 있는 비즈니스 모델을 개발해야 합니다. 이는 회사의 장기적 성장 잠재력과 안정성을 보여주고, 기업가치를 높일 수 있는 타당한 근거가 되어줍니다. 독특한 제품이나 서비스, 특허, 다각화된 파이프라인, 혁신적인 기술, 브랜드 가치, 고객 충성도 등을 통해 시장에서의 경쟁 우위를 확보하면 기업의 독특한 가치 제안을 강조하고, 시장 내 위치를 강화할 수 있습니다.

또한 경영의 투명성과 효과적인 기업 거버넌스는 신뢰를 구축하고, 기업가치를 높이는 데 중요합니다. 투자자와 이해관계자들이 기업에 대한 믿음을 가지게 해 잠재적인 리스크를 줄일 수 있습니다. 기업의 성장 잠재력을 보여주기 위해 명확하고 실행 가능한 성장 전략을 수립하고 시장 확장, 제품 다양화, 인수합병 등을 통해 성장 기회를 적극적으로 모색해야 합니다. 지속적인 연구 개발과 혁신적인 제품이나 서비스, 비즈니스 모델을 개발하여 기업의 혁신 능력을 보여주고, 기업 가치를 크게 높일 수 있습니다.

더불어 브랜드 이미지를 강화하고 시장 인지도를 높이는 것도 중요합니다. 브랜드 가치를 통해 고객 기반을 확대하고, 제품이나 서비스에 대한 프리미엄을 얻을 수 있습니다. 시장 변화와 고객의 요구를 빠르게 파악하고 이에 적응하는 기업은 지속 가능한 성장을 이룰 수 있습니다. 극초기 기업의 경우 사업 실적과 재무 지표가 마련되지 않아, 대표자의 경력이나 비즈니스 활동 등 사업역량을 증명할 수 있는 이력과 회사 구성원의 역량이 기업가치 평가에 중요한 지표로 활용되기도 합니다.

[기업가치 평가 방법]

구분			평가방법론	물적요건
기업가치	본질가치	자산가치	청산가치, 장부가치, 시가평가가치	자산의 청산가액 평가, 자산의 장부가액 평가, 자산의 시장평가가액 평가
		수익가치	DCF Model, EVA Model, 배당할인모형(DDM), 초과이익모형(RIM)	미래 FCF의 할인평가, 미래 EVA의 할인평가, 미래 배당현금흐름의 할인평가, 미래 초과이익의 할인평가
		혼합	본질가치, 세무상 평가	자산가치와 수익가치 혼합
	상대가치		PER, PSR, PBR, EV/EBIT, EV/EBITDA, EV/EBITA	

출처 : (사)한국기업·기술가치평가협회

다양한 기업가치 평가 방법 중에서 자주 활용되는 것은 수익가치 평가법 가운데 하나인 현금흐름할인모형(DCF)과 상대가치 평가법입니다. 현금흐름할인모형(Discount Cash Flow)은 회사가 앞으로 3년에서 10년 내 영업으로 창출할 것으로 예상되는 현금흐름을 현재 가치로 평가함으로써 현재 보유하고 있는 현금 및 투자자산을 합산해 현재 기업가치를 평가하는 방법입니다. DCF의 장점은 예상 현금흐름이 추정 가능하다면 당장 이익이 없는 기업에게도 적용할 수 있는 점입니다. 예상 현금흐름에 대해 과거의 실적 및 데이터를 근거로 할 뿐만이 아니라 실현 가능한 스토리를 통해 평가자를 납득시킬 수 있다면 좋은 평가 방법으로 활용할 수 있습니다.

상대가치평가법(멀티플)은 회사와 유사한 업종의 기업 중 상대적으로 객관적인 지표가 있는 기업을 비교대상으로 하여, 그 회사의 가치와 주요 지표(순자산, 매출, 당기순이익, EBITDA 등)의 배수를 우리 회사의 지표에 적용해 가치를 상대적으로 산출하는 방법입니다. 투자자 또는 M&A 실무에서는 최소 2개 이상의 평가법을 사용해 기업가치를 평가해 경영 의사결정에 활용한다고 합니다. 이외에도 회사의 규모와 성장 단계 등 투자 라운드에 따라 다양한 기업가치 평가법이 활용될 수 있습니다. 기업가치를 평가할 때 투자자나 인수자는 가능한 낮은 밸류로 기업을 거래하기를 원하고, 곧 상장을 앞둔 비상장주식의 주주(또는 스톡옵션을 부여받은 임직원)는 상장 이후 더 높은 가치 평가를 받기를 원합니다. 다양한 이해관계자의 요구 사이에서 적정한 기업가치를 평가 받기 위해서는 회사 내부에 지속 가능한 성장 동력을 갖춰 재무 건정성을 꾸준히 확보하고, 세상에 좋은 제품과 서비스를 내놓는 것이 더욱 중요합니다.

7 전략적 인재확보, 병역특례로 해결하기

01 병역특례 제도 이해와 활용

병역특례제도는 병역자원을 일부 군 필요 인원 충원에 지장이 없는 범위 내에서 국가 산업의 육성 및 발전과 경쟁력 제고를 위해 병무청장이 선정한 병역지정업체에서 연구 또는 제조·생산 인력으로 활용하도록 지원하는 제도입니다. 전문연구요원과 산업기능 요원으로 구분되며 기업은 병역특례제도를 통해 일정 기간 기업에 필요한 전문 인력을 확보하고, 대상자는 산업체에 근무하며 사회경험과 함께 자신의 전문성을 발휘해 병역 의무를 이행할 수 있습니다.

병역특례업체로 선정되기 위해서는 해당 기업이 정부로부터 인정받은 기술력을 보유하고 있어야 하며, 병무청이 정한 기준을 충족해야 합니다. 회사의 형태는 반드시 법인이어야 하고, 상시근로자가 10인 인상이어야 합니다. 벤처기업의 경우 고등학교와 3자 협약 시 상시근로자 5인으로 완화된 기준을 적용받습니다.

무엇보다 기업부설연구소 설립이 필수적입니다. 기업부설연구소 등록 절차에 1~3개월 이상 긴 시간이 소요되기 때문에 미리 설립해 두어야 합니다. 또한 고용을 위한 기본법과 세금을 미납하는 등 법 위반 사례가 있는 기업은 병역특례업체로 선정될 수 없습니다. 구체적으로 산재 신청이 없거나 동종업계 평균 산재율보다 낮아야 하고, 근로기준법에 따라 고용노동부 장관이 공개한 임금체불 사업주가 대표인 경우 선정에서 제외될 수 있습니다.

또 국세징수법에 따라 세금을 고액, 상습체납한 업체도 신청에서 제외되며 중대재해 처벌 등에 관한 법률 제6조 또는 10조에 따라 사업주 또는 경영책임자들이 벌금 이상의 형이 확정된 경우 5년이 지나지 아니한 업체도 제외 대상입니다.

02 병역특례업체 선정 절차와 혜택

출처 : 병무청

최근 청년 인구 감소와 MZ세대의 고용에 대한 불확정성으로 우수 인력 확보가 점점 어려워지고 있습니다. 이러한 어려움을 극복하고 지속 가능한 성장을 이루기 위해 병역특례제도를 활용하는 것이 매우 유용합니다. 이를 통해 기업은 병역 의무를 가진 젊고 우수한 전문 인력을 병역특례 대상자로 채용할 수 있습니다. 이들이 근무하는 동안 해당 분야의 기술력을 향상시키고, 연구 개발에 기여할 수 있습니다. 병역특례제도를 통해 회사와 병역이행자 모두가 협력하여 동반성장의 기회를 만들 수 있습니다.

혁신기술을 기반으로 하는 많은 회사에서 병역특례제도를 활용하고 싶어합니다. 채용 포털사이트에서 병역특례 채용공고를 검색해보면 병역특례를 통해 인재를 찾는 기업을 쉽게 만날 수 있습니다. 전문연구요원 자격을 갖춘 청년들도 이러한 제도를 선호하며, 경력을 쌓고 선배 개발자나 기술전문가로부터 지도받는 기회를 찾고 있습니다. 잡코리아를 비롯한 채용포털사이트에서 운영하는 전문채용관을 통해 기업과 예비 산업기능요원을 연결하기도 합니다.

산업지원 병역일터 홈페이지에는 병역특례제도를 활용해 취업에 성공한 우수 사례들을 소개하고 있습니다. 관련 기사에 따르면, 현재 ㈜고려기연 생산팀에 근무하는 안영환 주임은 특성화고등학교에서 자동화시스템을 전공하고 생산자동화 기능사 자격증을 취득한 후 2017년에 고려기연에 취업했습니다. 병역의무를 이행하며 복무기간 동안 전공 분야 경력과 경험을 쌓을 수 있어 적극 추천한다는 소감을 공유하기도 했습니다.

병역특례제도는 기업에게 다양한 이점을 제공합니다. 병역특례제도를 통해 선발된 인력은 일정 기간 동안 해당 기업에 근무해야 하므로, 중요 인력이 병역으로 인해 장기간 회사를 떠나는 것을 방지할 수 있어 인력 수급의 안정성을 확보할 수 있습니다. 특히 연구개발 중심의 기업이나 고급 기술 인력이 필요한 분야에서 병역특례 인력은 프로젝트의 연속성과 안정적인 연구 개발 환경을 유지하는 데 기여할 수 있습니다.

사회적 책임과 기업 이미지 향상에도 유용합니다. 병역특례업체로 선정되는 것은 해당 기업이 국가적으로 중요한 기술이나 서비스를 제공하는 중요한 위치에 있음을 증명합니다. 이를 통해 기업의 브랜드 가치 향상에 긍정적인 영향을 줄 수 있습니다. 또한 병역특례업체로 선정되면 정부로부터 연구 개발 지원금, 세제 혜택, 기술 개발 자금 등 다양한 인센티브 혜택도 지원 받을 수 있습니다.

병역특례업체 선정 절차가 다소 복잡하게 여겨진다면, 행정사의 도움을 받는 것이 효율적입니다. 행정사는 전문적인 지식을 바탕으로 필요 서류 준비 및 검토, 제도 및 규정 해설, 행정 절차 대행 등 서비스를 제공하여 병역특례업체 선정 과정을 원활하게 진행하도록 돕습니다. 따라서 병역특례업체 선정을 고려하고 있다면, 전문 행정사의 도움을 받는 것을 추천합니다. 병역특례제도는 기업과 병역 이행자 모두에게 상생의 기회를 제공하는 유용한 제도입니다. 청년 인력 확보 어려움을 극복하고 지속 가능한 성장을 위해 적극적인 활용을 권장합니다.

[출처]

정부 및 기관 공식 홈페이지
- 산업통상자원부
- 중소벤처기업부
- 국방부(병무청)
- 여성가족부
- 특허청(KIPRIS)
- e-나라 표준인증
- 중소벤처기업진흥공단
- (사)한국기업·기술가치평가협회
- 회계법인 마일스톤
- 특허법인 비엘티

[단행본]

- 스타트업을 위한 밸류업 경영관리 노트
  _최평국, 박예희, 박길환, 박정훈
- 재무관리, 이보다 쉬울 수 없다
  _주순제
- 성공적인 기업인수매각을 위한 M&A거래의 기술
  _류호연
- 법인 CEO가 알아야 할 모든 것(2023)
  _최용대

07 PART

1 언더백 기업이 알아야 할 중대재해처벌법 주요 이슈

01. 위험성평가 중요성과 재해발생모델 이해
02. 중대재해처벌법 시행 전·후 변화와 책임 주체

2 안전 관리, 선택이 아닌 필수

01. 중대재해 이해와 안전관리체계의 중요성
02. 안전보건체계 구축, 안전한 일터를 위한 노력

3 안전관리조직 설계와 위험성평가 실시

01. 안전관리를 위한 조직 만들기
02. 위험성평가의 필요성과 이행 시 고려사항

4 위험성평가 방법과 위험성 결정

01. 유해·위험요인 파악과 위험성평가 방법
02. 허용가능한 위험성 결정과 감소대책

5 권고사직과 해고, 무엇이 어떻게 다른가?

01. 권고사직과 해고의 혼동
02. 혼동으로 인한 분쟁방지와 단계별 유의사항

6 근로자대표의 역할이 점점 더 중요해지는 이유

01. 근로자대표의 역할과 권한 이해
02. 근로자대표 제도의 중요성 재발견

7 직장 내 괴롭힘 금지! 건강한 근무 환경 조성하기

01. 직장 내 괴롭힘 금지 제도 이해
02. 업무 적법 일탈행위와 직장 내 괴롭힘의 특수성

노무

저자의 핵심 메시지

"근로관계의 성립과 존속만큼이나 중요한 영역이 '종료'입니다.
해고와 권고사직은 근로관계 종료의 중요한 사유입니다.
두 가지 개념의 차이를 명확히 이해하고, 관련 노동 사건에 적절하게 대응해야 합니다."
_최덕주

1 언더백 기업이 알아야 할 중대재해처벌법 주요 이슈

2024년 1월 27일부터 중대재해처벌 등에 관한 법률(이하 '중처법')의 적용 범위가 확대되었습니다. 5인 이상 50인 미만의 사업장도 중처법의 규제 대상에 포함되면서, 안전보건 관리에 대한 책임과 노력이 더욱 강조될 전망입니다. 본 장에서는 중처법에서 국내 50인 이상 사업장을 대상으로 2022년 1월 27일부터 시행되면서 사회적으로 이슈가 되었던 주요 사안들을 알아보겠습니다.

01 위험성평가 중요성과 재해발생모델 이해

대한상공회의소의 '중대재해처벌법 주요 기소·선고 사례 분석 및 대응 방안 연구'에 의하면, 중대재해처벌법 위반 사건 중 82.4%가 위험성평가 관련 규정 위반으로 나타났습니다. 또한 안전보건관리책임자 등에 대한 평가 위반이 20건(58.8%), 비상대응매뉴얼 마련 및 점검 위반이 17건(50.0%), 안전보건 예산 편성 위반이 15건(44.1%) 등으로 집계되었습니다. 이는 위험성평가가 중대재해 예방의 핵심 요소임을 명확하게 보여줍니다.

위험성평가는 기업이 스스로 사업장의 유해·위험 요인을 파악하여 개선대책을 수립·시행하는 것을 말합니다. 최근 기사에 따르면, 사업장 내 위험요인을 파악하여 개선대책을 수립·이행하는 위험성 평가를 제대로 시행하지 않은 경우, 중대 재해 발생 시 중대재해처벌법 위반으로 처벌될 가능성이 높은 것으로 나타났습니다. 위험성평가는 법적 의무를 이행하는 것뿐만 아니라, 안전한 작업 환경을 조성하는 데 중요한 역할을 합니다 .

정부는 2023년 '중대재해 감축 로드맵'을 발표하며 위험성평가를 핵심 수단으로 삼아 중대재해 사전예방체계를 확립하겠다는 방침을 세웠습니다. 하지만 중소기업은 위험성평가 역량 부족과 재정적 어려움으로 인해 위험성평가를 제대로 수행하지 못하는 경우가 많습니다. 대한상공회의소 관계자는 "2024년부터 5인 이상 49인 이하의 소기업에도 중대재해처벌법이 적용되는데, 중소기업의 경우 위험성평가 능력을 갖추지 못했거나 외부기관을 통해 대응할 수 있는 재정적 여유도 부족한 상황"이라며 "위험성평가 역량이 떨어지는 중소기업에 대해 정부에서 종합적 지원책을 마련해야 한다"고 강조했습니다. 중대재해 예방을 위해서는 위험성평가가 필수적입니다. 특히, 중소기업의 위험성평가 역량 강화를 위한 정부 지원이 시급합니다.

사고와 재해가 발생하는 매커니즘을 연구한 이론들 가운데, 하인리히(Heinrich)는 도미노이론을 통해 근로자의 불안전한 행동인 인적요인에 집중했습니다. 반면, 리즌(J. Reason)은 스위스치즈모델(Swiss Cheese Model)을 통해 '조직적 요인'을 강조하였습니다. 스위스치즈 모델은 사고를 치즈에 비유합니다. 예를 들면, 스위스 대표 치즈라고 할 수 있는 에멘탈 치즈는 발효되면서 내부에 기포의 발생으로 여러 개의 구멍이 만들어집니다. 이 구멍은 항상 같은 위치에서 발생하지 않고 무작위로 생기며, 이렇게 구멍이 생긴 치즈를 여러 장 겹쳐 놓아도 그 구멍을 일직선으로 관통하는 틈이 생깁니다. 치즈에 무작위로 생긴 구멍은 사고를 유발하는 잠재적 결함이 다양한 위치에서 발생할 수 있음을 나타냅니다. 치즈의 구멍이 일직선으로 관통될 때 모든 불완전한 요소들이 중첩되면서 산업재해가 발생할 수 있다는 이론입니다.

[리즌의 스위스치즈모델]

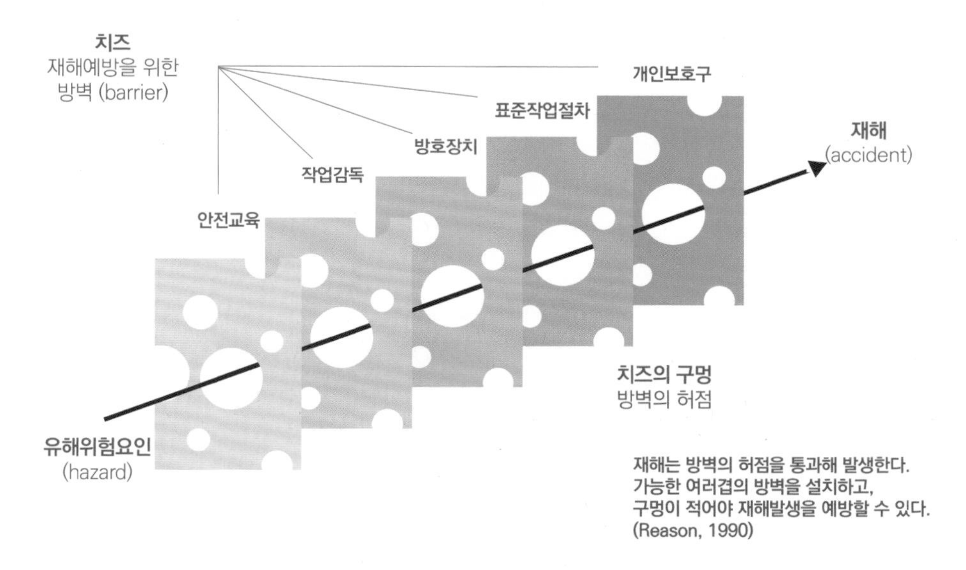

사고나 재난은 아무리 여러 단계의 안전요소와 방호방비를 갖추었다 하더라도 발생할 수 있습니다. 각 단계의 안전요소마다 내재된 결함이 있으며, 이러한 결함이 우연히 또는 필연적으로 동시에 노출될 때 사고가 발생한다는 것을 보여줍니다. 이 모델은 사고의 원인을 인적 과실(Human error)뿐만 아니라 조직적인 요인(Organizational factor)까지 확대해야 한다는 점에서 기존의 사고발생모델과 차별화됩니다.

02 중대재해처벌법 시행 전후 변화와 책임 주체

2015년(2022년부터 시행된 중대재해처벌법 제정 이전), 충청북도에 위치한 화장품 제조업체 에버코스에서 근로자 A씨(35)가 지게차에 치이는 사고가 발생했습니다. 사고를 당한 A씨는 인근 병원으로 옮겨졌으나 결국 숨졌습니다. 이는 사고 초기에 응급조치와 비상시 대응을 잘못하여 사망까지 이르렀던 사고입니다. 지게차 운전자와 회사 대표이사, 이사, 팀장을 포함한 관련자 7명이 기소 의견으로 검찰에 송치되었습니다. 이후, 청주지방법원에서 열린 선고공판에서 지게차 운전자 김모 씨에게는 금고 10개월에 집행유예 2년을 선고하였습니다. 또한 당시 현장을 지휘한 회사 팀장 이모 씨에게는 금고 8개월에 집행유예 2년을, 법인과 대표이사에게는 각각 벌금 700만 원을 선고했습니다(당시 충북일보 기사 내용).

그러나 2022년 50인 이상 중처법 시행 이후에는 판결이 크게 달라졌습니다. 에버코스와 유사한 사고가 발생할 경우, 회사 대표이사에게 징역 1년의 실형이 선고됩니다. 법시행 전에 벌금 700만 원 선고된 것과 비교해 많은 변화가 있음을 확인할 수 있습니다. 아래 판례를 보면, 사업장에서 주요 위반사항은 중대재해처벌법을 중심으로 산업안전보건법 위반 및 업무상과실치사죄에 해당되어, 회사에 1억 원의 벌금을 비롯하여 대표이사에게도 징역형이 적용됨을 알 수 있습니다.

[중대재해처벌법 사례]

구분	내용
사건	- 제강회사인 A회사는 B(개인사업주)에게 방열판 보수작업을 하도급 - B회사의 근로자가 방열판 낙하로 인한 협착으로 사망
형량	- A회사 : 벌금 1억원 대표이사 : 징역(1년, 실형) → 중처법위반, 산안법위반, 업무상과실치사죄 - B회사 : 징역(6개월), 집행유예(2년), 사회봉사명령(40시간) → 산안법위반, 업무상과실치사죄
위반사항	- 안전보건관리책임자 등에 대한 평가기준 마련의무 위반(제5호) - 수급인의 안전보건능력평가기준 마련 의무위반(제9호)
주목사항	- 대표이사 처벌 - 안전보건체계구축 시행령 각호 위반여부 판단

출처 : 부산지법(창원) 2023.8.23.선고 2023노167판결

중대재해처벌법 제4조는 중대산업재해와 관련하여 사업주와 경영책임자 등이 종사자의 안전과 건강을 보호하기 위해 취해야 할 조치를 규정하고 있습니다. 사업주 또는 경영책임자 등은 사업주나 법인(기관)이 실질적으로 지배 운영관리하는 사업(사업장)에서 종사자의 안전 보건상 유해(위험)를 방지하기 위하여 그 사업(사업장)의 특성 및 규모 등을 고려하여 필요한 조치를 해야 합니다. 중대재해처벌법은 책임을 사업주뿐만 아니라 법인이나 기관의 경영책임자에게도 부여하고 있습니다. 기존의 산업안전보건법에서는 법인인 경우 대표이사 등 회사의 실질적인 경영자가 빠져 있어 산업재해를 예방하기 위한 실효성이 문제되었는데, 중대재해처벌법의 제정으로 인하여 경영책임자에 대한 책임을 강화하는 근거를 마련했다고 볼 수 있습니다. 앞으로 법원 판례를 통하여 책임의 주체가 구체화 되겠지만, 중소기업에서는 특별한 사정이 없는 한, 대표이사가 안전보건확보 의무와 처벌의 주체임을 알 수 있습니다.

2 안전 관리, 선택이 아닌 필수

01 중대재해 이해와 안전관리체계의 중요성

중대산업재해는 일반 산업재해보다 더 심각한 결과를 초래한 산업재해를 의미합니다. 산업재해 중 '재해의 정도(강도)'와 '재해 횟수(빈도)'를 고려하여 다음과 같은 세 가지 경우 가운데 어느 하나에 해당하는 결과를 야기한 재해를 말합니다.

첫째, 사망자가 1명 이상 발생한 경우
둘째, 동일한 사고로 6개월 이상 치료가 필요한 부상자가 2명 이상 발생한 경우
셋째, 동일한 유해요인으로 급성중독 등 직업성 질병자가 1년 이내에 3명 이상 발생한 경우

중대재해에는 모든 산업재해가 포함되는 것이 아니라, 재해의 정도와 횟수를 고려하여 중대재해로 정하고 있음을 알 수 있습니다.

미국의 안전전문가 하인리히는 50,000여 건의 사고조사 기록을 분석한 '하인리히 법칙(1:29:300)'을 발표했습니다. 사망사고가 발생하기 전에 이미 수많은 경상과 무상해사고가 존재한다는 이론입니다. 여기서 '1:29:300'이라는 비율은 330회 사고 가운데 중상 또는 사망 1회의 사고에는 경상 29회와 무상해사고 300회의 비율로 사고가 발생한다는 이론입니다. 또한 하인리히는 사고발생 시 재해손실 비용을 직접비와 간접비로 구성된다고 보았는데, 그 비율을 1:4로 제시했습니다.

여기서 직접비는 법령으로 정한 피해자에게 지급되는 산재보험비, 간접비는 재해손실이나 생산중단 등으로 기업이 입은 손실을 의미합니다. 피해자에게 산재보상비로 1억원의 보험비가 지급되었다면 기업에는 총 손실비 5억 원이 발생하였다는 것입니다. 하인리히의 재해사고 건수와 총비용을 고려해 볼 때, 사고가 발생하고 난 이후에는 기업에 과다한 비용이 지출될 수 있으므로 사전에 안전관리체계를 갖추고 준비해야 합니다.

02 안전보건체계 구축, 안전한 일터를 위한 노력

중처법에서는 안전보건 체계구축을 위해 크게 두 가지 방향으로 접근합니다. 먼저 사업주와 경영책임자 등은 안전 및 보건 확보의무로 재해예방에 필요한 인력이나 예산 등 안전보건관리체계의 구축 및 그 이행에 관한 조치를 취해야 합니다. 또한 안전보건 관계 법령에 따른 의무이행에 필요한 관리상의 조치에 대한 방향으로 이루어지고 있습니다. 다시 말해, 안전보건 체계구축은 안전보건 조직의 문제와 안전보건 확보의무 두 측면에서 구성되었습니다. 안전보건체계구축에 대한 시행령을 살펴보면 다음과 같습니다.

[안전보건관리 체계 구축 및 안전보건의무 이행조치 (대통령령 제4조 각호)]

❶ 안전보건목표와 경영방침 설정
❷ 안전보건업무를 총괄관리하는 전담조직 설치(전담조직 500명 이상)
❸ 유해·위험요인 확인·개선 절차 마련, 점검 및 필요 조치
❹ 산업재행예방 위한 안전보건에 관한 인력·시설·장비구비와 유해·위험요인 개선 예산 편성 및 집행
❺ 안전보건관리책임자 등의 충실한 업무수행 지원(권한과 예산, 평가기준 마련 및 평가·관리)
❻ 산업안전보건법에 따른 전문인력 배치(산안법 상 기준 이상)
❼ 종사자의 의견청취 절차 마련, 청취 및 개선방안 마련 이행 여부 점검
❽ 중대산업재해 발생(급박한 상황 포함)시 등 조치 매뉴얼 마련 및 조치 여부 점검
❾ 도급, 용역, 위탁시 조치능력 및 기술에 관한 평가기준·절차 및 관리비용·업무수행기간 관련 기준 마련, 이행여부 점검

※ 위 제3호는 사업 또는 사업장의 특성에 따른 유해·위험요인을 확인하여 개선하는 업무절차를 마련하고, 해당 업무절차에 따라 유해·위험요인의 확인 및 개선이 이루어지는지를 반기 1회 이상 점검한 후 필요한 조치를 할 것. 다만, 산업안전보건법 제 36조에 따른 위험성평가를 하는 절차를 마련하고 그 절차에 따라 위험성평가를 하는 절차를 직접 실시하거나 실시하도록 하여 실시결과를 보고받는 경우에는 해당 업무절차에 따라 유해·위험요인의 확인 및 개선에 대한 점검을 한 것으로 본다.

중대재해처벌법 시행령 제4조를 고용노동부에서는 '안전보건관리체계 핵심요소 및 실행방안'을 정리하여 고시하였습니다. 중처법의 시행령 내용을 노동부에서는 유해·위험 요인 파악과 개선을 주요 내용으로 구성하였음을 알 수 있습니다. 또한 경영자의 리더십과 인력 및 예산배정, 그리고 안전보건 관리체계의 점검·평가를 통해 실질적인 위험성평가를 관리할 수 있도록 조력하는 역할을 한다고 할 수 있습니다.

[안전보건관리체계 핵심요소 및 실행방안]

핵심요소	실행방안
경영자 리더십	- 명확하고 구체적인 안전보건 경영방침목표 설정 - 모든 종사자에게 효과적으로 전달되도록 공표 · 게시
안전보건 인력 · 예산배정	- 안전보건조직담당자를 지정하고 권한과 책임을 부여 - 안전보건 예산 편성, 용도에 맞게 진행
유해위험요인 파악 · 개선	- 유해위험요인을 파악개선하는 위험성평가 실시 - 작업 전 안전점검회의(TBM) 및 근로자 교육 등을 통해 유해위험 요인파악 개선에 근로자 참여 공유 - 근로자 참여 및 의견청취절차 마련 (안전보건 제안제도, 아차사고 신고, 안전 소통채널 운영 등) - 도급 · 용역 · 위탁 시 산재예방 역량을 갖춘 수급인 선정
안전보건관리체계 점검 · 평가	- 사고 등 비상상황 대비 매뉴얼 마련 및 훈련 점검 - 산재사고, 아차사고 조사 및 재발 방재 대책 마련 - 관계 법령에 따른 의무이행 여부 및 안전보건관리체계 등 반기 1회 이상 정기적인 점검 · 평가

출처 : 고용노동부 보도자료

'안전보건관리체계 핵심요소 및 실행방안'을 볼 때, 사업장의 안전보건조직 설계와 안전보건 확보 의무는 중요한 요소임을 알 수 있습니다. 이와 더불어 유해 · 위험요인 파악과 개선조치에 있어서는 "중처법 시행령의 의하면 산업안전보건법 제36조에 따라 위험성평가 절차를 마련하고, 그 절차에 따라 위험성평가를 실행한 경우에는 유해 · 위험요인 파악 및 개선에 대한 점검을 한 것으로 본다"라는 규정을 보았을 때, 기업은 정기적으로 위험성평가를 실행하여 중대재해에 대비하고, 위험요인을 파악하여 개선 조치를 취해야 합니다.

[전통적 안전보건 활동 vs 안전보건관리체계]

구분	동기	책임	평가	목표
전통적활동	처벌 회피→ 수동적	안전보건 담당자	처벌 회피→ 수동적	처벌 회피→ 수동적
안전보건관리체계	성과 달성→ 능동적	경영자	자체 점검	안전하고 쾌적한 작업환경 조성

출처 : 안전보건공단 위험성평가 자료

기존에는 많은 사업장에서 생산성 · 효율성 등 경제적 이익에 우선순위를 두어 안전보건 활동이 후순위로 밀리는 경우가 많았습니다. 재해가 발생하고 나서야 안전보건 감독이 이루어지고, 사후적이고 수동적으로 문제해결이 이뤄졌습니다. 그러나 현재 우리가 직면하고 있듯이 이런 대응으로는 사업장에서의 사망사고나 재해를 줄일 수 없습니다. 안전보건관리체계 구축은 기존의 안전보건관리 관행의 전환을 의미합니다. 근로자의 안전보건 유지·증진 활동을 기업의 가장 중요한 가치로 격상하고 선제적이고 자발적으로 사업장의 위험요인을 개선해 나가야 합니다.

안전보건 관리체계가 성공하기 위해서는 기업이 핵심요소를 분명히 인지하고 실행할 수 있도록 안전보건관리체계 4가지 핵심요소(중대재해처벌법 시행령의 9가지 요소를 4가지로 구성)가 구축되어야 할 것입니다. 안전보건관리체계 구축과 관련하여 중대재해처벌 법령상에서는 9가지, 노동부 보도자료에서는 4가지 요인으로 구성하고 있지만, 이를 요약하자면 한 마디로 유해요인 위험파악과 개선입니다. 안전보건관리체계 구축은 쉽지 않지만 모든 사업장이 구축할 수 있습니다. 이를 위해서는 위험요인 파악과 제거 · 대체 및 통제의 전 과정에 근로자와 도급 · 용역 근로자 등 사업운영과 관련된 모든 구성원을 포함시켜 현장의 위험요인을 제대로 발굴하고 통제해야 합니다. 또한 안전보건관리체계에서 가장 중요한 것은 사업주의 의지입니다. 사업주가 관심을 가지고 안전보건 활동을 이끌어 갈 때 안전보건관리체계가 구축되고, 이행될 수 있습니다.

3 안전관리조직 설계와 위험성평가 실시

본 장에서는 사업주의 안전보건 체계구축과 확보의무를 이행하는 차원에서 중대재해처벌법과 위험성평가를 연계하여 산업안전보건법상 조직설계 및 위험성평가에 대한 유해·위험요인 파악과 위험성결정, 그리고 위험성감소 조치를 설명하겠습니다.

01 안전관리를 위한 조직 만들기

하인리히는 사고예방 대책으로 교육적 원인, 기술적 원인, 관리적 원인(3E: Engineering, Education, Enforcement)을 설계하면서, 안전관리 조직에 대한 목표설정 및 계획수립을 최우선 항목으로 제시했습니다.

버드(Frank E. Bird) 또한 재해발생 원인으로 통제의 부족, 기본원인, 직접원인, 사고, 재해를 언급하면서 통제 부족, 즉 관리 소홀을 가장 큰 원인으로 꼽았습니다. 이처럼 산업안전에서 안전을 위한 관리 및 위험통제를 위한 조직(체계)은 매우 중요합니다.

[산업안전보건법상 안전관리체계]

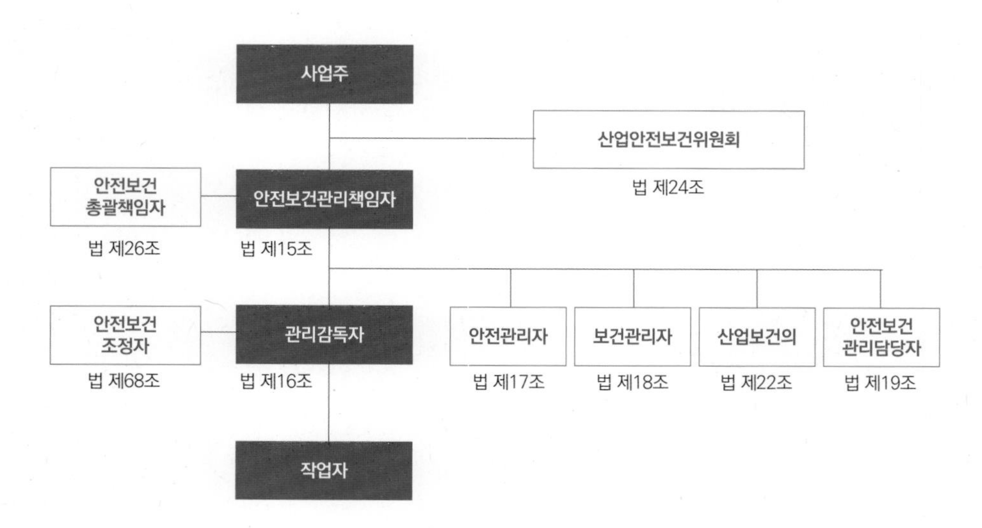

출처 : 위험성평가 안내서(고용노동부)

산업안전보건법에서는 사업장에서 발생한 산업재해예방의 책임을 사업주에게 부과하고 안전보건관리체계를 구축하여 안전관리활동을 수행하도록 하고 있습니다.

산업안전보건법상 조직체계는 사업의 종류와 규모에 상관없이 산업안전보건법령에 나와 있는 관계자들을 조직화한 것으로, 상시근로자 50인 미만 사업장에는 간소화하여 적용할 수 있습니다. 상시 근로자 수가 50인 미만의 사업장일 경우에는 사업주-관리감독자-작업자로 이어지는 수직적인 라인으로 조직을 구성할 수 있습니다. 반면, 50인 이상의 사업장에서는 이사회나 산업안전보건위원회 그리고 안전관리자 등이 사업주와 관리감독자에게 지도나 조언 등의 역할을 담당합니다.

안전보건관리 책임자는 해당 사업의 경영에 대한 실질적인 책임과 권한을 가진 최종관리자를 말합니다. 따라서 사업장에서는 안전보건관리의 실시 주체를 명확히 하여 사업장의 안전관리를 원활하게 수행해야 합니다. 보통 개인사업주 또는 법인의 대표이사가 사업장에 상주하는 경우에는, 이들이 해당 사업을 총괄·관리하는 자로서 안전보건관리책임자가 되어야 합니다. 반면, 개인사업주 또는 법인의 대표이사가 사업장에 상주하지 못하는 경우에는, 사업주가 공장장(명칭 무관) 등에게 사업경영의 권한과 책임을 위임하여 실질적으로 사업을 경영하는 자(부사장, 공장장, 지점장, 사업소장, 현장소장 등)를 안전보건관리책임자로 선임합니다.

관리감독자는 최고경영자의 의지를 지지 및 조력하고 사업장의 안전활동을 활성화하는 핵심 역할을 담당하므로 안전보건관리 조직에서 키맨이라고 할 수 있습니다. 관리감독자는 직· 조· 반장 등의 직위에 있는 자로서, 특별한 자격은 따로 없고, 그 수 또한 별도로 지정되어 있지 않습니다. 사업주는 생산과 관련된 업무와 소속 직원을 직접 지휘· 감독하는 부서장이나 그 직위를 담당하는 자를 산업안전보건에 관한 관리감독자로 지정하여 해당 업무와 관련된 안전보건 상의 업무를 수행합니다.

그러나, 50인 미만 사업장에서는 해당 작업에 관하여 1명 이상의 관리감독자를 선임하고 유지하여야 합니다. 중소기업은 생산과 안전 부분에 책임감을 가지고 직무를 수행할 관리감독자를 육성하고, 안전한 작업 환경을 조성해야 합니다. 20인 이상 50인 미만 제조업 등 일부 사업장에서는 관리감독자 외에도 안전보건담당자를 선임하도록 규정하고 있습니다. 안전보건담당자 역시 안전관리자처럼 자격요건이 엄격히 요구되지 않기에, 사업장에 소속된 근로자로서 16시간의 교육을 받으면 자격요건을 갖추고 선임될 수 있습니다.

지금까지 살펴본 조직설계를 간단히 정리하자면, 상시근로자 수 5인 이상 50인 미만 사업장의 경우에는 사업주(안전보건관리책임자)와 관리감독자가 있어야 하고, 20인 이상 50인 미만의 제조업 등에는 안전보건담당자도 선임해야 합니다. 조직설계를 마쳤으니, 이제 위험성평가에 대하여 알아보겠습니다.

02 위험성평가의 필요성과 이행 시 고려사항

위험성평가란 사고 발생을 예방하는 데 중요한 역할을 하는 필수적인 안전 관리 활동입니다. 즉, 위험한 것을 미리 찾아내어 사전에 위험의 정도를 평가하고, 그에 맞는 예방대책(감소조치)을 마련하는 과정입니다. 위험성평가에서 가장 중요한 것은 유해위험요인과 잠재적 위험(재해를 일으키는 잠재적 근원)을 파악하여 위험성을 결정하고 사전에 조치를 취하는 것이라 할 수 있습니다.

위험성평가는 모든 사업장에 절대적 기준으로 동일하게 적용하는 것이 아니라, 사업장별 특성을 고려하여 사업장이 허용하는 상황 내에서 자율적으로 판단하여 대책을 세운다는 특징이 있습니다. 각 기업은 여러 상황을 고려하여 스스로 유해·위험 요인이 무엇인지를 파악하고, 자율적으로 위험성을 결정하여 이를 제거하거나 감소할 조치를 취해야 합니다. 다시 말해, 위험성평가는 유해· 위험요인을 파악하고 허용가능한 위험성을 결정하고 감소대책을 수립하여 실행하는 일련의 과정을 말합니다. 위험성평가 과정은 다음과 같은 순서에 따라 진행됩니다.

[위험성평가 순서]

사전준비 → 유해 · 위험요인 파악 → 허용가능한 위험성 결정 → 감소조치내용 → 문서기록

위험성평가를 수행하기 위해서는 먼저 사업주가 건설물, 기계· 기구· 설비, 원재료, 가스, 증기, 분진, 근로자의 작업행동 등 업무로 인해 발생 가능한 유해 · 위험 요인을 파악하고 부상 및 질병으로 이어질 확률이 있는지 확인합니다. 즉, 위험성의 크기가 허용가능한 범위인지를 결정해야 합니다. 또한 평가 결과를 바탕으로 법과 명령에 따라 필요한 조치를 취하며, 근로자에 대한 위험 또는 건강장애 방지를 위하여 필요한 경우 추가적인 '감소조치'를 마련합니다.

위험성평가를 실시하는 주체인 사업주는 사업장 내 유해 · 위험요인을 파악하고 평가하기 위해 근로자를 참여시켜 최초평가, 정기평가, 수시평가를 실시합니다. 사업주는 근로자의 경험과 지식을 활용하여 보다 정확하고 효과적인 평가를 수행할 수 있습니다. 사업주 또는 안전보건관리책임자(총괄관리이사)는 조직의 최고책임자로서 사업주의 위험성평가에 대한 의지와 방향을 관계자에게 전달하고, 사업장 전체를 하나의 방침에 따라 관리하고 각 관리감독자와 해당 근로자를 상대로 사전교육을 실시해야 합니다.

성공적인 위험성평가 수행을 위해서는 근로자와 근로감독자의 적극적인 참여는 물론 지속적인 개선이 필요합니다. 근로자는 현장에서 직접 경험하는 위험 요인을 파악하고, 평가하는 데 중요한 역할을 합니다. 2023년 고시(위험성평가 사전조사에서부터 허용 가능한 위험성 등)에서는 근로자 참여가 보다 강조되고 있습니다. 따라서 위험성평가를 실시할 때, 사업주는 사전에 위험성 수준을 결정하고 유해·위험요인을 파악하거나 위험성 감소대책을 수립하는 경우 사업장 위험관리의 주요 구성원으로 근로자를 참여시켜야 합니다.

더불어, 관리감독자(부서장, 현장감독자)의 역할이 중요합니다. 관리감독자는 위험성평가 결과를 현장에 적용하고, 안전 관리 체계를 개선하는 데 주도적인 역할을 해야 합니다. 이를 통해 사업주의 위험성평가에 대한 의지를 강화하고 목표에 도달할 수 있습니다.

4 위험성평가 방법과 위험성 결정

01 유해·위험요인 파악과 위험성평가 방법

사업장 위험성평가를 실시할 때, 유해·위험요인을 파악하는 방법과 재해원인, 대책 수립을 4M 방식을 중심으로 살펴보겠습니다. 4M은 작업 공정과정에 잠재하고 있는 유해위험요인을 크게 4가지 분야, 즉 인적(Man), 기계적(Machine), 물질환경적(Media), 관리적(Management) 측면에서 리스크를 파악하여 위험제거 대책을 제시하는 방법입니다.

[4M에 기반한 재해원인 파악 및 재해예방 대책 예시]

기계적 요인(Machine)	물질환경적 요인(Media)
- 기계・설비의 설계상 결함 - 방호장치의 본질적 안전화 결함 - 안전설계와 방호장치 구축	- 작업공간(작업장 상태 및 구조) 결함 - 가스, 증기, 분진 등 발생 - 물질안전보건자료(MSDS) 확인
인적 요인(Man)	**관리적 요인(Management)**
- 근로자 특성의 불안전 행동 - 작업자세, 동작의 결함 유무 - 작업정보의 부적절 등	- 관리조직 결함 - 규정, 지침, 메뉴얼 등 미작성 - 교육・훈련의 부족

사업주는 유해·위험요인을 파악하기 위해 다양한 방법을 사용할 수 있습니다. 업종이나 규모 등 사업장 실정에 따라 사업장 순회점검, 청취조사, 안전보건 자료, 안전보건 체크리스트, 사업장 특성 등을 활용하여 위험성을 파악합니다.

[위험성평가표(4M-Risk Assessment) 예시]

작업 내용	평가구분 (4M)	유해·위험 요인	재해 형태	기존 위험성 관리활동	현재 위험성			추가 위험성 관리계획	험성 관리 후 위험성		
					빈도	강도	위험성		빈도	강도	위험성
기계 기구 설비 등	**인적**	자격자 운전, 화물과다 및 편하중 적재	추돌 추락		5	4	20				
	기계적	지게차 경보등 및 경보음 등 골게터 방어조치	충돌 협착 절단		1	1	1				
	물질	작업장 바닥상태	전도		3	3	9				
	환경적	작업장 조명상태	충돌								
	관리적	지게차 관리전담자 지정운행구간별 제한속도/규정, 표시부착	불안전한 행동		2	2	4				

출처 : 위험성평가 안내서(고용노동부)

기존에는 위험성평가를 수행할 때, 위험가능성과 중대성을 조합한 빈도 · 강도법만을 사용했습니다. 그러나 이 방법은 위험 가능성과 중대성을 수치로 나타내어 덧셈 · 곱셈 · 행렬 등으로 계산하다 보니 복잡하고, 중소규모 사업장에서는 적용하기 어렵다는 의견이 많았습니다. 이에 2023년 개정된 고시에서는 체크리스트법, 위험성 수준 3단계 판단법, 핵심요인 기술법 등의 방법을 도입하여, 위험성 크기를 계산하지 않고도 위험성평가를 실시할 수 있도록 하였습니다. 제시된 방법들은 위험성평가의 절차를 반영한 다양한 접근방식입니다. 사업주는 한 가지 방법에 국한되지 않고, 사업장의 특성에 따라 적절하게 조합하여 위험성평가를 수행할 수 있습니다. 이러한 유연성은 사업장의 현실적인 상황을 고려하여 위험성을 효과적으로 평가할 수 있도록 도와줍니다.

02 허용가능한 위험성 결정과 감소대책

위험성 수준과 허용가능한 위험성 수준을 판단할 때에는 법적인 기준과 사고로 이어질 가능성, 그 크기 등을 고려해야 합니다. 산업안전보건법, 산업안전보건기준에 관한 규칙 등 법령상 기준과 함께 유해·위험으로 인한 사고 발생 가능성과 사고 시 피해 규모 등을 종합적으로 판단합니다.

법령에 명시되지 않는 상황이나 설비에 대해서는 유사한 적용사례가 있는지, 국내나 해외의 기술기준이 있는지 찾아보면 위험성 수준을 판단할 수 있습니다. 다음과 같은 경우에는 특히 위험성 수준을 높게 분류하고 있습니다.

❶ 산업안전보건법 등에서 규정하는 사항을 만족하지 않는 경우
❷ 중대재해나 건강장해가 일어날 것이 명확하게 예상되는 경우
❸ 많은 근로자가 위험에 노출될 것으로 예상되는 경우
❹ 동종업계에서 발생한 중대재해와 재해와 연관이 있는 유해위험요인 등

위험성 수준이 높게 나타나는 경우에는 반드시 감소대책을 마련하고, 시행하여 허용가능한 위험성 수준 아래로 낮추어야 합니다. 또한, 사업주가 허용 가능한 위험성 수준을 정할 때에는, 그 이유에 대한 설명을 제시해야 합니다. 더불어 법령개정, 사업장 환경, 기술발전 등에 따라 위험성 수준과 허용 가능한 위험성 수준이 변화할 수 있음을 기억하기 바랍니다.

[위험성평가 체크리스트법 예시]

번호	유해 · 위험요인 파악(위험한 상황과 결과)	위험성 확인 결과			개선대책	강도 개선 완료일	담당자
		적정	보완	해당없음			
1	프레스에 방호장치가 설치되어있는가?		V				
2	프레스의 방호장치는 정상적으로 작동되는가?	V					
3	유압프레스에 안전블록을 구비하고 있는가?			V			

출처 : 위험성평가 안내서(고용노동부)

만약 사전 준비 과정에서 마련해 놓은 위험성 수준판단 기준이 모호한 경우에는 여러 가지 위험성평가 방법을 활용할 수 있습니다. 위험성 수준 3단계 판단법, 체크리스트법, 핵심요인 기술법과 함께 기존에 위험성평가 기법으로 활용되던 빈도·강도법 등이 있습니다. 이 중에서 영국 산업안전보건청 기준을 도입하여 국내 중소규모 사업장에 적용되는 핵심요인 기술법은 질문에 단계적으로 답변하면서 위험성을 결정하고, 감소대책을 수립하여 시행하는 방법입니다. 핵심 질문으로는 "유해위험요인은 무엇인가?", "누가 어떻게 피해를 입을까?", "현재 시행 중인 안전조치는 무엇인가?", "추가적으로 필요한 조치는 무엇인가?"등이 있습니다.

[위험성평가 핵심요인기술법 예시]

유해위험요인 파악	위험성 결정	위험성 감소대책 수립 및 실행
- 어떤 유해 · 위험요인이 있는가? - 누가 어떻게 피해를 입는가?	- 현재 시행 중인 조치는 무엇인가? - 추가적으로 필요한 조치는 무엇인가?	안전조치 실시
파악	평가 · 결정	

출처 : 위험성평가 안내서(고용노동부)

여기에서는 핵심요인기술법을 통하여 위험성결정 사례를 살펴보았지만, 체크리스트법이나 위험성 수준 3단계 판단법, 빈도·강도법 또한 이와 유사한 원리에 따라 위험성을 결정합니다. 2023년 고시가 개정되기 이전에 주로 사용되었던 빈도·강도법에서는 정량적인 측면을 중심으로 평가했다면, 새로 도입된 평가에서는 정성적인 부분을 포함시켜 측정하고 있습니다. 체크리스트법, 위험성 수준 3단계 판단법, 핵심요인 기술법은 위험의 가능성과 정도를 정성적으로 평가하는 방법이므로, 위험성의 정도와 빈도에 따른 내용은 크게 달라지지 않았다고 볼 수 있습니다.

[빈도· 강도법 위험성 결정 예시]

위험성 수준		관리기준	비고
9-12	약간 높음	개선	조건부 위험작업 수용
15	높음	개선	위험작업 불허
16-20	매우 높음	즉시 개선	

출처 : 위험성평가 안내서(고용노동부)

위험성을 결정한 결과, 허용 가능한 위험성이 아니라고 판단되는 경우에는 위험성의 크기와 영향을 받는 근로자의 수 및 다음의 순서를 고려하여 위험성을 감소시키는 대책을 수립하고 실행해야 합니다. 이 때 법령에서 정하는 사항과 그 밖에 근로자의 위험 또는 건강장해를 방지하기 위하여 필요한 조치를 반영해야 합니다. 구체적으로는 ▷ 위험한 작업의 폐지 · 변경, 유해 · 위험물질 대체 등의 조치 또는 설계나 계획단계에서 위험성을 제거 또는 저감하는 조치 ▷ 연동장치, 환기장치 설치 등의 공학적 대책 ▷ 사업장 작업 절차서 정비 등의 관리적 대책 ▷ 개인보호구의 사용 등의 순서로 대책을 마련합니다.

[위험요인의 제거·대체 및 통제의 효과성 비교]

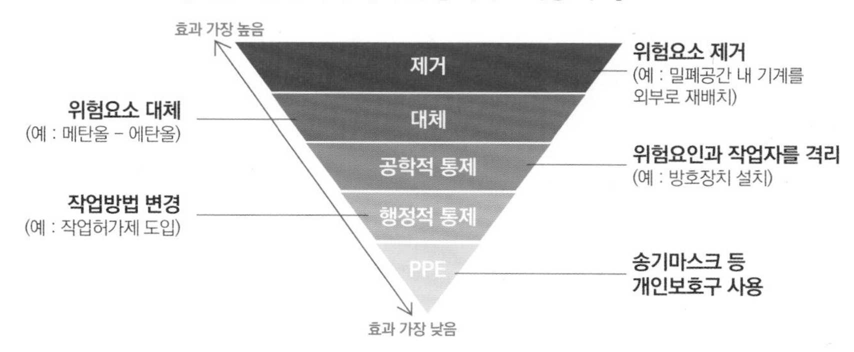

출처 : 위험성평가 안내서(고용노동부)

위험성 감소대책을 마련하면서 고려해야 할 점은 다음과 같습니다. 먼저 법령 등에 규정된 사항이 있는지 검토하여 법령에 규정된 방법으로 조치를 취하는 것이 최우선입니다. 위험한 작업을 아예 폐지하거나 기계 · 기구, 물질의 변경 또는 대체를 통해 위험을 본질적으로 제거하는 방안을 우선적으로 고려하여야 합니다. 이러한 방법으로 위험성을 줄이기 어렵다면 인터록, 안전장치, 방호문, 국소배기장치 등 유해 · 위험요인의 유해성이나 위험에의 접근 가능성을 줄이는 공학적 방법을 검토합니다. 이러한 시도로도 제거되지 않는다면 작업매뉴얼을 정비하거나, 출입금지 · 작업허가 제도를 도입하고 근로자들에게 주의사항을 교육하는 등 관리적 방법을 살펴봅니다. 마지막으로, 위의 조치들로 줄이기 어려운 위험에 대한 최후 방법으로 개인보호구 사용을 검토해야 합니다.

[3대 사고유형, 8대 위험요인의 단계별 감소대책 예시]

위험요인		제거 · 대체	공학적 대책	관리적 대책	개인보호구
추락	비계	시스템비계 사용	작업발판, 안전난간 설치	특별교육	안전모, 안전대 착용
	지붕	고소작업대 사용 등 지붕위 작업 최소화	작업발판 설치, 채광창 덮개, 추락방호망 설치	작업전 관리감독	안전모, 안전대 착용
	사다리	이동식 비계 등 작업발판으로 대체	전도방지조치 (아우트리거 등)	2인 1조 작업	안전모, 안전대 착용
	고소 작업대	현장에 적합한 사양의 장비 사용	작업대 안전난간 설치, 방호장치 설치, 아우트리거 설치	작업계획서 작성, 유도자 배치	안전모, 안전대 착용
끼임	점검 · 수리시 전원잠금 및 표지부착 (LOTO)	전원차단 (에너지원의 제거)	기동스위치 잠금장치 사용, 안전블럭 사용	전원투입금지 표지판 설치, 정비작업절차 수립, 작업허가제 운영	
	방호장치	안전인증받은 기계 · 기구로 대체, 위험부가 노출되지 않도록(밀폐형구조)로 변경	방호장치, 방호덮개, 울타리 등 설치	작업전 정상 작동 여부 점검	말려들어 갈 위험이 없는 작업복 사용
부딪힘	매우 높음	시공시 공정관리로 중첩 최소화, 차량과 근로자의 이동 동선 분리	지게차 후방경보장치, 경광등 설치, 스마트 안전장치 사용, 안전 통행로 설치	작업계획서 작성, 작업지휘자 배치, 유도자 배치, 출입통제	안전모 착용

출처 : 위험성평가 안내서(고용노동부)

5 권고사직과 해고, 무엇이 어떻게 다른가?

근로관계의 성립과 존속만큼이나 중요한 영역이 근로관계의 '종료'입니다. 근로자들이 종료 시점에 적극적으로 권리를 요구하는 경향이 강하기 때문에 노동사건 중에서도 분쟁이 많고 치열합니다. 특히, 근로관계의 종료 사유가 '해고'냐 '권고사직'이냐의 다툼이 가장 빈번합니다. 따라서 둘의 차이를 정확히 이해하여 관련한 노동사건에 선제적이고 적절하게 대응하길 기대합니다.

01 권고사직과 해고의 혼동

해고란 사업장에서 불리는 명칭이나 절차에 관계없이 사용자의 일방적 의사에 따라 근로자의 의사에 반하여 이루어지는 일체의 근로계약관계 종료를 의미합니다. 민법에 따르면, 사용자는 광범위한 해고의 자유를 가지나, 해고의 자유는 경제적 · 사회적 약자의 지위에 있는 근로자에게는 대부분 '직장 상실'의 위험을 뜻합니다. 이에 따라 근로기준법은 해고의 자유를 여러 방면에서 제한하여 근로의 기회를 보호합니다.

근로기준법 제23조 제1항은 "사용자는 근로자에게 정당한 이유없이 해고를 하지 못한다"라고 하여 실체적인 정당성 요건을 정하고 있습니다. 또한 실체적으로 정당한 이유가 있는 해고라 하더라도, 특정 시기에는 해고를 금지하고 있습니다(근기법 제23조 제2항). 해고사유와 시기를 서면으로 통보하며(근기법 제27조), 해고사실을 30일 전에는 통보하거나, 30일분의 통상임금을 지급해야 하는 등(근기법 제26조) 절차적 정당성 요건을 갖추며 해고를 실체적, 절차적으로 제한하고 있습니다.

최근 '근무성적 불량'과 해고의 정당성에 관한 판례에 따르면, 「① 사용자가 근로자의 근무성적이나 근무능력이 불량하다고 판단한 근거가 되는 평가가 공정하고 객관적인 기준에 따라 이루어져야 하며 ② 근로자의 근무성적이나 근무능력이 다른 근로자에 비하여 상대적으로 낮은 정도를 넘어 상당한 기간 동안 일반적으로 기대되는 최소한에도 미치지 못하고, ③ 향후에도 개선될 가능성을 인정하기 어렵다는 등 사회통념상 고용관계를 계속할 수 없을 정도인 경우에 한하여 해고의 정당성이 인정된다고 합니다. 이때 사회통념상 고용관계를 계속할 수 없을 정도인지의 근로자의 지위와 담당 업무의 내용, 그에 따라 요구되는 성과나 전문성의 정도, 근로자의 근무성적이나 근무능력이 부진한 정도와 기간, 사용자가 교육과 전환배치 등 근무성적이나 근무능력 개선을 위한 기회를 부여하였는지 여부, 개선의 기회가 부여된 이후 근로자의 근무성적이나 근무능력의 개선 여부, 근로자의 태도, 사업장의 여건 등 여러 사정을 종합적으로 고려하여 합리적으로 판단해야 한다(대판 2021.2.25., 2018다253680)」 고 판시하고 있습니다.

해고사유의 정당성을 입증하는 것은 생각하는 것보다 어렵고 복잡한 일입니다. 종합하자면, 해고의 정당한 사유(실체적 정당성)와 절차적 정당성을 모두 인정받아야 합니다. 단순히 성과가 좋지 않거나 회사가 어려워졌다는 이유로 근로자를 해고할 수 없으며, 해고 사유와 절차가 노동법에 위배되면 부당해고로 인정되어 근로자를 원직에 복직시키고 해고기간 동안의 임금상당액을 지급하는 등 민사상 비용이 발생합니다.

반면, 권고사직은 사용자의 일방적인 통보와는 달리 사용자와 근로자의 상호 합의에 의해 이루어지는 사직입니다. 근로자가 사직서를 제출한 후 사용자가 이를 수리하면 합의에 의한 근로관계의 종료, 즉 합의해지(합의퇴직)와 동일한 효과가 발생합니다. 권고사직은 합의의 과정에서 사용자가 먼저 근로자에게 합의해지 청약의 의사표시(사직 권고)를 하고 근로자가 이에 동의하여 근로계약을 종료하는 방식입니다. 권고사직은 해고와는 달리 실체적, 절차적 정당성이 필요하지 않습니다. 다만, 경제적 또는 도의적 차원의 배려로 위로금 등의 지급조건 등을 붙여 사직을 권유하는 경우가 있습니다. 근로자가 동의하는 과정에서 지급조건을 해고의 절차적 요건(해고예고수당)과 혼동하는 면이 있으니, 주의해야 합니다. 결론적으로 권고사직(합의해지)은 사유와 시기를 가리지 않고 가능합니다.

02 혼동으로 인한 분쟁 방지와 단계별 유의사항

혼동으로 인한 분쟁을 방지하고 근로관계 종료 절차를 원활하게 진행하기 위해서는 몇 가지 유의사항을 고려해야 합니다. 첫 번째는, 진실된 소통과 개선의 노력입니다. 사업주는 문제가 있는 근로자를 빨리 해고하려는 방법만을 모색합니다. 그러나 앞에서 설명한 것과 같이 해고요건은 엄격하므로 부당해고로 연결될 가능성이 높다는 점을 기억해야 합니다. 이럴 때일수록 서두르지 말고 문제상황에 대하여 근로자와 사업주 간 진실한 소통과 개선을 위해 노력해야 합니다. 이런 과정의 여부에 따라 근로자와의 합의 방향이 달라질 수도 있다는 점을 많은 사업주가 놓치고 있습니다. 사업주와의 진솔한 소통을 경험한 근로자는 갈등으로 쌓아 올렸던 마음의 벽을 허물고 개선점을 찾아보려 노력할 수도 있고 혹은 사측의 권고사직 제안을 이성적으로 검토하여 원만하게 수락할 수도 있습니다. 반대로 감정에 치우친 성급한 해고는 근로자에게 큰 상처를 줄 수 있으며, 없던 감정도 불러일으켜 노동분쟁을 야기할 수 있습니다. 진실된 소통은 합의점을 찾는 데 큰 효과가 있습니다.

두 번째는, 정확한 권고사직 제안과 수락입니다. 회사의 사정을 허심탄회하게 설명하고 조심스럽게 사직을 권고하는 것은 일방적인 해고 통보와는 다릅니다. 근로자가 입게 될 피해를 예상하여 물질적인 보상을 함께 제안하면 근로자는 심사숙고하며 그 제안을 받아들일 가능성이 높습니다. 일부 사업주는 이러한 보상을 아깝게 여길 수 있지만, 부당해고 등과 같은 노동사건으로 인해 발생하는 시간과 비용을 따져보았을 때 일정 보상이 합리적인 대안이 될 수 있습니다. 또한, 정확한 의사의 표시로서 '사직서'를 작성하여 양측의 입장을 확실히 해야 합니다.

근로관계의 종료는 사업주와 근로자 모두에게 득과 실이 있습니다. 진정성 있는 소통과 정확한 의사소통으로 불필요한 노동분쟁을 사전에 예방하고, 효율적인 인사관리 단계로 자리잡을 수 있도록 세심한 주의를 기울여야 합니다. 회사의 경영사정에 따라 부득이 사직을 권고해야 한다면 실무자 입장에서는 아래와 같은 내용을 유의해야 합니다. 회사에서 권고사직을 하더라도 최종적으로는 근로자가 사직을 수용해야 근로관계가 종료됩니다. 만약 근로자가 업무상 큰 손해를 끼치거나, 비리 행위를 저지르는 등 징계해고에 준하는 잘못을 한 경우라면 권고사직을 수용할 가능성이 높습니다. 하지만 단순히 근로자의 역량이 부족하다거나, 실적이 부진하다는 이유로 사직을 권한다면 그 수용성은 낮을 수밖에 없습니다.

따라서 회사는 근로자가 사직을 받아들일 수 있도록 설득력 있는 권고사직 사유를 준비해야 합니다. 특히 업무성적 부진을 이유로 권고사직을 할 때는 근로자의 근무성적이나 근무능력이 다른 근로자에 비해 상대적으로 낮다는 객관적인 자료를 제시하여 면담하는 것이 바람직합니다. 이를 위해서는 평상시 업무목표를 명확하게 부여하고, 공정하고 객관적인 기준에 따라 평가를 진행하며, 관련 데이터를 잘 축적해 두는 노력을 선행해야 합니다.

사직종용 횟수가 많지 않고 그 강도가 세지 않은 경우라도 근로자는 이를 해고로 받아들일 수 있습니다. 대표이사가 식사면담을 하면서 "면접내용과 달리 업무를 제대로 수행하지 못하니 다른 직장을 알아보는 게 좋을 것 같다"고 말하고 다음 날 "거취를 어떻게 결정할 예정이냐?"라고 물어본 사례가 있었습니다(서울행정법원 2015. 12. 3. 선고 2015구합55448 판결). 사직종용 횟수가 두 번밖에 되지 않고 그 강도가 세지 않았음에도 근로자는 해고라고 받아들였고, 업무일지에 '오늘부로 해고 통보를 받았다'고 기재했습니다. 이 사례에서 법원은 권고사직 면담이 사실상 해고라고 판단했습니다. 해고의 권한이 있는 사용자가 먼저 업무능력 부진을 이유로 사직을 제안한 점, 근로자가 다음 날 업무일지에 '오늘부로 해고 통보를 받았다'고 작성했는데 사용자가 이를 묵인한 채 도장을 찍은 점, 이후 사용자는 근로자에게 출근명령을 하지 않은 점까지 고려한 판단이었습니다.

따라서 실무자는 권고사직 시 면담 과정에서 언행에 특히 주의를 기울여야 합니다. '말'을 할 때는 단정적인 어휘·어조사용을 지양해야 합니다. 경영 상황 등 권고사직 면담을 하게 된 배경을 설명하고, 이 면담이 일방적으로 해고를 통보하려는 자리가 아니며, 권고사직 수용 여부는 본인의 선택에 따른다는 점을 충분히 안내해야 합니다. 아울러, '행동'도 주의해야 합니다. 권고사직 면담 도중 사용자가 일정한 조치를 하는 경우 묵시적 의사표시에 의한 해고로 판단될 수 있기 때문입니다.

사용자가 근로자에게 "사표를 쓰라"고 말하면서 열쇠 반납을 요구한 사례(대법원 2023. 2. 2. 선고 2022두57695 판결)에서 최근 법원은 묵시적 의사표시에 의한 해고라고 판단했습니다. 또한 사직면담 이후 근로자의 책상을 사무실에서 뺀 사례(서울고등법원 2020. 6. 11. 선고 2019누65582 판결. 대법원 2020. 10. 29. 선고 2020두43173 심리불속행기각으로 판결 확정)와 출입증을 회수해 사업장에 출입을 못하게 한 사례(서울고등법원 2011. 2. 10. 선고 2010누23752 판결), 갑작스럽게 기존 수행업무를 중단시킨 사례(울산지방법원 2018. 7. 5. 선고 2017가합23499 판결)에서도 사실상 회사의 일방적인 해고 의사표시가 있었다고 보았습니다.

근로자가 회사의 권고사직을 수용한 경우 실무자는 근로자의 사직의사를 명확하게 하기 위해 사직서부터 청구해야 합니다. 그리고 '귀하가 제출한 사직서가 수리되었다'라는 내용을 서면, 문자, 이메일 등을 통해 통보를 해야 합니다. 법원에서는 "근로자가 사직서를 제출해 근로계약 관계의 해지를 청약하는 경우 그에 대한 사용자의 승낙의사가 형성돼 그 승낙의 의사표시가 근로자에게 도달하기 이전에는 근로자가 사직의 의사표시를 철회할 수 있다(대법원 2000. 9. 5. 선고 99두8657 판결)"고 판단하고 있습니다. 대표이사가 사직서를 내부적으로 수리했다 하더라도, 근로자에게 명확히 의사가 전달되지 않았다면, 언제든 사직 의사표시를 철회할 수 있습니다.

한편, 권고사직 면담 이후 근로자가 고민해 보겠다고 하는 등 권고사직을 수용하지 않은 경우에는 사용자가 일방적으로 근로관계를 단절하는 것으로 해석될 수 있는 인사조치를 지양해야 합니다. 예를 들어 정상적인 업무수행을 하지 못하도록 비품반납을 요구하는 조치, 면담 당일까지의 급여를 즉시 정산하는 조치, 4대 보험을 상실시키는 조치 등이 포함됩니다. 당사자 의사표시 영역은 개별적이고 구체적인 사정을 종합적으로 고려하기에, 현실에서는 해고인지 사직인지 구별하기 애매한 경우가 많습니다. 이상의 판단기준이 근로관계 종료의사를 확인하는 절대적인 기준이 될 수 없지만, 적어도 실무자가 해고와 권고사직을 구별하는 데 참고가 될 것입니다.

6 근로자대표의 역할이 점점 더 중요해지는 이유

최근 주 52시간 근무제의 확산으로 탄력근로제, 시차출근제 등과 같은 유연근무제를 도입하는 기업이 늘고 있습니다. 특히, 유연근무제를 도입할 때 서면 합의 대상으로 '근로자대표'를 근로기준법에서도 정하고 있는 만큼 근로자대표의 역할과 중요성이 더욱 커졌습니다. 이에 따라 근로자대표제의 취지를 바탕으로 노사 간 협력의 의미도 다시 한번 짚어보도록 하겠습니다.

01 근로자대표의 역할과 권한 이해

근로기준법 제24조 제3항에 따르면, 근로자대표는 "사업 또는 사업장에 근로자의 과반수로 조직된 노동조합이 있는 경우에는 그 노동조합, 근로자의 과반수로 조직된 노동조합이 없는 경우에는 근로자의 과반수를 대표하는 자"로 정하고 있습니다. 근로자대표의 권한은 예상보다 강력합니다. 근로시간제도의 유연한 적용을 위해 근로기준법 제4장에서 근로시간 및 휴식 등에 관한 규정에 대한 서면합의의 주체도 되고, 경영상 해고 시 협의 대상도 됩니다. 최근에는 산업안전 측면에서 안전보건관리규정을 작성하거나 변경할 때 근로자대표의 동의를 받아야 하는 등 그 역할이 날로 중요해지고 있습니다.

[근로자대표의 다양한 역할]

❶ 3개월 이내 및 3개월 초과 탄력적근로시간제 도입 (제51조, 제51조의2)
❷ 선택적 근로시간제 도입 (제52조)
❸ 연장근로 · 야간근로 및 휴일근로에 대하여 임금을 지급하는 것에 갈음하여 휴가를 줄 수 있는 선택적 보상휴가제 도입 (제57조)
❹ 간주 근로시간제 (제58조제2항)
❺ 재량 근로시간제 (제58조제3항)
❻ 근로시간 및 휴게시간 특례업종에서 주12시간 초과 연장근로 및 휴게시간 변경운용 (제59조)
❼ 연차유급휴가의 대체 (제62조)
❽ 공유일 대체(제55조 제2항)
❾ 경영상 이유에 의한 해고의 제한시 협의 (제24조 제3항)
❿ 안전보건관리규정 작성 및 변경시 동의 (산업안전보건법 제26조)

근로기준법 제4장 규정에 대한 서면합의의 주체는 '근로자대표'입니다. 사업주와 개별 근로자 간의 계약이 아니라 근로자대표가 합의의 주체가 되는 이유는 무엇일까요? 이는 근로기준법 제4조 '근로조건은 근로자와 사용자가 동등한 지위에서 자유의사에 따라 결정하여야 한다'는 '근로조건 대등결정의 원칙'에서 비롯합니다. 경제적 우위를 가진 사용자가 근로시간과 같은 조건을 불리하게 변경할 때, 개인은 자유의사에 따라 그 변경을 거부하기 어렵습니다.

이에 근로자대표라는 집단의 목소리를 만들어 사용자와 동등한 지위에서 의사결정을 내리도록 하는 취지입니다. 또한, 서면합의는 사업장의 모든 근로자에게 적용되는 규제사항을 담고 있기 때문에, 조합원만을 대상으로 하는 단체협약에는 부적절합니다. 동시에 그 규제사항이 근로시간과 같은 근로조건의 핵심 내용을 다루고 있어 사용자의 일방적 작성을 통해 마련되는 취업규칙에 맡기기 곤란한 측면도 그 이유입니다.

02 근로자대표 제도의 중요성 재발견

우리나라의 노조 조직율은 2021년 기준 약 14% 수준입니다(KOSIS 국각통계포털). 달리 말하자면, 약 80~90%의 회사에는 '노조대표'가 없기 때문에, 대다수의 기업은 법에서 정한 대로 근로자의 과반수를 대표하는 '근로자대표'를 선정해서 그 역할을 부여합니다. 하지만, 근로자대표 선정 과정에 대한 명확한 법규정이 부족하여 사용자의 편의대로 선정되는 경우가 많습니다. 고용노동부에서는 ① 전체 근로자에게 근로자대표의 권한에 대한 내용을 인지시킬 것, ② 근로자들의 자유로운 의사결정이 보장되어야 할 것 ③ 근로자 과반수의 의사를 모으는 방법으로 선정할 것 등을 권고하고 있습니다.

그러나 대다수의 사업장에서는 근로자대표가 누구인지조차 모르는 경우도 많습니다. 사용자 측에서 사용자의 이익을 대변할 만한 근로자를 대표로 삼아 형식적으로 근로자대표 선출동의서에 서명을 받는 것으로 이 과정을 형식적인 절차로 진행하는 것이 현실입니다. 이로 인해 탄력근로제 도입, 연차대체합의, 경영상 해고협의, 산업안전 등 자의적으로 사용자에게 유리한 방향으로 악용될 가능성도 있습니다. 근로자집단의 자유로운 의사결정이라는 취지가 무색한 상황이 아닐 수 없습니다.

근로자대표제가 제 기능을 다하기 위해서는 보완이 필요합니다. 이를 위해 근로자대표 선정과정에서 민주적인 의견수렴 절차 등과 같이 구체적 지침을 포함한 근로자대표제도에 대한 운영방법, 임기보장, 상설기구화 등의 제도적 보완이 필요합니다. 근로자대표의 법적 지위와 권한을 분명히 하여 근로자의 이익을 충실히 대변하고 근로조건 결정 대등의 원칙을 실현해야 합니다. 근로자대표제가 기능을 하지 못하는 가장 큰 이유는 근로자의 근로조건 개선 등을 향한 목소리가 기업의 손해라는 사업주의 인식 때문입니다.

노사가 진정으로 상생하기 위해서는 근로자들의 이익이 기업의 손해라는 발상을 멈춰야 합니다. 근로자대표제가 단순히 형식적인 제도가 아닌, 진정한 노사 상생을 위한 필수적인 시스템임을 인식해야 합니다. 기술발전 등으로 급변하는 시장에서는 사용자와 근로자가 한 배를 탄 팀으로써 시장에 기민하게 대응하고, 창의적인 업무성과를 창출하기 위한 근로조건 개선을 적극적으로 검토해야 합니다. 이를 위해서는 제도적 개선과 함께 사회적 인식 개선도 필요합니다. 근로자대표제를 통해 노사 상생의 새로운 길을 모색해야 할 때입니다.

7 직장 내 괴롭힘 금지! 건강한 근무 환경 조성하기

01 직장 내 괴롭힘 금지 제도 이해

2019년 7월 16일부터 시행된 근로기준법 제76조의 2에 따라, 직장 내 괴롭힘은 사용자 또는 근로자는 직장에서의 지위 또는 관계 등의 우위를 이용하여 업무상 적정범위를 넘어 다른 근로자에게 신체적·정신적 고통을 주거나 근무환경을 악화시키는 행위로 명확히 규정되고 법적으로 금지되었습니다. 직장 내 괴롭힘의 구성요소는 크게 다음의 4가지로 볼 수 있습니다.

❶ **주체 :** 사용자 또는 근로자
❷ **지위의 활용 :** 직장에서의 지위나 관계 등에서의 우위
❸ **업무 일탈 :** 업무의 적정범위 이상의 행위
❹ **인적, 환경적 침해행위 :** 근로자에게 신체적, 정신적 고통을 주거나 근무환경을 악화시키는 행위

위 4가지 요소를 모두 충족해야만 직장 내 괴롭힘에 해당한다고 볼 수 있습니다. 다음은 직장 내 괴롭힘과 관련된 판례사례입니다.

가. 하급자여도 직장 내 괴롭힘 가해자로 인정된 사례 (서울행법2020구합74627)

가해자 A는 피해자의 하급자였지만 상급자인 B과장과 함께 사내메신저로 피해자에 관한 욕설을 하며 자신의 상급자를 상대로 성희롱과 괴롭힘 행위를 연달아 저지름으로써 참가인 회사의 위계질서를 심각하게 훼손하였다. A는 피해자보다 직위가 낮지만, 원고와 피해자 및 B과장 단 3명으로 구성된 조직 내에서 가장 선임자인 B과장과 합세하는 수법을 사용하여 피해자를 상대로 지위 및 관계상의 우위를 점할 수 있었고, 이러한 우위를 바탕으로 피해자를 괴롭힌 것이라 평가할 수 있다.

나. 인사권자의 업무분장이 직장 내 괴롭힘으로 인정된 사례 (서울중앙지법 2020가단5296577)

피고 B는 팀 내 셀배치를 변경하면서 D셀에는 나머지 셀들과는 달리 셀장 없이 셀원인 원고만을 배치하였다. 위 업무분장 조정 이후 원고는 실질적인 업무를 담당하지 못하게 되었으며, 또한 피고 B는 위 업무분장 조정 및 부서배치 변경에 따른 자리배치를 새로 정하면서 원고에 대한 아무런 통지 없이 다른 팀원들과 달리 원고만 혼자서 따로 앉도록 정하였다. 살피건대, ①~④ (생략) ⑤ 셀장이 배치되지 않은 원고로서는 정상적으로 업무를 수행하거나 새로운 업무를 배정받는 데 있어서 상당

한 어려움을 겪었을 것으로 보이는 점 등에 비추어 볼 때, 피고 B는 이 사건 업무분장 조정을 통하여 원고의 정당한 회사 업무 수행을 방해하였고, 위 피고의 이러한 행위는 업무상 적정 범위를 넘어 원고에게 정신적 고통을 주거나 근무환경을 악화시키는 행위에 해당한다고 봄이 상당하다. 원고가 피고 B의 이러한 위법한 행위로 인하여 상당한 정신적 고통을 받았을 것임이 경험칙상 명백하므로, 민법 제750조의 불법행위에 대한 책임으로서 원고가 입은 정신적 손해를 배상할 책임이 있다.

첫 번째 사례는 가해자가 직장 내에서 피해자보다 직급이 낮더라도 선임자와 함께 지위나 관계상의 우위를 이용하여 피해자에게 신체적·정신적 고통을 주고 근무환경을 악화시키는 경우, 직장 내 괴롭힘으로 간주될 수 있다는 것을 보여줍니다. 반면, 두 번째 사례는 인사권자의 재량사항이더라도 업무상 필요성 등 여러 사정을 고려하여 직장 내 괴롭힘으로 인정할 수 있음을 보여준 사례에 해당합니다.

2021년 4월 13일 법 개정을 거치면서, 직장 내 괴롭힘 해당 여부에 대한 판단은 사용자의 재량적 인사권과 근로자의 인격권 사이에서 다소 애매한 점이 많았습니다. 이에 관련된 내용과 판단기준에 대해 구체적으로 살펴보고자 합니다. 직장 내 괴롭힘에서 금지되는 주체는 사용자와 근로자입니다. 근로기준법 제2조 제2항에 따르면, 사용자는 사업주 또는 사업경영 담당자, 그 밖에 근로자에 관한 사항에 대하여 사업주를 위하여 행위하는 자를 말합니다. 사업경영 담당자는 사업주가 아니면서 사업경영 전반에 대한 총괄 권한을 가지고 있으며, 사업주로부터 사업경영의 전부 또는 일부에 대해 포괄적인 위임을 받고 대외적으로 사업을 대표하거나 대리하는 자를 의미합니다.

근로자에 관한 사항에 대해 사업주를 위하여 행위하는 자는 사업주 또는 사업경영 담당자로부터 권한을 위임받아 자신의 책임 아래 근로자 채용, 해고 등 인사처분을 할 수 있고, 직무상 근로자의 업무를 지휘·감독하며 근로조건에 관한 사항을 결정하고 집행합니다. 특히, 근로기준법 개정으로 인해 사용자의 범위에는 사용자의 친족도 포함되었습니다(제116조). 여기서 금지의 주체인 근로자라고 하면 다른 근로자에 대해 직장에서의 지위나 관계 등에서 우위를 가진 자를 뜻합니다.

직장 내 괴롭힘은 조직문화나 권위주의적 위계질서가 강한 조직에서 주로 발생합니다. 이는 사회적, 경제적으로 우월한 지위에 있는 사람들이 사회적 약자를 대상으로 권력형, 우월적 지위를 이용하여 괴롭힘을 가하는 경우가 많습니다. 우위성이란, 피해자가 괴롭힘 행위에 대해 저항하거나 거절하기 어려울 가능성이 높은 관계를 의미합니다. 지위의 우위는 괴롭힘 행위자가 지휘명령 관계에서 상위에 있거나 직접적인 지휘명령 관계가 아니어도 직위, 직급체계상 상위에 있음을 이용하는 것입니다. 행위자가 피해자와의 관계에서 우위에 있는지는 특정 요소에 대해 사업장 내에서 통상적으로 이루어지는 평가를 바탕으로 판단합니다. 따라서 직장에서의 지위나 관계 등의 우위를 이용한 것이 아니라면 직장 내 괴롭힘에 해당되지 않습니다.

02 업무 적법 일탈행위와 직장 내 괴롭힘의 특수성

업무의 적정범위를 넘는 것으로 인정되는 행위는 다음의 7가지로 분류할 수 있습니다.

❶ **폭행 및 협박 행위 :** 신체에 직접 폭력을 가하거나 물건에 폭력을 가하는 등 직간접적으로 물리적 힘을 행사하는 폭행이나 협박 행위는 업무상 적정범위를 넘은 행위입니다.

❷ **폭언·욕설·험담 등 언어적 행위 :** 공개된 장소에서 이루어지는 등 제 3자에게 전파되어 피해자의 명예를 훼손할 정도인 것으로 판단되면 업무상 적정범위를 넘은 행위입니다. 특히, 지속 반복적인 폭언이나 욕설은 피해자의 인격권을 심각하게 해치고 정신적인 고통을 유발할 수 있으므로 업무상 적정범위를 넘는 행위라고 할 수 있습니다.

❸ **사적 용무 지시 :** 개인적인 심부름을 반복적으로 시키는 등 인간관계에서 용인될 수 있는 부탁의 수준을 넘어 행해지는 것은 업무상 적정범위를 넘은 행위라고 할 수 있습니다.

❹ **집단 따돌림 :** 집단 따돌림과 업무수행 과정에서의 의도적으로 무시하고 배제시키는 행위 또한 사회통념을 벗어난 업무상 적정 범위를 넘어선 행위입니다. 여기에는 정당한 사유없이 업무와 관련된 중요한 정보제공이나 의사결정 과정에서 배제시키는 것, 정당한 이유없이 부서이동 또는 퇴사를 강요하는 것, 정당한 이유없이 훈련, 승진, 보상, 일상적인 대우 등에서 차별하는 것 등이 포함됩니다.

❺ **업무와 무관한 일을 반복 지시하는 행위 :** 근로계약 체결 시 명시했던 업무와 무관한 일을 근로자의 의사에 반하여 지시하는 행위가 반복되고 그 지시에 정당한 사유가 인정되지 않는다면 업무상 적정범위를 넘어선 행위라고 할 수 있습니다. 여기에는 근로계약서 등에 명시되어 있지 않은 허드렛일만 시키거나 일을 거의 주지 않는 사례 등이 포함됩니다.

❻ **과도한 업무 부여 :** 업무상 불가피한 사정이 없음에도 불구하고 해당업무 수행에 대해 물리적으로 필요한 최소한의 시간마저도 허락하지 않는 등 과도한 업무를 부여하는 것으로, 그 행위가 타당하지 않은 것으로 판단되면 업무상 적정범위를 넘어선 행위로 간주됩니다.

❼ **원활한 업무수행을 방해하는 행위 :** 업무에 필요한 주요 비품(컴퓨터, 전화 등)을 제공하지 않거나, 인터넷 사내 인트라넷 접속을 차단하는 등 원활한 업무수행을 방해하는 행위는 사회통념을 벗어난 행위로서 업무상 적정범위를 넘어선 행위가 포함됩니다.

직장 내 괴롭힘은 사용자나 근로자가 다른 근로자에게 직장 내 괴롭힘을 통해 근로자에게 신체적, 정신적 고통을 주거나 근무환경을 악화시키는 행위입니다. 사업주가 의도적으로 특정 근로자를 화장실 앞으로 업무자리를 옮겨 창피를 주거나 근로자가 제대로 된 업무를 수행할 수 없는 환경을 조성하는 경우 근무환경을 악화시켰다고 볼 수 있습니다. 행위자의 의도가 없었더라도 그 행위로 인해 신체적·정신적 고통을 느꼈거나 근무환경이 예전보다 나빠졌다면 인정될 수 있습니다.

최근 2~3년 동안 직장 내 괴롭힘 사건의 진정제기가 증가하고 있습니다. 과거에는 직장 내 성희롱 사건이 주로 문제가 되었지만, 현재는 범위가 확대되어 다양한 유형의 직장 내 괴롭힘 사건들이 발생하고 있습니다. 특히, 주의해야 할 점은 사건 진행 과정에서 가해자와 피해자의 주체가 명확하지 않을 수 있다는 점입니다. 상대방은 진정 제기자를 가해자라고 주장하는 반면, 진정 제기자는 자신이 피해자라고 주장할 수 있습니다. 이러한 상황은 직장 내 괴롭힘 매뉴얼의 부재로 인해 악용될 가능성이 있으며, 초기 대응이 미흡하거나 명확한 지침이 없는 경우 더욱 복잡해질 수 있습니다. 직장 내 괴롭힘 사건은 성희롱, 근무조건 불만, 동료와의 갈등 등 다양한 요인이 복합적으로 작용하여 불거져 나올 수 있습니다. 따라서 법적인 문제 이전에 건강한 근무환경을 조성하기 위해 조직문화 차원에서 근본적인 해결 방안을 모색해야 합니다.

괴롭힘 여부를 판단하기 위해서는 괴롭힘 행위의 심각성, 지속성, 행위자의 의도 등을 종합적으로 고려해야 합니다. 또한, 괴롭힘 행위의 대상이 되는 근로자가 괴롭힘 행위를 회피하거나 저항하기 어려운 경우, 괴롭힘 행위자가 괴롭힘 행위를 하는 데 있어서 자신의 지위를 남용하는 경우 등을 고려하여 판단해야 합니다. 현재 상시근로자가 4인 이하인 사업장에는 직장 내 괴롭힘 규정이 적용되지 않고 있습니다. 하지만 규모가 작은 사업장일수록 특정인이 우위성을 갖고 근로자를 괴롭히는 경우 실질적으로 이를 금지하기 어려운 실정입니다. 이에 따라, 5인 미만 사업장도 반드시 직장 내 괴롭힘 금지 제도의 범위에 포함될 수 있도록 개선해야 합니다.

직장 내 괴롭힘을 예방하고 해결을 하기 위해서는 명확한 직장 내 괴롭힘 정책 수립 및 공지, 직장 내 괴롭힘 교육 실시, 신고 시스템 구축, 신속하고 공정한 조사 및 처리, 피해자 보호 등 다양한 제도를 마련해야 합니다. 안전하고 건강한 근무 환경을 만들기 위해 기업과 근로자 모두 적극적인 노력을 기울여야 할 때입니다.

08 PART

1 출구전략의 기본 요건과 효과적 출구전략 수립

01. 출구전략을 세우기 위해 누굴 찾아야 하는가?
02. 출구전략을 위한 기본 준비-사업계획서와 재무제표

2 지배권을 확보하는 전략 M&A

01. M&A는 어떻게 진행할까?
02. M&A 성공 가능성을 높이는 정부 지원 정책

3 누구나 '대어'를 꿈꾼다 : IPO

01. 감당할 수 있는 기업만 살아 남는다
02. 평균 소요 기간 12년, IPO 도전을 위한 준비 과정

4 적자라도 살아남을 수 있다 : 기술특례상장

01. 기술력을 증명하라! 기술특례상장의 핵심 조건
02. '재'도전은 당연하다

5 투자의 새로운 대안 : 세컨더리 펀드

01. 거래 유형에 따른 세컨더리 펀드 분류
02. 여전히 존재하는 정보의 불균형

6 리스크를 최소화한다 : 기업 승계

01. 기업 생존을 위한 희망, 기업 승계의 중요성
02. 정부가 지원하는 기업 승계 지원 정책

7 완전한 소멸도 어렵다 : 청산

01. 폐업→해산→청산을 통한 사업 정리
02. 청산에도 비용이 발생한다

출구전략

저자의 핵심 메시지

"기업은 회사를 매각하는 것뿐만 아니라 합병, 인수, 상장, 경영권 이전 등
다양한 방식으로 출구전략을 수립하고 실행할 수 있습니다.
언더백 기업은 경영 상황과 특성에 따라 적합한 출구전략을 수립해야 합니다."
_장예린

1 출구전략의 기본 요건과 효과적 출구전략 수립

출구전략(Exit strategy)은 장비나 인명의 피해를 최소화하며 철수하는 전략을 의미하는 군사 용어에서 비롯된 개념입니다. 오늘날 출구전략은 경제, 정치, 투자 등 다양한 분야에서 활용되는 중요한 개념으로 자리 잡았습니다. 경제 분야에서는 경기 부양을 위해 취했던 양적완화 정책의 규모를 부작용이 생기기 전에 점진적으로 축소하여 회수하고 정상적인 경제운용 궤도로 돌아가려는 전략을 의미합니다. 어느 분야에 적용되어도 출구전략은 공통적으로 '피해를 최소화하기 위한 전략'이라는 의미를 갖고 있습니다. 본 서에서는 이 용어를 기업에게 적용하여 '창업자 또는 경영자가 사업 운영 중 투자금을 회수하고 사업을 정리하는 등 이익 실현을 위한 계획'으로 정의하고자 합니다.

회사를 창업하고 경영하기 위해 투자한 돈을 회수하고 사업을 정리하는 계획 자체가 출구전략이기 때문에 단순히 회사를 모두 매각하여 수익을 벌어들인 긍정적인 결과만이 출구전략, 즉, 엑시트(Exit)라고 단정 지을 수는 없습니다. 대·중견기업에 흡수되어 합병하는 경우, 사업영역을 확대시키기 위해 외부 회사의 주식이나 자산을 인수하는 경우, 몸집을 키우기 위해 회사 자원을 합쳐 상장을 준비하는 경우, 독보적인 기술을 보유하고 있어 기술력을 중심으로 상장을 준비하는 경우, 가족이나 전문경영자에게 경영권을 위양하여 지속적으로 사업을 영위하는 경우, 채권자와의 관계를 모두 정리하고 기업을 없애는 경우 등 경영자가 속한 상황에 따른 다양한 방식으로 출구전략을 수립하고 실행할 수 있습니다.

출구전략은 현재도 계속해서 변화하고 있으며, 다양한 상황에 따라 더 많은 거래 방식과 기회가 발생할 것으로 예상됩니다. 이에 따라, 언더백 기업 경영자는 자사의 경영 상태와 적합한 출구 계획을 수립하고 컨설턴트는 담당 기업을 심층적으로 분석하며 출구 계획을 매칭하고 제시해야 합니다.

01 출구전략을 세우기 위해 누굴 찾아야 하는가?

'고기도 먹어 본 사람이 많이 먹는다.'라는 말이 있습니다. 어떤 일이든지 경험이 중요한 역할을 한다는 것을 보여줍니다. 출구전략도 마찬가지입니다. 엑시트를 경험한 사업가의 이야기를 직접 들어보는 것이 가장 유익합니다. 엑시트 전략을 수립하기까지의 사업 추진 상황, 시장에서의 아이템 점유율과 성장 잠재력, 투자자를 포함하여 기업을 둘러싸고 있는 다양한 이해관계자, 기업 내부 구성원들의 역량 등 내·외부의 모든 상황을 고려하여 정리된 출구전략이 나오기까지의 과정을 생생하게 들으며 나의 사업과 견주어 볼 수 있는 간접적인 경험이 되기 때문입니다.

이외에도 출구전략을 세우기 위해서는 다양한 엑시트 사례를 찾아보고 정리하는 작업이 필요합니다. 기업 경영권을 취득하거나 영업권을 양도하는 등 기업 존속에 필요한 법무 및 사업 전략을 수립하는 전문가를 찾는 것도 중요합니다. 이들은 IB(Investment Bank), 기업공개(IPO), 증자, 회사채 발행, 구조화금융(Structured Finance), 인수합병(M&A) 등을 주관하고 자문하는 법무법인, 회계법인에 속해 있는 변호사, 회계사, 세무사 등으로 구성되어 있으며 기업 가치 평가를 기반으로 리스크 진단과 계약 및 협상을 주도하여 기업의 지속적인 성장을 지원합니다.

기업의 성공을 위해 끊임없이 고민하고 그 시장을 분석한 창업자 또는 경영자에게 출구전략 수립은 중요한 과제일 수 있습니다. 비즈니스 컨시어지는 적합한 전문가를 매칭하여 출구전략을 보완하고 세부 실행 계획을 효과적으로 수립함으로써 경영자가 출구전략에 대한 고민을 해결할 수 있도록 도와야 합니다.

02 출구전략을 위한 기본 준비 - 사업계획서와 재무제표

출구전략을 세우기 위해서는 먼저 기업이 현재 어떤 사업을 추진하고 있고 기업 운영 현황은 어떤지, 어떻게 수익을 창출했는지 시각화하는 자료를 작성해야 합니다. 그리고 매출과 수익성, 영업이익률 등을 숫자를 통해 기업의 성과와 성장 가능성을 증명하는 것도 중요합니다. 즉, 컨시어지는 기업이 사업계획서와 재무제표를 준비할 수 있도록 독려해야 합니다.

(1) 사업계획서

사업계획서는 기업이 설립된 운영 목표를 달성하기 위해 준비했던 흔적과 실행하고자 하는 계획에 대한 전략서입니다. 더 나아가 목표를 달성함으로써 발생하는 파급력에 대한 기대효과와 포부를 기재하여 기업의 과거-현재-미래를 모두 담은 설명서입니다. 구체적인 사업계획서를 작성하는 경영자일수록 과거를 쌓아올리고 현재를 점검하여 실현 가능한 미래를 설계할 수 있습니다.

그렇다면, 사업계획서에는 어떤 내용을 담아야 할까요? 세부 요소를 구체적으로 살펴보겠습니다. 사업계획서의 첫 부분은 사업의 내용과 가치를 요약한 사업개요입니다. 잠재적 투자자가 우리 기업과 사업을 한눈에 파악할 수 있도록 3~5줄 정도의 설명이 적절합니다. 기업 현황과 조직구성을 보여줄 수 있도록 설립일과 사업 분야, 법인과 기업부설연구소 설립 여부, 인원 수 등이 정리된 일반 현황과 그동안 걸어온 주요 연혁을 정리합니다. 대표자와 핵심 인력의 이력, 주주 구성 현황과 제휴되어 있는 사업 파트너사 현황에 대한 정리도 필요합니다.

기업이 추진하는 사업 아이템에 대한 설명도 필요합니다. 제품 또는 서비스의 핵심 기술은 무엇인지, 향후 개발하고자 하는 단계별 규모와 일정은 언제이며 최종적으로 어떤 고객에게 이를 제공할 것인지 구체적으로 기재해야 합니다. 이를 기반하여 어떻게 수익화를 이룰 것인지에 대한 체계화된 비즈니스 모델을 구성해야 합니다. 그리고 시장의 규모와 성장성을 보여주어 잠재적 투자자들에게 우리 기업이 더욱 확장될 수 있는 가능성을 어필하고, 해당 시장에서 경쟁하는 기업과 제품을 비교하여 차별화된 성장 계획과 진입 장벽을 제시해야 합니다.

기업 내·외부 상황을 분석하는 SWOT(Strength-Weaknesses-Opportunities-Threats)을 활용해 핵심 기술 및 제품·서비스에 대한 사업 전략을 보여주는 것도 중요합니다. 납득 가능한 가격 정책과 확보된 유통 경로를 제시하며 기업 성장에 따른 단계별 고객 확보 방안을 수립합니다. 사업을 확장하기 위해 지속적인 연구 개발 계획을 설명하며 내부에서 보충하고 외부에서 확보하는 예산을 기재하는 것도 필요합니다. 이에 따른 영업 및 판매 계획을 수립하여 매출 실적과 계획을 정리하고 추가적인 생산 계획이 있다면 인력 충원 방안도 강구하는 것이 좋습니다. 세부적으로 현재 수익 구조과 재무 상황에 대해 분석하며 생산과 영업에 소요된 자금과 외부로부터의 추가 자금조달 계획도 보여주세요. 향후 예상되는 수익 구조와 재무제표를 현실적으로 기재하여 투자 유치에 필요한 규모를 가늠해야 합니다. 마지막으로, 실현 가능한 사업 추진 일정과 기업이 보유한 특허 리스트, 계약 및 협약 실적, 수상 및 인증 내역을 정리하여 사업계획서를 완성하기 바랍니다.

(2) 재무제표

재무제표는 외부 정보 이용자에게 기업의 경영성과 정보를 제공하는 기본 소개서입니다. 숫자로만 표현되는 현금흐름으로 재무상태의 변동을 표현하는 회계 보고를 통해 우리 기업의 경영활동과 관련된 정보를 제공합니다. 일반적인 재무제표는 재무상태표, 포괄 손익계산서, 현금흐름표, 자본변동표 총 4가지로 구성됩니다. 이는 공정하게 숫자 성과를 기재하는 것이 기본 전제가 되어야 합니다. 재무상태표는 특정 시점을 기준으로 기업의 자산, 부채, 자본을 보여주는 표로 돈, 공장 등의 자산이 얼마나 있는지, 빌린 돈은 얼마나 있는지, 언제 갚아야 하는지를 보여줍니다.

손익계산서는 일정기간 동안 기업의 매출액, 영업이익, 당기순이익 등을 제시합니다. 실적을 확인할 수 있기 때문에 외부 투자자가 가장 비중 있게 검토합니다. 해당 기간 동안 기업이 제품 및 서비스를 얼마나 판매하였는지, 비용이 얼마나 소요되었는지, 순이익이 어느 정도 되는지를 평가할 수 있습니다. 현금흐름표는 일정기간 동안의 영업·재무·투자 활동에 따른 현금 유입과 유출을 보여주는 표로 기업에 실제 돈이 움직이는 흐름을 파악할 수 있습니다. 제품 및 서비스 판매 등 영업 활동에 사용하고 벌어들인 돈은 얼마인지, 차입과 같은 재무활동으로 변동한 현금 흐름은 어느 정도인지, 공장을 증설하여 제조를 확대하는 투자활동에 들어간 비용은 어느 정도인지 알 수 있습니다. 자본변동표는 일정기간 동안의 기업의 자본 변동 내역을 상세히 보여줍니다. 기업이 주식을 정리하거나 배당금을 지급하는 등의 이유로 변동하는 자본 내역을 확인 가능합니다.

[참고] '정관'도 다시 꺼내보자

사업계획서와 재무제표에 대한 검토가 어느 정도 진행되었다면 법인 설립 시 작성했던 '정관'을 다시 꺼내 봅시다. 처음 법인을 설립할 때 계획했던 사업 운영 방향과 실제 운영 현황은 현재 시점에서 조금씩 차이가 났을 것입니다. 변화하는 사회 현상과 정책을 반영하여 정관을 지속적으로 정비한다면 세금, 노무 등 회사 운영과 관련하여 추후 발생될 수 있는 불이익으로부터 회사 권리를 보호할 수 있습니다. 그래서 현실적인 기업 운영 현황을 반영한 출구전략을 실행하기 위해서는 반드시 기존에 있던 회사 내부 법규를 수정해야 합니다. 정관은 주주들의 고유 권리를 해치지 않는 범위 내에서 자율적으로 변경할 수 있으니 법무회사를 통해 전문적인 자문부터 작성까지 도움 받는 것이 좋습니다.

2 지배권을 확보하는 전략 M&A

M&A는 합병과 인수를 통합하여 표현하는 출구전략입니다. 합병(Merger)은 둘 이상의 기업이 합쳐져 하나의 기업으로 통합되는 것을 의미하며, 인수(Acquisition)는 한 기업이 다른 기업의 주식이나 자산의 전부 또는 일부를 갖게 되어 경영권을 획득하는 것을 말합니다. 이는 새로운 시장에 진출하거나 기존 시장에서 점유율을 높여 기업의 이익을 극대화하는 목적을 갖고 있습니다. 기업이 사업 추진 방향에 따라 적합한 방식으로 M&A를 추진하기 위해서는 경영자와 컨시어지 모두 M&A 방식에 대한 정의와 특징을 알아둘 필요가 있습니다.

합병은 이사회나 주주총회의 결의를 기반으로 합병기업이 피합병기업의 전체 또는 일부를 합쳐 새로 만들어지기 때문에 기업 전체의 비전이나 가치, 구성원 등의 변화가 이루어지며 피합병기업은 기업 자체가 상실되어 별도의 복잡한 청산 절차 없이 채권과 채무까지 합병기업에게 귀속됩니다. 합병기업은 피합병기업의 성과·권리·의무를 포괄적으로 승계하기 때문에 빠르게 규모의 성장을 이룰 수 있어 사업 노하우와 인력 획득, 각종 비용 절감 혜택을 갖습니다. 인수는 인수기업과 피인수기업이 독립적으로 각각 존재할 수 있기 때문에 피인수기업의 비전과 가치, 구성원 등의 변화가 반드시 일어나지 않습니다. 그래서 피인수기업의 이사회나 주주총회 의결이 필요 없으며 인수기업이 피인수기업에 대한 지분을 처분하여 양 사의 관계를 처분할 수 있습니다. 인수기업은 피인수기업이 추진하는 사업 분야를 내재화한다는 점에서 해당 분야를 개척하기 위한 전략 수립 시간과 비용을 단축하여 빠르게 기업 경쟁력을 강화할 수 있습니다. 이를 통해 인수기업과 피인수기업 간 시너지 효과를 기대할 수 있을 것입니다.

대표적인 인수·합병 사례로 독일 음식 배달 서비스 기업 '딜리버리히어로(DH)'의 국내 배달 앱 서비스를 운영하는 '우아한형제들' 인수가 있습니다. 우아한형제들이 운영하는 '배달의민족'은 기존 대규모 투자 유치를 통해 기업가치가 많이 올랐지만 오랜 적자와 요기요, 쿠팡이츠 등의 등장으로 치열해지는 시장 경쟁에 부담을 갖고 있었습니다. 이를 해결하기 위해 독일 딜리버리히어로로부터 4조 7,500억원(우아한형제들 지분 88%) 인수 제안을 받아들였습니다. 딜리버리히어로는 이전에 투자를 집행하였던 국내 배달 어플 요기요를 매각하고 주식교환과 현금지급 혼용 방식으로 공격적 인수를 진행하여 코로나 시국을 맞아 기존 실적 대비 매년 2배씩 성장하는 매출과 영업이익 성과를 이룩

하였고 배달의민족은 코로나가 종식된 22년 말 매출 2조 9000억원과 영업이익 4,200억원을 기록하여 3년 만에 적자에서 벗어나 23년 말 딜리버리히어로에게 4,127억원의 투자 배당금을 지급하였습니다.

01 M&A는 어떻게 진행할까?

기업이 인수 또는 합병을 목적으로 M&A를 추진하고자 하는 의지가 확립됐다면 이에 따른 적합한 전문가를 매칭하기 위해 M&A 거래 방식에 따른 계약을 고려해야 합니다. M&A 거래 방식은 공개 경쟁 입찰, 제한 경쟁 입찰, 수의 계약 3가지로 구분됩니다.

❶ **공개 경쟁 입찰 :** 매각기업을 공개하여 해당 기업의 사업 개요, 재무 자료, 기업 역량 등 매수기업이라면 누구나 정보를 확인하여 매수하도록 유인하는 것입니다. 다수의 매수기업과 접촉할 수 있는 환경에 있기 때문에 경쟁을 통해 보다 높은 기업 가치를 책정 받고 매수기업과 비교하여 보다 우위에 있다는 장점이 있습니다. 그러나 매수기업에게 정보가 공개되어 입찰 기간 동안은 수시로 기업 문의가 진행되며 과도한 행정절차가 발생될 수 있다는 단점이 있습니다.

❷ **제한 경쟁 입찰 :** 공개 경쟁 입찰에 비해 적정한 수준의 기업 정보를 공개하여 적정한 행정절차를 밟을 수 있다는 장점이 있습니다. 그러나 제한된 매수기업과 접촉하고 공개 경쟁 입찰 방식에 비해 매수기업과 동등한 위치에 있어 기업 가치를 제한적으로 인정 받을 수 있다는 단점이 있습니다.

❸ **수의 계약 :** 매수기업이 매각할 기업을 타겟팅하여 양 사가 일대일로 접촉 후, 계약하는 방식입니다. 이해 관계자가 가장 적게 관여하므로 기업 정보에 대한 비밀 유지가 보장되며 원활한 커뮤니케이션으로 거래 속도가 가장 빠르다는 장점이 있습니다. 그러나 기업 정보가 매수기업에게만 공개되어 매수기업의 의사에 따라 기업 가치를 제한적으로 인정 받을 수 있다는 단점이 있습니다.

02 M&A 성공 가능성을 높이는 정부 지원 정책

M&A는 대·중견기업 간 합병하거나 대기업이 중소기업이나 스타트업을 인수하는 경우만을 뜻하지 않습니다. 빈번하게 발생하는 중소기업이나 스타트업 간 합병과 인수도 M&A에 포함됩니다. 사장되기 쉬운 기술경영 노하우와 고용인력 유지를 위해 M&A는 반드시 필요한 출구전략입니다. 정부도 이러한 추세에 발맞추어 중소벤처기업부 주도 하에 2009년 M&A지원센터를 개설하여 중소기업 및 스타트업의 M&A를 지원하고 있습니다. 따라서 비즈니스 컨시어지는 중소벤처기업부가 운영하는 중소벤처24 홈페이지 내 M&A거래정보망을 확인하여 정부의 M&A 교육·세미나·지원 사업을 파악하는 것이 좋습니다. 매수를 희망하는 중소기업은 직접 기업 정보를 작성하여 매각 희망

기업이 기업 정보를 확인한 후, 공개경쟁입찰 형태로 매수기업과 접촉할 수 있도록 지원하고 M&A 논의 과정에서 전문가를 연계하는 사례를 파악하고 있어야 합니다.

중소벤처기업부는 M&A지원센터를 통해 전문 인력을 파견하고 있습니다. M&A지원센터는 회계법인, 법무법인, 벤처캐피탈 등과 같은 기관 및 단체로 구성되어 있으며, M&A 관련 상담, 자문 등 다양한 업무를 수행합니다. 전문 인력은 중소·벤처기업 M&A지원센터 등의 추천을 받아 선정되며, 신뢰성 있는 서비스 제공을 보장합니다. 합병 및 인수를 고려하고 있다면, M&A지원센터를 통해 전문적인 상담과 지원을 받는 것을 추천합니다. 현재 지정된 M&A지원센터는 한국벤처캐피탈협회, 기술보증기금, 신용보증기금, (사)벤처기업협회, 삼일회계법인, (사)한국M&A협회, IBK기업은행, 삼정회계법인, 법무법인세움, 티에스인베스트먼트, 한국경영기술지도사회, 한국M&A거래소 등 총 12개 기관 및 기업입니다.

[참고] 중소·벤처기업 M&A 우수 성공 사례

매수기업 : 삼천리자전거(주)

- 신성장 확보 및 사업 다각화를 위한 유아용품 시장으로의 확장 희망
- 1,300개 이상 대리점과 100개 이상의 할인마트 등 유통 채널 보유

매도기업 : ㈜쁘레베베

- 국내 유모차 시장 1위 업체이지만 매출 80% 이상 '베이비 페어' 전시회에서 발생
- 유통 채널을 통한 매출 증가 및 A/S 기능 확대 희망
- 모기업의 자금력을 기반한 전 세계 12개국 유아용 제품 수출 중

국내 1위 자전거 회사 삼천리자전거는 유모차 및 카시트 제조 업체 쁘레베베의 지분 37.97%를 인수하면서 전략적 제휴를 통한 시장 선점을 준비하였습니다. 삼천리자전거는 성인 및 전문가용 자전거 제조업체로 인식되어 온 이미지를 탈피하기 위해 유·아동 및 노년 유모차를 제조하는 쁘레베베를 인수하였고 그 결과 아동부터 성인, 더 나아가 노년층까지 모두 대응할 수 있는 제품군을 갖추었습니다. 중국과 인도네시아, 베트남 등 전 세계 12개국에 제품을 수출하고 있는 쁘레베베 해외 유통망을 활용하여 삼천리 자전거의 수월한 해외 진출이 가능하게 되었습니다. 쁘레베베는 삼천리자전거가 소유한 1,300여개의 대리점에 카시트, 유모차 등을 판매하여 브랜드 인지도를 높일 수 있게 되었습니다. 현재 양 사는 각자 보유하고 있는 노하우를 활용하여 유모차와 세발자전거를 개발 중입니다. 이러한 사례는 지분 관계의 M&A 전략이 파트너십 관계로 발전되고 있는 우수 성공 사례로 손꼽힙니다.

출처 : (중소벤처기업부) M&A 투자가 낳은 또 하나의 기술 – 중소·벤처기업 M&A 성공사례집

3 누구나 '대어'를 꿈꾼다 : IPO

창업자 또는 경영자는 누구나 '대어'를 꿈꾸며 기업을 설립합니다. 이익 실현이라는 경영의 기본 목표를 달성하기 위해 매출을 흑자로 전환하고 법인의 규모를 갖춘 경영자는 높은 평가를 받고 있는 시기에 기업공개(IPO)를 진행합니다. 반드시 잘 나가는 시점에 IPO를 진행해야 하는 것은 아니지만 비즈니스 플랜을 수립하고 사업을 유연하게 확장한 경영자는 IPO의 시기를 계획하여 안정적인 돌파구를 찾습니다.

비즈니스 컨시어지는 IPO의 가장 큰 목적이 '자금확보'라는 기본 사실을 인지하고 있어야 합니다. 안정적인 수익과 지속적인 성장력을 기반한 기업의 주식 및 경영 관련 내용을 외부에 공개함으로써 일반인들로부터 투자를 받아 사업을 확장하고 키우며 기업의 경쟁력을 높일 수 있기 때문입니다. 이는 주로 창업자, 소속 임직원, 가족, 벤처 투자자로만 주주가 구성되어 있는 비상장(비공개) 회사와의 차별점입니다. IPO를 통해 기업은 운영의 투명성을 강조할 수 있습니다. 매년 경영 및 재무상의 정보를 공개해야 하는 상장 법인 의무를 수행해야 하기 때문에 각종 법적 규제를 준수하고 신뢰성을 인정받아 투자 유치에 도움을 받고, 안정적인 자금조달로 성장을 이룰 수 있습니다. 또한 IPO를 통해 기업 브랜딩이 가능해지며 언론의 주목을 받아 브랜드 인지도를 높일 수 있습니다. 이는 회사 가치를 높일 수 있는 선순환 구조를 구축하는 데 유용합니다.

01 감당할 수 있는 기업만 살아 남는다

그렇다면, 사업 운영의 선순환 구조를 담고 있는 IPO를 모든 기업이 시도해야 할까요? 물론 그렇지 않습니다. IPO는 모든 기업에게 적합한 전략은 아닙니다. IPO는 자본 조달, 기업 가치 상승, 주주 가치 창출 등의 장점이 있지만 경영 압박, 외부 제약, 비용 발생 등의 단점도 존재합니다. IPO 이후 기업은 투자자의 기대에 부응하기 위해 지속적인 성장을 강요받을 수 있습니다. 정량적 상승(+) 곡선이 조금이라도 추락하면 성과에 대한 압박이 생기고, 투자자로부터 경영 방식에 대한 제약을 받을 가능성이 높아집니다. 또한 경영 및 재무상의 정보를 의무적으로 공개해야 하기 때문에 중요한 기업 정보가 외부에 노출되는 상황에 대해 항상 긴장하고 있어야 합니다. 일부 수익을 내지 못하거나 불가피하게 실수가 발생한 부분을 외부에서 확인 가능하여 자칫 부정적인 인식이 자리 잡을 수도 있습니다. 따라서 IPO는 신중하게 고려해야 합니다.

흑자가 나고 기업 규모가 커지는 시기에 즉흥적으로 IPO를 시도하는 것이 아니라, 기업 운영 초기 단계에서 IPO 시기를 미리 정하고 비즈니스 플랜을 계획하여 기업을 성장시켜야 합니다. 더 나아가 영위하고 있는 사업이 IPO(기업공개)를 통한 출구전략이 적합할지, M&A를 통한 매각이 적합할지 항상 고민하면서 시장의 상황을 비교하여야 합니다. 영위하는 사업이 3년 이상 지속 가능한 성장을 기대할 수 있다면 IPO를, 트렌드를 따라 가고 지속성이 부족한 사업이라면 M&A를 고려하는 것이 좋습니다. 최종적으로 IPO를 선택했다면 꼼꼼한 준비와 전략적인 접근으로 세부 절차를 꼼꼼하게 알아보고 진행하시기 바랍니다.

02 평균 소요 기간 12년, IPO 도전을 위한 준비 과정

KAIST 김인수 교수는 "보통 스타트업이 IPO를 하기까지 약 12년의 시간이 걸린다. 매년 신규 기업이 10만 개가 생기지만, 실제 코스닥에 상장되는 기업은 80개 정도로 IPO가 될 확률이 매우 낮다"며 "성공적인 IPO를 위해서는 다수의 주주와 시스템으로 운영되는 기업 변화에 맞춰 체계적인 전략을 수립해야 한다"고 제안했습니다.[1)]

IPO는 상장 및 매매가 이뤄지기까지 최소 1년 이상의 시간이 소요됩니다. IPO 기업을 다루는 코스닥에 등록하기 위한 조건과 심사 과정은 점점 더 까다로워지고 있어 상장에 실패하는 기업도 많습니다. 따라서 경영자와 실무자는 IPO를 위한 사전 준비와 심사 과정을 인지하고 정확한 서류를 적기에 제출해야 합니다. IPO를 위한 상장절차는 크게 선행절차, 사전준비, 상장예비심사, 공모, 신규상장으로 나눌 수 있습니다. 이러한 절차를 자세히 알아두면, 전반적인 이해와 함께 상장에 필요한 준비를 체계적으로 진행할 수 있습니다. 이제 단계별로 하나씩 알아보겠습니다.

[상장절차]

선행절차	사전준비	상장예비심사	공모	상장
· 지정감사인 감사	· 대표주관회사계약 체결 · 정관 정비 · 명의개서대행계약 체결 · 우리사주조합 결성 및 유가증권시장본부 예비접촉	· 상장심사신청 · 상장심사 · 유가증권시장상장 위원회 심사	· 증권신고서 제출 · 수요예측 및 발행가격 결정 · 청약/배정 및 납입 · 증권발행실적 보고	· 상장 신청 · 상장 · 매매거래 개시

출처 : KRX한국거래소 홈페이지

❶ **선행절차 :** 먼저 금융위원회 산하에 있는 증권선물위원회(증선위)가 지정하나 회계감사인에 의하여 직전사업연도에 대한 감사를 실시하는 과정은 IPO의 첫걸음입니다.

❷ **사전준비 :** 대표주관회사를 선임하고 계약을 체결하는 사전준비를 시작으로 상장회사협의회에서 정합 표준정관을 참고하여 정관을 정비해야 합니다. 한국예탁결제원, 국민은행, 하나은행 중에서 명의개서대행계약을 체결하고 우리사주조합을 결성합니다. 비교회사를 선정하고 예비 기업 밸류를 협의하는 등 상장요건 및 일정 등에 관하여 유가증권시장본부 예비접촉을 실시합니다.

❸ **상장예비심사 :** 상장예비심사신청서를 제출하면 계량적, 비계량적 요건을 기준으로 45영업일 간 심사가 진행됩니다. 심사 기간 중에는 현장실사, 대표이사 면담 등 포함한 종합심사가 실시되며 유가증권시장상장위원회 심의를 통해 상장 적격성을 점검합니다. 이후 상장신청인과 금융위원회에 상장심사결과를 통지합니다.

[참고] 상장예비심사 고려 조건

한국거래소는 상장예비심사에 있어 양적요건과 질적요건을 함께 고려합니다.

1. 양적요건 : 기업 재무내용

① 영업활동기간 : 3년 이상 영업활동기간 유지 여부 심사
② 기업규모요건 : 자기자본, 상장예정주식수 충족 여부 심사
③ 주식분산 : 일반주주의 수가 500명 이상 여부
④ 경영성과 요건 : 매출액 및 이익, ROE 최소 요건 충족 여부
⑤ 감사의견 : 최근 사업연도 감사의견 적정 여부 및 직전 2년 또는 한정 여부

2. 질적요건 : 재무적 안정성 요건 및 업종 특성과 관련된 실질적 상장 성격

① 기업 계속성, ② 경영 투명성, ③ 경영 안정성, ④주식회사 속성&투자자 보호

출처 : KRX 한국거래소[2021 유가증권시장 상장심사 가이드북]/미래에셋증권 IPO본부[IPO의 이해]

❹ **공모 :** 금융위원회에 증권신고서와 투자설명서를 제출하면 15일 영업일 경과시 공모가 가능해집니다. 이후 수요를 예측해야 하는데, 국내외 딜 로드쇼를 통해 IR에 참여하여 반응을 분석합니다. 그리고 인수회사와 협의하여 발행가격을 결정합니다. 그 다음 일반 투자자 및 우리사주 대상 청약을 실시하고 배정과 납입까지 완료합니다. 해당 결과인 증권발행실적을 금융위원회에 보고하면 공모가 완료됩니다.

❺ **상장 :** 납입일까지 상장 신청서를 제출하고 상장 및 매매거래가 개시되면 확정 공모가의 90%~200% 범위 내에서 시초가가 형성됩니다.

---

1) ㈜대덕넷, "기업 성장에 체계적인 IPO 프로세스 전략 필요 ",https://www.hellodd.com/news/articleView.html?idxno=102548

4 적자라도 살아남을 수 있다 : 기술특례상장

흑자로 전환하고 규모 있는 기업으로 성장한 기업만 상장할 수 있는 것은 아닙니다. IPO 기업을 다루는 코스닥 시장은 수익성을 기반한 일반 상장 뿐만 아니라 성장성을 기반으로 한 상장도 가능합니다. 적자 기업도 사업 진행 단계에 따라 상장 요건을 선택할 수 있습니다. '테슬라 상장', '기술특례상장', '사업모델상장', '성장성추천' 등 4가지 유형이 대표적입니다.

테슬라 상장은 일정 수준 이상의 시장평가와 영업기반을 갖춘 기업이 가능합니다. 기술성 및 사업성에 대한 심사기준이 없지만 동종업계 및 경쟁기업과 비교하여 안정적인 재무 수준을 어필해야 합니다. 테슬라 상장은 IT, AI 등 비신약 개발 기업 위주의 기업이 시도합니다. 기술특례상장은 전문평가기관에서 기술성에 대한 평가를 A&BBB 이상 받은 기업이 가능합니다. 기술력을 중심으로 기업을 평가하기 때문에 재무 상황을 따로 심사하지 않습니다. 기술특례상장은 신약을 개발하거나 제조업 분야 기업들이 활용합니다. 사업모델상장도 기술특례상장과 동일하게 전문평가기관의 기술성에 대한 평가가 A&BBB 이상 받은 기업이 가능합니다. 사업성을 중심으로 평가하기 때문에 독창적 사업 모델, 혁신적 아이디어에 대한 평가가 이루어지며 재무상황을 따로 심사하지 않습니다. 사업모델상장은 O2O, 인터넷 등 서비스 기업이 시도합니다.

성장성추천은 상장주선인이 기업이 보유한 기술 또는 사업모델에 대한 성장성을 평가한 후에 추천하는 방법입니다. 상장주선인이 작성한 추천 보고서를 기반으로 심사 청구를 하며 '명목상' 기술성 평가를 받지는 않지만 그만큼 강도 높은 심사를 진행하여 심사 리스크를 갖고 있습니다. 성장성 기반 상장은 각 상장 특례에서 요구하는 실적을 달성할 수 있는 가능성이 있는지 검토하고 시장성 검증 후, 상장이 완료되는 시기를 고려하여 적합한 특례를 선택해야 합니다.

기술 및 사업 평가 통과 가능성을 가늠하고 특례상장 후, 더욱 우호적인 평판을 받을 수 있는 상장 방안을 고민하고 주관사의 리스크를 최소한으로 부담할 수 있는 파급력까지 고려해야 합니다. 본 파트에서는 최근 제도 개편을 통해 상장 조건을 완화하여 정부가 적극적으로 지원하고 있는 '기술특례상장'에 대해서 자세히 기술하겠습니다.

01 기술력을 증명하라! 기술특례상장의 핵심 조건

실적과 관계없이 기술력을 인정받은 법인은 기술특례상장을 시도할 수 있습니다. 적자 기업이지만 독보적인 기술력을 기반으로 성장 잠재력을 보유한 기업에게 자금을 지원하고 있기 때문입니다. 기술특례상장 제도를 통해 상장된 기업은 23년 기준 150여 개이며 이 중 상장폐지된 업체는 1개에 불과할 정도로 안정적인 시장 안착을 보이고 있습니다. 이 제도를 통해 상장된 기업은 원활하게 유입된 자금을 통해 기술개발에 투자하여 빠른 속도로 성장하고 있는 추세입니다.

[기술특례상장 절차]

출처 : 한국거래소 홈페이지

기술특례상장은 크게 기술평가와 상장심사 절차로 나누어 각 과정을 통과해야 합니다. 공인된 외부 전문평가기관의 검증을 통해 상장 특례 해당 여부를 판단 받는데 이를 위해서는 법률사무소를 통해 절차를 안내 받고 함께 진행하는 것이 좋습니다.

(1) 기술평가

기술평가는 기술의 완성도, 기술의 경쟁우위도, 기술환경 및 인프라를 기반으로 진행됩니다. 반드시 한국거래소에서 지정하는 전문평가기관을 통해 평가를 받아야 합니다. 최근 개정된 초격차 딥테크 기업의 경우 1개 전문평가기관에서 평가를 받고 이외 기업은 2개의 전문평가기관에서 평가를 받아야 합니다.

[참고] 25개 전문평가 기관 및 기업

❶ 기업평가업무 수행기관 中 기술보증기금, 나이스평가정보, 한국평가데이터, 이크레더블, 나이스디앤비, SCI평가정보, 한국기술신용평가 등 7개 기관 및 기업

❷ 정부산하 연구·평가기관 중 한국과학기술연구원, 한국과학기술정보연구원, 한국보건산업진흥원, 한국산업기술기획평가원, 한국전자통신연구원, 정보통신기술진흥센터, 한국생명공학연구원, 한국기계전기전자시험연구원, 한국식품연구원, 해양수산과학기술진흥원, 농업기술실용화재단, 한국인터넷진흥원, 정보통신정책연구원, 금융보안원, 한국에너지기술평가원, 국토교통과학기술진흥원, 한국발명진흥회, 한국산업기술진흥원 등 18개 기관

출처 : KRX 한국거래소 홈페이지

(2) 상장심사

기술평가에 통과하면 상장심사를 준비해야 합니다. 한국거래소에서 심사를 진행하며 내부 전문가가 상장 가능 여부를 진단합니다. 기업이 목표하는 시장 규모의 성장성을 판단하는 목표시장의 잠재력, 사업모델 수립 수준과 자본조달능력, 생산 및 판매처 확보 수준을 확인하는 제품·서비스 사업화 수준 항목, 제품·서비스의 우수성과 점유 수준을 통한 확장 가능성을 평가합니다.

02 '재'도전은 당연하다

당뇨, 파킨슨병, 퇴행성 뇌질환 치료제 등을 개발하는 혁신 신약 연구 개발 전문 기업인 '디앤디파마텍(D&D Pharmatech)'은 기술특례상장에 세 번째 도전 중인 기업입니다. 2020년과 2021년, 두 차례 상장에 도전하며 590억 원의 투자를 유치하는 동시에 기술정상성 평가를 통과하였습니다. 그러나 당시 핵심 기술이었던 피킨슨병 치료제의 유효성이 입증되지 않아 모두 미승인 되었는데, 이후 주력 핵심 기술을 바꿔 비알코올성지방간염(NASH) 치료제의 성공 가능성을 앞세우고 세 번째 기술특례에 도전하고 있습니다.

이와 같이 기술특례상장 평가항목이 증가하면서 한국거래소가 기술이전 및 기술 개발 이력, 시장성 등을 더욱 세세하게 살펴보기 때문에 기술 보유 기업은 성과를 보유하고 있음에도 시장의 눈높이를 만족시키는 것은 쉽지 않습니다. 따라서 기술특례상장을 목표로 하고 있는 기업의 '재'도전은 모든 기업에게 적용될 수 있음을 인지해야 합니다. 지속적인 기술 개발을 위해서는 기술특례상장을 통한 자금조달이 필수적입니다. 이를 위해 우수 첨단기술 기업이 많이 지원할 수 있도록 문호를 확대하되, 비우수 기업을 걸러낼 수 있는 규율을 강화하는 제도 개선도 필요합니다. 이는 여전한 과제로 남아 있습니다.

5 투자의 새로운 대안 : 세컨더리 펀드

앞에서 기업이 생존하기 위해 외부 투자사로부터 돈을 받고 기업의 경영권을 일부 또는 모두 넘기는 출구전략을 합병 및 인수 즉, M&A 방법에 대해 설명하였습니다. 그리고 상장하여 투자자를 모집하는 기업공개절차(IPO) 방법도 출구전략으로 제시했습니다. 두 가지 방법 모두 기업이 경영권을 외부 투자자에게 일부 양도하면서 자본을 축적하고, 외부 투자자는 해당 기업의 경영권을 획득하여 사업 운영에 영향을 끼칠 수 있는 결정을 내려 투자한 자금을 불려 회수할 수 있는 목적을 가진 출구전략입니다. 그러나 거래 시장이 얼어붙게 되면 외부 투자자는 자금 회수에 어려움을 겪을 수 있습니다.

이러한 상황에서 대체 투자 진입 창구로 '세컨더리 펀드'가 주목받고 있습니다. 세컨더리 펀드는 기존 사모펀드나 벤처캐피탈이 기업에 투자했던 펀드를 다시 사들이는 펀드를 지칭합니다. 기존 투자사가 보유한 펀드를 구매하여 안정적이고 할인된 가격에 자산을 확보할 수 있다는 장점을 갖고 있습니다. 이를 통해 기존 투자사는 투자금을 조기 회수하여 재투자를 할 수 있게 됩니다. 기업 입장에서도 새롭게 투자를 유치할 필요 없이 후속 투자자가 기존 투자사의 지분을 가져가므로 경영권을 안정적으로 확보할 수 있다는 점에서 이점이 있습니다.

01 거래 유형에 따른 세컨더리 펀드 분류

세컨더리 펀드는 창업자 또는 경영자가 안정적인 경영권을 확보하고 투자자가 바뀌어도 기존 투자금을 부담해야 하는 경우를 최소화하는 대안으로 떠오르고 있습니다. 세컨더리 펀드를 이해하기 위해서는 '신주'와 '구주'에 대해 알아야 합니다. 신주는 새롭게 발행되는 주식으로 발행된 만큼 경영자를 포함한 기존 투자자의 지분이 낮아집니다. 투자금은 주식을 발행한 회사에 들어가며 투자금을 받은 회사가 등록면허세를 납부해야 합니다.

반면, 구주는 기존에 발행되어 유통되어진 주식으로 주식을 양도한 주주만 지분이 줄어드는 변화 외에 다른 주주들의 지분 변화가 일어나지 않습니다. 투자금은 주식 소유하였던 주주에게 들어가며 양도하는 주주가 양도소득세와 증권거래세를 내야 합니다.

구주를 거래하기 위해서는 주식을 소유하였던 양도인과 구주를 새로 소유하고자 하는 양수인 간 체결되는 양수도 계약을 진행해야 합니다. 그리고 양도인의 양도소득세와 증권거래세 신고 이후 양수인은 기업에게 주주명부를 정정 요청해야 합니다.

기업은 변경된 주주명과 주식 수 및 지분율을 주주명부에 수정해야 하며 법인세 신고 시 변경 내역을 제출해야 합니다. 이러한 절차를 원활하게 수행하기 위해 비즈니스 컨시어지는 주식 양수에 대한 계약서 작성부터 세무 신고까지 비상장주식 양도 프로세스를 안내 받고 함께 진행할 수 있는 회계법인을 매칭해주어야 합니다.

중간 회수(Exit) 장치로서 역할을 하는 세컨더리 펀드는 투자를 받은 기업의 지분을 직접 거래하는 '구주 세컨더리 펀드'와 펀드의 출자 지분을 거래하는 'LP 지분 유동화 펀드'를 포함하고 있습니다. 구주를 중심으로 거래가 이루어지는 '구주 세컨더리 펀드'는 기존 투자사가 주식을 판매하여 짧은 시간 내에 투자금을 회수할 수 있습니다. 그리고 매입한 신규 투자사는 검증된 기업 주식을 비교적 간편하게 취득할 수 있어 주로 민간 LP들이 선호하는 거래 방식입니다.

LP가 참여한 펀드에 지분을 유동화하여 다른 투자사에게 일정 수준의 수익을 기대하고 이전하는 'LP 지분 유동화 펀드'는 위탁운용사(GP)가 펀드 출자자(LP)의 지분을 인수하는 방식으로 위탁운용사가 펀드 출자자가 되는 구조입니다. 장기적으로 운용되는 벤처기업 투자 펀드에 자금이 묶여 있는 출자자에게 유동성의 기회를 제공하여 국내 벤처펀드 출자 환경을 확대하는 데 최근 많은 주목을 받고 있는 거래 방식입니다.

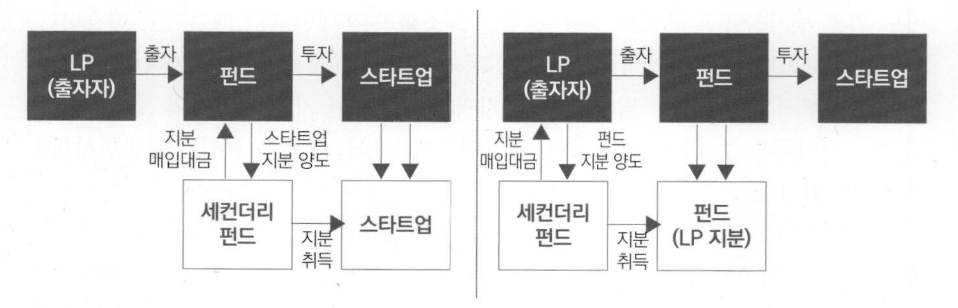

02 여전히 존재하는 정보의 불균형

신주 거래가 활성화된 시장에 비해 구주 거래는 주요 플랫폼이 없어 정보를 공유하기 어렵습니다. 따라서 구주 거래는 주로 인적 네트워크를 통해 이루어지며 점점 커지는 구주 수요율에 비해 거래 기반이 마련되지 않은 것이 현실입니다. 세컨더리 펀드 또한 지분 판매에 대한 정보를 공유하기 어려워 대형 기관투자자들 위주로만 거래가 이루어지는 경향이 있습니다. 기업은 안정적인 경영권과 재정 확보를 위해 할인된 가격에 구주를 유통하는 방안을 많이 활용하고 있습니다.

그러나 이러한 방안은 장기적으로 기업을 지속시키기에는 마땅치 않습니다. 이러한 문제를 해결하기 위해 정부와 벤처캐피탈을 중심으로 스타트업 자금이 원활히 유통될 수 있는 환경을 만드는 것이 중요합니다. 구주 거래를 위한 플랫폼을 개발하고, 세컨더리 펀드의 참여를 촉진하는 등 다양한 방안을 모색해야 합니다.

[참고] 비상장주식은 어디서 확인하고 거래할 수 있을까?

1. 코넥스 : ㈜한국거래소에서 운영하는 코넥스는 자본시장을 통한 초기 중소·벤처기업의 성장지원 및 모험자본 선순환 체계 구축을 위해 개설된 초기·중소기업 전용 시장입니다. 코넥스시장은 『중소기업기본법』상 중소기업만 상장 가능한 시장으로 기술력 있는 중소기업의 성장을 지원하기 위해 공모, 사모, 직상장 등 진입 방법을 다양화하고 진입요건을 최소화 합니다. 코넥스 시장은 중소기업 투자 전문성이 인정되는 벤처캐피탈(창업투자조합 등 포함) 및 엔젤투자자의 시장 참여를 허용하여 모험자본의 선순환을 지원합니다. 코넥스 시장은 활발한 M&A 지원 및 원활한 지분매각을 위해 합병요건(우회상장 포함)을 완화하고 대량매매·경매매제도 등을 도입했습니다.

2. K-OTC : 한국금융투자협회가 운영하는 K-OTC는 비상장주식의 매매거래를 위해 『자본시장과 금융투자업에 관한 법률』에 따라 개설·운영하는 장외시장으로 공인된 비상장주식 거래 플랫폼입니다. K-OTC는 중소기업을 포함한 모든 비상장법인의 주식을 투명하고 원활하게 거래할 수 있는 실질적인 정보를 제공하고 있습니다. K-OTC는 투자자의 편리한 비상장주식 거래를 제공하고 호가정보와 시세정보를 투명하게 공개하고 있습니다.

이외에는 은행 증권사가 제공하는 거래 중개 서비스 추천을 통해 종목을 파악할 수 있습니다. 확인할 수 없는 기업의 주식은 해당 기업의 주식을 보유 중인 창업자 또는 경영자를 찾아가 직접 거래해야 합니다.

출처 : KONEX

6 리스크를 최소화한다 : 기업 승계

지금까지 기업의 가치를 극대화하기 위한 출구전략을 살펴보았습니다. 이번에는 리스크를 최소화며 중소기업에서 가장 빈번하게 일어나는 '기업 승계'에 대해 알아보겠습니다.

01 기업 생존을 위한 희망, 기업 승계의 중요성

기업 승계는 창업주 등 일가가 지배하고 경영했던 회사의 지분과 경영권을 일가의 후계자 또는 외부 전문가에게 이전하여 회사가 유지되는 출구전략입니다. 따라서 승계 계획은 체계적으로 준비되어야 하며 창업자 또는 경영자가 갑작스러운 이탈로 인해 혼란스럽게 될 경우도 예상하여야 합니다. 단순히 운영했던 사업과 운영 프로세스만 이전하는 것이 아니라 경영자의 기업가 정신, 사회적 책임까지도 함께 이양하기 때문입니다. 승계 받는 경영자는 기업의 영속성을 위해 유지·개선하는 자세를 가져야 합니다.

우리나라는 가족 중심의 기업경영으로 인해 경영자의 신상에 변화가 발생하여 경영 후계자 없이 대응하는 것이 어려워 폐업이 발생하는 일이 많았습니다. 경영 후계자를 준비했다고 하더라도 세금 부담의 규모가 크기 때문에 순조롭게 기업 승계가 진행되기 어려운 실정입니다. 기업 승계를 통해 장수 기업이 생겨나면, 안정적인 기업 운영으로 고용 안정에 기여하고 경제성장에도 긍정적인 영향을 미칩니다.

또한 지속적으로 기업을 운영할 수 있는 경영 노하우가 전수되어 장수 기업 내 신생 회사를 설립하는 등 새로운 사업 기회를 만들어 낼 수 있습니다. 국가도 기업 승계를 확산하기 위해 세금 감면 등 지원제도를 강화하고 있습니다.

02 정부가 지원하는 기업 승계 지원 정책

기업 승계를 위해 '창업자금 증여 과세특례'와 '가업 승계 증여 과세특례', '가업상속공제'라는 지원 제도를 알아두는 것이 중요합니다.

(1) 창업자금 증여세 과세특례

창업자금 증여세 과세특례는 창업 활성화를 통화여 투자와 고용을 창출하고 경제활력을 도모하기 위한 제도입니다. 중소기업 창업자금에 대해 50억 원(10명 이상 신규 고용하는 경우 100억 원)을 한도로 적용되며, 5억 원을 공제하고 10%의 저율로 증여세를 과세합니다. 증여자가 사망한 경우에는 증여시기에 관계없이 상속세 과세가액에 가산하여 상속세로 정산합니다. 창업자금을 받은 수증자는 2년 이내에 창업을 해야 하며, 증여받은 날로부터 4년이 되는 날까지 모두 해당 목적에 사용해야 하는 의무가 있습니다. 만일 사후 의무 이행을 위반할 경우 증여세와 더불어 이자까지 추징 당할 수 있으니 창업자금 증여세 과세특례를 적용 받으려면 미리 증여하기보다, 어느 정도 창업준비가 완료된 후에 증여하는 것이 좋습니다.

(2) 가업승계 증여세 과세특례

중소·중견기업 경영자의 고령화에 따라 생전에 자녀에게 가업을 계획적으로 사전 상속할 수 있도록 지원하는 제도입니다. 가업 승계를 위해 주식을 증여하는 경우 600억 원을 한도로 10억 원을 공제한 후 10%(과세표준이 60억 원 초과 시 초과금액은 20%)의 저율로 증여세를 과세합니다. 증여자가 사망한 경우에는 증여시기에 관계없이 상속세 과세가액에 가산하나, 상속개시일 현재 가업상속 요건을 모두 갖춘 경우에는 가업상속공제도 적용받을 수 있도록 합니다. 과세특례는 복잡한 법률 및 규정과 관련된 리스크가 존재하기 때문에 회계법인 및 법무법인의 전문 지식을 활용하는 것이 좋습니다. 전문가들은 최신 정보를 바탕으로 고객의 상황에 맞는 최적의 전략을 수립하고 고객의 이익을 보호할 수 있습니다.

구분		창업자금 증여 과세특례	가업 승계 증여 과세특례
취지		부의 조기이전을 통해 경제 활력 증진	생존 시 가업승계를 통해 중소기업의 영속성 지원
요건	당사자	60세 이상 부모 → 18세 이상인 거주자	가업상속공제 규정에 따른 가업을 10년 이상 계속하여 영위한 60세 이상인 부모 → 18세 이상인 거주자
	증여대상	양도세 과세대상 제외 재산 [50(100)억 원 한도]	주식 등의 가액 중 가업자산 상당액에 대한 증여세 과세가액[600억 원 한도]
	기타사항	2년 이내 창업 4년 이내에 창업자금 사용	수증자가 증여세 과표 신고기한까지 가업에 종사하고 증여일부터 3년 이내에 창업자금 사용, 대표이사에 취임
	특례신청	신고기한까지 특례신청	신고기한까지 특례신청
과세특례		(증여세과세가액 – 5억 원)×10%	(가업자산 상당액에 대한 증여세 과세가액 – 10억 원) ×10%(20%)

출처 : 국세청

<table>
<tr><th colspan="2">구분</th><th>창업자금 증여 과세특례</th><th>가업 승계 증여 과세특례</th></tr>
<tr><td rowspan="2">사후 관리</td><td>가산세부과</td><td>창업자금사용내역 제출 및
명세서 미제출가산세 =
미제출분·불분명한금액×0.3%</td><td>–</td></tr>
<tr><td>증여세추징 (이자상당액 계산)</td><td>- 2년 이내 창업하지 아니한 경우
- 적용업종 외의 업종을 영위
- 4년 이내 모두 해당 목적에 미사용하거나, 증여받은 후 10년 이내 사업용도 외의 용도로 사용한 경우, 창업 후 10년 이내에 사업을 폐업하거나 수증자가 사망한 경우</td><td>- 5년 이내 대표이사직을 상실한 경우
- 5년 이내 주된 업종을 변경*하거나 1년 이상 휴업·폐업
*20.2.11. 이후 ① 중분류 내 변경, ② 중분류 이외는 평가심의위원회 승인을 거쳐 업종변경 가능
- 5년 이내 수증자의 지분이 감소한 경우</td></tr>
<tr><td colspan="2">상속세 및 증여세법 적용</td><td colspan="2">- 상속재산에 가산하는 증여재산에 포함(기간 상관없음)
- 증여세액공제 시 창업자금(주식)에 대한 증여세액공제
- 특례적용 받지 않는 일반세율적용 증여재산과 합산하지 않음
- 신고세액공제 적용 배제</td></tr>
</table>

출처 : 국세청

(3) 가업상속공제

과거에는 상속세를 내기 위해 주식 및 사업 자산을 처분하는 경우 가업 상속 자체를 포기하는 일도 있었습니다. 이러한 부담을 줄이기 위해 정부는 '가업상속공제'를 발의했습니다. 가업상속공제는 중소기업의 원활한 가업승계를 지원하기 위해 피상속인이 10년 이상 경영하던 중소기업을 일정한 조건을 갖춘 상속인 1인이 모두 승계한 경우, 피상속인의 가업영위기간에 따라 상속세과세가액에서 공제하여 가업승계에 따른 상속세 부담을 상쇄시켜주는 제도입니다.

[참고] 주식의 가치는 어떻게 평가할까?

• **비상장주식 :** 비상장주식 평가는 상속개시일 이후 6개월 이내에 발생된 객관적 시가 평가가 우선시됩니다. 다만, 비상장주식은 일반적으로 시가가 형성되어 있지 않기 때문에 보충적 평가방법에 따라 평가하게 되는 경우가 많습니다. 일반적인 비상장주식의 보충적 평가방법은 1주당 순손익가치와 순자산가치를 3대 2의 비율로 가중평균한 가액으로 평가합니다. 만일 보충적 평가 방법으로 평가한 가액이 불리하다고 판단 되면, 납세지 관할 재산평가심의위원회에 비상장주식 평가를 신청할 수 있습니다. 비상장주식 평가는 복합적인 요소들을 검토해야 하기 때문에 해당 분야에 경험있는 세무·회계사와 상담하는 것이 좋습니다.

• **상장주식(코스피, 코스닥) :** 상장주식은 원칙적으로 상속개시일 이전 2개월, 이후 2개월 총 4개월동안 공표된 종가의 평균액으로 산정됩니다.

그러나 가업, 피상속인, 상속인 별로 요건이 규정되어 있어 승계하고자 하는 기업은 자격 충족 여부를 면밀히 검토해야 합니다. 이를 위해 기업에게 세무서를 안내하고 법무법인을 매칭하여 연계하여야 합니다. 중소기업중앙회(KBIZ)에서도 중소기업의 원활한 승계를 지원하기 위해 '중소기업 승계 자문 프로그램'을 운영하고 있습니다. 이 프로그램은 중소기업이 가업을 승계하는 과정에서 겪는 어려움을 해소하기 위해 전문 자문위원의 세제 및 법률 상담을 무료로 제공합니다.

[중소기업 승계 자문 프로그램]

구분	일반상담	주식가치 평가 자문
지원대상	승계 진행(희망) 중소기업	승계 진행(희망) 비상장 중소기업
주요내용	(세무) 가업승계 지원세제 전반에 관한 설명 및 가업승계 세제 기본 요건 충족여부 진단 등 (법률) 가업승계 관련 법률 상담 (유류분 소송 등)	주식가치 평가 및 사업무관자산 비율에 따른 세부담액 추정 등
자문방법	온라인·전화·현장 (자문위원이 기업 방문) 상담	현장(자문위원이 기업 방문) 상담

출처 : 중소기업중앙회(KBIZ) 홈페이지

7

완전한 소멸도 어렵다 : 청산

'청산'도 리스크를 최소화하는 출구전략입니다. 법인은 폐업→해산→청산이라는 절차를 거쳐 정리됩니다. 가장 마지막 단계인 청산은 남은 채무 등을 정리하는 과정으로 법인의 완전한 소멸 과정입니다. 그동안 쌓였던 부채가 있다면 이를 청산하고 보유하고 있던 장비, 재고 등 회사와 관련된 자산들을 모두 처분하여 주주들에게 남은 자금을 분배합니다. 청산은 기업 가치를 극대화하는 전략은 아니지만, 부채를 완전히 상환하고 주주들에게 투자금을 돌려주는 등 기존 투자자들의 이익을 보호할 수 있는 방법입니다. 그러나 청산 과정 역시 복잡하고 어려운 절차이기 때문에 전문가의 도움을 받는 것이 좋습니다.

01 폐업→해산→청산을 통한 사업 정리

법인은 출구전략으로 청산을 선택할 경우, 법률 전문가나 법무법인의 도움을 받아 폐업→해산→청산 절차를 진행해야 합니다. '폐업'은 사업자등록증을 말소하는 것입니다. 세무서에서 사업자등록을 말소할 수 있으며 이후 폐업 신고를 통해 법인격을 소멸시켜야 합니다. 세무서에서 사업자등록을 말소할 경우 폐업 신고까지 연계가 가능하며 홈텍스 홈페이지에서도 폐업 신고가 가능합니다. 확정된 폐업일자 이후에는 세금계산서를 발행하는 것이 불가능합니다.

'해산'은 법인격을 소멸시키는 법률 요건으로 해산결의를 위한 주주총회 소집을 결의하는 이사회를 준비해야 합니다. 그 다음 주주총회를 통해 해산을 결의하고 청산절차를 위해 청산인을 선임합니다. 해산 결의 후, 해산 사유와 청산인 신고 내역 등을 정리하여 해산 등기를 진행합니다. 채권회수, 채무변제, 자산 처분 후 잔여재산을 확정하고 청산주주총회를 열어 청산보고서를 승인하면 청산종결등기가 청산주주총회 14일 이내 진행됩니다. 이후 부가세, 법인세, 종합소득세를 신고하는 과정이 끝나면 청산 완료가 확정됩니다.

청산을 확정하는 단계에서 채무가 남아 있지만 이를 변제할 수 없을 때는 법원에 '파산'을 신청하고 선고를 받아 이를 공고해야 합니다. 청산은 스스로 회사를 정리하여 모든 채무를 갚는 과정인 반면, 파산은 법원의 결정에 의해 이루어져 채무를 모두 갚지 못한 상태에 빠진 경우 채무자의 총재산을 조사하여 모든 채권자에게 이를 공평히 변제함을 목적으로 합니다. 청산을 하게 되면 창업자나 경영진은 사업 정리 이후, 부채와 의무에서 벗어나 은퇴하거나 새로운 사업을 시작할 수 있습니다.

[해산 및 청산절차]

No.	구분	내용
1	이사회	해산결의를 위한 주주총회 소집 결의
2	주주총회	해산결의, 청산인 선임 (합병, 파산 경우 외는 대표이사)
3	해산 등기	해산결의 후 14일 이내(해산사유, 연월일, 청산인신고)
4	채권 최고	2개월 이내에 2호 이상 개별 채권자 총보 및 신문공고
5	정리 과정	채권회수, 채무변제, 자산 처분 후 잔여재산가액 확정
6	청산주주총회	청산보고서 승인
7	청산종결등기	청산보고 주주총회 승인 후 14일 이내
8	배당소득제 신고	잔여재산 가액 확정 다음 달 10일까지 배당소득 원천징수
9	부가세 신고	잔여재산 확정 후 다음 달 25일 이내 폐업신고와 부가세 신고
10	법인세 신고	잔여재산 확정 후 3개월이 속하는 말일까지 각 사업연도 소득 및 청산소득 법인세 신고
11	종합소득세 신고	배당소득 2천만 원 초과 시 타소득(근로 및 사업소득)과 합산하여 종합소득세 신고

출처 : IB파트너스

02 청산에도 비용이 발생한다

기업 청산 절차는 간단하지만 법인 자본금과 자산 처분을 통한 수익으로 발생한 잔여재산으로 인해 단기간에 소득이 커지기 때문에 14~45%의 배당소득세가 부과될 수 있습니다. 이를 놓치면 추후 가산세가 부과될 수 있어 반드시 주의해야 합니다. 청산을 비롯하여 폐업, 해산 등 기업을 정리하기 위해서는 변경되는 세법을 가장 빠르게 반영하여 지원할 수 있는 법무법인의 자문이 필요합니다. 적합한 법무법인을 미리 선정하는 것이 좋습니다. 이외에도 전문 변호사와 세무사를 통해 절차를 수행하는 데 도움을 받을 수 있으므로 비즈니스 컨시어지는 자체 진단을 통해 기업별 자문단을 꾸리는 것도 좋은 방법입니다.

P A R T

세무

저자의 핵심 메시지

"재무제표는 안정성·성장성·유동성 등을 평가하는 중요한 자료입니다.
언더백 기업 경영자는 기업의 재정 상태와 경영 성과를 이해하고
전략적인 의사결정을 하기 위해 재무제표를 효과적으로 분석하고 활용해야 합니다."
_우수빈

개인사업자 VS 법인사업자, 무엇이 유리할까?

01 개인사업자와 법인사업자의 특징 이해

사업을 시작할 때, 개인사업자와 법인사업자 중 어떤 형태를 선택할지 고민하는 것은 당연합니다. 일반적으로 개인사업자의 장점은 살펴보지 않고 법인사업자가 유리하다고 판단하는 경우가 많습니다. 하지만 자금운용, 세무처리방법 등 장·단점이 있기 때문에 컨시어지와 사업 규모, 성장 가능성, 자금조달 방식, 미래 계획 등을 종합적으로 고려하여 최적의 결정을 해야 합니다.

개인사업자와 법인사업자의 차이점은 다음과 같습니다. 개인사업자는 소유와 경영이 소유자에게 종속되는 형태입니다. 즉, 대표 개인이 모든 사업의 운영을 책임져야 합니다. 반면에 법인사업자는 기업이 완전한 법인격을 가지고 스스로 주체가 되어 소유자로부터 분리되어 사업상 영속성을 가지게 되는 기업형태입니다. 법인사업자는 상법상 5개의 종류로 나누어 주식회사, 유한회사, 유한책임회사, 합명회사, 합자회사로 규정하고 있습니다. 보유 지분이 50% 이상인 주주(세법상 과점주주)인 경우 등 일부 상황을 제외하고는 독립된 법인 인격체로서 사업상 책임도 유한책임으로 줄어드는 특징이 있습니다.

[개인사업과 법인사업의 주요 특징 비교]

형태	개인사업	법인사업
자금조달	사업주의 자본과 노동력	주주를 통한 자금조달
사업책임	사업상 발생하는 문제를 사업주가 책임	물적회사*: 출자한 지분 내에서만 책임 인적회사**: 무한/유한책임
의사결정	자유로움	주주, 사원*** 등의 동의 필요
적용세법	종합소득세(6~45%)	법인세 (9%~24%) ※ 대표자: 근로소득세 ※ 주주: 배당소득세
자금 사용 및 대여	자유로운 편	제약이 많으며 절차가 복잡함
대표자 급여 (급여, 상여, 퇴직금)	비용처리 불가	비용처리 가능
대외 신용도	상대적으로 낮은 편	상대적으로 높은 편

* 물적회사 : 합명회사 · 합자회사 ** 인적회사 : 주식회사 · 유한책임회사 · 유한회사
*** 사원(社員) : 회사의 구성원, 회사를 설립하는 사람

상법에서는 법인회사를 5가지로 구분합니다. 간단하게 분류하면 인적회사와 물적회사로 나눌 수 있습니다. 인적회사에는 주식회사, 유한책임회사, 유한회사가 있으며 이러한 회사의 사원 및 주주는 회사 채무에 대하여 직접 책임을 지지 않고 출자금액 또는 주식의 인수가액의 한도 내에서 책임을 져야 합니다. 반면 물적회사는 합명회사, 합자회사로 분류되며, 사원(社員)은 회사 채무에 대하여 직접 연대하여 무한으로 책임을 지게 됩니다. 2022년 국세청 자료에 따르면, 회사 형태 중 주식회사 비율이 90%이상에 달한다고 합니다. 그럼에도 불구하고 전문가와 함께 사업의 목적이나 미래 계획, 규제 등을 종합적으로 살펴보고 어떤 회사가 우리에게 적합한지 판단해야 합니다.

02 개인사업자와 법인사업자, 장·단점 비교 분석

개인사업과 법인사업은 이익과 세금, 대외 신뢰도, 성실신고 의무, 가업승계, 자금 운용, 설립 및 운영의 6가지 관점에서 핵심적인 차이점이 있습니다. 이러한 차이를 명확히 이해하면 사업 상황과 목표에 맞는 최적의 선택이 가능합니다.

(1) 이익이 커지면 법인 사업자가 유리하다

개인사업자는 종합소득세를 적용 받는 반면, 법인은 법인세를 신고·납부해야 합니다. 이익이 큰 기업은 세율 측면에서 법인사업자가 더 유리할 수 있습니다. 다만, 법인사업자 대표자는 법인에서 받는 근로소득, 배당금 등에 대해 근로소득세와 배당소득세를 내야 합니다. 간혹 개인사업자보다 더 많은 세금을 부담할 수 있으니 종합적으로 고려해보세요.

(2) 상대적으로 법인사업자가 대외 공신력과 신용도가 높다

개인사업자는 대표자 개인의 신용이 곧 회사의 신용이 된다고 말할 수 있을 만큼 밀접한 관계를 가지고 있습니다. 하지만, 법인사업자는 독립된 주체로서 신용도를 보유하기 때문에 영업활동이나 금융기관, 관공서 거래 시 개인사업자보다 유리합니다.

(3) 개인사업자는 연 매출이 높으면 성실신고 대상자가 된다

법인사업자는 소규모 법인과 법인전환사업자 등 특수한 경우에만 성실신고 대상자로 지정됩니다. 그러나, 개인사업자는 업종에 따라 매출이 5억~15억을 초과하는 경우 자동으로 성실신고 대상자가 됩니다. 이 경우 세무조사에 대한 부담감이 높아지고 성실신고를 위반할 경우 사업자는 물론 세무 대리인까지 제재를 받을 수 있으니 유의해야 합니다.

(4) 가업승계를 준비한다면 법인으로 전환하자

언더백 기업의 가업승계를 위해서는 어떤 회사 형태가 적합할까요? 세법상 가업승계를 위한 대부분의 혜택과 법령이 법인사업자에 초점이 맞춰져 있습니다. 때문에 가업승계를 계획하고 있다면, 법인전환을 고려하는 것을 추천합니다. 법인전환에 대한 막연한 두려움으로 개인사업자로 가업을 승계하고 싶어하는 경우가 있지만 국내에서는 개인사업자로 가업을 승계하는 방법이 많지 않습니다. 원칙적으로 개인사업자는 대표자 변경이 불가능하기 때문에, 개인사업자로 가업을 승계하기 위해서는 사업자를 폐업한 후 새롭게 등록해야 합니다. 대외 신용도를 유지하면서 가업을 승계하기에는 법인사업자가 더 유리합니다.

(5) 자금을 자유롭게 운용하기에는 개인사업자가 적합하다

우선 회계처리에 대한 부담감은 개인사업자가 상대적으로 간편합니다. 특히 연 매출이 적은 회사는 간이 과세를 선택할 수 있습니다. 반면 법인사업자는 복식 부기를 원칙으로 하며 엄격한 회계처리 기준을 적용 받습니다. 특히 초보 법인대표가 실수하는 점 중 하나가 회사의 돈을 개인적인 용도로 활용하는 것입니다. 대표라도 이 경우에는 횡령죄가 적용될 수 있으니 유의해야 합니다. 법인 대표는 근로소득, 배당소득, 퇴직금 등 정해진 형태로만 돈을 가져갈 수 있습니다.

(6) 개인사업자로 시작한 이후 법인사업자로 전환을 검토해보자

개인사업자에 비해 법인사업자가 여러 가지 장점을 가지고 있지만, 법인설립 절차와 유지는 복잡하고 어렵기 마련입니다. 만일 사업자 설립 전이라면 개인사업으로 시작한 후 법인사업으로 전환하거나 새롭게 법인을 설립하는 방법도 고려해보세요. 최근에는 번거로운 법인 설립 절차를 간편하게 도와주는 서비스가 많이 생겼습니다. 합리적인 비용으로 전문적인 법인 설립 서비스를 이용할 수 있으니 부담을 갖지 말고 컨시어지와 상담해보세요. 특히 자본금 10억 미만의 소규모 주식회사는 회사의 이사를 3인 이하로 둘 수 있으며, 이사회가 없어도 의사결정이 가능하고, 감사를 선임하지 않아도 되는 등 편의를 제공하고 있습니다.

2 우리 기업의 재무현황 파악하기

가정에서 소득과 지출을 파악하고 계획을 세우기 위한 가장 기초적인 방법은 가계부 작성입니다. 법인에도 가계부와 같은 역할을 하는 것이 있는데 바로 재무제표입니다. 재무제표는 기업의 경영 성적표이자 기초체력을 파악할 수 있는 정보로 의사결정 시 기본적인 지표로 사용되고 있습니다.

일부 언더백 기업의 대표는 생소한 용어가 많은 재무제표를 파악하기 복잡하고 어렵다며 세무사, 컨시어지 등 전문가에게 일임하는 경우가 있습니다. 재무제표는 우리 기업의 현 상황을 정확하게 파악하고 올바른 의사결정에 필요한 도구이므로, 재무제표를 이해하기 위한 기본적인 지식은 꼭 알고 있어야 합니다.

재무제표는 대표적으로 **재무상태표, 포괄 손익계산서, 자본변동표, 현금흐름표, 주석 등**으로 구성됩니다. 각 재무제표별 특성을 살펴보기 전에 재무제표는 발생주의 원칙을 따른다는 점을 이해하고 넘어가야 합니다. 발생주의 원칙은 현금의 유출입이 아닌 거래가 발생한 시점을 기준으로 인식(기록·처리)한다는 의미입니다. 예를 들면 1월 1일에 컨테이너를 인도하고 한 달 뒤인 2월 1일에 판매대금을 받게 되었을 때 회계상에는 대금 지급 여부와 상관없이 거래가 발생한 1월 1일에 매출을 인식하게 됩니다.

❶ **재무상태표** : 특정 일 기준(일반적으로 연말)으로 기업의 전반적인 재무상태를 나타내는 표로 기업의 자산, 자본, 부채 정보를 알 수 있습니다.

❷ **포괄 손익계산서** : 특정 시점을 보여주는 재무상태표와 달리 포괄 손익계산서는 일정 기간(일반적으로 1년) 동안 발생한 모든 수익과 비용의 항목별로 나열하여 경영활동의 결과를 나타냅니다.

❸ **현금흐름표** : 일정 기간 동안 기업의 현금 유출입을 나타내는 표입니다. 영업활동, 투자활동, 재무활동으로 성격에 따라 분류하여 발생한 모든 현금흐름을 나타냅니다. 이를 통해 재무상태표와 손익계산서에서는 파악하기 어려운 현금 움직임과 이익 및 손실의 원인을 살펴볼 수 있습니다.

※ 현금흐름표에서 말하는 현금은 일반적으로 현금 외에도 기업이 쉽게 현금화할 수 있는 예금, 3개월 이내의 채권 등을 포함합니다.
※ 다른 재무제표들과 달리 현금흐름표는 현금주의 원칙을 사용합니다.

• **자본변동표** : 기업의 자본이 어떻게 변화하는지를 보여주는 것으로, 주주들이 일정기간 동안 자본의 변동 상황을 파악할 수 있으며 자본금, 주식발행초과금, 이익잉여금, 기타자본항목 등으로 구성되어 있습니다.

01 재무제표에서 꼭 살펴봐야 할 지표

재무제표를 모두 파악하기에는 어려움이 있기 때문에 재무상태표와 현금흐름표 상에 있는 주요 지표들을 이용하여 기업의 상태를 빠르게 파악할 수 있습니다. 전년도 대비 지표변화를 분석하여 국내 기업들의 전반적인 건강 상태를 확인하기도 합니다. 이때, 절대적인 분석보다는 경쟁 기업이나 비슷한 산업군에 있는 좋은 기업과 비교를 통해 분석하여 개선점을 찾아가는 것이 좋습니다.

❶ **성장성 지표** : 성장성 지표는 기업의 자산이나 자본 등 경영규모와 기업활동의 성과가 전 기간에 비해 얼마나 증가했는지 나타내는 지표입니다. 재무제표의 건전성, 경쟁력, 미래의 수익창출능력 등을 나타냅니다.

❷ **수익성 지표** : 기업이 얼마나 많은 이익을 내는지 알아볼 수 있는 지표로, 수익성 지표가 높을수록 경영활동을 통해 이익을 잘 창출했다는 것을 뜻합니다.

❸ **안정성 지표** : 기업의 재무적인 안정성을 파악하기 위해 단기 채무를 상환할 수 있는 유동성과 재무적인 위험도에 대처할 수 있는 능력을 살펴보는 지표입니다.

❹ **활동성 지표** :기업이 보유한 자본을 활용하여 수익 창출을 위한 활동을 얼마나 효과적으로 수행하는지 파악하는 지표입니다.

[각 지표별 주요 분석 항목]

성장성	수익성	안정성	활동성
매출액증가율	매출액영업이익률	부채비율	총자산회전율
총자산증가율	자기자본이익율(ROE)	유동비율	자기자본회전율
순이익증가율	총자산이익율(ROA)	차입금의존도	매출채권회전율

02 기업의 내면을 보여주는 현금흐름표

많은 전문가들은 현금은 기업의 피와 같다고 말합니다. 경제가 불황일 경우 회계상 이익은 올라가지만 현금이 부족해 대금결제를 하지 못하고 흑자도산하는 경우가 발생할 수 있습니다. 이러한 이유로 현금 중심 경영은 거시 경제가 악화될수록 중요성이 커지고 있습니다. 이때 손익계산서 상 영업이익 외에도 현금흐름표를 함께 살펴보면 기업의 재무 건전성을 한눈에 잘 파악할 수 있습니다.

일반적으로 영업활동으로 인한 현금흐름이 증가하고 투자활동으로 인한 현금 흐름이 감소하는 것이 가장 이상적입니다. 매출을 일으켜 미래 성장 가능성이 있는 사업에 투자하고, 기존에 가지고 있는 빚을 갚거나 배당을 하는 상황이기 때문입니다.

[투자자 및 채권자의 입장에서 현금흐름표를 분석하는 일반적인 패턴]

영업활동	투자활동	재무활동	평가
증가(+)	감소(-)	감소(-)	**우량기업** (영업활동을 통해 현금을 창출하고 신규사업에 투자하며 부채상환, 배당도 진행)
증가(+)	감소(-)	증가(+)	**성장기업** (영업활동을 통해 창출한 현금과 차입한 외부자금으로 새로운 투자 활동을 통해 신규사업 모색)
감소(-)	감소(-)	증가(+)	**초기기업 또는 재활기업** (외부에서 자금을 차입하여 신규 사업에 투자를 시작하는 기업)
감소(-)	증가(+)	감소(-)	**위험기업** (영업활동에서 현금을 창출하지 못하면서 투자자산을 판매하여 부채를 상환하는 중)
감소(-)	증가(+)	증가(+)	**위험기업** (영업활동에서 현금을 창출하지 못하면서 신규사업에 투자도 못하고 부채만 계속 발생하고 있는 기업)

*증가(+)는 현금이 들어온 것, 감소(-)는 현금이 나간 것을 의미

간혹 재무제표에 적힌 숫자에 매몰되어 잘못된 의사결정을 하는 경우가 있습니다. 재무제표는 경영활동에서 중요한 지표지만 과거와 현재 상황을 기록한 정보입니다. 가계 계획을 수립할 때 가계부에 적힌 숫자 외에도 자녀유무, 건강상태 등을 전반적으로 검토해 미래 계획을 세우듯, 재무제표를 분석할 때도 그 숫자가 만들어지게 된 이유, 시장 상황, 직원의 역량 등 다양한 요소를 종합적으로 고려하여 경영 전략을 수립해야 합니다.

3 법인세 납부에도 전략이 있다

법인세는 개인에게 부과되는 종합소득세와 유사한 세금입니다. 사업의 실질적 관리장소가 국내에 있는 법인은 국내·외에서 발생하는 모든 소득에 대하여 법인세 납세의무가 있습니다. 법인은 독립된 주체가 되어 사업연도 동안 법인의 사업에서 생긴 소득을 기준으로 세금을 납부하게 됩니다. 법인과 대표이사는 분리되어 있기 때문에, 법인으로부터 대표가 배당, 월급, 상여 등을 받을 경우 해당 대표는 배당소득세, 근로소득세 등 별도의 세금을 부과받습니다.

01 언더백 기업이 꼭 챙겨야 할 법인세 공제 혜택

중소기업이 특정요건을 갖춘 경우, 조세특례제한법에 따라 세액 감면, 공제, 중과 등의 혜택을 받을 수 있습니다. 다음은 중소기업 및 중견기업이 주로 적용받을 수 있는 공제 내용입니다. 각 항목에 대한 상세 내용은 조세특례법에 나와 있는 각 조항을 살펴보고, 중소벤처기업부와 한국세무사회에서 매년 발간하는 '중소기업 조세지원' 자료를 참고하는 것이 좋습니다. 다만 조세특례법은 업종, 사업자, 상황에 따라 차등 적용되거나 사후관리 항목이 적용되는 경우가 많으므로 세액 감면을 신청하기 전에 컨시어지나 전문가와 상담하여 상세내용을 확인하고 실수를 방지하는 것이 좋습니다.

[중소기업 및 중견기업 적용 공제관련 주요 내용(조세특례제한법)]

구분	지원내용 (조세특례제한법)
창업중소기업에 대한 세액감면	창업중소기업 등의 최초 소득발생 과세연도 및 이후 4년간 소재지, 업종, 사업자 별 50%, 75%, 100% 차등 세액감면(제6조)
중소기업특별세액감면	규모, 소재지, 업종별 5~30% 차등 세액감면(제7조)
상생결제 지급금액 세액공제	중소 · 중견기업이 상생결제제도*로 구매대금을 지급한 경우 구매대금의 0.1%, 0.2% 세액공제(제7조의4) *상생결제제도: 만기일에 현금지급을 보장받고, 만기일 이전에도 구매기업이 지급한 외상매출채권을 낮은 수수료로 현금화 하는 제도
고용증대 세액공제	전년대비 상시근로자수가 증가한 경우 해당 과세연도부터 2년 (중소 · 중견기업 3년)간 400~1,200만원 차등 세액공제(제 29조의7)

근로소득 증대기업에 대한 세액공제	상시근로자의 평균임금이 전년대비 증가한 경우 해당 과세연도에 5~30% 차등 세액공제(제 29조의4)
사회보험료 세액공제	전년 대비 상시근로자 수가 증가한 경우 고용증가인원의 사회보험료 상당액의 50%, 75%, 100%차등 세액공제(제30조의4)
본사/공장 지방 이전 감면 (수도권 과밀억제권역 밖 이전)	본사/공장을 수도권과밀억제권역 밖으로 이전 시 5년~10년 간 50%, 100% 세액 감면(제63조, 제63조의2)
	공장을 수도권과밀억제권역 밖으로 이전 또는 동일한 산업단지 내 다른공장으로 이전할 경우 양도차익 5년 거치 5년간 분할 익금산입(제85조의8조)
연구·인력 개발에 대한 과세이연 및 세액공제	연구 및 인력개발비를 지출한 경우 해당 과세연도에 ~50% 차등 세액공제(제10조)
기술이전 및 취득에 대한 과세특례	특허권, 실용신안권 등 기술을 이전하거나 취득한 경우 5~50% 차등 세액감면(제12조)
연구개발특구 입주 기업에 대한 감면	첨단기술 및 연구소 기업에 대하여 3년간 법인세100% 감면, 이후 2년간 50% 감면(제12의2)
M&A 활성화 지원	기술혁신형 합병·주식취득에 대해 지급한 인수가액 중 기술가치 금액의 10%를 법인세에서 공제(제12의3, 제12의4)
사회적기업 및 장애인표준사업장 세액감면	사회적기업 또는 장애인 표준사업장으로 인증받은 경우 해당 과세연도부터 5년간 50%, 100% 차등 세액감면(제85조의6)
최저한세 적용한도 우대	최저한세율을 일반법인에 비해 3~10% 우대(제100조의32)
재해손실세액공제	천재·지변 기타 재해로 인해 사업용 총자산가액의 20%이상 상실한 경우 재해상실비율에 해당하는 법인세 공제(제58조)
외국납부세액공제	국외원천소득에 대한 이중과세를 조정하기 위해 외국에서 납부한 법인세액 공제(제57조,제57의2)

02 자주 헷갈리는 법인세 관련 지식

(1) 특수관계인은 누구일까?

세법에서는 특수관계인과의 범위를 명확하게 제시하고, 관련 규정을 엄격하게 적용합니다. 특히, 법인의 특수관계인은 법인 운영에 사실상 영향력을 행사하는 우월적인 지위에 있기 때문에, 세금 절감의 수단으로 이용될 수 있습니다. 따라서, 특수관계인과의 거래는 패널티나 리스크가 되는 경우가 있고, 법령별로 특수관계인의 범위가 다르기 때문에 채용, 배당, 거래 등에 유의해야 합니다.

[세법 상 친족의 범위와 친족별 특수관계]

세법 상 친족의 범위	
세법 상 친족의 범위	6촌 이내 혈족
	4촌 이내 인척
	배우자
	친생자 또는 입양자 및 그 배우자와 직계비속
	친생자로써 다른 사람에게 입양된 자 및 그 배우자와 직계비속

헷갈리는 친족별 특수관계		
관계	이유	특수관계여부
며느리	1촌 혈족의 배우자로 1촌 인척	여
대고모의 남편	4촌 혈족의 배우자로 4촌 인척에 해당	여
배우자의 숙모	배우자의 3촌 혈족의 배우자로 3촌 인척	여
배우자의 조카	배우자의 3촌 혈족으로 3촌 인척	여
배우자의 외조부모	배우자의 2촌 혈족으로 2촌 인척	여
며느리의 부모(사돈)	인척에 미해당 (상속/증여법에는 포함)	부
동서, 아주머니의 부모	인척에 미해당	부
사촌조카 배우자	5촌 혈족의 배우자로 5촌 인척에 해당	부
당숙모	5촌 혈족의 배우자로 5촌 인척에 해당	부
외사촌조카 배우자	5촌 혈족의 배우자로 5촌 인척에 해당	부

출처 : 국세청 (www.nts.go.kr)

[특수관계인 범위 개요도]

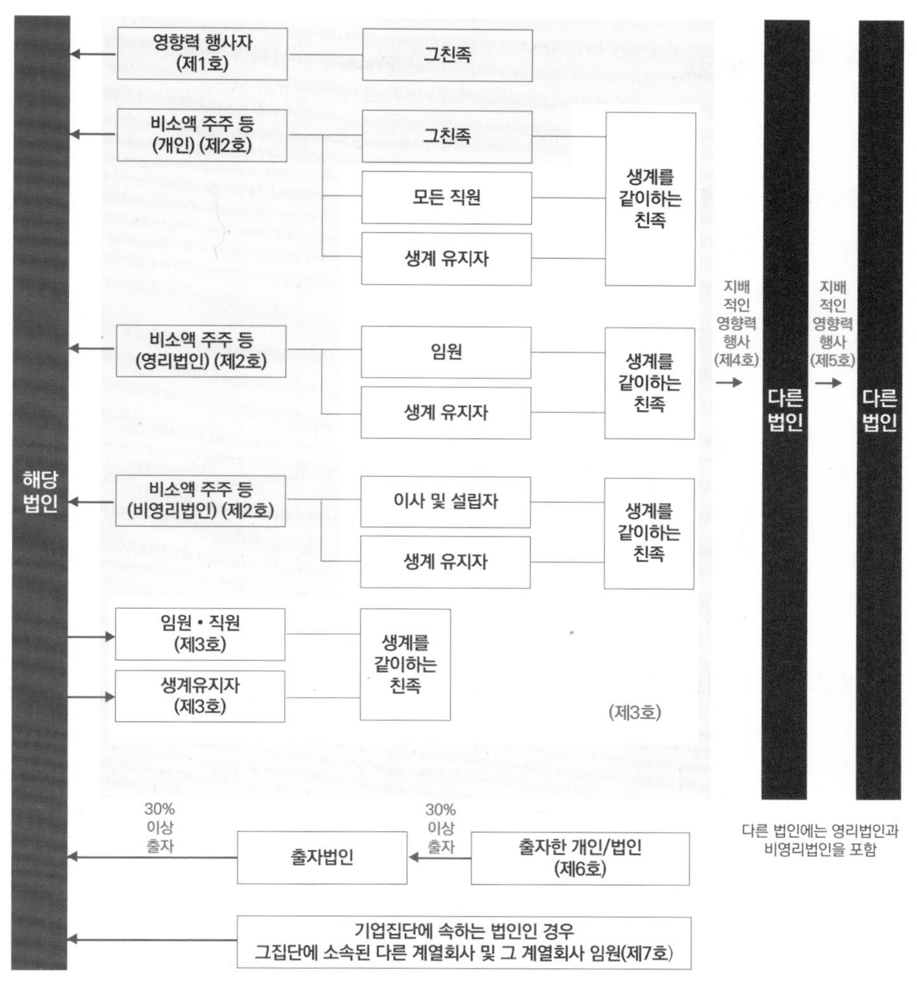

(2) 헷갈리는 연구·인력 개발비 공제, 미리 공제여부를 알 수 있을까?

연구·인력 개발비는 조세 감면 혜택은 크지만 연구내용, 연구인력, 상세 내용에 따라 다각도로 검토한 뒤 적용되는 범위가 인정됩니다. 따라서 법적용에 어려움을 겪거나 예상치 못한 가산세를 추징당하는 경우가 많기에 연구개발비 지출이 큰 언더백 중소기업은 '연구 · 인력개발비 세액공제 사전심사제도'를 적극 활용하는 것이 좋습니다. 사전심사제도는 법인세 신고 전에 신청 가능하며, 신고내용확인 및 감면 사후관리 선정 대상에서 제외되는 혜택도 적용받을 수 있습니다.

(3) 임원의 상여금과 퇴직금 어떻게 인정받을 수 있을까?

❶ **상여금** : 임원의 상여금은 정관과 주주총회, 사원총회 또는 이사회의 결의에 따라 결정된 지급기준 한도에서만 인정받을 수 있습니다. 하지만 지급기준이나 성과평가방법이 명확하지 않거나 실질적으로 이익 처분에 의해 지급되는 상여는 인정받을 수 없습니다.

❷**퇴직금** : 퇴직금은 정관 또는 정관의 위임사항에 기재된 구체적이고 세부적인 사항으로 퇴직급여 지급기준을 충족하는 경우만 인정받을 수 있습니다.

- 기준1. 정관에 기재되어 있는 퇴직급여
- 기준2. 정관에 기재되어 있는 퇴직급여가 없을 경우
  임원퇴직금 한도액 = 퇴직 직전 1년간의 총 급여액 × 1/10 × 근속연수

다만, 정관에 퇴직급여가 명시되어 있더라도 무한정 인정되는 것은 아닙니다. 19년도까지는 연봉의 3배수, 20년도부터는 2배수로 인정 한도가 제한되어 있습니다. 단, 20년도 이후 퇴사자는 전액 2배수로 적용되는 것이 아니라, 19년도 이전분은 3배수, 20년도 이후 발생한 퇴직금은 2배수만큼 차등 인정 받을 수 있습니다. 만약 한도를 초과한 금액은 상여로 간주되어 세액이 높아질 수 있습니다.

(4) 업무추진비(접대비)는 얼마까지 사용할 수 있을까?

기업업무추진비는 명목과 상관없이 업무와 직·간접적으로 관련 있는 특정인에게 무상으로 지출한 금액으로, 명확한 증빙이 있을 때 인정 받을 수 있습니다. 업무추진비 한도는 다음과 같습니다.

[업무추진비 한도]

구분		
기본 한도(연간)	중소기업	3,600만 원
	중소기업 외	1,200만 원
매출 별 추가 한도	100억 원 이하	0.3%
	100~500억 원 이하	3천만 원+100억 초과 x 0.2%
	500억 원 초과	1억1천만 원+500억 초과 x 0.03%

업무추진비 한도 = 기본 한도 + 매출 별 추가 한도

4 언더백 기업의 세무 리스크! 가지급금·가수금

01 세금 폭탄의 주범 가지급금과 가수금

사례1. A법인의 대표인 김대표는 최근 개인적인 채무를 급하게 변제해야 할 일이 생겼다. 급한 마음에 법인 통장에 있는 자금 1억 원을 김대표 개인의 통장으로 송금하여 자신의 채무를 상환했다.

사례2. 신설법인인 B회사는 최근 직원을 추가로 고용했다. 하지만 매출이 크지 않았던 B회사는 보유하고 있던 자금으로는 직원 월급과 대출이자를 갚지 못할 위기에 처해 있었다. 은행 대출을 고려하던 중, B회사의 대표는 개인 자금 1억 원을 B회사의 통장에 입금하여 위기를 해결했다.

두 사례의 공통점은 무엇일까요? 개인의 자금과 법인의 자금이 목적(증빙)없이 지출, 입금되었다는 것입니다. 법인사업자는 개인사업자에 비해 자금의 유용과 대여가 제한적이고 까다롭습니다. 법인의 자금은 대표자라 하더라도 함부로 인출해서 사용해서는 안 됩니다. 반대로 개인의 돈이 목적 없이 법인 통장에 입금되었을 때도 세금을 내야 하는 상황이 발생할 수 있습니다. 위 사례에서 회계상 사례 1은 가지급금, 사례 2는 가수금으로 구분되는데 대체적으로 가수금보다는 가지급금에 대해 큰 페널티가 발생합니다. 두 가지 차이점과 해결책에 대해 알아보겠습니다.

(1) 가지급금이란?

가지급금은 용도가 확정되지 않은 채로 입금된 금액을 말합니다. 가지급금의 개념은 세법상 가지급금과 회계상 가지급금으로 구분됩니다.

세법상 가지급금	회계상 가지급금
명칭 여하를 불문하고 법인의 업무와 관련 없거나 불분명한 자금의 대여액	실제로 현금 지출이 있었으나, 거래내용이 명확하지 않거나 거래가 완전하게 종결되지 않아 계정과목이 확정되지 않았을 때 일시적으로 표기하는 계정과목

일반적으로 말하는 가지급금은 세법상 가지급금으로 회계상 가지급금보다 포괄적이고 엄격한 개념입니다. 특히 세법상 가지급금은 법인이 사용처가 불분명한 지출을 한 경우 대표이사가 실제로 가져가지 않았다 하더라도, 대표이사가 책임져야 하기 때문에 억울한 일이 발생하지 않도록 유의해야 합니다.

가지급금이 발생하는 이유는 다음과 같습니다.

❶ 대표가 사적인 용도로 기업의 자금을 지출하거나 대여해간 경우

❷ 적격 증빙을 제출하지 못하는 사업상 리베이트, 접대 등의 지출이 발생했을 경우

❸ 외부 세무 대리인에게 기장을 맡겨 실시간으로 지출액 파악이 어려워 불분명한 지출 건이 누적되는 경우

❹ 신용불량자, 불법체류자를 고용하여 인건비 비용처리를 인정받지 못하는 경우

❺ 허위로 세금계산서를 발행하는 경우

그렇다면, 가지급금을 해결하지 않으면 어떤 일이 발생할까요? 가지급금이 발생하면 법인과 대표이사 모두에게 이중으로 세금 부담이 생길 수 있습니다. 가지급금은 대표가 법인의 자금을 대여한 것으로 간주하여 법인이 실제 이자를 받지 않더라도 이자수익이 발생한 것으로 판단합니다. 세법에서 정한 가지급금 인정이자율은 4.6%로 100억 원의 가지급금이 있다면 4.6억 원의 이자수익이 발생했다고 판단하여 해당 금액에 대한 과세를 시행합니다. 또한 법인에 대한 과세와는 관계없이 대표 개인도 기업의 자금을 대여하여 혜택을 받은 것으로 간주하여 인정이자만큼 종합소득세를 과세하고 있습니다.

가지급금은 탈세 및 탈루의 수단으로 보기 때문에 국세청의 세무조사 대상으로 선정될 확률이 높아집니다. 기업의 신용도가 낮아져 자금 차입 시 한도 하락, 금리 인상 등의 불이익을 겪을 수 있습니다. 또한, 가업 승계 시 상속 및 증여 재산으로 증여·상속세가 과대 계상될 수 있습니다. 이 외에도 차입금 이자비용 불인정, 청산 시 세금 증가 등 여러 불이익이 있으니 가지급금은 빠르게 해결하는 것이 좋습니다.

가지급금을 허위 가장거래를 이용하여 변제했다고 신고하는 경우, 불성실신고에 따른 가산세가 부담되니 유의해야 합니다.

[가지급금 불성실 신고 사례]

가지급금 이슈-불성실 신고 주요 판례	과세내용
대표자가 배우자에게 주식을 증여 후 바로 그 주식을 법인에게 양도한 것으로 위장하고 해당 주식을 소각하여 의제배당소득 과세는 회피하고 주식양도 대금으로 가지급금 정리	법인이 대표자의 주식을 유상감자한 것으로 보아 의제배당소득에 대하여 과세 (창원지방법원2021구합51605, '22.02.10. 등)
법인 소유의 특허권을 대표자 명의로 등록하고 대표자가 해당 특허권을 법인에게 유상양도한 것으로 위장하여 가지급금 정리	대표자가 취득한 특허권의 실질 소유는 법인으로 보고 특허권 양도대금 손금부인 및 상여처분 (창원지방법원2022구합50241, '22.10.27. 등)

출처 : 국세청 (www.nts.go.kr)

(2) 가수금이란?

가수금은 현금은 유입되었지만, 출처가 불분명하거나 거래가 완전히 종결되지 않은 금액을 말합니다. 가지급금은 실제 채무가 아니더라도, 법인의 채무로 간주되어 기업의 재무구조를 악화시킬 수 있으니 꼼꼼히 관리해야 합니다. 가수금은 초기 기업이 영업으로 발생하는 현금흐름이 부족하여 법인 통장에 대표자나 임원의 자금을 투입하는 경우, 실제 발생한 현금 매출에 대해 적격 증빙을 받지 못하거나 항목을 누락한 경우, 대표자 본인이 법인 대신 비용을 지출하고 적격 증빙을 받지 않은 경우 나타납니다. 다행히 가수금은 가지급금처럼 이자를 내지 않아도 큰 문제는 발생하지 않습니다. 다만, 기업 입장에서 가수금은 부채로 처리된다는 점을 기억해야 합니다.

02 가지급금과 가수금 해결 방법

해결 방법을 알아보기 전에 가지급금과 가수금은 재무 건전성을 위해 기업 설립 초기부터 발생하지 않도록 관리가 필요합니다. 누적된 가지급금은 짧은 기간동안 간단히 해결할 수 있는 문제가 아니고, 변칙적인 회계처리를 진행하여 추징대상이 되는 경우가 많기 때문입니다. 간혹 가지급금을 처리하지 못해 폐업 자체를 미루는 경우가 있는데, 이 경우 직권폐업 후 과세 될 수 있으니 유의해야 합니다. 이제 가지급금과 가수금을 정리하는 방법을 살펴보겠습니다.

가수금은 현금으로 인출하여 처리가 가능합니다. 다만, 현금흐름이 원활하지 않아 장기간 가수금이 방치되어 있거나 금액이 큰 경우 재무상태의 건전성을 확보하기 위해 가수금을 주식으로 전환하는 출자전환을 검토해볼 수 있습니다. 이 경우 ① 투자금 수익회수의 어려움 ② 세금 부담의 증가 ③ 주식가치 평가의 어려움 등 이슈가 발생할 수 있기 때문에 출자전환은 컨시어지나 전문가와 상의하여 결정하는 것을 추천합니다.

가지급금과 가수금은 일정 조건 하에 상계처리가 가능합니다. 가지급금과 가수금 모두 이자율, 상환기간 등의 약정내용이 없고, 동일인이라는 전제 하에 상계처리를 할 수 있습니다. 대부분의 경우 상계처리가 가능하고 상계 후 법인은 가지급금 인정이자에 대한 부담이 줄어들 수 있습니다.

되도록 가지급금은 개인 자산으로 갚는 것이 가장 손쉽고 안전합니다. 개인의 현금 외에도 부동산이나 저축성 보험, 특허, 증권 등을 통해서도 상환이 가능합니다. 가지급금은 대표자의 급여, 상여금, 중간정산 퇴직금, 배당금을 인상하여 정리할 수 있습니다. 이 경우 소득세가 증가하므로 세금 부담을 고려해야 합니다. 퇴직금은 정관에 퇴직금 규정(이사회 결의만으로는 불가)이 있어야만 인정받을 수 있기 때문에, 세무대리인과 함께 꼼꼼히 체크해야 합니다. 미처분 이익잉여금을 활용하여 자기주식을 취득할 경우 자본금은 그대로 유지되는 대신 가지급금을 해소하여 부채비율을 낮출 수 있습니다. 다만 무리하게 자사주를 취득할 경우 국세청에서 취득 무효처분을 받거나, 세무당국의 조사를 받을 수 있다는 점을 유념해야 합니다.

불법체류자와 신용불량자를 고용하여 가지급금 문제가 생긴 경우도 대비해야 합니다. 영세사업자, 건설업사업자, 3D업종 등은 조세심판원을 통해 신고나 조세불복 신청을 할 때, 불가피하게 불법체류자와 신용불량자를 고용하게 된 사유와 고용 사실을 증빙할 수 있는 자료를 제출하는 것이 좋습니다. 이를 통해 인정받은 판례가 다수 있으니 적극적으로 활용하시기 바랍니다.

5 성공적인 증여 전략

증여세는 타인(증여자)으로부터 재산을 증여 받은 경우에 그 재산을 증여 받은 자(수증자)가 부담하는 세금을 말합니다. 무상으로 받은 재산이나 이익을 모두 포함하기 때문에 개인과 개인, 법인과 개인 간의 관계에서도 증여세가 발생할 수 있습니다. 일반적으로 부모가 자녀에게 재산을 증여하는 경우 외에 역으로 자녀가 부모에게 재산을 이전할 때도 증여세가 발생합니다.

01 미리 준비하는 증여세 절감 방법

증여세에 대한 높은 세율로 인해 증여를 시작조차 못하는 경우가 있습니다. 그러나 증여는 미리 시작할수록 유리하기에 가능한 한 빨리 컨시어지와 상담하는 것이 좋습니다. 특히 증여세는 10년에 한 번씩 공제되므로, 증여세를 걱정한다면 더 미루지 말고 10년마다 공제 가능한 한도 내에서 증여를 진행하는 것이 좋습니다.

[증여재산 공제 한도액]

증여자	배우자	직계존속	직계비속	기타 친족	기타
공제 한도액	6억 원	5천만 원*	5천만 원*	1천만 원**	없음

* 직계존속 : 증여자가 직계존속인 경우 배우자를 포함하여 동일인으로 간주한다.
* 직계존속 및 직계 비속 : 수증자가 미성년자인 경우 2천만 원 공제한다.
** 기타 친족 : 며느리, 사위 포함

증여세는 10년간 증여한 금액을 누적하여 공제하기 때문에, 날짜를 미리 계산해서 10년이 지난 날짜에 맞춰 증여하는 것이 좋습니다. 직계존속에게 증여를 받을 경우 직계존속의 배우자가 증여한 금액과 합산하여 공제한다는 점을 주의하세요.

[증여재산가산액 계산 예시]

증여 내역	증여재산가산액	사유
2001년 아버지가 5천만 원 증여	0원	10년 전 증여는 과세 대상에 합산되지 않음
2019년 아버지가 5천만 원 증여	5천만 원	직계존속인 부모의 증여는 5천만 원만 공제
2019년 어머니가 5천만 원 증여		
2020년 할머니가 5천만 원 증여	5천만 원	직계비속인 조부모는 직계존속과 동일인으로 간주되어 전액 공제 불가(19년도 증여액에서 공제 활용)
2020년 할아버지가 5천만 원 증여	5천만 원	
▶ 2021년 기준 증여재산가산액 : 1억 5천만 원		

2024년부터는 혼인 및 출산(입양) 증여재산 공제 제도가 신설되었습니다. 혼인·출산 공제는 1인당 평생 1회만 가능하며 혼인과 출산 중 하나만 적용받을 수 있으니, 중복해서 공제받지 않도록 유의해야 합니다. 다만, 부부가 각자의 직계존속으로부터 각각 1억원 씩 공제 받을 수 있습니다.

구분	적용시기	공제액
혼인 증여재산 공제	혼인(예정)일로부터 전후 2년 이내 증여	1인당 1억 원 (평생 1회)
출산(입양) 증여재산 공제	출생 또는 입양일로부터 2년 이내 증여	

2020년, 코로나로 인해 국내 주식장이 폭락한 적이 있었습니다. 이때 미성년 주식 보유자 수가 급등했습니다. 이는 주가 하락으로 재산 가치가 떨어져 증여세 부담이 줄어드는 타이밍을 놓치지 않고 많은 자산가들이 증여를 시도했기 때문입니다. 실제로 통계청의 자료에 따르면 20년도 증여재산 가액은 전년도 대비 50% 이상 증가했습니다.

이처럼 주식은 타이밍을 맞춰 주식을 증여하는 것이 중요합니다. 증여한 날로부터 전후 2개월, 총 4개월의 종가 평균가액으로 증여세를 산출합니다. 만일 증여 후 가격이 급등한다면, 증여 결정 3개월 안에 취소도 가능합니다. 이와 같이 부동산 경기가 나빠질 때도 놓치지 않고 증여하는 것이 좋습니다. 다만, 유의할 점이 있습니다. 증여 받은 주식을 양도할 때는 양도차익에 대한 양도세액을 내야 하는데, 증여세를 납부할 때 증여재산가액이 낮을수록 양도차익이 커져 부담이 될 수 있습니다. 따라서, 적절한 가격에 주식을 신고하는 것이 나중을 위해서 좋습니다.

창업자금 증여세 과세특례와 가업승계 증여세 과세특례도 추천합니다. 창업자금 증여세 과세특례는 창업 활성화를 위해 도입된 제도로, 18세 이상인 거주자가 중소기업을 창업할 목적으로 60세 이상의 부모로부터 증여받는 재산에 대한 특례입니다.

창업 자금 증여세는 기본적으로 50억 한도로 5억을 공제한 뒤에 10%의 세율을 적용하여 증여세를 계산합니다. 만약 수증자가 10명 이상 신규로 고용하는 경우 100억으로 한도가 늘어갑니다. 자녀가 두명 이상이라면 각각 과세특례를 분리해서 적용 받을 수 있습니다. 가업승계 증여세 과세특례는 중소기업 경영자가 고령화되면서, 생전에 가업을 계획적으로 상속할 수 있도록 생긴 제도입니다. 증여자가 가업을 10년 이상 경영하여 60세 이상일 경우, 최대 600억 한도에서 10억을 공제한 뒤 10~20%의 특례 세율을 적용해주는 제도입니다.

부동산을 증여할 때는 월세보다는 전세(보증금)가 많은 부동산을 증여하는 것이 좋습니다. 월세를 받는 부동산은 증여 재산가액에 월세 수익을 포함시켜 증여세 부담이 커지게 되는데, 보증금이 있을 경우 부담부 증여가 가능해집니다. 부담부증여는 재산과 함께 재산에 담보된 채무를 묶어서 증여하는 경우를 말합니다. 만일 부모가 자녀에게 3억 원의 보증금이 있는 7억짜리 건물을 증여할 경우, 채무를 차감한 4억에 대해서만 자녀에게 증여세가 과세되며, 3억에 대한 채무액에 대해서는 부모에게 양도소득세가 과세되어 세액 부담이 줄어듭니다. 참고로 국세청에서는 부담부증여에서 발생한 채무에 대해 전산으로 입력하여 매년 1회 이상 철저하게 모니터링하고 있습니다. 부담부증여 후 수증자가 부채를 대신 갚는 편법을 사용하면 국세청에서 이를 적발할 수 있으니 주의가 필요합니다.

02 예상치 못하는 곳에서 발생하는 증여세

증여세는 우리 주변 일상에서 자주 발생하는 세금 중 하나입니다. 일감 몰아주기와 떼어주기, 비상장 주식 액면가 양도, 부동산 무상 사용 및 담보 대출, 손자녀에게 지급하는 교육비 등 일반적으로 간과하기 쉬운 사례를 소개하겠습니다.

특수관계에 있는 법인(중소기업이거나 수혜법인이 50% 이상 출자한 법인 제외)에게 일감을 몰아받거나 사업기회를 제공받은 경우, 발생한 이익을 수혜 법인의 지배주주와 친족이 증여를 받은 것으로 보아 증여세를 과세합니다. 간혹 비상장 주식을 시가보다 낮은 액면가로 양도할 때가 있는데, 이 경우 증여세가 추가로 발생할 수 있습니다. 특히

30% 이상 주식을 가지고 있는 대표와 직원, 배우자, 자녀와의 거래는 특수관계인 간 거래로 해당하여 증여세와 양도소득세를 납부해야 하며, 특수관계인 간의 거래가 아니라도 대가와 시가의 차액이 기준금액(30% 또는 3억원) 이상 저렴하게 양도했을 때 증여세가 부과됩니다. 부동산을 무상으로 사용하거나 담보를 잡아 대출을 받을 경우도 주의하세요. 타인이 보유한 부동산을 무상으로 사용할 때 증여로 판단하여 증여세 과세대상에 해당합니다. 가족의 부동산을 무상으로 사용해도 과세 대상이 됩니다. 다만, 5년 간 합산한 무산사용 이익이 1억 원 미만이라면 증여세를 내지 않아도 됩니다.

흔히 교육비는 비과세로 알고 있지만, 소득이 있는 부모가 있는 손자녀에게 조부모가 교육비, 유학비를 지급할 경우 이 역시 과세 대상입니다. 기본적으로 교육비는 소득이 없는 가족에게만 비과세가 적용됩니다. 자녀를 부양하는 부모가 있다면 증여세가 과세됩니다. 또한 세대를 건너 뛴 증여는 할증 과세에 해당됩니다. 예를 들면 조부모-자녀-손자녀의 관계에서 세대를 건너뛴 증여가 이루어질 경우 세대생략증여로 구분되어 기존 증여세액에서 30%가 할증되어 과세됩니다(수증자가 미성년자이며 증여재산가액이 20억 초과할 경우 40% 할증과세). 조무모가 자녀에게 증여한 후 손자녀에게 증여하기보다 할증과세를 납부하더라도 더 유리한 경우가 있습니다. 특히 부동산은 증여세 외에도 취득세를 내야 하는데, 세대생략증여 시 두 번 납부해야 할 취득세를 한 번만 납부해도 되기 때문에 비교분석해보는 것이 좋습니다.

[자주 묻는 증여세에 대한 궁금증]

❶ **자녀가 은행으로부터 대출을 받은 후 부모가 은행에 직접 대출을 상환하는 경우 증여세를 납부하지 않는다?** 이는 잘못된 정보입니다. 부모가 자녀의 대출금을 대신 상환하는 것은 사실상의 증여로 간주되어 과세당국에서는 증여세를 과세합니다.

❷ **여러 명의 친척들에게 증여받을 경우 공제액이 늘어날까?** 여러 명의 친척으로부터 증여를 받는 경우에도 공제액은 증가하지 않습니다. 직계존속 및 직계비속이 아닌 친족들에게 10년간 증여받은 금액을 누적하여 1천만 원까지만 공제가 가능합니다.

❸ **사실혼 관계에서 부부 증여 공제가 가능할까?** 세법상 증여 재산 공제 6억 원은 법률혼 관계에 있는 배우자로부터 증여받을 때만 적용되기 때문에 사실혼 관계에서는 증여 공제가 적용되지 않습니다.

❹ **계부나 계모가 증여하는 경우에도 공제될까?** 계부나 계모로부터 증여를 받는 경우에도 친부모와 마찬가지로 5천만 원 한도가 공제됩니다. 다만, 직계혈족인 부친이 사망한 이후 재혼하지 않은 계모로부터 증여받을 경우 4촌 이내의 인척으로 해당되어 1천만 원이 공제됩니다.

❺ 자녀가 결혼할 때 마련해주는 혼수용품과 부모가 받은 축의금도 증여세를 내야 할까? 사회통념상 혼수용품으로 필요하다고 생각되는 혼수용품(사치품, 주택, 차량 제외)은 증여세 부과 대상이 아닙니다. 다만, 자녀의 지인으로 받은 축의금 외의 축의금은 통상 혼주인 부모에게 귀속된다고 보고 부모가 받은 축의금을 자녀에게 전달할 경우 증여세가 과세됩니다. 추후 자녀 본인이 받은 축의금으로 자산을 구매할 때, 방명록과 축의금 내역을 잘 보관하여 과세당국에서 조사가 나올 상황을 대비하는 것이 좋습니다.

6 미리 준비하는 증여·상속 전략

01 상속 공제/납부 제도 활용하기

2024년 현재 우리나라의 상속 및 증여세율은 최대 50%로 명목세율로 보자면 OECD 국가 중 두 번째로 많습니다. 공제 후 실효세율을 보자면 이보다는 낮지만, 상속재산이 100억 원을 초과하는 경우 공제는 큰 영향을 미치지 않습니다. 높은 상속세율로 인해, 많은 자산가들이 상속세를 대비하지 못하고 막대한 세금폭탄을 맞게 됩니다. 많은 경영자들이 상속을 미리 준비하지 못하는 이유는 경영자가 활발하게 활동하기에 주변에서 쉽게 먼저 말을 꺼내지 못하는 경우가 있고 대표자 자신이 건강하다고 생각하거나 현업에 집중하느라 미처 생각하지 못하는 경우가 많습니다. 이 책을 보고 있는 언더백 기업의 자산가라면, 건강할 때 하루 빨리 컨시어지와 상담을 시작하여 증여·상속 전략을 함께 세우는 것을 추천합니다.

(1) 상속세 공제 제도 한눈에 살펴보기

구분		내용	
큰 금액 중 택 1	기초공제 + 인적공제	기초공제	2억 원
		자녀공제	1인당 5천만 원 (태아 포함)
		미성년자공제	만 나이 x 1천만 원 (태아 포함)
		연로자공제	1인당 5천만 원 (65세 이상, 배우자 제외)
		장애인공제	기대여명 연수 x 1천만 원
		*자녀공제와 미성년자공제, 장애인공제와 다른 인적공제는 중복 공제 가능	
	일괄공제	5억 원	
배우자 인적공제		a. 5억 원 미만: 5억 원 공제 b. 5억 원 이상: 아래 중 적은 금액(30억 원 한도 공제) ① 실제 상속받은 금액 ② (상속가액 x 법정상속지분)−상속개시 10년 전 사전증여 재산 과세표준	
가업상속공제		300~600억 원(중소·중견 기업)	
영농상속공제		30억 원	
금융재산 상속공제		2천만 원 미만	전액
		2천만 원 이상 1억 이하	2천만 원
		1억 원 이상 10억 원 이하	순금융재산가액 x 20%
		10억 원 초과	2억 원
동거주택 상속공제		6억 원 (채무를 제외한 가액)	
재해손실공제		신고 기간 내 재난으로 인해 상속받은 재산이 멸실, 훼손된 경우 손실가액	

* 금융재산상속공제 (예금, 적금, 주식, 채권 등)

부동산은 신고 금액에 따라 실제 재산가치 대비 과소평가되어 상속세가 측정될 수 있습니다. 그러나 금융재산은 100% 상속금액이 반영되기 때문에 과세 형평성을 위해 금융재산 상속공제라는 제도를 적용하고 있습니다.

(2) 원활한 상속세 납부를 위한 제도

❶ 상속세 분납 제도

상속세가 1천만 원 초과할 경우 신고납부기한이 지난 후 2개월 이내에 세액을 분납하여 납부할 수 있습니다.

2천만 원 이하일 때	1천만 원을 초과하는 금액
2천만 원 초과일 때	세액의 50% 이하의 금액

❷ 상속세 연부연납제도

상속세를 납부하기 위해 급하게 자산을 처분해야 하는 경우가 있습니다. 이를 방지하기 위해 10년, 가업승계 시 최대 20년까지 연부연납할 수 있는 제도가 있습니다. 연부연납제도는 상속세가 2천만 원을 초과할 경우 일정 기간 동안 분할하여 납부하는 제도입니다. 관할 세무서장으로부터 허가를 받아야 하며, 분납세액에 이자가 가산됩니다. 20년 이후 연부연납을 신청하였다면 연부연납 이자는 매년 변경되며 자동적용되고, 변경되는 이자는 국세청에서 확인할 수 있습니다.

※상속세 분납과 연부연납제도는 중복하여 적용받을 수 없다.

연부연납 신청요건

- 상속세 납부세액이 2천만 원 초과
- 연부연납을 신청한 세액에 상당하는 납세담보 제공
- 상속세 연부연납 신청기한 내 연부연납허가신청서 제출

연부연납 기간

구분	연부연납 기간
가업상속재산 외의 상속재산	허가받은 날로부터 10년
가업상속재산	허가받은 날로부터 20년 동안 납부 또는 허가 후 10년이 되는 날부터 10년 동안 납부(택 1)

2023년부터 중소기업의 사업승계를 위한 납부 유예제도가 별도로 신설되었습니다. 만일 상속인이 가업상속공제 또는 증여세과세특례 요건을 충족하는 중소기업이라면 신청 가능합니다.

❸ 가업 사업승계 납부유예제도와 가업상속공제 비교

가업 사업승계 납부유예제도	가업상속공제
상속인이 가업상속재산을 양도·상속· 증여하는 시점까지 상속세/증여세의 납부 유예	상속인의 가업상속재산을 최대 600억까지 공제

※ 두 제도는 중복 적용이 불가하기 때문에 하나만 선택할 수 있다.

❹ 안심상속 원스톱 서비스

상속인은 상속받을 재산보다 채무가 많을 경우 상속포기 신고를 할 수 있습니다. 만일 피상속인이 상속 준비 전 갑작스럽게 사망할 경우 상속인이 피상속인의 재산을 파악하기 어려울 수 있습니다. 이 경우를 대비하여 정부에서는 '안심상속 원스톱 서비스'를 제공하고 있습니다. 이 서비스를 통해 재산(금융, 부동산, 연금, 등)과 채무(미납세금, 대출금 등)를 확인할 수 있습니다. 안심상속 원스톱 서비스는 온라인 신청(정부 24) 또는 오프라인 신청(시·군·구청 및 주민센터 방문)을 통해 가능합니다. 다만 개인채무는 확인이 불가능할 수 있는 점 유의해야 합니다.

02 예상치 못하게 발생하는 상속세 주요 사례

다음은 예상치 못한 상황에서 상속세가 과세되는 경우입니다. 빈번하게 발생하는 사례인 만큼 미리 파악하고 대비하는 것이 필요합니다.

❶ 상속받지 않은 재산도 증명해야 할 경우

피상속자가 사망하기 전에 사용처가 명백하지 않은 금액이 있다면, 피상속자는 실제 그 재산을 상속받지 않았어도 사용처를 증명해야 합니다. 사용처를 증명하지 못하면 재산을 받은 적이 없더라도 상속추정재산으로 간주되어 세금을 내야하는 억울한 상황이 발생할 수 있습니다. 국세청이 정한 기준은 사망하기 1년 이내 2억 원, 2년 이내 5억 원 이상 출처가 불분명한 금액이 있을 경우 상속추정재산으로 보고 있습니다. 위 금액에 미달하더라도 조사를 받을 수 있으니 유의해야 합니다. 상속추정재산이 자주 발생하는 사례는 영수증을 남기지 않는 익명의 기부를 진행했을 때, 숨겨둔 가족 혹은 자녀에게 현금으로 전달했을 때,

전세금 또는 부동산 처분금액을 현금으로 인출한 후 사용처가 불분명할 때, 대출금을 현금으로 인출한 후 사용처가 불분명할 때 등입니다. 관련 사례를 살펴보고, 사전에 이러한 일이 생기지 않도록 사용처에 대한 증빙을 명확하게 준비해야 합니다.

❷ 상속 게시일로부터 10년 이내 증여한 재산이 있을 경우

상속세는 상속게시일로부터 10년 이내에 상속인에게 증여한 재산이 있거나, 5년 이내에 상속인이 아닌 자에게 증여할 때 상속재산에 합산하여 계산합니다. 기존에 납부한 증여세는 상속세를 부과할 때 공제받을 수 있지만, 과세표준이 커져 누진세를 적용받기도 합니다. 때문에 자산가는 미리 증여를 함으로써 상속세에 대한 부담을 줄이는 것이 좋습니다.

❸ 법인 가지급금이 있을 경우

법인세법에 의하면, 법인의 가지급금은 대표이사가 개인적으로 사용한 재산으로 간주되고 있습니다. 피상속자가 대표이사로 재직하고 있던 법인에 가지급금이 있을 시 대표이사의 전액 상여 소득으로 처분되어 상속 대상이 될 수 있습니다. 더불어 가수금도 상속 대상에 해당되어 상속재산에 포함될 수 있으나, 회수가 어려운 상황일 경우 예외적으로 상속재산에서 제외할 수 있습니다.

❹ 상속받은 부동산을 6개월 내에 처분하는 경우

상속받은 부동산을 6개월 내에 처분할 경우 양도소득세를 납부하지 않아도 된다는 말이 있습니다. 이는 상속 게시일 후 6개월 내 거래할 경우 양도가액이 곧 상속받은 재산 평가액으로 적용되어 양도 차액이 없는 것으로 보기 때문입니다. 하지만, 상속세는 상속받은 가액이 아닌 상속받은 부동산의 시가에 따라 부과되므로, 상속세를 추가로 납부할 수 있습니다. 상속받은 부동산을 양도할 때에는 양도소득세와 상속세는 물론 양도시기 및 방법, 대상 등에 따라 다양한 세금 문제가 발생할 수 있으므로, 전문적인 상담을 받는 것이 좋습니다. 꼼꼼한 준비와 전문적인 상담을 통해 상속세 부담을 줄이고, 합법적인 범위 내에서 최대한 세금 혜택을 활용하시기 바랍니다.

7 세무조사, 원칙에 따라 대응하자

01 세무조사 대상 선정 기준부터 연기 신청까지

원칙적으로 국세청에서는 납세자의 성실성 추정 규정을 따르고 있습니다. 이는 정기조사 외의 세무조사 사유에 해당하는 경우를 제외하고는 납세자가 제출한 신고서가 진실하다고 추정하는 것입니다. 그렇다면 어떤 상황에서 세무조사가 진행되는 걸까요? 국세청에서 공개한 세무조사 대상자 선정 방법에는 정기선정과 비정기 선정이 있습니다.

[세무조사 대상 선정 기준]

정기조사	• 회계 성실도 분석 시스템을 활용하여 종합적으로 분석한 결과 불성실 혐의가 있다고 인정하는 경우 • 4년동안 세무조사를 받지 않은 기업 중, 신고내용이 적정한지 검증할 필요가 있는 경우 • 무작위 추출방법으로 표본조사를 하는 경우
비정기 조사 (특별 세무 조사)	• 납세 신고를 하지 않거나 사실과 다른 신고를 한 경우 • 명확한 혐의점에 대한 증거가 있는 경우 • 구체적인 탈세 제보가 있는 경우 • 세무공무원에게 금품을 제공한 혐의가 있는 경우

정기조사 시 주로 국세청에서는 CAF(신고 성실도 분석시스템)와 PCI(소득-지출 분석시스템)를 활용하여 신고 성실도를 분석하여 불성실 신고 혐의가 예상될 경우 세무조사 대상으로 선정하고 있습니다. 주로 매입매출이 누락되거나, 출처가 불분명한 재산이 갑자기 증가한 경우, 개인사업자의 경우 현금매출이 과소 신고된 경우, 소득에 비해 지출이 과다한 경우 등 비정상적인 행위가 데이터로 분석되었을 때 세무조사 대상이 되는 경우가 많으니 유의해야 합니다.

세무조사 대상이 된 경우 증거인멸의 혐의가 없을 시에는 조사 15일 전에 세무조사 통보를 하게되어 있고, 세무대리인(세무사, 공인회계사, 변호사)의 조력을 받을 수 있습니다. 세무조사 통보를 받을 때 바로 세무대리인과 세무조사를 준비하는 것이 좋습니다. 만일 ▷화재나 도난 등 재해로 사업에 어려움이 있을 경우 ▷질병, 중상해, 장기출장 ▷

장부가 압수되거나 영치된 경우 ▷이 외 위 사례에 준하는 경우에는 세무조사 연기신청서를 제출하여 연기신청이 가능합니다.

❶ 고액현금보고제도와 의심거래보고제도

국내에서는 자금세탁방지를 위해 고액현금보고제도와 의심거래보고제도가 운영되고 있습니다. 고액현금보고제도는 동일인이 1거래일 동안 현금금융거래가 1천만원 이상 이루어질 경우 금융정보분석원(FIU)에 전산으로 자동 보고하는 제도입니다. 예를 들면 한 고객이 하루에 A은행에서 현금 400만 원을 인출하고, B은행에서 현금 900만 원을 인출했다면, 두 거래를 합산한 총액이 1천만 원을 넘어가기 때문에 자동으로 보고되고 있습니다. 의심거래보고제도는 금융기관(영업점 직원, 가상거래영업소 등)이 불법재산, 자금세탁행위, 공중협박자금조달행위 등으로 의심되거나 근거가 있는 경우 금액에 상관없이 금융정보분석원장에게 보고하도록 하는 제도입니다. 객관적인 기준금액으로 자동 신고되는 고액현금보고제도와 달리 주관적인 판단하에 이루어진다는 특징이 있습니다. 금융기관은 의심스러운 거래를 보고하지 않을 때 임직원 징계, 시정명령, 과태료 부과 등의 제재를 받을 수 있습니다. 따라서 의심스러운 거래에 대해 적극적으로 신고하고 있으며, 최근에는 가상거래영업소의 의심거래보고건수가 급격하게 증가하고 있습니다.

02 사전·사후 권리구제제도 현명하게 활용하기

만약 세무조사 결과 억울한 세금이 부과되었다면 어떻게 해야 할까요? 사전·사후 권리구제 제도를 활용할 수 있습니다. 유권해석의 차이, 기업(또는 개인)의 특수한 상황을 반영하지 못하여 과도하게 청구된 세금으로 인해 이익이 침해 당한 상황이 발생할 경우, 불복청구를 신청할 수 있습니다. 국세청은 국세법령정보시스템을 운영하여 각 상황별 정보를 제공하고 있습니다. 법령 해석, 질의 응답, 쟁점 별 사례, 판례 등의 정보를 얻을 수 있습니다. 언더백 기업 경영자 및 컨시어지는 이를 적극적으로 활용하여 불복청구를 진행하기 전에 필요한 정보를 수집해보는 것을 권합니다.

❶ (사전 구제 제도) 과세전적부심사

세무서에서는 사전에 납세자에게 과세예고통지를 해야 하는 의무가 있습니다. 과세예고통지(세무조사결과통지, 감사결과 등)를 받았을 때 억울한 부분이 있다면 세금이 고지되기 전에 사전에 구제받는 제도인 과세전적부심사를 활용해볼 수 있습니다. 사전 구제를 받거나, 청구 기간 중 청구 부분에 대한 세금은 결정이 있을 때까지 과세처분이 유보되기 때문에 사후 구제에 비해 세금납부에 대한 부담이 줄어듭니다. 특수한 경우가 아닌 이상 본인 또는 세무대리인을 통해 신고할 수 있고, 심의 후 세무서장 또는 국세청장의 결정 후 30일 내로 결과를 통지받을 수 있습니다.

❷ (사후 구제 제도) 이의신청

위법하거나 부당하다고 판단되는 납세고지서를 받았거나 환급신청, 감면신청을 적용받지 못한 경우 청구할 수 있는 사후 구제 제도입니다. 납세고지서를 받은 후 90일 내에 신청이 가능하며 하루라도 넘기면 신청이 받아들여지지 않으니 유의해야 합니다. 이의 신청이 기각될 경우 심사청구와 심판청구만 가능하고 감사원 심사청구는 신청이 불가하니 이의 신청 전 어떤 제도를 활용할지 잘 따져보아야 합니다.

❸ (사후 구제 제도) 심사청구, 심판청구, 감사원 심사청구

심사청구, 심판청구, 감사원 심사청구 제도는 사후 구제 제도로 중복신청이 불가합니다. 심사청구와 심판청구는 이의신청 결과에 불복할 경우 90일 내로 신청 가능하지만, 감사원 심사청구는 이의신청 이후 신청이 불가하니 필요할 경우 이의신청을 하지 않고 바로 감사원 심사청구를 진행해야 합니다. 세 가지 제도의 가장 큰 차이점은 판단의 주체입니다. 지역, 사건, 내용 등에 따라 어느 제도가 유리할지 조세 불복 전문가와 함께 상의하는 것이 좋습니다.

❹ (사후 구제 제도) 행정소송

위 제도를 모두 활용한 이후에도 불가피할 경우 행정소송을 진행할 수 있습니다. 행정소송은 심사청구나 심판청구 중 하나를 반드시 거쳐야 하며 결정 통지를 받은 날로부터 90일 이내에 신청해야 합니다.

[불복 청구과정 절차]

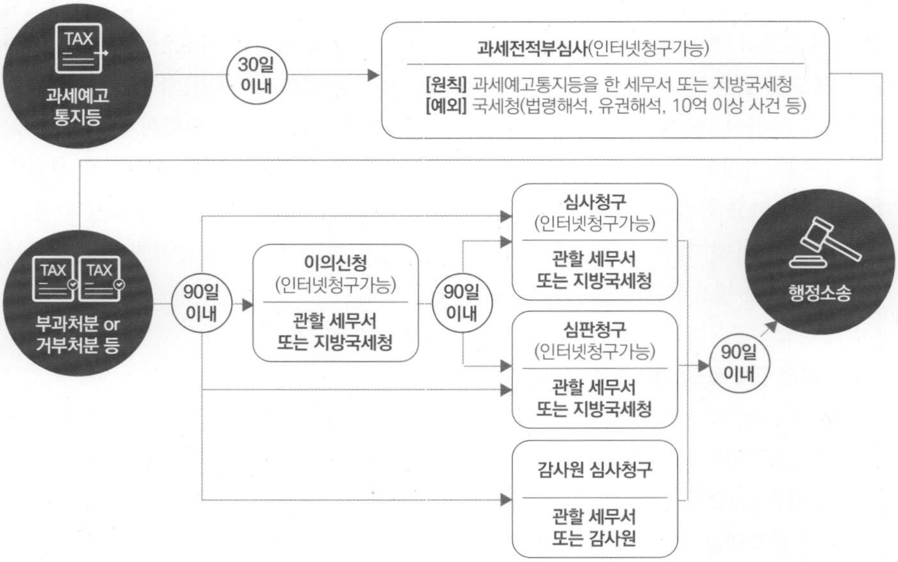

TAX
과세예고
통지등
30일
이내
과세전적부심사(인터넷청구가능)
[원칙] 과세예고통지등을 한 세무서 또는 지방국세청
[예외] 국세청(법령해석, 유권해석, 10억 이상 사건 등)
TAX TAX
부과처분 or
거부처분 등
90일
이내
이의신청
(인터넷청구가능)
관할 세무서
또는 지방국세청
90일
이내
심사청구
(인터넷청구가능)
관할 세무서
또는 지방국세청
심판청구
(인터넷청구가능)
관할 세무서
또는 지방국세청
감사원 심사청구
관할 세무서
또는 감사원
90일
이내
행정소송

출처 : 국세청 (www.nts.go.kr)

세금 신고과정에서 실수로 세금을 더 내거나, 덜 낸 경우에는 경정청구 또는 수정신고를 통해 바로잡을 수 있도록 하는 정책이 있습니다. 경정청구는 원래 낸 세금보다 더 많은 세금을 납부했을 때 신청이 가능합니다. 주로 세제 혜택을 선택하지 않았거나, 필요경비로 인정받을 수 있는 지출증빙을 준비하지 못했을 때 신청하며 법정 신고기한 경과 후 5년 이내에 청구하여 세금을 되돌려받을 수 있습니다. 반대로 내야 할 세금보다 적게 신고한 경우에는 수정신고를 통해 신고내용을 바로잡아 주세요. 법정신고 기한이 지난 후 2년 이내에 신고할 경우 과소신고 가산세가 감면될 수 있습니다. 다만 이 정책은 세무서에서 과소 신고한 내용을 바로 잡기 전 미리 오납입 세금을 정정할 기회를 주는 것이기 때문에 세무서에서 결정 또는 정정 통지를 하기 전에만 수정신고가 가능합니다. 가산세 부담을 줄이기 위해 과소신고한 세금이 있는 것을 확인하면 빠르게 수정신고를 하는 것이 좋습니다.

여러 가지 사정으로 세금 신고기한을 놓쳤다면, 기한 후 신고제도를 활용하여 신속하게 신고해 주세요. 기한 후 신고는 관할 세무서장이 세금을 결정하여 통지하기 전까지 기한후과세표준 신고서를 제출하여 적용받을 수 있는 제도입니다. 기한 후 신고를 할 때도 무신고 가산세가 부가되지만 수정신고와 같이 가산세를 감면받을 수 있습니다.

PART

CEO
라이프플랜

저자의 핵심 메시지

"CEO는 명확한 경영 철학을 바탕으로 기업의 고객 가치를 제시하고,
이를 조직 문화로 만들어 나가는 환경을 조성해야 합니다.
리더 스스로 가치를 몸소 실천하고 강조할 때 조직원들의 공감을 얻을 수 있습니다."
_우정화

1 기업 vs CEO 라이프사이클 관리하다

2021년 창업기업실태조사에 따르면, 기업가들이 창업을 하는 주된 동기는 더 큰 경제적 수입을 얻기 위한 것으로 나타났습니다. 그러나 안타깝게도 국내 창업기업 중 3분의 2가 창업 후 5년 이내에 폐업하는 것으로 조사되었습니다. 이러한 상황에서 성공하는 CEO가 되기 위해서는 무엇이 중요할까요?

2022년에는 삼성전자 반도체사업을 담당하는 DS(디바이스솔루션) 부문이 직원들에게 "DS부문의 가슴 뛰는 미션과 비전을 함께 수립하자"는 제안을 하고, 300명의 비전크루를 모집하여 워크숍을 통해 DS부문 미션과 비전을 수립하였습니다. 업계 최고의 위치에 있는 삼성전자는 왜 이런 설정이 필요했을까요?

창업과 기업의 성장 또는 엑시트나 폐업 등 그 모든 결정의 중심에는 CEO가 있습니다. CEO의 철학은 기업의 라이프사이클에 큰 영향을 주며, 동시에 CEO 개인의 삶에도 지대한 영향을 미칩니다. 저는 십 년 이상 다양한 기업의 대표를 만나면서, 일과 삶의 균형을 유지하는 노력이 개인과 기업의 성공에 긍정적 영향을 미친다는 것을 깨달았습니다.

최근에는 지속가능성이 중요한 개념으로 대두되고 있습니다. 100세 시대로 인한 개인의 라이프사이클이 변화하듯, 기업의 라이프사이클도 바뀌고 있습니다. 이러한 변화에 빠르게 대응하여 기업의 지속가능성을 유지하고, 삶의 조화를 이루기 위해서는 기업과 개인의 생애주기를 이해하고, 그에 따른 생애설계가 필요합니다.

01 기업의 생애주기 (Business Life Cycle)

기업의 생애주기는 일반적으로 생존기, 성장기, 성숙기, 쇠퇴기 4단계로 구분됩니다. 다만 기업의 라이프사이클은 각 단계가 반드시 순차적으로 오지 않는다는 특징이 있습니다. 기업은 모든 단계에서 쇠퇴기에 빠질 수 있으며, 각 단계마다 완수해야 할 과업과 요구되는 역량 등이 다릅니다. 각 주기마다 과업을 잘 수행해야 다음 단계로 순조롭게, 빠르게 넘어가면서 안정적으로 성장할 수 있습니다.

기업의 생애주기를 보통 4단계로 구분합니다. 첫 번째는 생존기입니다. 창업 단계에서는 갓 설립한 기업이 시장에 진입하는 것이 가장 중요합니다. 이를 위해 창업자는 절대적인 헌신과 일정한 현금흐름을 조성하여 시장 진입에 모든 사활을 겁니다. 즉, 죽음의 계곡을 넘어야 하는 시기입니다. 스타트업은 사업계획을 전략적으로 개발해야 합니다. 잠재적인 문제와 해결책을 식별하고, 이를 바탕으로 회사의 목표에 적합한 투자자를 찾는 노력이 필요합니다.

두 번째는 성장기입니다. 회사가 시장 진입에 성공하여 브랜드 인지도가 생기고 제품이 점차 많아지면서 직원들이 늘어나기 시작하여 '회사'다워지는 시기입니다. 제품라인을 확장함으로써 기업의 경쟁력을 향상시키고, 새로운 시장으로 확장하여 새로운 시장기회를 활용함으로써, 기업은 기존 시장에 대한 의존도를 줄일 수 있습니다. 매출 성장과 안정적인 이익 확보를 위해 많은 경영진이 고민하는 시기로 원맨 경영의 함정을 경계하고, 내부 전문 경영관리 시스템을 구축하는 것이 필요합니다.

세 번째는 성숙기입니다. 이제 누구나 아는 회사가 되었고 '기업'이라는 이름이 더 어울리기 시작하는 단계입니다. 성숙기는 매출성장, 비용절감, 고객충성도 유지에 집중해야 합니다. 또한 기업문화를 구축하고 '전지전능의 신드롬'을 경계하며 현재를 넘어 미래의 먹거리 전략에 관심을 갖고 신성장 동력 발굴에 나서야 할 시기입니다.

마지막 단계는 쇠퇴기로, 혁신을 통한 재도약과 세대교체를 준비해야 하는 시기입니다. 그렇지 못한 경우 언제든지 기업은 시장에서 밀려나게 됩니다. 즉, 선도해 나갔던 시장이 쇠퇴하거나, 세상의 변화에 발 맞추지 못하거나, 다른 후발 주자에게 역전당하거나, 내부적인 문제에 휩싸이거나, 기타 여러 가지 이유로 쇠퇴기에 접어들면 회사는 결국 문을 닫게 됩니다.

기업의 생애주기는 각 단계가 반드시 순차적으로 움직이지는 않습니다. 쇠퇴기에 접어든 기업이 혁신에 성공하여 다시 성장기에 접어들 수 있습니다. 거듭되는 혁신과 노력으로 성숙기 단계를 오랜 기간 유지하는 기업도 있지만 한편으로 창업기 수준에서 벗어나지 못한 채 10년, 15년을 보내는 기업도 존재합니다. 각 단계를 제대로 관리하지 않으면, 다음 단계가 늦어지는 것이 아니라 퇴행하거나, 아예 곧장 쇠퇴기로 접어들 수 있습니다. 따라서 기업의 경영진은 항상 현재 위치를 파악하고 필요한 조치를 취해야 합니다. 환경 변화를 주시하며, 시장과 고객의 변화에 대응하고, 새로운 비즈니스모델을 발굴하며, 기업의 역량을 강화하여 경쟁력을 유지해야 합니다.

02 CEO 개인의 생애주기 (CEO Life Cycle)

현대사회에서 일은 자기정체성을 드러내는 핵심이자 자존감의 상징이기도 합니다. 특히 CEO에게 일이란 삶의 중심이며, 개인 삶의 목적, 가치, 방향 설정에 중요한 영향을 미칩니다. 또한, 기업경영에도 이러한 가치와 목표가 투영될 수 있습니다. 기업의 생애주기마다 달성해야할 과업이 있듯이 CEO의 생애주기(CEO Life Cycle)도 크게 다르지 않습니다.

요람에서 무덤까지 자신이 살아가는 전 기간을 생애주기(life cycle)라고 합니다. 청소년기, 성인초기, 중년기, 노년기와 같은 각 생애주기마다 해결해야 할 과업이 있습니다. 이러한 과업을 '발달과업'이라고 하며, 개인이 성장하고 발전하기 위해 중요한 역할을 합니다.

심리학자 에릭슨은 인간의 발달을 8단계의 심리사회적 단계로 구분하고 각 생애주기 별 발달과업을 제시했습니다. 예를 들어, CEO가 성인초기라면 이 시기의 과업은 친밀감을 확립하는 것입니다. CEO는 과업을 수행하기 위해 팀원들과 협업을 강화하고, 신뢰를 쌓는 노력을 기울여야 합니다. 기업경영이나 개인의 삶에서 과업을 성공적으로 달성하면, 다음 단계의 성과를 높일 수 있습니다. 반면, 과업을 성취하지 못하면 고립감이 들고, 다음 생애주기에 부정적인 영향을 미칩니다. 따라서, CEO는 생애주기 별 발달과업을 이해하고, 달성하기 위해 노력해야 합니다.

중년기의 CEO는 생산성 성취라는 과업을 달성해야 합니다. 이를 위해 비즈니스 전략을 개발하고 실행하여 조직의 생산성을 향상시키고 경쟁력 강화에 힘 써야 합니다. 뿐만 아니라 개인 삶의 다른 영역(자기개발, 건강, 여가 등)에서도 과업 성취를 위한 목표를 설정하고 실천해야 합니다. 해당 과업을 달성하지 못하면 침체기를 겪을 수 있습니다.

이처럼 발달과업 달성은 CEO의 각 생애주기마다 개인의 삶은 물론 기업 경영에 큰 영향을 미칩니다. CEO는 현재 자신이 놓인 생애주기와 해당 단계의 발달 과업을 명확하게 파악하고, 과업을 달성하기 위한 목표를 설정해야 합니다. 또한 계획을 명확하게 수립함으로써 일과 삶의 균형을 유지하고, 조화로운 삶을 추구하며 지속적으로 성장할 수 있습니다. 어느 CEO와 생애설계 상담 후에 나눈 이야기를 끝으로 본 장을 마무리하고자 합니다.

> "사업을 시작한 이후 제 모든 것을 회사에 맞춰, 삶도 가족도 살아왔습니다. 그러나 생애설계 상담을 통해 한 발짝 떨어져 삶과 회사를 바라보는 관점이 생겼습니다. 왜 이 일을 하고 있는지, 그 일은 나와 가족에게 어떤 의미인지, 내 삶에 중요한 것은 무엇인지를 생각하며 일과 개인 삶의 목표를 명료화하는 작업이 필요함을 깨달았습니다"

2 사명으로 가치경영하다

인생의 꿈은 자신이 어떤 사람이 되고, 어떻게 살고, 무엇을 위해 살 것인지 등에 대해 갖고 있는 확실한 생각이나 태도, 아니면 막연하게라도 마음속에 가지고 있는 삶의 모습을 말합니다. 미래에 자신이 이루고 싶어하고, 이루어내야 한다고 생각하는 어떤 지위나 상태를 의미하기도 합니다. 이루어내고자 하는 것 또는 이루어내야 한다는 의미에서 사명(Mission)이라고도 부릅니다. 사명이 포괄적이고 형이상학적이라면, 삶의 비전(Vision)은 눈에 보이는 구체성을 띄는 차이가 있습니다. 우리는 이런 사명을 가지고 비전이라는 구체적인 목표달성을 향해 나아가며, 이를 성취할 때 성공하는 삶이라 할 수 있습니다.

01 기업사명의 중요성

기업도 산업 내에서 경쟁우위를 창출하기 위해 전략경영과정이 필요하며, 전략경영의 시작은 기업의 사명을 정의하는 것에서 시작합니다. 기업의 사명은 종종 기업사명(Mission Statement) 형식으로 명시합니다. 이는 기업이 장기적인 관점에서 무엇을 바라는가? 세상에 어떤 역할과 기여를 할 것인지에 대한 궁극적인 목적과 가치에 대한 폭넓은 표현입니다.

피터드러커는 조직의 모든 규율은 미션에 뿌리를 두어야 한다고 합니다. 그 이유는 한정된 인력과 자금을 잘 경영하여 효과를 극대화할 수 있고, 충분한 고민을 통해 어떤 결과가 조직에 필요한지 명확히 해야 하기 때문입니다. 그는 "모든 비즈니스는 위대한 사명으로부터 시작한다. 기업의 목적은 시장을 창조하는 것이며, 기업의 존재 이유는 고객 가치에 기여하는 것이다."라고 말했습니다. 이 명언은 기업의 사명이 단순히 이윤추구를 넘어 고객 가치에 기여함을 의미합니다.

『Start with Why』의 저자 사이먼 사이넥은 골든 서클을 설명하면서 왜(WHY), 어떻게(HOW), 무엇을(WHAT)의 중심은 '왜(WHY)'에서 출발하는 것이 관건이라고 강조합니다.

'왜(WHY)'라는 질문은 이유, 목적, 신념 등을 담고 있으며, 회사의 존재 이유와 정체성을 담고 있습니다. 이는 기업문화, 채용, 제품개발, 판매와 마케팅 지침으로도 활용되며,

충성고객을 만들어 내기도 하고, 리더십이라고 불리는 영향력을 높이는데 적용될 수 있습니다. 즉, 모든 비즈니스는 사명에서부터 시작하여 조직 내부의 결속과 외부의 고객 가치를 위한 핵심입니다.

02 가치경영의 의미와 사례

가치경영은 조직가치의 기초인 비전을 수립하고 고객가치를 분명히 하는 경영을 의미합니다. 비즈니스의 사명, 비전 그리고 개인의 꿈, 사명, 비전은 모두 가치를 기반으로 합니다. 이 가치는 한 개인 삶의 목적이 되거나 기업의 방향을 닮고 있습니다. 언더백 기업이라면 CEO의 목적, 방향, 가치가 곧 회사의 운영철학에 반영될 가능성이 높습니다. 즉, CEO의 철학이 경영에 막대한 영향을 끼친다는 것입니다.

이런 가치를 닮은 기업의 사명은 의사결정의 기준이 되고, 팀이 한 방향으로 갈 수 있는 깃발이 되어 기업 성과에 긍정적 영향을 미칩니다. 예를 들어 3M, IBM, 월마트, 디즈니 등 비전을 가진 기업(Vision firms)은 사명이 모든 기업활동의 중심입니다. 이러한 기업은 장기 수익률이 다른 기업들보다 평균 이상의 가치를 창출했다는 결과를 쉽게 확인할 수 있습니다. 다른 기업 경영자들이 단기적인 이익을 위해 가치와 신념을 포기할 때, 단기적인 성과의 압력과 함께 장기적 성과에 대한 가치와 신념이 균형을 이루고 있습니다. 무엇보다 이런 가치에 초점을 맞춘 지속적인 노력, 즉 기업문화가 필요합니다. 또한 CEO가 회사의 생애주기와 무관하게 개인적인 가치나 신념만을 강조하거나, 이런 사명과 비전을 근거하여 만들어진 전략은 경쟁우위를 지속하기 어려울 수도 있다는 점을 고려해야 합니다.

성공적으로 가치경영을 하는 기업은 어떤 기업일까요? 구글, 아마존, 디즈니, 인텔 그리고 삼성전자, 현대자동차, 유한양행 등의 기업은 회사 이름만으로도 어떤 고객 가치를 추구하고 있는지 차이를 알 수 있습니다. 한국능률협회컨설팅에서는 기업 경영의 바람직한 모델상을 20년에 걸쳐 발표하고 있습니다. 혁신능력, 주주가치, 직원 가치, 고객가치, 사회가치, 이미지가치 등 총 6개 세부 항목을 분석하여 산업계 종사자와 증권사 애널리스트, 일반소비자 등 총 1만 1,718명을 대상으로 설문 조사하여 2023년 3월 '한국에서 가장 존경받는 30대기업'을 선정, 발표했습니다. ALL Star 30대 기업 중 삼성전자, 유한양행, 유한킴벌리, SK텔레콤 등 10개 기업은 지난 20년 간 연속으로 선정된 기업입니다. 삼성전자와 유한킴벌리의 사명을 살펴보며, 경영철학을 점검하고, CEO 개인의 삶에 어떻게 적용하고 실천하고 있는지 생각해 볼 수 있습니다. 미션과 핵심가치가 기업의 조직문화로 자리잡았는지는 내부구성원이 아닌 이상 알기 어렵지만, 기업의 성과를 통해 우리는 해당 기업이 가치중심 경영을 하고 있다는 것을 가늠할 수 있습니다.

[기업 경영철학과 핵심가치 예시]

	경영철학	핵심가치
삼성전자	"인재와 기술을 바탕으로 최고의 제품과 서비스를 창출하여 인류사회에 공헌한다."	인재제일, 최고지향, 변화선도, 정도경영, 상생추구
유한킴벌리	"We Act Life-Health-Planet" 우리는 생활-건강-지구환경을 위해 행동합니다	Accountability(책임), Collaboration(협업), Agility(민첩), Transformation(변혁)

많은 기업이 신입사원을 대상으로 기업가치와 철학을 기반으로 교육을 합니다. 미션과 비전 그리고 핵심가치를 기초로 경영전략을 수립하고 올바른 의사결정을 통해 성과로 이어지는 기업문화를 구축하는 것은 리더의 역할입니다. 애자일(Agile) 조직이나 OKR(Objectives and Key Results) 등의 성과 측정 방식은 명확한 회사의 사명과 비전, 핵심가치가 회사 구성원 모두에게 전달되어 전략의 기반이 되어야 합니다. 이러한 가치는 구성원의 행동지침이 되고, 공동의 신념을 형성하며, 구성원의 가치관과 일치할 때 일의 동기부여가 되어 긍정의 결과를 만들어 냅니다.

CEO는 조직 구성원과 함께 비전 워크샵을 통해 리더의 경영철학과 기업의 고객가치를 세우고, 이를 조직문화로 정착시키도록 환경을 조성해야 합니다. 리더는 모범적인 리더십을 통해 구성원들에게 영감을 주고, 그 중요성을 끊임없이 상기시켜야 합니다. 더불어 CEO 개인의 철학 수립 또한 중요합니다. 인생의 꿈, 미션, 비전을 이루는 삶은 성공적인 삶이라 말할 수 있습니다. 다만 그것이 명료하고 구체화할 때 가능합니다.

3 전략적 목표설정으로 시간관리하다

목표는 무엇입니까? 그 목표를 전 구성원이 잘 알고 있습니까? 모른다면 어떻게 전달할 계획을 가지고 있습니까? 구성원이 목표를 따르도록 하는 방법은 무엇입니까?

일상생활에서 많이 사용하는 목표(Goal)는 장래에 달성하고자 하는 어떤 지위, 행동이나 상태를 말합니다. 일반적으로 어떤 계획을 세울 때 계획과정의 첫 단계로 목표를 설정합니다. 목표는 영어표현으로 Goal 외 구체적인 목표에 초점을 맞춘 Objective, 목표달성하는 과정을 여러 시점으로 나눠 중간목표달성 강조에 초점을 맞춘 Milestone을 사용하기도 합니다. 여기서 말하는 목표설정은 Goal, Objective, Milestone의 의미를 함께 가지고 있습니다. 또한 좋은 목표는 사명과 직접적으로 연계되어 있고, 측정이 쉬워야 합니다. 반면, 부실한 목표는 사명과 관련되지 않거나, 측정이 어렵거나, 아예 존재하지 않는 경우가 많습니다.

목표는 설정으로 끝나는 것이 아니라 달성을 하고자 하는 것이기에 기업 규모와 무관하게 목표 달성은 리더의 과업입니다. 구성원들은 리더가 목표를 달성하고, 이끌어 주기를 바라기에 리더의 책임이자 역할입니다. 또한 리더가 자신의 생애주기에 맞춰 달성하고자 하는 개인 삶의 목표가 무엇인지 설정하고 나아갈 때 균형 잡힌 삶이 될 것입니다. 기업 경영은 CEO 삶의 전부가 아닌 일의 영역임을 기억할 필요가 있습니다.

01 전략적 목표설정

CEO 개인이나 기업이 목표설정을 할 때, 좋은 목표는 사명 즉 목적, 가치와 연계하여야 합니다. 개인 목표설정은 달성한 것으로 볼 수 있는 최종적 지위, 행동 또는 상태를 의미하고, 기업 목표설정은 현실적이고 측정가능한 상태의 목표를 의미합니다. 다만 기업목표는 이사회의 승인을 받아야 하므로 경영전략적 접근이 필요합니다.

목표설정은 개인과 기업 모두에게 다양한 장점을 제공합니다. 서울대 명예교수인 최성재 교수의 저서 『생애설계와 시간관리』에서는 생애목표 설정의 이점을 10가지로 소개하고 있습니다. 목표설정은 ▷할 일을 분명하게 해준다 ▷삶의 의미를 명확히 해 준다 ▷행동의 동기를 유발한다 ▷하고 있는 일(활동) 진행을 쉽게 측정하게 된다 ▷시간을 효율적으로 사용한다 ▷의사결정을 촉진한다 ▷의사소통을 용이하게 한다 ▷자신감을 높여준다 ▷ 발전을 촉진시킨다 ▷스트레스를 줄여준다 등의 효과를 갖고 있습니다.

CEO 개인의 목표설정은 8대 영역(직업·경력(일), 자기개발, 사회봉사, 건강, 여가, 관계, 주거, 재무)에서 발달과업을 성취하기 위한 목표를 세우는 것입니다. 이를 위해 세부목표를 세우고, 시간관리를 통해 각 영역의 균형과 하모니를 이루는 것이 바람직합니다.

CEO 개인은 지난 시간을 되돌아보며, 각 영역에서 놓치고 있는 것은 무엇인지 점검하고, 우선순위를 정하여 시간을 관리하는 것을 추천합니다. 성공적인 삶을 사는 사람들은 목표를 가지고 있었고, 그들이 목표를 설정하는 순서는 미션▷비전▷장기목표▷중기목표 ▷단기 목표▷금년목표 순이었습니다. 목표를 달성하면 다시 미션과 연계한 삶의 질 향상을 위한 목표설정으로 재순환 과정되어 Life Planning을 하는 것입니다.

기업의 목표설정 절차는 흔히 계획수립의 과정이라 하고 다음의 절차로 이뤄집니다. 첫째로 미션을 수립하고, 미션을 달성할 구체적 목표(Goal)를 설정하고, 목표를 달성하기 위한 세부 목표(Objectives)를 계획하고, 실행할 방법(Steps)을 정하여 필요한 예산을 정하고, 활동을 수행할 시간은 분배하여(Time-table) 정기적으로 목표 달성 여부를 평가하는 목표관리 시스템(Appraisal)을 실행하고, 미션을 통해 목표설정이 다시 순환하는 과정의 Business Planning이라 할 수 있습니다.

개인이나 기업이나 목표를 잘 수립하기 위해서는 내부·외부 환경분석이 필수적입니다. 기업분석에 관한 설명은 많은 경영전략 방법서를 활용하시기 바랍니다. 『CEO의 일』 책에 소개된 하만인터내셔널의 전 CEO 디네시 팔라왈은 이사회 참석자에게 비즈니스 전략을 한 페이지로 정리하여 설명하였고, 목표에 대한 내용을 세부적으로 안내했습니다.

❶ 우리의 사업목표를 단 한 줄로 핵심 메시지로 표현한다면?

- 모호한 전반적인 방향이 아닌 목표를 명료하게 정리하십시오.
- 구성원이 핵심 메세지를 기억하도록 끊임없이 전달하십시오.

❷ 우리가 진행 중인 세 가지 핵심 조치는?

- 명확한 목표지점에 도달할 세 가지 도구를 설정하고, 자원을 집중하십시오.
- 세 가지 도구를 실행할 핵심 인재를 재배치하거나, 영입하고 권한을 위임하십시오.

❸ 우리가 도전해야 할 세 가지 과제는?

- 목표달성 도달에 도전과제를 전 구성원과 공유하십시오.
- 도전과제 극복방안을 전 구성원과 함께 모색하십시오.

❹ 향후 12개월 동안 우리의 성공을 측정하는 기준은?

- 스코어보드로 1개월, 3개월, 6개월 단위로 달성여부를 측정하십시오.
- 성과달성에 대한 포상을 공유하십시오.

CEO의 역할은 복잡한 비즈니스 환경에서 기업의 방향과 목표를 단순화해야 합니다. 이를 위해서는 구성원이 핵심 메시지를 이해하고, 목표를 향해 나아갈 수 있는 환경을 조성해야 합니다. 구성원이 목표에 맞춰 나아가도록 에너지를 이끌어주고, 조직의 결속력을 만드는 것이 바로 리더의 책무입니다. 기업의 목표설정은 CEO의 역할 중 하나일 뿐입니다. 나머지 생애7대 영역의 목표설정이 CEO에게 필요하고 달성하기 위해 노력해야 합니다. 이를 통해 CEO는 각 영역의 균형과 조화를 이루며, 기업의 성과를 높일 수 있습니다.

02 CEO의 시간관리

이것은 누구에게나 동일하게 주어집니다! 지나간 이것을 다시 붙잡을 수 없습니다! 잘 관리하는 것에 따라 이것의 질이 달라집니다! 이것을 잘 관리하면 어떤 결과를 가져옵니다! 이것은 바로 시간(Time)입니다.

시간관리(Time Management)는 목표를 달성하기 위해 주어진 시간을 효율적으로 사용하고, 효과적인 도구와 기술을 활용하여 실천 행동을 관리하는 것을 말합니다. 시간관리의 핵심은 시간관리 기술을 활용하여 목표달성에 대한 행동관리를 하는 것입니다. 목표설정만큼 시간관리도 중요합니다.

목표를 달성한 CEO는 일을 검토하기 전에 먼저 가용시간을 고려합니다. 그리고 계획수립이 아닌 실제로 시간이 어디에 사용되는지 파악하고, 우선 사용할 수 있는 시간에서 비생산적인 것을 제외하고, 확보한 '가용시간'을 가장 큰 연속 단위로 통합하는 과정을 거칩니다. 시간을 기록하고, 관리하고, 통합하는 노력이 필요하며, 이 세 가지는 CEO가 목표달성 가능한 능력을 확보하는 근간입니다. 목표를 달성하는 사람은 시간이 한정된 자원임을 누구보다 잘 알고 있습니다.

최근 기업의 CEO들은 시간관리의 중요성을 깨닫고, 이를 위한 방안을 모색하고 있습니다. 2018년 하버드 경영대학원 교수 마이클 포터는 13주 동안 대기업 CEO 27명의 활동을 24시간 추적하여 효율적인 시간관리 방안을 제시했습니다.

첫째, 개인적 웰빙시간을 마련하라 : CEO는 모든 시간을 일에 쏟을 수도 있는 특성을 고려할 때 자기개발, 건강, 가족, 관계를 유지하도록 노력해야 합니다.

둘째, 얼굴을 대면하여 일하라 : 직접 면담은 CEO가 영향력을 행사하고, 업무 상황을 제대로 파악하고, 진행 안건이 추진되도록 업무를 위임하고, 코칭하는 가장 바람직한 방법입니다.

셋째, 어젠다에 따라 움직여라 : 명확한 어젠다는 우선순위 과제 중 더딘 부분을 해결하고, 시간을 효율적으로 쓸 수 있게 해줍니다.

넷째, 직속 부하임원에게 업무를 위임하고, 다른 관리자들과 지속적으로 소통하라 : 차상위 리더들과 직접 접촉하며 조직을 격려하고, 동기부여하여 도움을 주십시오.

다섯 째, 폭 넓은 통합 메커니즘을 활용해 조직을 관리하라 : 유능한 CEO는 잘 설계된 구조와 프로세스를 마련해 모든 구성원이 올바른 의사결정을 내릴 수 있도록 지원합니다. 이는 다른 사람의 업무를 지원·보조·통합하며 조직의 역량을 구축합니다.

여섯 째, 짧고 효율적인 회의를 하라 : 모든 회의는 반드시 명확한 의제 설정과 사전 회의 준비를 통해 같은 내용 반복을 최소화해야 합니다.

일곱 째, 고객·이사회와 함께 하는 시간을 마련하라 : 고객은 회사의 진보, 업계동향, 경쟁사에 대한 정보를 얻을 수 있는 중요한 원천입니다. B2B, B2C, 소매업 모두 CEO라면 단골 고객과의 소통이 필요합니다.

시간 관리에 대한 다양한 연구와 접근법이 있지만, 중요한 것은 목표를 설정하고 우선순위를 정하는 시도입니다. 『시간전쟁』을 쓴 로라 벤더캠은 900명을 대상으로 시간관리를 추적하여 성공하는 사람들이 어떻게 시간을 사용하는지 발견했다고 합니다. 그는 "시간을 절약해 원하는 삶을 만들어 나가는 것이 아니라, 원하는 삶을 만들어 나가는 과정에서 시간은 저절로 절약된다"고 강조했습니다.

시간은 가장 희소한 자원입니다. 시간을 관리하지 못하면 다른 자원을 효율적으로 활용할 수 없습니다. 게다가 자신을 분석하는 것은 자신의 업무와 삶에서 무엇이 정말 중요한지 파악하는 간단하면서도 체계적인 방법입니다. 중요하고 원하는 것에 우선순위를 두고 집중하십시오. 시간관리가 목표 달성의 길로 이끌 것입니다.

4 기업가정신으로 도전하다

우리는 현재 기술과 제품, 사업이 급속도로 변화하는 4차산업혁명 시대를 살고 있습니다. 4차 산업혁명은 디지털화, 자동화, 인공지능, 사물인터넷 등의 기술이 결합되어 개인의 삶, 직업, 일의 방식, 기업의 형태 등 모든 측면에서 혁신적인 변화를 가져왔습니다. 기술의 발전과 혁신의 속도가 빨라지면서 산업혁명 주기 또한 과거보다 더욱 단축되는 추세입니다. 이러한 새로운 환경에서 기업은 경쟁력을 확보하기 위해 기업가정신의 중요성을 절실히 인식하고 있습니다.

기업가정신은 불확실한 환경에서 기업이 새로운 기회를 발견하고 성장할 수 있도록 하는 역할을 합니다. 또한, 실패와 변화에 대한 긍정적인 태도를 갖고, 창의성과 혁신성을 강화하여 기업이 경쟁력을 유지하는 데 기여합니다. 고객중심의 접근 방식을 취하는 것도 기업가정신이 내포하는 의미입니다. 고객의 니즈를 이해하고 제품과 서비스를 제공함으로써 기업이 지속적으로 성장하고 경쟁력을 확보할 수 있도록 도와주는 핵심적인 가치라고 할 수 있습니다. 인공지능의 발달로 지식과 정보 등 원하는 것은 어디에서든 구할 수 있는 시대입니다. 이러한 변화로 인해 2030년에는 20억 개의 직업이 사라질 것이라는 미래학자의 예측도 있습니다. '일자리'가 중요한 시대에서 '일'이 중요한 시대로 전환되면서, 고정된 일터의 종말이 다가오고 있습니다. 이런 변화의 사회에서 기업가정신은 조직 구성원과 기업가 모두가 가져야 할 역량으로 더욱 중요해졌습니다.

01 기업가정신의 정의와 특징

피터드러커는 기업가정신을 "위험을 무릅쓰고 포착한 기회를 사업화하려는 모험과 도전의 정신"이라고 했습니다. 그의 저서 『혁신과 기업가정신(Innovation and Entrepreneurship)』에서 기업가는 새롭고 이질적인 것, 유용한 가치를 창조해 내고 있는 경영자라고 정의하였습니다. 또한 저서 『넥스트 소사이어티(1997년)』에서 "기업가정신 1등의 나라는 한국이다. 영국이 250년, 미국이 100년 만에 이룬 것을 한국은 40년 만에 해냈다. 그 원동력은 바로 기업가정신이다"라고 강조하였습니다.

과거 기업가가 가진 진취적이고 도전적인 모습, 위험을 감수하는 혁신적인 사고가 기업가정신의 밑바탕이 되어, 4차산업혁명 시대의 기업가정신은 "변화하는 시대의 흐름을 읽고 그 속에서 새로운 가치창출(NewValue Creation)을 하기 위한 사고방식과 행동양식의 총체"라고 할 수 있습니다. 기업가 사례 중 스티브 잡스를 빼놓을 수 없습니다. 그의 유명한 대표 명언 "Stay Hungry, Stay Foolish."는 '현재에 안주하지 말고, 항상 배우자'는 의미를 담고 있고 끊임없이 도전하는 기업가정신을 보여줍니다.

기업가정신은 불확실성과 위험을 감수하며 혁신적인 사고와 행동을 통해 새로운 가치를 창출하는 것입니다. 성공적인 변화를 이끄는 데는 기업가들이 보여주는 주요 특성들이 중요한 역할을 합니다. 성공한 기업가들은 비전 설정과 공유, 강한 성취 욕구와 성장욕구, 계산된 위험의 감수, 강한 책임의식과 적극성, 기회 포착 및 목표지향성, 신속한 결단과 인내, 고도의 정직성과 신용 등 기업가정신의 핵심 특성을 갖고 있습니다. 4차 산업혁명 시대의 기업가정신은 변화하는 시대에 적응하고 새로운 가치를 창출하기 위한 능력을 강조합니다. 성공적인 기업가들은 자신만의 특성을 바탕으로 끊임없이 배우고 성장하며, 변화를 주도하는 핵심 역할을 수행합니다.

[기업가정신 5가지 구성요소]

혁신성	신제품, 신서비스, 색다른 경험, 기술적인 리더십 그리고 새로운 프로세스 개발, 창조성을 장려하는 혁신성은 기업가정신의 중요한 개념이라고 볼 수 있습니다.
위험감수성	불확실한 결과가 예상됨에도 불구하고 과감히 도전하려는 의지의 정도로, 적극적으로 기회를 모색하고 추구하고자 합니다.
진취성	경쟁자들보다 한발 앞서 시장 변화에 참여하는 행동으로 경쟁자에 대한 적극적인 경쟁의지와 우월한 성과를 달성하려는 의지와 자세를 포함하고 있습니다.
자율성	하나의 아이디어나 상상력을 통해 그것이 완성될 수 있도록 한 개인이나 팀의 독립적인 행동을 의미합니다.
경쟁적 적극성	시장에서 경쟁사를 압도하기 위해 직접적이고 집중적으로 경쟁하여 가급적 초기에 시장을 장악하려는 성향을 의미합니다.

02 사내 기업가정신의 필요성과 방안

기업의 성장을 위해서는 CEO뿐만 아니라 조직 구성원들도 기업가정신을 가지고 있어야 합니다. 기업가정신은 조직 구성원들에게 도전과 변화를 위한 동기부여를 제공하고, 기회를 포착하고 가치를 창출하는 능력을 부여합니다. 구성원이 기업가정신을 가지고 있으면 지속적인 성장과 가치 창출로 이어질 수 있습니다. 사내 기업가정신은 기업 내에서 혁신과 전략적인 변화를 추구하고, 새로운 벤처팀을 구성하며, 기업가적 문화를 조성함으로써 기업의 경쟁력과 성과를 향상시키는 데 기여합니다. 사내 기업가정신은 경쟁자들의 위협을 극복하고, 인재의 이탈을 방지하며, 지속 가능한 성장을 이루는 데 필요한 요소입니다.

구글은 20%의 시간을 맡은 일과 관계없는 일에 할애할 수 있는 조직 문화를 가지고 있습니다. 20%의 시간은 시간이 아니라 자유의 개념으로 자신이 흥미로워하는 새로운 일에 매달릴 수 있는 원동력이며, 구글이 꾸준히 성장하는 동인입니다. 구글의 사례처럼 CEO는 이러한 조직문화를 만들기 위해 경영방침을 수정할 수 있으며 기존의 조직문화, 기술, 가치 등을 전면적으로 개편하여 새로운 기업문화로 발전해 나아갈 수 있습니다.

사내 기업가정신 구축을 위해서는 여러 가지 노력이 필요합니다. 창의적이고 유연한 조직 문화 조성을 통해 직원들의 기업가정신을 육성하고, 최신 기술 및 도구를 적극적으로 도입하여 혁신을 이끌어내는 연구개발 환경 조성하고, 고객의 니즈를 정확히 파악하고 제품 및 서비스를 제공하는 고객중심 접근으로 시장에서의 경쟁력 확보가 중요합니다. 구축한 사내 기업가정신을 활성화하는 방안도 관리해야 합니다. 기업의 비전은 현실적인 시장지향성을 기반하고, 명확한 비전을 구성원과 공유하고, 다양한 접근방식을 시도하며 상호간의 검증을 하고 배워나가는 환경이 주어져야 합니다.

CEO는 혁신적인 관리를 통해 책임감은 강조하되 자율성을 부여하고, 구성원의 잠재력을 충분히 발휘할 수 있도록 노력해야 합니다. 이를 위해 원활한 피드백과 긍정적인 격려의 시스템, 결과에 대한 명확한 보상을 제공하여 지속적인 동기부여를 유도해야 합니다. 4차 산업혁명 시대, 변화와 불확실성이 더욱 증가하고 있습니다. 이러한 환경에서 기업가정신은 생존과 성장을 위한 핵심 능력이라 할 수 있습니다.

비즈니스모델 혁신으로 성장하다

아마존, 구글, 넷플릭스 등 성공한 기업의 스토리 핵심에는 비즈니스모델 혁신이 있습니다. 비즈니스모델은 기업이 수익을 창출하는 방법을 설명하는 프레임워크입니다. 이 용어는 1999년 비즈니스 작가 마이클루이스가 『The New New Thing: A Silicon Vally Story』에서 처음 사용했으며, 이후 인터넷을 중심으로 하는 비즈니스는 경영전략보다 비즈니스모델이란 표현을 사용하게 되었습니다.

비즈니스모델은 다양한 관점으로 정의할 수 있습니다. 단순히 이윤을 창출하는 것만이 아니라 고객의 니즈를 충족시키는 가치 제안을 정의하고, 이를 제공하는 방법과 수익 창출 방식을 제시하는 것을 의미합니다. 즉, 비즈니스모델은 사업 아이디어를 가지고, 어느 시장에서, 누구에게, 어떤 가치를 어떤 방법으로 전달하고 어떻게 수익을 창출할 것인지에 대한 전반적인 방향과 방법이라고 할 수 있습니다.

그렇다면, 비즈니스모델 혁신이란 무엇일까요? 비즈니스모델은 수익창출-가치창출 및 확보-프레임워크 또는 방안이라 할 수 있고, 혁신은 기존과는 다른 방식으로 무엇인가를 수행하는 개념입니다. 따라서 비즈니스모델 혁신은 기존과는 다른 방식으로 가치를 창출하고 확보하는 프레임워크 또는 방안으로 정의할 수 있습니다. 비즈니스모델 혁신을 이루기 위해서는 기존 비즈니스모델의 요소들을 분석하고, 새로운 방식으로 가치를 창출하고 확보하는 방법을 모색해야 합니다.

비즈니스모델 혁신은 다음과 같은 이유로 비즈니스에 매우 중요합니다.
첫째, 변화하는 환경에 적응하고 위험을 완화하기 위해
둘째, 새로운 기술혁신을 활용하여 차별화로 경쟁우위를 확보하기 위해
셋째, 비즈니스모델의 새로운 탐색이나 기존모델을 수정하여 추가적인 가치창출을 위해
넷째, 프로세스 간소화, 디지털 혁신, 자원의 최적화 등을 통해 비용을 절감하고 생산성 개선 효과로 성과 향상을 위해
다섯 째, 투자자, 파트너, 이해관계자의 자금조달로 이끌거나 파트너십, 전략적 제휴에 대한 기업의 매력을 상승시키기 위해

성공적인 비즈니스모델을 만들기 위해서는 그 모델이 가지고 있는 경쟁력요소와 지속성요소를 보유하고 있어야 합니다. 경쟁력요소는 명확한 고객가치 제안으로 고객을 확보하고 수익 모델과 연결하여 경쟁력을 확보해야 합니다. 지속성요소는 가치창출 활동이 선순환 구조를 이루며, 모방이 불가능하도록 설계를 해야 합니다.

비즈니스모델 툴에는 비즈니스모델 캔버스(Business Model Canvas:BMC)와 린 캔버스(Lean Canvas)가 대표적입니다. 이 도구들은 아이디어를 비즈니스모델로 간략하게 설명하고, 리스크를 정의하고 테스트하고 관리하기 용이한 툴입니다. 비즈니스모델 캔버스는 고객세그먼트, 가치제안, 채널, 고객관계, 수익구조, 핵심자원, 핵심활동, 핵심파트너, 비용구조 등 9개의 블록으로 구성되어 있습니다. 비즈니스모델 캔버스에 대한 자세한 내용은 알랙산더 오스왈더의 저서 『비즈니스모델의 탄생』을 확인하시기 바랍니다.

비즈니스모델 혁신을 위해서는 9가지 구성요소 외에 빠른 속도로 변화하는 환경에서 경쟁력과 적응력을 유지하기 위해 비즈니스모델을 제고하고 발전시키도록 유도하는 내부 및 외부요인을 파악해야 합니다. 예를 들어 기술혁신, 고객행동의 변화, 산업 변화 등이 포함됩니다. 무엇보다도 조직 내에서 혁신 문화를 조성하고, 혁신을 장려하고 지원하는 매커니즘을 구현하는 데 중점을 두어야 합니다. 이를 위해 혁신 프로세스, 아이디어 플랫폼, 협업팀, 실험 또는 반복 학습 등을 도입할 수 있습니다.

01 비즈니스모델 혁신 유형과 국외・국내 사례

비즈니스모델 혁신은 다양한 산업 분야에서 많은 사례가 있습니다. 비즈니스모델 혁신은 업계의 지각 변동, 고객 경험 개선, 효율성 향상으로 이어질 수 있으며, 변화하는 시장에 적응하고 혁신적인 비즈니스모델을 모색하는 것이 장기적인 성공의 열쇠가 될 수 있습니다.

몇 가지 비즈니스모델 혁신 사례를 소개합니다. 비즈니스모델은 관점에 따라 다르게 해석될 수 있으므로 참고용으로 활용해 주세요. 국외 사례는 쉽게 이해할 수 있도록 글로벌 기업으로, 국내 사례는 벤처기업 중심으로 선별하였습니다.

❶ **가치 제안 혁신 :** 고객들의 문제를 해결해주거나 니즈를 만족시켜 줄 수 있는 경쟁사와 차별화된 혁신적인 제품, 서비스 또는 기능을 개발하는 방식

국외 사례 : 애플은 아이폰, 맥북, 애플워치를 서로 연동하여 일관된 사용자경험 제공. 하드웨어와 소프트웨어 및 서비스를 통합하여 제공

국내 사례 : 야놀자는 O2O서비스로 고객 데이터 분석을 통해 취향에 맞는 숙소 추천(개인화) 및 숙박 예약과 여행 부가서비스 제공

❷ 비용 구조 혁신 : 비용 절감 기회 파악, 리소스 할당 최적화, 기술혁신 활용을 통해 비용을 절감하고 수익성을 개선하는 방식

국외 사례 : 이케아는 조립식 플랫 팩 가구로 비용절감과 원가절감에 주력하였으며, 2030년까지 핵심 전략으로 고객가구를 되사는 BUY BACK 공유서비스 제공

국내 사례 : 트래블월렛은 글로벌 환전서비스 핀테크기업으로 환전수수료가 없으며, 비자(VISA)라는 파트너와 함께 편리하게 해외이용수수료 없이 결제 서비스 제공

❸ 비즈니스모델 재창조: 변화하는 시장 상황, 새로운 트렌드 또는 파괴적 혁신에 적응하기 위해 비즈니스모델을 완전히 재구상

국외 사례 : OpenAI의 ChatGPT는 생성형AI로 챗GPT 구독 모델을 시작으로 최근 GPT－4가 출시되며 챗GPT의 API가 공개됨으로서 자연어처리 기술을 빠르게 활용하는 다양한 어플리케이션을 개발할 수 있는 API판매모델과 MS OFFICE에 챗GPT를 탑재하는 솔루션 탑재모델 등 인공지능분야 파괴적 혁신의 행보 진행 예정 *API(Application Programing Interface): 개발자가 자신의 애플리케이션이나 서비스에 챗GPT를 통합할 수 있는 도구

국내 사례 : 아이지에이웍스는 모바일 데이터분석, 마케팅 자동화, AI와 머신러닝 기반의 고객데이터플랫폼(CDP)과 데이터관리 플랫폼(DMP)을 동시 제공하는 등 모바일데이터와 플랫폼을 제공하는 종합 데이터 테크(SaaS) 기업으로 국내 최대 빅데이터 부분 최초 유니콘 기업

새로운 산업 환경 변화에 적응해 살아남기 위해서는 혁신을 주도하는 기업들의 사례를 참고해 벤치마킹할 필요가 있습니다. 특히 언더백 기업은 기존에 개발된 플랫폼을 활용하여 새로운 비즈니스모델을 창출할 수 있습니다.

02 비즈니스모델 혁신을 위한 실행방안

비즈니스모델 혁신은 기업이 경쟁력을 유지하고 시장 변화에 대응하며 지속 가능한 성장을 창출하는 데 매우 중요합니다. 이를 통해 기업은 고객에게 향상된 가치를 제공하고, 운영을 최적화하고, 새로운 기회를 포착하여 궁극적으로 빠르게 진화하는 비즈니스 환경에서 장기적인 성공을 이끌어낼 수 있습니다. 기업 내 비즈니스모델 혁신을 위해 다음 10가지를 실행해 보시기 바랍니다.

❶ 고객 중심 접근 : 고객의 니즈, 불만, 행동을 이해하고, 미충족 요구와 격차를 파악하여 고객에게 탁월한 가치를 제공하는 혁신적인 솔루션을 개발합니다.

❷ 성장 마인드 수용 : 학습과 실패에서 배우는 실험과 같은 지속적 혁신 문화를 조성하고,

변화를 수용하고 새로운 기회를 모색하는 기업가적 사고방식을 적용합니다.

❸ **협업 및 부서 간 협업 :** 여러 부서나 팀과 협업하여 혁신적인 아이디어를 창출하고, 가정을 검증하고, 조직 전체의 조율과 동의 확보하는 문화를 조성합니다.

❹ **데이터 기반 의사 결정 :** 고객피드백과 행동, 시장동향과 업계 역학관계에 대한 데이터와 분석을 활용해서 비즈니스모델 혁신을 추구합니다.

❺ **반복적이고 민첩한 접근 방식 :** 애자일 방법론을 도입하여 변화하는 시장 역학 관계에 빠르게 적응하고 대응합니다.

❻ **외부 인사이트 및 개방형 혁신 :** 고객, 파트너, 업계 전문가, 학계 등 외부 이해관계자와 소통하여 다양한 관점을 확보하고 혁신을 주도할 수 있는 새로운 트렌드와 기술을 파악합니다.

❼ **프로토타입 및 최소기능제품(MVP) :** 프로토타입 기술을 사용하여 고객과 이해관계자로부터 피드백을 수집하고 확장하기 전에 MVP의 필요한 사항을 개선합니다.

❽ **지적 재산권 보호 :** 비즈니스모델을 보호하고 모방을 방지하기 위해 적절한 경우 특허, 상표, 저작권 또는 영업 비밀을 보호합니다.

❾ **확장성 및 장기적 실행 가능성 :** 비즈니스의 성장에 따라 모델을 효과적으로 확장할 수 있고, 조직의 전략적 목표 및 역량에 부합하는지 확인합니다.

❿ **지속적인 모니터링 및 적응 :** 시장 동향, 고객 피드백, 경쟁 환경을 지속적으로 모니터링하여 개선 및 적응 기회를 파악합니다. 민첩성을 유지하고 필요에 따라 비즈니스모델을 조정하여 관련성과 경쟁력을 유지할 수 있도록 준비합니다.

6 지속가능경영으로 지속하다

최근 제조업을 비롯한 모든 산업에서 주목받고 있는 지속가능경영은 CEO의 경영 철학이나 기업의 사업영역에 따라 전략적 방향과 구체적인 솔루션이 달라져야 합니다. 지속가능경영이 기업에 미치는 중요성을 살펴보고자 합니다.

지속가능경영(Sustainable Management)의 개념은 1987년 UN의 세계환경개발위원회에서 제안된 '우리의 공통 미래(Our Common Future)'라는 보고서에서 처음 등장했습니다. 이후 John Elkington은 1997년 'Triple Bottom Line'이라는 개념을 제안하여 지속가능경영을 더욱 구체화했습니다. 이 개념은 경제적 수익성, 사회적 책임성, 환경적 진정성을 조화롭게 아우르는 경제활동을 의미합니다. 지속가능경영은 기업이 이해관계자와 의사소통을 증진하고, 기업과 소비자를 동시에 만족시키는 경영활동이라 할 수 있습니다. 이를 위해 기업은 환경보호, 사회적 책임, 윤리적 경영 등을 고려하며, 지속 가능한 성과를 추구합니다.

ESG경영은 지속가능경영의 한 형태로 환경적 가치, 사회(노동)적 가치를 추구하고 지배구조를 투명하게 하여 환경, 사회, 지배구조에 관련된 리스크를 관리하는 것이 주된 목적입니다. 지속가능경영은 경제성과에 초점을 맞추는 반면, ESG는 경제성과 대신에 지배구조가 대체 되어 있습니다. 즉 지속가능경영은 재무적인 성과뿐만 아니라 비재무적인 요소들을 종합적으로 고려하여 기업의 지속가능성을 평가하고 관리하는 것을 목표로 합니다. 1990년대를 지나며 많은 기업이 ESG경영을 도입하고 지속가능경영보고서를 발간하는 등 기업의 사회적 책임과 지속 가능성에 대한 인식이 높아졌습니다. 이러한 변화는 지속 가능한 경제와 사회를 구축하기 위한 노력의 일환으로 볼 수 있습니다.

01 지속가능경영의 의미와 이점

경영환경의 변동성과 불확실성이 급증하면서 그 어떤 기업도 자신의 운명이 계속될 수 있으리라고 쉽사리 생각할 수 없는 상황이 계속되고 있습니다. 그 결과, 기업 경영에서 지속가능성의 중요성은 기업의 중대한 관심사입니다. 경제적, 환경적, 사회적 활동 측면에서 지속가능성의 의미와 이점을 알아보겠습니다.

❶ **경제적 활동 :** 기업은 제품과 서비스를 생산하기 위한 준비과정, 생산과정 그리고 생산 이후 과

정 등 모든 경영활동에 있어서 이윤창출이 가능할 수 있도록 경영자원을 효율적으로 이용하고 분배해야 합니다. 다만 환경 및 사회 전반에 미치는 악영향은 최소화할 수 있는 관행을 의미합니다.

•**비용 절감 :** 효율적인 자원사용과 생산과정의 최적화를 통해 비용 절감
(예: 태양광으로 에너지 비용절감 외 기술혁신, 업무프로세스 혁신, 마케팅 혁신 등)

•**시장 기회 확대 :** 지속가능한 제품 및 서비스에 대한 수요 증가로 시장 기회 확대
(예: 품질향상, 신사업, 제품의 혁신, R&D강화, 글로벌시장 진출 등)

❷ **환경적 활동 :** 친환경적 생산과정과 제품을 생산하는 노력은 대기오염물질 배출량 절감, 수질정화, 소음공예 감소, 자원의 효율적 사용을 의미합니다. 이 활동은 경영자원의 효율성을 높여 투자회수율을 증가시키고 사회 구성원 모두의 삶의 수준을 높이기 위해 수행하는 것이며, 기업이 이를 간과하고 영리만 추구한다면 더 이상 존재하기 어려울 것입니다.

•**자원 효율성 개선 :** 환경 친화적인 생산 방법과 재활용을 통해 자원 소비감소
(예: 컴퓨터 하드웨어, 종이 및 기타사무용품 재활용, 재활용 소재 또는 친환경 생산품 구매 등)

•**에너지 효율성 향상 :** 에너지 절약 및 재생 가능 에너지 활용으로 에너지 비용절감
(예: LED 조명 사용, 불필요한 출장 감소, 카풀 이용 직원 보상 제공)

❸ **사회적 활동 :** 사회구성원인 직원, 고객, 공급업체, 지역사회 및 보다 넓은 범위의 인구에 미치는 영향을 고려하여, 노동과 인적자본 및 사회에 유익하고 공정한 활동을 수행하는 것을 의미합니다.

•**사회공헌 :** 사회적 책임을 다하고 지역 사회에 봉사하여 기업의 친밀감 향상
(예: 지역사회 자선 및 자원봉사활동, 사회책임 투자 확대 등)

•**고용 창출 및 인적자원관리 :** 일자리 제공, 교육 및 기술개발을 지원하여 사회발전에 기여
(예: 인재선발 및 육성, 공정채용, 공평보상, 고용안정성, 일과 삶의 균형 증진, 복지, 노사관계, 인권 등)

그 외 고객만족을 향상시킬 수 있는 것(고객개인정보보호, 제품서비스 안전, 고객커뮤니케이션 활성화 등)과 공급망 지속가능성 관리 차원(공정거래, 상생협력, 협력사 동반성장 등)이 있습니다.

국내 사례로 롯데쇼핑은 2021년 첫 지속가능경영보고서를 발표했습니다. '5RE'라는 5대 과제를 설정하고, 친환경 상품 및 전용공간 개발, 친환경 에너지 도입, 자원 선순환, 다양한 사회 구성원의 포용, 협력사와의 상생 등의 추진현황과 확대 계획을 담았습니다. 2021년 롯데쇼핑의 온실가스 배출량은 2018년 대비 12.5% 감축했으며 87개소의 태양광 발전소를 운영하며 온실가스 저감 효과를 달성했습니다. 2040년 탄소중립을 선언하는 한편 연도별 탄소절감 목표 및 세부적인 실행 방안 수립계획을 세웠습니다. 유통업체의 특성을 반영한 '지속가능한 공급망 구축'이라는 이슈를 설정하고 협력사와 ESG 자가진단표 도입, ESG 온라인 교육 및 컨설팅 등 파트너사와의 동반성장을 강화해 나갈 예정이라고 합니다. 인권중심경영을 주요 이슈로 선정해서 '롯데쇼핑 인권정책'을 수립했으며 차별금지, 다양성

존중의 가치를 지키는 노력을 기울일 계획입니다. 롯데쇼핑의 2022 지속가능경영보고서는 2023년 한국경영대상 보고서 영역에서 '올해의 보고서'로 선정되는 영예를 안았습니다.

02 지속가능한 경영 전략 구축하기

지속가능한 경영 방식을 채택하는 것은 단순히 선택이 아닌 필수입니다. 기업이 지속가능성을 실현하기 위한 3단계 전략을 제시합니다.

첫째, 초기 지속 가능성 평가 체계 개발 : 환경적, 사회적, 경제적 발전이라는 요소를 통해 현재의 비즈니스 관행을 평가합니다. 평가 결과를 바탕으로 기업의 성숙도에 맞는 전략, 기법, 프로그램을 우선 도입합니다.

둘째, 목표 및 주요 성과 결정 : 진행률을 파악할 수 있는 적합한 KPI를 선택합니다. 예를 들어 5년 내 10개 제품 라인에 100% 재활용 포장재를 사용하겠다는 목표를 수립한 경우, 6개월마다 한 제품을 교체하는 데 집중, 해당 목표를 달성 시 5개년 목표 달성률을 확인하는 지표를 확인합니다.

셋째, 지속 가능한 계획 구현 및 측정 : 계획을 실행하고 진행상황을 측정하고, 필요에 따라 전략을 수정합니다. 비즈니스 전략을 재검토하고 수정하는 것이야말로 전략 성공의 열쇠가 될 수 있습니다. 목표를 달성한 후에도 환경적 또는 사회적 영향을 더욱 개선하기 위한 새로운 목표를 수립해 보시기 바랍니다.

지속가능경영보고서 및 가이드라인으로 해외시장에서 정당성 획득을 하기 위해서는 UN 산하기관인 GRI(Global Reporting Initiative)가 배포하는 가이드라인을 따르는 것이 가장 표준적인 방법입니다. 2018년 개정된 GRI Standards의 특징은 기존의 가이드라인을 모듈형으로 재구성하여 기업뿐만 아니라 다른 조직도 적용할 수 있게 유연성을 높였습니다.

지속가능경영보고서는 기업의 단순한 홍보수단이 아닙니다. 이해관계인에게 지속가능경영의 3대 축인 경제성과, 환경성과, 사회성과와 최근 강조되고 있는 ESG 경영을 모두 포함하는 포괄적인 내용을 얼마나 잘 구현했는지 왜곡 없이 성실하게 보고하는 것을 목표로 합니다. 이는 기업의 성장과 생존에 밀접한 관련이 있습니다. 지속가능경영을 모르거나 도입을 고민하는 기업이라면 이미 실천하고 있는 것을 보다 지속가능한 관점에서 점검하고 보완한다는 차원으로 접근할 수 있습니다. 지속가능경영의 도입을 통하여, 변화하는 환경과 사회적 요구에 대응하여 경영의 안정성과 성장성을 확보할 수 있기를 바랍니다.

7 갈등, 협상으로 문제를 해결하다

사람이 있는 곳에는 갈등이 있기 마련입니다. 갈등은 의견이나 이해 차이로 인해 발생하는 상호간의 충돌을 의미합니다. 이런 충돌은 기업에서는 상하간 갈등, 동료직원간의 갈등, 부서간의 갈등, 고객 및 협력사와의 갈등 등 각 이해관계자가 자신의 목표나 이익을 달성하기 위해 서로 대립하는 상황으로 나타날 수 있습니다. 갈등은 심리적 고통을 가져다 주고, 조직에 막대한 물리적 손실로 이어집니다. 직원이 결근이나 퇴사를 하게 되고, 노동력감소, 생산 지연, 이윤감소, 조직문화 악화, 조직이미지 실추 등 갈등은 조직의 효율성을 저해하고 생산성을 감소시키며, 결국 경영에 부정적인 영향을 미칩니다.

갈등 없는 조직은 없습니다. 따라서 갈등을 효과적으로 처리하고 지속적으로 관리해야 하는 대상으로 여겨야 합니다. 갈등으로 인한 역기능도 있지만 문제점을 드러내어 통합이 이루어지면 오히려 사업장 분위기 활력의 계기가 되고 갈등을 방지하는 방법을 배우게 되는 역량 강화의 순기능도 될 수 있습니다.

01 다양한 갈등의 유형

기업 내에서 발생하는 갈등은 다양한 유형으로 나타납니다. 각각의 갈등 유형은 그 발생 원인에 따라서 내적 갈등과 외적 갈등으로 구분됩니다. 먼저 내적갈등은 갈등의 원인이 당사자 자신의 내부에 있는 것으로 통상 심리적 갈등을 의미합니다. 내적갈등은 사업장 목표에 동의하지 않는 목표갈등이나 자신이 맡은 역할에 불만을 가지는 역할갈등 및 좌절갈등이 발생합니다. 반면, 외적갈등은 갈등의 원인이 사업장 외부에 있으며 개인 간 갈등, 집단 간 갈등, 조직 간 갈등이 해당됩니다. 조직갈등은 크게 관계갈등과 업무갈등으로 구분할 수 있습니다. 관계갈등은 구성원들의 소통하는 과정에서 성향, 태도, 가치 등의 차이에서 오는 갈등입니다. 업무갈등은 업무처리방식, 의사결정방향 업무의 우선순위, 차이에서 오는 갈등으로 두 가지 갈등은 모두 유기적으로 영향을 미치지만 구분해서 접근하는 시도가 필요합니다.

다음은 갈등의 대상에 따른 분류입니다.

❶ **개인 간의 갈등 :** 개인 간의 목표의 차이, 구성원 개인 성격의 차이 등에 의한 원인으로

발생합니다. 개인들이 추구하는 목표·가치관·신념·사고방식·태도 등의 차이가 주된 원인으로 발생하는 대인 간의 갈등으로 가장 흔한 갈등 유형입니다. 중소기업은 동료와의 갈등뿐만 아니라 경영진과의 갈등도 주요 요인이 되기도 합니다.

❷ **집단 간 갈등 :** 집단 간에 자원, 권력의 획득경쟁이나 그 밖의 여러 가지 이유 등으로 야기되는 긴장이 집단 간 갈등 또는 부서 간 갈등입니다. 업무 분장과 역할 충돌, 정보 공유 부족이 원인입니다. 부서 간의 적대감과 부정적 태도, 부서 이기주의 팽배, 집단간 의사소통 감소 그리고 다른 집단에 대한 엄격한 감시와 집단 내 응집성의 증가와 같은 상황에서는 권위적이고 강력한 리더십 스타일이 요구됩니다.

❸ **조직 간 갈등 :** 조직과 조직 사이에서 발생하는 갈등을 의미합니다. 경쟁기업 간의 갈등, 제조기업과 원료공급업체 간의 갈등, 정부와 기업 간의 갈등, 기업과 노동조합 간의 갈등 등이 여기에 속합니다. 서비스 불만족, 계약 이행 문제 등으로 인해 협력사, 고객사, 경쟁사와 갈등이 발생할 수도 있습니다.

이러한 갈등 유형들은 기업 내에서 발생하는 다양한 문제들을 반영하고 있습니다. 언더백 기업은 한정된 자원과 인력으로 경쟁력을 유지해야 하기 때문에 갈등 관리가 더욱 중요합니다. 특히 CEO의 갈등 관리에 대한 이해는 조직의 성과 향상과 함께 조직 내부의 협력과 조화를 높이는 데 중요하므로 중재자로서의 적극적 역할이 요구됩니다.

02 갈등의 원인과 해결방법

기업에서 발생가능한 원인을 분석하는 것이 갈등관리의 시작이라 할 수 있습니다. 갈등의 원인은 다양하지만 다음 4가지로 크게 분류해 볼 수 있습니다.

첫째, 의사소통 부재 : 원활하지 않은 의사 소통은 정보부족을 야기하고, 이는 오해와 오인이 발생하여 갈등의 원인이 되며, 디지털 커뮤니케이션의 증가로 정보가 정확히 전달되지 않아 새로운 갈등의 원인이 되고 있습니다.

둘째, 목표 충돌 : 부서나 개인의 목표가 불일치하는 경우 갈등이 발생하고 이는 자원낭비와 경쟁지향적 조직문화를 초래하며, 조직내부의 목표 우선순위가 불분명할 때에도 자원배분의 갈등과 불명확한 업무지시, 프로세스를 야기하여 갈등으로 이어질 수 있습니다.

셋째, 인격적 차이 : 구성원들 간의 성격, 가치관, 업무 스타일 등의 차이로 인해 발생하는 갈등입니다.

넷째, 자원 부족 : 중소기업에서는 인력 부족으로 인해 업무가 분배되지 않을 때, 자금·기술·시간 등의 자원이 부족할 경우, 각 부서나 개인 간 갈등이 발생할 수 있습니다.

최근 기업 내 갈등을 법정소송 대신 갈등조정이나 협상, 중재 등 협력적 갈등관리 방법들을 모색하고 있습니다. 협상은 갈등을 관리하는 하나의 대안입니다. 갈등이 주로 사람들 간의 견해 차이에 대한 인식을 의미하는 것과는 달리, 협상은 상반된 이해관계가 얽혀 있는 당사자들이 직접 만나 상호 간의 의사소통과 타협을 통해 서로의 이익을 최대화할 수 있는 해결방법의 합의점을 찾는 과정을 말합니다. 이는 다양한 이해관계자 간의 관계를 유지하고 발전시키는 데 필수적입니다.

조직의 갈등관리는 CEO의 중요한 역할이며 리더십에 필수적인 요소입니다. 리더는 갈등을 예방하고 해결하는 데 있어서 조기예방, 해결, 반복방지의 단계를 실천함으로써 리더십을 발휘할 수 있습니다.

❶ **조기 예방 단계** : 리더는 조직 내 갈등이 생길 수 있는 부분을 파악하여, 명확한 원칙과 기준을 수립하여 갈등 발생을 최소화하거나 예방합니다. 이를 위해 리더는 충분한 설명과 조직 구성원 간의 의사소통을 촉진하고 공유함으로써 갈등발생을 최소화하거나 조기 예방합니다.

❷ **해결 단계** : 리더는 타협, 협력, 중재 등 다양한 전략을 활용하여 갈등을 해결합니다. 해결단계에서 가장 중요한 것은 객관적인 공정성과 신속한 해결입니다. 열린 의사소통 문화를 조성하고, 구성원들 간의 의견을 존중하고 수용함으로써 갈등의 흔적이 남지 않도록 상호신뢰 분위기를 조성하여 갈등이 재발하지 않도록 노력해야 합니다.

❸ **반복 예방 단계** : 갈등 관리의 마지막은 반복적인 갈등 예방을 위한 단계입니다. 발생한 갈등의 원인과 문제점을 면밀히 분석하고, 해결점을 찾아 이를 기록해야 합니다. 지속적인 모니터링과 평가를 통해 같은 문제가 재발하지 않도록 개선점을 찾고 피드백을 제공해야 합니다.

갈등과 협상은 조직의 성공에 있어서 중요한 역할을 합니다. 갈등은 성장과 혁신을 위한 자극제로 작용할 수 있으며, 협상은 상호 간의 이해와 협력을 증진시키는 과정으로 이루어져야 합니다. 갈등 관리는 조직의 성과는 물론 구성원들의 만족도에 영향을 미치는 필수 요소이므로, 리더는 갈등 관리에 대한 이해와 역량을 갖추기 위해 노력해야 합니다.

[참고문헌]

- 김번주, 이호선, 대인 갈등유형에 따른 갈등관리 유형의 차이 분석 , 단국대학교 경영대학원 논문, 2014, 27 ~ 30쪽
- 닉 제인, 비즈니스모델 혁신이란 무엇인가요?, 아이디얼스케일, 2023.07.13
- 로저 피셔, 윌리엄 유리, 하버드대 협상프로젝트 YES를 이끌어내는 협상법, 장락, 2019, 55 ~ 144쪽
- 문용갑, 이남옥, WIN-WIN조직갈등관리, 학지사, 2020, 17 ~ 74쪽
- 신제구, 갈등관리 수준이 리더의 수준이다. 포춘코리아, 2019.05.30
- 암브르 비엘라-바이엔베르크, 지속 가능성의 정의 작동원리 중요성, 오라클, 2023.06.14
- 에덤 브라이튼, 캐빈 세어러, CEO의 일 OX, 행복한 북클럽, 2021, 37 ~ 40쪽
- 이승규, ESG경영, 알기쉽게 알아보기9-지속가능경영과 ESG경영과의 차이점, 아웃소싱타임즈, 2021.12.22
- 정선미외, 기업의 지속가능경영활동이 기업신뢰도와 구매의도에 미치는 영향 연구, 대한경영정보학회논문, 2020, 59-61쪽
- 제이바니·윌리엄 헤스털리, 전략경영과 경쟁우위, 시그마프레스, 2018, 5 ~ 7쪽
- 최성재, 생애설계와 시간관리, (사)한국생애설계협회, 2020, 169 ~ 170쪽
- 피터드러커, 피터드러커의 최고의 질문, 다산북스, 2017, 34쪽
- 황보윤외, 기업가정신과 창업, 이프레스, 2018, 15 ~ 25쪽
- 한국산업안전보건공단, 갈등관리에 관한 지침, 2022, 3 ~ 7쪽

11 PART

CEO 리더십 & Life Balance

저자의 핵심 메시지

"오늘날의 리더는 조직 구성원들과 장기적인 관계를 구축하며 육성 및 발전시키는 능력이 필요합니다. 적극적인 소통, 신뢰 구축, 존중과 배려, 지속적인 성장 지원 등은 리더가 갖춰야 할 관계 기술입니다."

_민소라

1 언더백 기업을 움직이는 강력한 힘, 리더십

언더백 기업의 CEO나 창업자들은 회사의 성장과 발전을 위해 끊임없이 노력합니다. 창업 초기에는 개인의 비전과 열정으로 회사를 이끌어 갈 수 있었지만, 조직이 확대되고 복잡해짐에 따라 리더의 역할은 더욱 중요해집니다. 성장하는 기업은 단순히 규모만 커지는 것이 아닙니다. 새로운 인재들이 영입되고, 다양한 팀이 형성되면서 조직은 점점 더 다채롭고 역동적인 생태계로 진화합니다. 이러한 과정에서 CEO는 더 나은 조직 문화를 구축하고, 팀원들의 몰입도를 높일 책임을 느낍니다. 지속 가능한 성장을 위해서는 회사의 목표를 공유하고, 이를 달성하기 위해 적극적으로 행동하는 노력이 필수적입니다. 팀원들의 마음을 움직이고 동기를 부여하는 것은 바로 리더십이라는 강력한 힘입니다.

전통적인 리더십 이론에서는 리더는 특성이론이 주를 이루었습니다. 이는 리더가 타고난 자질이나 능력에 의해 결정된다는 주장으로, 리더의 성공을 뒷받침하는 6가지 핵심 자질(신체적 특성, 사회적 배경, 지능, 성격, 과업 관련 특성, 사회적 특성 등)을 제시했습니다. 즉, 성공적인 리더는 지능 수준이 높고, 주도적이며, 자신감이 넘치고, 활력이 강하며, 과업과 관련된 지식이 풍부하다는 특징을 보입니다. 하지만 최근에는 상황적 리더십 이론이 더욱 중요시되고 있습니다.

상황적 리더십 이론은 리더가 어떤 상황에서 어떤 행동을 취해야 하는지를 강조하며, 리더의 행동은 상황에 따라 적절하게 달라져야 한다는 것을 주장합니다. 특성이론에서 제시하는 리더의 자질도 중요하지만, 리더와 팀원들 간의 상호작용과 관계 구축도 소홀히 할 수 없습니다. 기업의 지속적인 성장을 위해 리더는 팀원들의 다양한 능력과 성향을 고려하여 적절한 리더십 스타일을 선택하고 활용해야 합니다.

그렇다면, 성공적인 경영자는 어떻게 조직을 성장으로 이끌고, 끊임없이 변화하는 환경 속에서 리더십을 발전시킬 수 있을까요? 알리바바의 창업주 마윈을 예로 들어 설명드리겠습니다. 그가 한국에 방한하여 한 대학교에서 강연할 때, 창업 초기가 제일 행복했다고 말했습니다. 우리가 알고 있는 마윈의 창업 초기는 작은 아파트에서 라면으로 끼니를 해결하며 하루하루를 버텨냈던 모습이었습니다. 그럼에도 불구하고 그가 행복했던 이유는 확실한 신뢰를 주는 초기 멤버들과 함께 꿈을 꾸고 노력하며 준비했기 때문입니다. 마윈은 모두에게 신뢰받는 경영인이었고, 현재의 어려움보다는 앞으로 펼쳐질 미래에 대한 꿈과 목표를 가지고 있었습니다. 하지만 손정의 소프트뱅크 사장의 투자를 통해 회사가 성장 가도를 달리면서 새로운 인원이 합류하고 조직이 확대되면서 생각하지 못한 많은 과제와 어려움이 발생했습니다. 이는 알리바바만의 고유한 경험이 아니라, 모든 성공한 기업이 겪는 성장통입니다. 따라서 경영자는 회사가 성장할 때를 대비하여 리더십을 발전시키고 새로운 리더를 육성하는 방법을 고민해야 합니다.

초기 특성이론에서 발전된 다양한 리더십 이론들은 훌륭한 리더가 되기 위한 공식이나 정답은 존재하지 않는다는 것을 알려줍니다. 경영자는 상황과 환경의 변화 그리고 사람과의 관계에 대한 고민을 통해 리더십을 성장시켜야 합니다. 또한 창업 초기에는 직접 리더 역할을 수행하는 것이 중요하지만, 지속가능한 성장을 위해서는 구성원들을 유능한 리더로 육성하는 데 힘써야 합니다.

01 Every Leader is not a Good Man

초기 경영자가 사업을 운영하면서 앞으로의 모든 일에 정답을 알고 대비하는 것은 불가능하기 때문에, 과거에 일어났던 경험들은 경영자가 미래를 예측하고 사업의 방향과 전략을 결정하는 데 매우 중요한 역할을 합니다. 마찬가지로 처음부터 모든 것을 갖춘 리더는 존재하기 어렵다는 것을 알기 때문에, 우리는 과거의 훌륭한 리더십으로 세상을 바꾸고 이끌어간 '영웅'을 통해 리더의 스타일을 배우게 됩니다.

이러한 배움의 과정에서 세상에 존재했던 모든 리더가 좋은 사람이 아니었다는 것을 알 수 있습니다. 이는 그들이 가진 신념, 가치 혹은 아이디어에 결함이 존재했다는 것을 시사합니다. 더 중요한 것은 그들의 신념과 가치, 아이디어에 대해 비판적인 의견 혹은 조언을 해줄 수 있는 사람이 없거나 상황이 여의치 않을 때 그와 같은 일이 일어난다는 것입니다. 결국 어떻게 이끌어 갈지에 대한 것도 중요하지만, 그 과정에서 어떻게 행동할지에 대한 선택이 더 중요하다는 것을 의미합니다.

사람 인(人)은 두 사람이 서로 의지하는 것을 형상화해서 만들었는데, 이는 우리가 스스로 볼 수 없는 것들을 다른 사람들의 조언을 경청함으로써 더 좋은 결정을 내릴 수 있다는 것을 보여줍니다. 영웅으로 기억되는 리더가 될지 혹은 실패한 리더가 될 것인지는 스스로 능력을 갖추는 것도 중요하지만, 함께 하는 사람들의 능력을 이끌어내고 그들의 목소리에 귀 기울일 수 있는 것 또한 매우 중요합니다. 리더십은 누군가가 나를 도와주고, 비판적인 조언과 피드백을 제공하며, 경청하는 과정에서 이루어집니다. 우리는 모두 사회나 가정에서 한 번쯤 리더의 역할을 하게 되는데, 그 역할을 마치고 나서 사람들로부터 어떤 평가를 받고 싶은지 상상하고, 목표를 세우는 것이 중요합니다. 우리가 목표를 향해 부족한 부분을 채워가는 노력을 하고, 조금씩 더 나은 리더로서 역할을 한다면, 궁극적으로 훌륭한 리더가 될 수 있기 때문입니다.

02 로알 아문센과 어니스트 섀클턴

사람들은 처음으로 무언가를 이룬 인물을 기억하고 그것을 성공이라는 이름으로 기억합니다. '최초의 성공'이라는 타이틀은 단 한 사람에게만 주어지기 때문에 그 타이틀을 얻는 것은 매우 어렵습니다. 그러나 첫 성공과는 다르게 리더는 누구나 될 수 있는 것처럼, 모든 리더가 성공적인 리더십을 발휘할 수 있습니다. 우리는 남극 탐험에 대해 이야기할 때 처음으로 남극 탐험에 성공한 로알 아문센의 이름을 떠올립니다.

남극이 발견되고 200년간 미지의 대륙으로 많은 사람이 도전했지만, 우리가 남극을 떠올릴 때 떠오르는 사람은 아문센 외에 많지 않습니다. 무언가를 계획하고 그것을 이루기 위해서는 많은 노력이 필요하며, 더욱이 '최초의 성공'은 한 사람만이 얻을 수 있기 때문에 더욱 그렇습니다. 하지만 남극 탐험에 실패한 사람 중에 주목할 만한 인물이 있습니다. 바로 인듀어런스 호의 실패로 유명한 탐험가인 어니스트 섀클턴입니다. 20세기 초 남극대륙에 대한 탐험이 한창일 때 어니스트 섀클턴 또한 남극대륙 탐험을 나섰습니다.

하지만 목표한 지점에 다다르기 전에 배가 난파되면서 27명의 탐험대원과 함께 극한의 추위에 고립되었습니다. 구조대가 도착하기까지 1,300킬로미터 이상 떨어진 곳에서 어떠한 연락도 할 수 없는 상황에 처해 있었습니다. 더 큰 문제는 지금까지 남극 탐험에서 이러한 경우 모두가 생환한 적이 없었다는 것이었습니다. 어니스트 섀클턴 또한 지금과 같은 상황은 처음 겪는 일이었습니다. 그가 내리는 결정 하나하나가 삶과 죽음을 결정하는 매우 중요한 일이었기에 상황을 먼저 파악함으로써 어떤 결정을 내려야 할지 고민했습니다. 남은 식량을 파악하고 남극의 혹독한 추위를 이겨낼 수 있는 공간을 마련했습니다.

그는 자신의 목숨을 걸고 구조 요청을 할 수 있는 섬까지 남아 있는 작은 배를 통해 가고자 결정했습니다. 남극해의 위험함을 알고 있기에 지금까지 아무도 시도하지 않았던 일이었습니다. 불가능한 일처럼 보였지만 자신과 대원들의 생환을 위해서는 그 방법밖에 없었기에 시도를 감행했고, 결국 성공했습니다. 결과적으로 어니스트 섀클턴은 남극 탐험 역사상 처음으로 탐험에 실패하고도 27명의 대원 중에서 단 한 명의 대원을 잃지 않고 모두를 구조한 최초의 인물로 기록되어 있습니다.

창업 초기 경영자들은 많은 실패를 경험하게 됩니다. 우리가 알고 있는 성공한 기업들 또한 많은 실패와 어려움을 겪었지만, 그것을 이겨내고 다시 도전함으로써 성장해왔습니다. 그렇기 때문에 예상하지 못하고 원하지 않았던 상황에 직면했을 때 창업 초기 경영자로서의 리더십은 기업의 운명을 결정할 수 있는 중요한 역할을 합니다. 경영자가 원하는 것은 모든 일을 성공적으로 이루어내는 것이지만, 그렇지 않은 상황을 대비하고 다시 일어날 기회를 준비하는 것이 가장 중요합니다. 어니스트 섀클턴은 남극탐험에서 목표를 달성하지 못했지만, 전 대원을 생환시키는 데 성공한 리더로서 우리에게 기억되고 있습니다. 그의 이야기는 평범한 우리에게도 실패가 끝이 아니라는 것을 알려주며, 리더로서 해야 할 역할을 배우고자 노력하는 사람들에게 영감을 주고 있습니다.

2 경영자가 알아야 할 리더십 필수 요소

좋은 리더가 되는 방법이나 어떤 사람이 좋은 리더인지를 명확하게 정의하기는 어렵습니다. 리더십에 대한 체계적인 연구와 관련 서적들이 많이 있지만, 개인의 자질과 상황, 역할 그리고 함께하는 사람들의 특성에 따라 답이 달라질 수 있습니다. 윈스턴 처칠과 마가렛 대처의 예를 들면, 그들은 각자의 상황과 시대에 따라 매우 극명하게 다른 평가를 받았습니다. 처칠은 1930년대에는 영국인들로부터 실패한 지도자로 인식되었지만, 2차 세계대전을 통해 위대한 전쟁 지도자로 재평가되었고, 마가렛 대처는 1980년대에 철의 여왕이라는 칭호와 함께 위대한 지도자로 평가받았지만, 1990년대에는 정반대의 평가를 받은 인물입니다.

결론적으로, 좋은 리더의 기준은 하나로 정해져 있지 않습니다. 리더가 갖추어야 할 리더십은 다양한 요소들이 상황에 따라 잘 발현될 때 좋은 평가를 받을 수 있습니다. 역사적으로 훌륭한 리더들을 연구함으로써 우리는 몇 가지 공통적인 요소들을 배울 수 있으며, 이를 기억하고 실천하는 것이 중요합니다.

리더에 대한 평가가 시대와 상황에 따라 달라지는 이유는 무엇일까요? 창업 초기 경영자에게는 어떤 리더십이 가장 적합한지, 전통적인 리더십 이론과 최근의 리더십 이론을 종합적으로 고려하여 언더백 기업 경영인이 알아야 할 리더십 스타일을 살펴보겠습니다.

01 변화하는 리더십 이론과 활용

1장에서 언급했듯이, 전통적 리더십 이론은 리더의 자질과 성격에 초점을 둔 특성이론에서 시작되었습니다. 우리가 유년 시절 읽었던 위인전을 생각하면 쉽게 이해할 수 있습니다. 리더는 타고난 것이라는 인식이 강했기 때문에 리더의 특성에만 초점을 맞추어 연구가 진행됐었습니다. 하지만 특성이론은 구성원의 영향을 받는 요소들을 고려하지 못하며, 성공적 리더의 공통적인 특성을 정확하게 구분하지 못합니다. 이로 인해 특성이론은 리더의 출현과 리더십 등장을 예측하는데 더 적합하므로 특성이론을 보완하는 연구들이 많이 이루어졌습니다. 이러한 연구를 토대로 리더는 만들어질 수 있다는 행동이론과 리더십은 상황에 따라 변화해야 한다는 상황(적합) 이론 그리고 리더와 구성원 간의 1:1 관계로 발휘된다는 리더-부하 교환 이론(LMX)이 등장하였습니다.

최근에는 특성이론의 발전된 형태인 카리스마 리더십, 리더와 구성원들 간의 관계를 상호작용에 집중한 거래적-변환적 리더십 이론이 주를 이루어 연구되고 있습니다. 또한 구성원 개개인의 능력향상보다 팀원들의 상호교류와 네트워크, 구성원의 능력개발을 이끌어내는 리더십 형태인 코칭 리더십, 최고관리자가 조직에서 군림하지 않고 구성원들을 섬기며, 그들이 일을 잘 수행할 수 있도록 적극적으로 동기부여를 하면서 리더십을 발휘하는 서번트 리더십 등이 연구되고 있습니다.

이처럼 다양한 형태의 연구가 주목받는 이유는 리더십이 리더의 생각과 결정에 따라서 결정되는 것이 아니라 시대와 상황, 리더와 구성원 간의 관계 등 다양한 변수와 형태에 따라 변화하기 때문입니다. 언더백 기업 경영자들은 리더십에 대한 고민과 노력을 해야 하는 이유가 여기에 있습니다. 리더십 연구는 사회의 변화와 함께 계속해서 발전해왔으며, MZ세대라는 단어를 떠올려 본다면 이해가 빠를 것입니다. MZ세대의 등장은 2차 세계대전 이후 미국에서 최대 호황기를 누리던 시기에 히피 문화가 나타난 것처럼, 환경과 상황에 따라 인간의 특성과 행동이 변화하고 영향을 받는다는 것을 보여줍니다.

언더백 기업은 경영자 혼자 사업을 성장시키는 것이 아니라, 구성원들과 함께 목표를 향해 협력해야 합니다. 사업이 성장함에 따라 새로운 사람과 조직을 이뤄가면서 사업 확장을 위해서는 리더십이 필수적입니다. 경영자는 구성원들에게 명확한 지침을 제공하고, 그들이 스스로 일을 해내도록 돕는 역할을 해야 합니다. 이는 언더백 기업 경영자에게도 매우 중요한 부분입니다.

02 구글의 현대적 리더십 스타일

실리콘 밸리에서 시작해서 지금은 누구나 알고 있는 기업의 기업문화는 우리가 알고 있는 전통적인 기업문화와는 사뭇 다릅니다. 이러한 변화는 사회와 시대의 발전으로 인해 자연스럽게 발생한 것일 수도 있지만, 반대로 이러한 문화가 리더십 스타일의 변화를 이끌어냈다고도 볼 수 있습니다. 과거에는 리더가 역할과 업무 요구사항을 명확하게 부여해서 구성원들이 목표를 달성할 수 있도록 지도하고 동기부여 하는 거래적 리더십이 주를 이루었습니다. 이는 구성원들의 노력과 성과에 대한 보상을 명확히 하는 것이었으며, 경영자는 구성원들이 무엇을 원하는지 정확하게 파악해 그에 대한 보상을 제공하는 '거래'를 통해 성과를 창출했습니다. 하지만 최근 생겨난 유니콘 기업의 기업문화는 전통적인 거래적 리더십과는 다른 문화를 가지고 있습니다. 구글의 예를 통해 전통적 리더십 스타일에서 현대적 리더십 스타일로 어떻게 변화되었는지를 살펴보겠습니다.

구글은 설립한 지 30년도 되지 않아 시가총액이 800조가 넘는 IT 기업으로 성장했습니다. 이 거대 기업의 시작은 대학원생 두 명이 작성한 논문으로부터 시작되었고 기업 경험이 전혀 없는 상황에서 이와 같은 성공을 이뤄냈습니다. 구글 회장인 에릭 슈미트는 2014년에 펴낸 책 『How Google Works』에서 구글의 성공 노하우를 공유했습니다. 그는 '보스'가 아닌 '리더', 수직적인 의사결정과 수평적인 소통의 공존, 이룰 수 없는 목표를 세우는 것 등이 중요하다고 밝혔습니다. 이러한 요소들을 통해 기존의 리더십과 구글의 리더십의 차이를 유추해 볼 수 있습니다.

가장 먼저 구글은 Position(직위)에서 나오는 리더십을 지양합니다. 구글은 '당신이 누군가가 아니라 무엇을 하는가'를 중시하며 다양성과 직급의 파괴를 통해 구성원들이 자유롭게 소통하고 협업할 수 있는 환경을 조성합니다. 이러한 접근 방식은 고객들의 신뢰를 얻고, 좋은 제품 개발을 통해 고객과의 관계를 형성하는 데 큰 역할을 합니다. 구글은 단순히 수평 구조의 조직이 아닌 좋은 Prodution(제품)을 만들어 고객과의 관계를 형성하는 것을 원칙으로 합니다. 또한, 구글은 인적 자원 개발에 많은 지원을 아끼지 않음으로써 인재들이 더 많은 경험을 쌓고, 빠르게 성장할 수 있도록 돕고 있습니다.

구글은 정보를 다루는 회사로서 정보처리 능력을 극대화하고 매일 새로운 인재를 스카우트하기 위해 노력함으로써 회사의 성장을 위해 지속적으로 노력합니다. 구글은 리더십 이론의 발전과 함께 누구나 리더십을 발휘할 수 있는 환경을 조성하고, 구성원들이 서로 소통하고 협업할 수 있는 환경을 통해 서로 멘토가 되고 코칭할 수 있는 리더십을 발휘할 수 있도록 지원합니다. 또한 서번트 리더십을 통해 회사의 미래가치인 제품에 집중하게 하고 그 제품으로 인해 고객과의 관계 형성을 통해 구글의 미래를 향한 동기부여를 합니다.

모든 스타트업 기업이 구글과 같은 규모에 도달하기는 어렵지만, 모든 사람이 리더가 될 수 있듯이 준비하고 노력하면, 회사가 더 발전하고 사랑받는 행운을 누릴 수 있습니다. 지금은 창업 초기이고 작은 회사의 경영자이지만 노력과 준비를 통해 성장 기회를 놓치지 마세요. 리더십의 중요성이 부각되면서 창업 초기나 언더백 기업의 경영자들도 많은 노력을 기울이고 있습니다. 전문 교육, 멘토링, 코칭 그리고 경영자 독서 토론 모임 등을 통해 리더십에 대한 지식과 기술을 습득하고, 서로의 경험을 공유하면서 지속가능한 기업으로 성장시킬 수 있습니다.

다양한 사례로 배우는 비전 리더십의 힘

"꿈을 꾸면 이루어진다" - 월트 디즈니

효과적으로 조직을 이끄는 리더는 자신의 아이디어를 다른 사람들에게 설득력있게 전달해야 한다는 점을 인식하고 이를 위해 노력합니다. 리더는 목표나 결과를 명확하게 설명하고, 구성원들이 동일한 결과를 달성하기 위해 기여하도록 동기를 부여합니다. 제대로 설명되지 않은 아이디어는 성공적인 결과를 만들어 내기 어렵기 때문에, 리더는 원하는 결과를 정확하게 설명하고, 실패를 피하기 위한 방법을 제시하는 것보다 성공을 향해 나아가는 방법을 제시합니다. 이는 '비전(Vision)의 이미지' 효과로 알려져 있습니다. 유명한 NFL 명감독인 빈스 롬바르디의 일화를 다룬 'Any Given Sunday'에서의 마지막 라커룸 연설인 'Life is one inch'를 통해 볼 수 있습니다.

"On this team, we fight for that inch. In any fight, it's the guy who's willing to die who's gonna win that inch. And I know if I'm gonna have any life anymore, it's because I'm still willing to fight and die for that inch. Because that's what living is. "

승부에서 가장 중요한 경기를 앞두고 이뤄진 이 연설을 통해 그동안 팀에 있었던 많은 문제와 불화가 아닌 눈 앞에 펼쳐진 결과물을 얻기 위해 어떻게 해야 하는지 동기부여를 합니다. 이 장면은 영화의 가장 중요한 명장면으로 기억되고 있습니다. 우리가 무엇을 위해 노력해왔고, 앞으로 무엇을 위해 노력할 것인지 그리고 그 끝에 무엇이 기다리고 있는지 인지하는 것은 성공적 결과를 위해 무엇보다 중요하다고 할 수 있습니다. 성공한 리더 그리고 성공한 기업과 팀에게는 훌륭한 팀원들 혹은 조력자들이 필요합니다.

하지만 성공적 결과를 얻기 위해 동기부여와 함께 긍정적인 비전을 제시하는 것은 리더십에 있어 가장 중요한 덕목입니다. 마찬가지로 창업 초기 경영자는 구성원에게 꿈과 비전을 심어주는 것이 중요합니다. 무에서 유를 창조하는 과정에 있으므로 무엇을 꿈꾸고 무엇을 향해 나아가는지 그리고 왜 그것을 해야 하는지에 대한 비전을 심어주는 것은 구성원들에게 동기부여를 제공하고, 조직의 목표를 향해 노력할 수 있도록 이끌어냅니다.

01 창업 초기 경영자의 언어력

원하는 결과를 지속적으로 달성하는 사람들의 공통점 중 하나는 적극적인 사고방식을 갖고 있거나 혹은 뛰어난 비전을 가지고 있다는 것입니다.

"I have a dream that my four little children will one day live in a nation where they will not be judged by the color of their skin, but by the content of their character." **마틴 루터 킹**[1)]

마틴 루터 킹 목사의 유명한 연설 **"I have a dream"**은 명확한 꿈을 가지고 표현함으로써 많은 사람들에게 영감을 주고, 그 꿈을 상상하게 했습니다. 그리고 그의 연설은 피부색이 아닌 인격을 통해 평가받을 수 있는 세상을 만들어 나가는 데 큰 역할을 했습니다. 킹 목사의 연설은 꿈을 말로 표현하는 것이 얼마나 큰 힘을 가지고 있는지를 보여주며, 그것이 어떻게 세상을 변화시킬 수 있는지를 보여줍니다.

아직은 눈에 보이지 않지만, 결과를 긍정적으로 표현하고, 그것이 이뤄졌을 때를 상상하게 만들어주는 표현의 효과는 미래에 초점을 맞추고 목표를 향해 나아갈 수 있게 만들어줍니다. 보이지 않고 볼 수 없는 상황에서도 다시 일어나는 힘의 원천이고, 일을 시작하는 단계에서 큰 원동력이 될 수 있습니다. 정주영 회장이 조선소를 설립할 때, "우리가 지금 조선소는 없지만, 배를 계약해주면 그걸로 돈을 빌려 조선소를 지은 뒤, 배를 만들어주겠다."라고 했던 말은 무모할 수 있지만, 긍정적인 말 한마디가 위대한 결과물을 탄생시킬 수 있는지를 보여줍니다. 무엇이든 시작은 쉽게 할 수 있지만 그 끝은 어떤 것도 정해져 있지 않습니다. 하지만 어떻게, 무엇을, 왜 해야 하는지에 대한 것은 그것을 어떻게 말하고 표현하는지에 따라 완전히 다른 결과를 만들어 낼 수 있습니다. 창업 초기 경영자의 말 한마디는 단순한 말의 표현이 아닌 원하는 결과로 이끌어가게 하는 힘의 원천이 될 수 있다는 것을 기억해야 합니다.

02 시의적절(時宜適切)한 감각적 표현

무엇인가를 말할 때 그것을 감각적이고 구체적으로 설명하면 듣는 사람은 그 내용을 마치 자신이 경험한 것처럼 상상하고 점점 더 그 내용에 빠져듭니다. 여름이 다가오면

---

1) 나에게는 꿈이 있습니다: 마틴 루터 킹 자서전

언제나 무서운 이야기의 영화나 프로그램들이 공포감을 심어줄 수 있는 스토리텔링을 통해 인기를 얻고 여름이 지나면서 관심이 사라지는 것과 같습니다. 동일한 내용이라도 효과를 극대화할 수 있는 때가 있습니다. 내용을 어떻게 표현하는지도 이야기의 몰입감에 큰 영향을 미칩니다. 시청자들이 원하는 것을 원하는 때에 전달했을 때 가장 큰 방송 효과를 볼 수 있다는 당연한 전략의 하나입니다. '여름=공포영화'라는 전략은 리더의 말과 행동에도 적용될 수 있습니다. 리더의 말과 표현 그리고 행동에 있어 효과를 극대화하기 위한 때와 표현이 존재할 수 있다는 의미입니다. 리더는 자신의 말이 단순한 말 한마디로 그치지 않기 위해 적절한 때에 효과적인 표현을 통해 전달하고자 노력해야 합니다.

변화는 긍정적이든 부정적이든 결과를 가져옵니다. 이 결과는 어떤 행동을 취할 때 그 행동이 주변 많은 것들에 영향을 미치게 되는 것과 같습니다. 경영자는 변화를 위해 무엇을 바꿔야 하고 그것으로 인해 예상되는 부분들에 적응하기 위해 어떻게 변화해야 하는지 항상 고민해봐야 합니다. 또한 그 변화를 위해 지원할 수 있는 자원이 있는지 이해하는 것은 그 변화로 인한 결과 달성을 위해 매우 중요합니다. 경영자는 결과를 달성하기 위해 방해가 될 수 있는 부분들을 고민하고 그것을 해결함으로써 적절한 방법을 찾는 것이 중요합니다.

무엇인가를 이루고자 준비하는 과정에서 경영자는 구성원들에게 명확한 비전을 공유함으로써 가슴으로 이해하고 이를 실현하기 위해 지속해서 적절한 방법을 고민해야 합니다. 경영자는 바람직한 결과로 이루어지는지 확인함으로써 구성원들과 함께 계속 꿈을 꿀 수 있는 긍정적인 생각과 표현에 집중해야 합니다. 앞에서 소개한 마틴 루터 킹 목사의 1968년 연설은 그 시대에 있었던 불평등을 해소하기 위해 미래에 일어날 분명한 꿈과 그것이 왜 필요한지에 대해 사람들이 인식할 수 있도록 명확하게 표현했습니다. 이 연설은 단순히 장밋빛 미래를 그리는 것이 아니라, 그 시대에 무엇이 문제이고 무엇이 필요하고 왜 변해야 하는지 그리고 변화를 위한 행동 방안을 제시하여 한 사람의 리더가 어떻게 사회를 변화시킬 수 있는지를 보여줍니다.

사람의 말은 많은 힘을 가지고 있다는 것을 우리는 잘 알고 있습니다. 특히나 개인이 아닌 조직을 이끄는 리더의 한마디는 그것으로 인해 생각과 마음가짐 그리고 행동을 변화시킬 수 있기에 더욱더 중요합니다. 처음 시작의 두려움과 미래 혹은 결과에 대한 두려움이 누구에게나 잠재된 의식 속에 존재하기 때문에 이러한 두려움을 인식하고, 사람들을 동기부여하고 영감을 주는 리더의 말은 구성원들에게 큰 영향을 미칩니다. 따라서 리더는 신중하게 말을 선택하고, 긍정적인 에너지를 전달해야 합니다. 좋은 말은 행동과 성과로 이어집니다.

4 신념이 이끄는 리더십: 자신을 믿으세요!

리더십은 다른 사람을 이끄는 것뿐만 아니라, 스스로를 이끄는 것이기도 합니다. 사람에게는 그 사람만이 가진 성격과 가치관처럼, 주위에 풍기는 분위기가 존재합니다. 어떤 사람은 상황을 화기애애하게 만들고 주위에 상대방을 기분 좋게 만들어주는 '분위기 메이커'이고, 다른 사람은 우울하고 걱정하는 분위기를 만듭니다. 이 차이는 생각에서 비롯됩니다. 생각의 작은 차이가 전혀 다른 결과를 만들어 내는 것처럼 리더에게 생각은 다른 무엇보다 강력한 리더십의 무기가 될 수 있습니다.

01 Positive Signal

사람은 신념을 갖고 사는데, 이러한 신념은 행동하는 방식에 대한 운영 원칙이기도 합니다. 무언가를 믿을 때 그것이 마치 사실인 것처럼 행동하게 되므로 어떤 면에서는 바꾸기 어려운 필터가 되기도 합니다. 사회과학에서는 이러한 실험을 많이 진행하는데, 피그말리온 효과 실험이 대표적입니다.

예를 들면 A와 B 그룹으로 나눠서 A에게는 IQ가 높다는 말을 계속하고 B에게는 아무 말도 하지 않으면서 같은 교육을 받고 난 후 시험을 보게 하는 실험입니다. 단순한 이 말 한마디지만 시험을 보면 A 그룹이 더 높은 성과를 냅니다. 이는 A그룹에 속한 구성원들이 스스로 B그룹보다 더 지능이 높다고 믿기 때문입니다. 이와 비슷한 실험이 군대, 회사, 대학 등 많은 곳에서 이뤄졌으며, 결과는 항상 같았습니다.

주변에서 종종 현재 처한 상황 때문에 무언가를 할 수 없다고 말하는 사람을 볼 수 있습니다. 이들의 결과물은 반대의 신념을 가진 사람과 차이가 생깁니다. 사람들은 자신이 가진 신념을 진실이라고 받아들이고 그에 따라 자신의 현실을 인식함으로써 일반화를 합니다. 이러한 신념은 강력하게 유지되기는 하지만 마음속에 모아놓은 것일 뿐이기에 그 신념이 본인에게 도움이 되지 않는다고 판단되면 신념이 바뀔 수 있습니다. 결국 어떤 신념을 가지고 발현되는지에 따라 성공적인 리더로서 리더십을 발휘할 수도, 아닐 수도 있습니다.

그렇기에 있는 그대로를 받아들이고 만족해서 멈추면 안 됩니다. 끊임없이 다른 방법이 없는지를 찾아보려고 노력하고, 무언가 다르게 생각하고 행동한다면 상황이 바뀌어서 다른 결과를 얻을 수 없는지 살펴봐야 합니다. 그것을 바꾸고자 다른 방법의 상상을 통해 실제 일어난 것처럼 겪게 된다면 그 인상을 뇌에 저장하게 되고 그것을 기억하게 될 것입니다. 이것은 실제로 겪은 기억과 마찬가지로 상상의 기억 또한 행동에 동일한 효과로 영향을 미칠 수 있습니다. 예를 들면, 사람이 기분이 좋을 때 흥얼거리는 상상 속에 콧노래나 아니면 실제 좋아하는 곡을 기억했을 때 행복해지는 것을 느끼는 것과 같은 효과입니다.

세상의 어느 누구도 성공만을 이루면서 삶을 마감하는 사람은 없을 것입니다. 모두가 원하는 결과를 얻지 못하고 때로 실패를 경험하며, 그 실패를 통해 피드백을 받고 성장합니다. 리더는 조직에 미치는 영향이 크기 때문에, 실패를 통해 더 나은 결과를 얻을 수 있는 방법을 찾아야 합니다.

당장은 원하는 결과를 얻지 못하였을지라도 실패의 경험과 피드백을 다음 기회를 위한 도약의 선물이라고 인식한다면, 다음에 뭔가를 할 수 있는 방법에 대해 더 많은 선택권을 갖게 됩니다. 이러한 신념은 이미 성취한 성과를 뒷받침하는 것뿐만 아니라 앞으로 하게 될 모든 일에서도 성공을 뒷받침할 가능성이 큽니다.

때로는 상황과 환경적인 요인에 따라 자신이 원했던 결과를 얻지 못할 수도 있지만 그럼에도 그 실패에 지지 않는다는 신념과 자신에 대한 강한 믿음의 결합은 더 좋은 결과를 이끌어낼 수 있는 강력한 조합입니다. '연은 바람과 함께 하기에 높이 뜨는 것이 아니라 바람에 맞설 때 가장 높이 뜬다.'라는 말처럼 실패도 하나의 경험이라는 데이터로 받아들이는 것이 중요합니다.

02 Negative Signal

이제부터는 리더의 역할을 함에 있어 발전과 성장을 저해하는 요소들에 대해 생각해 보겠습니다. 이러한 요소들이 부정적인 영향을 미칠 수 있지만, 어떻게 긍정적인 효과로 전환할 수 있을지 고민해보고자 합니다. 이해를 돕기 위해, 긍정적 신념이 가져올 수 있는 긍정적인 효과와 비교하여 부정적 신념이 어떤 결과를 초래할 수 있는지 살펴보겠습니다.

우리가 가진 믿음과 신념이 큰 힘을 발휘할 수 있지만, 제한적인 믿음과 신념은 그와는 정반대의 결과를 가져올 수 있습니다. 이러한 믿음과 신념은 경험과 상상을 통해 스스로를 위해 만들어 낸 것이지만, 그것은 우리가 무언가를 하는데 방해 요소가 될 수 있습니다. 주위에 있는 사람들 중에는 모든 것이 완벽하다고 생각할 때까지 도전을 시작하지 못하고, 오랜 시간을 고민하고 조심하는 사람이 있을 것입니다.

이러한 스타일의 유형은 매우 조심스럽기에 조언이나 피드백도 부정적인 의미로 해석하려고 하며, 말하지 않은 것들까지 상상을 통해 중요하다고 생각하기도 합니다. 이러한 태도는 가혹한 비판이나 혹은 상처로부터 자신을 보호하는 긍정적인 부분도 있을 수 있지만, 부정적인 현실을 만들어 내기도 합니다. 결국은 누군가의 의견을 들을 기회를 만들기 어렵게 하고, 기회를 통해 조언을 얻는다고 할지라도 그 안에서 필요한 정보들을 찾아내어 새로운 기회로 만드는 것은 어려울 수 있습니다.

5 효과적인 리더십을 위한 의사소통 전략

"이상적인 것도 내 안에 있지만, 장애물 역시 내 안에 존재한다." - 토마스 칼라일

지금까지 살펴본 리더의 역할은 리더 스스로에게 초점을 맞춰 생각과 신념 그리고 표현하는 효과적인 방법들이었습니다. 이 방법만큼이나 리더에게 중요한 것은 사람들과의 의사소통입니다. 훌륭한 능력과 지식 경험들이 리더에게 존재한다고 하더라도 혼자서 모든 것을 할 수 없다는 것을 잘 알고 있는 것처럼, 구성원들의 인정과 협력을 얻기 위해서는 서로가 얼마나 잘 이해하고 소통할 수 있는지가 중요합니다. 사람마다 표현과 감각의 차이가 있기 때문에, 그 차이로 인해 발생될 수 있는 문제들을 인식할 수 있는지에 따라 전혀 다른 결과를 얻을 수 있기 때문입니다.

01 감각의 차이에 따른 소통 노하우

회사의 중요한 의사결정을 할 때 앞으로 나아가고자 하는 방향과 미션 그리고 계획들을 프레젠테이션으로 전달할 때가 많이 있습니다. 모두가 인지하고 이해할 수 있도록 수없이 많은 시간과 공을 들여 자료를 준비하고 발표를 진행하지만, 원하는 만큼 사람들을 이해시키는 것은 매우 어려운 일입니다. 그것은 사람마다 의사소통을 통해 이해하는 방법의 차이가 존재하기 때문입니다. 이것은 '리더십 커뮤니케이션 모델'을 통해 이해할 수 있습니다. 이 모델은 전달하려고 하는 메시지가 메시지를 전달받는 사람에 따라 어떻게 일반화되고, 삭제되고, 왜곡되는지 그리고 전달받는 사람의 내면에서 무언가를 경험하는 방식과 내부 표현(자신만의 표현 방식)이 생성되는 과정이 어떻게 이루어지는지에 따라 달라진다는 것을 설명합니다. 이러한 이론은 복잡해 보일 수 있지만, 쉽게 말해 사람마다 메시지를 전달받을 때 시각, 청각, 후각 중에 어느 것을 통해 더 중요하게 전달받고 인지하게 되는지에 따라 처리되는 내용이 달라진다는 것입니다.

모든 사람은 다른 발달 감각을 지니고 있습니다. 청각이 발달한 사람은 다른 사람들은 듣지 못하는 소리에 반응할 가능성이 크고, 시각이 발달한 사람은 같은 그림 혹은 사진을 볼 때 남들이 보지 못하는 것을 볼 가능성이 큽니다. 이는 동일한 외부 사건을 받아들이는 데 있어 각자 발달한 감각을 통해 내부 표현이 다르고 이를 해석하고 이해하는 방식에서 중요성 또한 달라진다는 것을 의미합니다. 이러한 해석과 이해의 차이는 내부적으로만 존재하는 것이 아니라, 우리의 표현 방식에도 영향을 미칩니다. 따라서, 효과적인 메시지를 전달하기 위해서는 다양한 표현방식을 사용하고, 다양한 청중을 고려해야 더 많은 사람들에게 이해될 수 있는 메시지를 전달할 수 있습니다.

또한 메시지를 전달받은 후에는 사용할 수 있는 것들을 제외하고 많은 것을 기억하지 않고 삭제하게 됩니다. 예를 들어, 가장 최근에 본 책 혹은 영화를 떠올려 보면 알 수 있습니다. 책의 표지(포스터)는 어떻게 생겼는지, 저자(감독)는 누구였는지, 출판사(배급사)는 어디였는지, 주인공은 누구였는지, 어떻게 구성되어 있었는지 등을 기억하려고 노력할 때, 같은 것을 보았더라도 사람마다 기억하는 내용이 차이가 있습니다. 마찬가지로 가장 최근에 읽은 업무 보고서를 떠올려 보고 세부 사항을 정확하게 기억하는 것이 어려울 수 있습니다. 대부분 메시지 수신자가 직접적인 연관이 되어 있는 것이나 중요하다고 느끼는 것 또는 다른 이유에 의해서 전달받는 사람에 의해 메시지는 삭제되고 기억됩니다. 이것을 달리 말한다면 메시지 전달자가 무엇을 중요하게 생각하고 믿는지 결정하는 것은 전달받는 사람입니다. 메시지를 전달할 때는 중요한 메시지를 구체적으로 어떻게 전달할 것인지가 더 중요하다고 할 수 있습니다.

두 번째는 메시지를 전달받으면 본인이 이해할 수 있도록 분류해서 일반화하게 됩니다. 예를 들어 상상해보면, 과거의 어떤 이벤트가 발생했었는데 그와 비슷한 과정이 현재 일어나고 있다면 앞으로도 그 이벤트가 다시 일어날 것이라고 결론 내리는 경우를 많이 보고 경험했을 것입니다. 사람에 관한 판단에 있어서도 위와 같은 과정으로 결론을 내리는 경우가 많습니다. 한 예로 새로운 인원이 팀에 들어오거나 회사에 입사했을 때를 생각해 보면 됩니다. 새로운 사람에 대해 그 사람과 비슷한 사람과의 과거 경험을 토대로 새로운 사람에 대해 판단을 내릴 때가 많이 있습니다. 그러나 이러한 판단이 항상 정확하지는 않을 수 있습니다. 만약 우리가 새로운 사람을 이전의 경험과 비교하여 과소평가한다면, 그 사람은 자신의 능력을 충분히 발휘하지 못할 수 있습니다. 이는 개인과 조직 모두에게 손실을 초래할 수 있으니 주의해야 합니다.

세 번째는 자신만의 언어와 의미로 이해하고 해석하기 때문에 메시지의 변경과 왜곡이 발생하게 됩니다. 모국어가 같다고 하더라도 상황에 따라 같은 문장을 모두 같이 해석하고 이해하지는 않습니다. 살아온 환경과 경험의 차이로 인해 사람들만의 내부 언어 차이가 발생하는 것도 있지만 무의식적으로 사람은 대화할 때 상대방의 모든 말을 들어야만 이해한다고 생각하지 않는 경향이 있습니다. 이로 인해 결과의 불일치를 발생시킬 수 있는 말의 작은 왜곡 효과를 불러올 수 있으므로 의사소통에 중요한 영향을 미칠 수 있습니다.

02 '무엇'보다 중요한 '어떻게'

그렇다면 이런 과정들은 왜 벌어지게 되는지 생각해 볼 필요가 있습니다. 사람은 경험하는 모든 것을 모두 정확하게 받아들일 수 없으므로 위의 3가지 과정의 필터링을 통해 이해할 수 있도록 합니다. 이런 필터링은 과거의 개인적인 경험과 추억 등을 통해서 그리고 외부의 반응을 내부에서 긍정적인 반응으로 인식하는지 부정적인 반응으로 인식하는지에 따라 달라집니다. 또한 사람이 가진 가치의 차이가 존재하고 그것을 통해 발전된 신념의 차이로 인해 각자의 방법으로 3가지 방법을 거쳐 이해합니다. 예를 들어, 프로젝트를 설명하는 중에 '도전'이라는 단어를 듣게 되었을 때, 어떤 사람은 이 프로젝트를 통해 발전하고 성장할 기회라고 인식할 수 있지만 누군가는 이 도전을 프로젝트 실패와 연결하여 미래를 위협하는 의미로 인식할 수 있습니다.

결국 의사소통의 핵심은 what(무엇을 말하고자 하는가)에 있는 것이 아니라 How(어떻게)를 얼마나 잘 활용하는가에 있습니다. 같은 메시지를 전달하지만 어떻게 잘 전달할지에 대한 고민을 통해 얼마나 많은 사람에게 일치된 메시지를 전달 할 수 있는지가 중요합니다. 의사소통은 서로 간의 행동을 통해서도 이루어지게 됩니다. 모든 사람의 행동에는 그 행동을 하는 이유와 의미가 있는데 리더의 행동은 한 사람으로서의 행동이 아닌 구성원들에게 영향을 미칠 수 있는 것이기 때문에 일반적인 사람들의 행동보다 중요한 의미를 가진다고 할 수 있습니다. 즉, 리더의 행동은 리더 자신의 생각과 신념, 가치관 등 내부에서 발현되는 표현의 상호작용으로 이러한 행동은 외부로 표출되었을 때 외부 세계의 반응에 영향을 미치고 구성원들의 반응을 통해 순환되는 효과를 불러오기 때문입니다. 만일 리더가 외부적으로 긍정적 신호의 행동을 하게 되면 구성원들은 리더의 행동과 단어 그리고 음성의 톤을 통해 느끼고 구성원들 또한 긍정적 반응을 하게 될 가능성이 높게 되므로 '긍정의 선순환'을 만들어 낼 수 있습니다. 반면에 부정적인 신호를 보내게 된다면 구성원들은 더 부정적인 반응을 보이게 될 가능성이 있고 낮은 성과를 얻게 될 가능성이 커지게 됩니다.

따라서 개인 간의 차이로 인해 발생되는 메시지의 삭제, 왜곡, 일반화로 인한 오류를 줄이는 것이 리더에게는 매우 중요합니다. 이것은 리더가 메시지를 전달하거나 행동하는 데 있어 무엇을 의미하는지 더 명확하게 전달함으로써 오류의 발생을 줄일 수 있고, 원하는 결과를 얻을 수 있는 가능성을 높일 수 있을 것입니다.

6 관계를 통한 리더십의 중요성

사람은 누구나 태어나면서부터 가족과 관계를 맺고 자신이 속한 사회에 맞춰 그 안에서 관계를 맺고 살아갑니다. 그리고 성공한 대부분의 사람은 사람들과의 교류를 통해 좋은 인간관계를 맺고 때와 장소에 맞는 관계를 잘하는 방법을 알고 있습니다. 특히나 어려운 상황에 직면했을 때 성공한 사람들은 위기 상황에서도 그것을 피하지 않고 사람들과 연결되는 각자의 방법을 알고 있습니다. 또한 다른 사람에게 피드백 혹은 지시를 내려야 하는 상황에서는 그것을 언급해야 하는 정확한 상황과 때를 알고 있습니다. 동시에 조언과 피드백을 받아들여야 하는 상황에서는 그것을 통해 정보를 얻고 개선 방향을 찾아내고 자신이 겪고 있는 상황에 대한 정보를 수집할 수 있는 가장 좋은 기회라고 생각합니다.

성공한 사람들이라고 표현했지만, 일반적인 한 사람 그리고 일반적인 리더도 좋은 사람 혹은 좋은 리더가 되기 위한 하나의 방법으로 치환될 수 있습니다. 그 이유는 관계를 통해 사람들을 만나게 될 때, 그 상황을 어떻게 받아들이고 그 대화에서 어떻게 느껴지는지에 따라 관계 형성이 달라지고, 자신의 상황을 이해하고 말을 경청한다는 느낌을 받을 때 말의 효과는 극대화되기 때문입니다. 중요한 사람이라는 인식을 통해 상대방으로부터 지지를 이끌어낼 수 있고 사람의 행동에도 긍정적인 영향을 미치기 때문입니다.

01 구성원이 바라는 리더의 역할

"우리 자신과 우리가 되고 싶은 것을 정의하는 것은 우리 자신에게 달려 있습니다." – 잭 웰치

잭 웰치는 직원들 안으로 들어가서 긍정적 에너지를 전달하고 그들과 함께하라고 말합니다. 이는 리더가 직원들에게 영감을 주고 긍정적인 분위기를 조성하는 데 필요한 역할과 노력을 강조하는 것입니다. 예전과 달리 위계질서가 많이 없어졌다고 하지만 리더가 구성원들 사이에 들어가는 것은 쉬운 일이 아닙니다. 그렇기 때문에 더 구성원들과 함께하고 관계를 구축한 후 다양한 상황에서 리더십을 발휘할 수 있도록 주문하는 것입니다. 리더십은 회사 내부뿐만 아닌 외부에서도 나타납니다. 그 모든 상황이 구성원들과 연결될 수 있습니다. 이는 리더가 위기 상황뿐만 아니라 언제나 함께하고 일상적인 상황을 관리한다는 것을 보여주기에 긍정적인 상호작용을 형성할 가능성이 커집니다. 내·외부 상황 모두에서 편안함을 유지하는 리더는 구성원들부터 인정받고 존경받을 가능성이 큽니다.

02 관계 구축을 통한 조직 성과 향상

리더로서 성공하기 위해서는 관계 구축이 중요하고 필수적입니다. 오늘날의 리더는 조직의 구성원들을 상대하고, 장기적인 관계를 구축하며 육성 및 발전시킬 수 있어야 합니다. 또한 세심함과 유연성을 보여주고, 다른 사람들이 배울 수 있도록 돕는 역할을 하기에 구성원들과의 관계는 매우 중요합니다. 마치 리더가 슈퍼맨처럼 모든 것을 완벽하게 해내야 한다는 압박감을 느낄 수 있지만, 실제로는 인간적인 면모를 보여주며, 다른 사람들과 소통하고 협력하는 능력이 필요합니다.

예전에는 구성원들과의 관계를 어떻게 지시할지에 대해 주로 고민했다면, 지금은 더 나은 관계를 형성하기 위한 방법을 찾기 위해 고민해야 합니다. 구성원들이 무엇을 필요로 하고 원하는지를 이해하고, 관계를 향상시키기 위해 노력함으로써 효과적인 방법을 찾을 수 있습니다. 리더가 구성원들에게서 원하는 결과를 얻기 위해서는, 그들이 재능과 창의성을 최대한 발휘할 수 있도록 관계를 통해 이해해야 합니다. 이를 통해 리더는 구성원들의 생산성을 높이고, 조직 전체의 성과를 향상시킬 수 있습니다. 효과적인 방법 중 하나가 서로 간의 피드백입니다.

[의사소통을 위한 채널로서의 피드백]

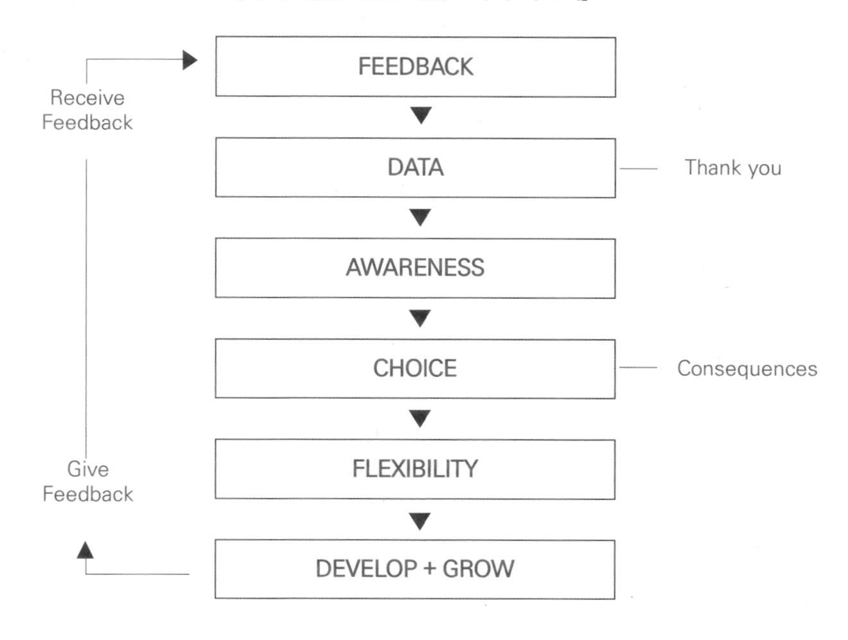

〈그림〉은 피드백에 대한 순환 효과를 도식화한 것입니다. 이해를 돕기 위해 간단하게 설명한다면, 모든 피드백은 감정을 배제하고 듣는 것이 중요한데 그 이유는 피드백은 하나의 데이터일 뿐이기 때문입니다. 데이터를 활용하여 무엇을 할지는 피드백을 받은 사람이 선택하는 것입니다. 정확한 피드백이 정확한 데이터로서의 역할을 위해서 그 피드백에 대한 설명이나 변명은 필요하지 않습니다. 또한 어떤 피드백도 받아들이는 것이 받아들이지 않는 것보다 나은 결과로 나타날 것이기에 피드백을 통해 무엇을 배울 수 있는지 찾아보고 발전시킬 수 있는 하나의 도구로 이용하는 것이 중요합니다. 마지막으로 피드백을 해준 사람에게 감사의 표시를 하는 것도 고려해야 합니다. 향후에 더 좋은 피드백을 해줄 가능성이 높아지기 때문입니다.

피드백은 과거에는 비판이라는 부정적인 이미지가 있었지만, 서로 하는 일에 대한 정보를 주고받는 역할을 하는 것입니다. 여전히 과거의 잔상으로 인해 누군가에게 피드백을 받는 것이 쉽지 않지만 자기 계발을 위해서는 피드백을 받는 습관이 필요합니다. 그렇다면, 피드백을 받았을 때 장점은 무엇이 있을까요? 크게 다음과 같은 7가지 장점이 있습니다.

❶ 자기 계발을 위해 도움이 된다.
❷ 도움이 되지 않는 행동을 반복하지 않을 수 있다.
❸ 일하는 방법에 대해 스스로 인식할 기회를 제공한다.
❹ 변화되는 것을 스스로 체크할 수 있다.
❺ 스스로 자기 자신에게 무엇을 기대하는지 알 수 있다.
❻ 다른 사람들이 나를 어떻게 인식하는지 알 수 있다.
❼ 나에게 원하는 것이 무엇인가를 정확하게 알 수 있다.

이러한 긍정적인 효과가 있지만, 사람들은 여전히 부정적인 이미지와 상대가 느끼는 불편함으로 인해 피드백을 주는 것을 어려워합니다. 하지만 구성원들과의 관계 개선과 함께 좋은 리더가 되기 위해서는 반드시 필요한 하나의 과정입니다. 결국 피드백의 장점을 극대화할 수 있도록 정확하게 잘 전달하는 방법을 찾는 것이 중요한데, 관계를 개선함과 동시에 서로의 발전을 위해 도움이 되기 때문입니다. 하지만 방법이 잘못됐을 때 갈등이나 오해가 생길 수 있기 때문에 반드시 대면해서 전달하는 것이 중요합니다. 사람의 의사소통에 있어 감정적인 컨텐츠에 대한 의사소통은 몸짓과 목소리 톤을 통해 90% 이상이 전달되고, 사용하는 단어를 통해서는 10%도 채 되지 않는다고 합니다. 말하는 것보다 말하는 방식이 중요함을 의미한다고 할 수 있습니다.

효과적인 피드백을 전달하기 위해서는 가장 큰 효과를 가져올 한두 가지 혹은 세 가지의 요점에 집중해주세요. 기억의 삭제를 통해 봤듯이 개수가 많아지면 기억할 수 있는 것들보다 삭제되는 내용들이 많아지고, 긍정적인 피드백이 아닌 비판으로 인식할 수 있기 때문입니다. 마지막으로 피드백할 때 'But(그러나)' 단어의 사용은 주의해야 합니다. 예를 들어, "일을 정말 잘해. 그러나 이 부분은 고치면 좋겠다." 라는 문장을 듣게 된다면 앞에 어떤 칭찬을 하더라도 "그러나" 뒤에 문장으로 인해 앞에서 말한 모든 내용은 삭제되고 뒤에 부정적인 의미로의 문장만 기억하게 될 가능성이 크기 때문입니다.

리더에게 있어 구성원과의 관계 개선을 위한 노력은 매우 중요한 부분입니다. 구성원들의 정보를 더 많이 알고 이해하는 것과 구성원들이 자신의 리더에 대해 더 많은 것을 알아가기 위해 노력하는 것입니다. 피드백은 매우 어려운 과정이지만 이를 통해 서로가 알지 못했던 것들을 알아가고, 이해할 수 있는 폭을 넓힐 수 있다면 서로가 바라는 결과를 달성하는데 긍정적 영향을 미치고, 그 가운데 관계를 향상시키는 효과를 볼 수 있습니다.

7 리더십과 삶의 균형

"Working ourselves to death? The answer is no." - John R. O'Neil

삶에서 우리는 일과 가정 그리고 그 외에 다른 많은 것들을 함께 처리해야 합니다. 이 안에서 균형을 유지하는 것은 쉬운 일만은 아닙니다. 마치 건강을 위해서 균형 잡힌 식사와 규칙적인 생활, 꾸준한 운동, 스트레스 관리처럼 다양한 요소를 잘 갖추고 있어야 하는 것처럼, 삶의 균형을 유지하는 것은 매우 어렵고 중요한 일입니다. 균형잡힌 삶은 마치 최대의 효율성으로 기능할 수 있는 고성능 엔진처럼, 편안함을 느끼게 하고 인간관계에서도 편안함과 최상의 결과를 가져올 수 있습니다. 반면에 균형이 이뤄지지 않을 때 엔진 소리가 커지고 기능 고장이 발생하는 것처럼, 일과 인간관계에서도 문제가 생길 수 있습니다. 때로는 균형이 무너졌을 때 한발 물러서서 돌아보고 재충전의 시간이 필요하고, 이를 통해 다시 뛰어갈 수 있는 힘을 얻을 수 있습니다.

삶에서 가치를 두는 것은 사람마다 다르기 때문에 선택과 결정에 많은 영향을 미칩니다. 현재 상황과 삶의 목표 등 각자가 가진 가치관에 따라 달라지는 수많은 변수 중에서 무엇에 중점을 두고 앞으로 나아갈지는 모두 다른 선택을 할 수 있지만, 그 안에서 균형을 유지하는 것은 매우 중요한 부분입니다. '행복은 성적순이 아니잖아요?'라는 오래된 영화는 이러한 고민을 담고 있습니다. 이 의미를 조금 더 확장해 본다면 일에서 성공하거나, 남보다 조금 더 빠르게 승진한다면 더 행복해질까 혹은 사업에 성공해서 큰 부를 얻게 된다면 더 행복할까에 대한 고민이 필요합니다. 각자의 삶의 목표와 꿈이 다르기 때문에 위의 질문에 모두 "예"라고 할 수도 있지만, 이 질문에 고민이 필요한 이유는 우리 모두 가정과 직장 그리고 사회 안에서 함께 살아가는 존재이기 때문입니다.

01 Work and Life Balance for a Personal Life

언젠가부터 워라밸의 중요성에 관한 얘기와 논의들이 활발하게 이뤄지고 있습니다. 세상이 빠르게 발전하면서 전 세계 누구와도 쉽게 접근이 가능해졌고 정보를 얻는 것 또한 매우 빠르고 수월해졌습니다. 우리가 사는 세상에 머물러 있는 것이 아닌 다른 세상에 대한 간접경험을 통해 삶을 더 나은 방향으로 발전시키고 풍요롭게 만들고자 합니다.

그러한 과정에서 과거의 부모님 세대가 원했던 사회적인 성공을 통한 부의 창출과는 달리 그 외에 다른 많은 것들을 통해 자신의 삶을 조금 더 풍요롭게 할 수 없을까를 고민하고 방법을 찾게 되는 것입니다. 그렇다면, 워라밸을 위해서는 무엇이 필요할까요? 그리고 왜 지금의 우리는 워라밸을 중요한 부분으로 인식하게 되었을까를 고려해 보아야 합니다.

세상이 발전하면서 정보가 다양해지고 손쉽게 습득 가능해진다는 것은 그 정보를 통해 각자가 다양한 생각과 의견을 가질 수 있는 기회가 넓어진다는 의미입니다. 사람은 조직과 기업 혹은 국가에 있어서 하나의 엔진과도 같은 역할을 하는데 이러한 엔진이 효율적으로 작동하기 위해서는 조직이나 기업을 운영하는 리더들이 개인의 기능이 잘 발휘될 수 있도록 필요한 것들을 충족시켜줘야 합니다. 어떤 사람은 휴일, 자기 계발, 가족을 소중한 가치로 인식할 수 있고, 어떤 사람은 자신의 건강과 시간을 소중히 여기고 그것에 투자하고자 합니다. 이러한 가치관과 신념 등의 차이점을 이해하고 존중하는 자세가 필요합니다. 사람마다 원하는 가치는 다를 수 있지만, 그러한 요소가 채워졌을 때 개인의 효율성을 높일 수 있습니다.

좋은 리더는 단순히 지시하는 사람이 아니라 사람들을 이끄는 사람이고, 믿고 따를 수 있는 신뢰를 받는 사람입니다. 리더는 각 구성원에게 필요한 요소를 파악하고, 그들이 원하는 것을 실현할 수 있도록 지원하면서 더 좋은 결과를 이끌어내야 합니다.

02 Work and Life Balance for Leader

A와 B 두 명의 사례를 통해 삶의 균형을 만든 방법을 알아보겠습니다.

(1) A. 반도체 그룹에 부품 납품을 하는 사업가

그는 젊을 때 사업으로 성공하겠다는 일념으로 오로지 일에만 매달렸던 시기가 있었습니다. 그로 인해 가족들은 항상 뒷전으로 밀려있었고, 주말에도 해야만 하는 것들이 항상 있었습니다. 언제나 무엇인가를 이루기 위해 노력했지만 모든 것을 다 이룰 수는 없었고, 그럼에도 일을 마무리해야 한다는 강박관념에 시달리며 시간을 보냈습니다. 그렇게 시간을 보내고 삶이 안정기에 다다랐을 때 무엇인가를 놓치고 있다는 느낌을 받게 되었고 바꾸기 위해 다이어리에 표시하는 작업을 하기 시작했습니다. 원칙은 매우 단순합니다. 다이어리를 통해 시간을 관리하고 매일의 일정을 자신의 가치관에 맞춰 정한 색상으로 표시합니다. 그리고 일정 시간 후에 표시된 색상을 관리함으로써 시간 관리와 삶의 균형을 맞추려고 노력합니다. 그는 휴일 = 녹색, 매우 중요한 것 = 분홍색, 중요한 것

= 주황색, 자기 계발 및 개인적 만남 = 파란색 등으로 각각 표시했습니다. 표시한 색상에 따라 자신의 가치관에 따라 이렇게 구분했습니다.

- **분홍색이 많다 :** 무리하고 있다.
- **주황색이 많다 :** 일은 많지만, 큰 기쁨은 없다.
- **파란색이 없다 :** 자기 계발 시간 부족과 친구들과의 만남이 없다.
- **녹색이 없다 :** 휴식을 취하고, 가족들과의 시간을 할애해야 한다.

(2) B. 글로벌 회사 CEO

30대 중반에 글로벌 기업의 젊은 CEO로 성장한 그는 결혼과 함께 일과 가정생활의 균형을 유지하기로 결심했습니다. 그는 일은 삶에 있어서 기본적인 것이지만 가정을 지키는 것 또한 근본적이라는 것이라는 가치관을 가지고 살고 있기에 어느 쪽이든 불균형이 발생한다면 바로잡을 것이라는 신념을 가지고 있습니다. 매일 아침 8시에 출근을 하고 7시에는 가족들과 식사를 위해 퇴근했습니다. 퇴근 후에는 가족들과 식사하고 시간을 보내는 것이 최우선이었고, 집으로 일을 가져오지 않고, 만약 일을 꼭 해야 한다면 조금 일찍 출근해서 처리하는 것이 원칙입니다.

리더 또한 리더이기에 앞서 누군가의 가장이고, 한 사람이기 때문에 Work and Life Balance는 매우 중요합니다. 그리고 사람들을 이끌어야 하는 역할을 하고 있기에 무엇이 스스로를 가슴 뛰게 하고 더 열정적으로 집중하게 만들 수 있는지를 고민해야 합니다. 세계 기업인들을 자문하고 훈련하는 스티븐 코비 리더십센터에서는 건강한 가정을 이끌지 못하는 기업가는 장기적으로 사업에 실패한다는 사실을 지적하고, 자문 기업의 간부급 리더들을 선발할 때 싱글이거나 가정생활이 원만하지 못한 사람은 제외하기를 권장하고 있습니다. 이것은 리더십의 핵심 자질인 포용력, 인내심, 대화 기술, 용기, 협조 정신, 상상력, 정직 등이 모두 건강한 가정생활을 통해 굳어지기 때문이라는 것과 함께 어떤 엘리트 교육이나 독서, 간부 훈련 프로그램도 CEO에게 가정만큼 영향력이 크지 않다고 믿기 때문입니다.

리더의 Work and Life Balance는 한 개인적인 행복을 위해서도 중요하지만 동시에 팀원들에게 인내와 포용을 베풀고 대화를 통해 이해하며, 어떤 일에서든 솔선수범하면서도 일에 더 집중할 수 있게 만들어줍니다. 리더는 중요하고 어렵지만, 솔선수범하면서도 일에 집중해야 하는 의무와 역할을 갖고 있습니다. 이러한 리더의 리더십은 혼자만의 능력으로 평가받기보다 구성원들과 함께하는 성과를 통해 평가받습니다. 훌륭한 리더는 그 리더를 훌륭한 리더로 만들어주려고 노력하는 좋은 구성원들을 통해 만들어지고, 이러한 팀원들은 리더가 만들어 내는 것입니다. 리더의 Work and Life Balance는 개인적인 측면에서도 중요하지만, 더 나은 리더가 되기 위해 반드시 필요한 과정입니다. 일과 가정생활 그리고 사회생활에 대한 균형은 리더의 역할과 책임을 효과적으로 수행하는 데 중요한 역할을 합니다.

[참고문헌]

- Art Padilla(2013), Leadership : leaders, followers, environments, Hoboken, NJ : Wiley.
- Arthur Cotterell, Roger Lowe, Ian Shaw(2006), Leadership : lessons from the ancient world : how learning from the past can win you the future, Hoboken, NJ : John Wiley & Sons.
- Keith Grint & Owain Smolovic Jones(2023), Leadership : limits and possibilities, London ; New York, NY : Bloomsbury Academic.
- James MacGregor Burns(2010), Leadership, New York : Harper Perennial.
- 루돌프 줄리아니 저 ; 박미영 역(2002), Leadership, 서울 루비박스.
- 캐롤라인 알렉산더 저 ; 김세중 옮김(2003), 인듀어런스 : 어니스트 섀클턴의 위대한 실패, 파주 뜨인돌출판.
- 클레이본 카슨 엮음 ; 이순희 옮김(2018), 나에게는 꿈이 있습니다 : 마티 루터 킹 자서전, 서울 바다출판사.

12 PART

1 변화와 성장의 핵심, Human in HR

01. 협력의 존재, 팀휴먼
02. X-Y이론, 조직과 사람·행동에 관하여

2 전략적 인적자원관리로 경쟁우위 확보

01. 조직전략과 인적자원관리 통합
02. 가치선언문과 한 방향 정렬, 토스의 행보

3 채용 브랜딩 디자인 Movement

01. 채용 트렌드와 핵심활동
02. 오프보딩의 작별문화

4 성과관리와 피드백 선순환으로 몰입하다

01. 효과적인 성과관리 프로세스
02. 기업가치 창출과 성과관리 방법론

5 미래투자전략 일순위, 인적자원개발

01. 학습의 목적은 행동 변화
02. 교육훈련방법과 학습지원

6 경영자의 인재관리, 코칭과 멘토링으로 Deep하게

01. 1on1 대화훈련, 코칭
02. 멘토링, 리버스 멘토링

7 Next Step을 위한 준비, 리더의 팀·조직개발 Skillfull

01. 효과적으로 기능하는 팀 만들기
02. 집단의사결정의 기술, 퍼실리테이션

인적자원 관리와 개발

저자의 핵심 메시지

"코파운더, 투자자, N번째 동료 모두 조직의 목표와 가치에 공감하고, 서로를 신뢰하며 협력하여 기업 내 직면한 문제를 해결해야 합니다. 이러한 팀 휴먼의 역동성은 조직의 성공에 중요한 역할을 합니다."

_장윤실

1 변화와 성장의 핵심, Human in HR

01 협력의 존재, 팀휴먼

피터 드러커는 "경영이란 사람에 관한 것이다. 경영의 과제는 사람들이 협력을 통해 성과를 달성하고, 사람들이 가진 강점을 효과적으로 만들되, 약점은 무관하게 만드는 것"이라고 했습니다. 언더백 경영자 여러분은 경영은 무엇에 관한 것이라고 생각하십니까? 창업을 할 때 경영자는 좋은 아이디어, 사업성, 탁월한 전략, 성공 비즈니스모델, 선진 기술력, 자금력 그리고 자신감으로 세상을 바꾸고 고객가치 실현을 비전으로 삼습니다. 그리고 그 목적성에 동기부여 되고 기여하고자 하는 사람들이 모여 함께 일하며 생산성과 효율성을 높이고, 집단지성으로 혁신을 일궈내며 지속 가능한 기업으로 성장을 추구합니다.

기업의 존속 과정에 사람이라는 자원은 어떤 의미일까요? 먼저, 조직에 합류하기 전까지 개인은 자신의 성공 가능성과 이를 위한 다양한 커리어 대안을 탐색하고 고심하고 결정하는 과정을 거칩니다. 합류 후에는 구성원으로서 조직의 사명을 내재화하고 개인의 강점과 능력을 기초로 역할을 부여 받으며 책임을 다하는 데 전력합니다. 그 전력의 바탕에는 조직에 소속한다는 것이 인간에게 엄청난 의미를 부여하기 때문일 겁니다. 동일한 목적성을 가진 집단의 사람들과 갖는 심리적 안전감은 유대감뿐만 아니라 나라는 사람의 존재에 대한 인정 욕구를 채워줄 수 있습니다. 타인과 관계하면서 의미 있는 목표를 위해 참여하고 협력하며 사회적 인간의 가치를 실현하게 됩니다. 이러한 기대와 욕구는 조직 내·외부 이해 관계자들과의 경쟁, 차이, 갈등 속에서 좌절되기도 하며, 한계를 뛰어넘는 목표 달성을 위한 헌신과 노력은 능력을 확장시키는 유일한 자원으로 조직의 성장에 중추적 역할을 합니다.

최근 IT 기술의 발전은 다양한 소통 도구와 기술을 갖추게 했지만 인간의 단절과 고립을 만들고, 더불어 다양한 직무의 대체가 가능해지면서 인간을 열등한 존재로 만드는 위험을 내포하고 있습니다. 우리는 무의식적으로 인간보다 기술을 우선시하고 신뢰하고 의존하면서 서로에게서 분리되고 있을지도 모릅니다. 더글러스 러시코프의 저서, 『대전환이 온다』에서는 "생물학적으로 가장 성공한 생물들은 서로 도움을 주고 받는 생태계에서 공존한다, 진화란 동료들을 뛰어넘는 것이 아니라 더 많은 동료와 어울리는 법을 터득하는 것이 목표인지 모른다. 우리는 혼자가 아니다. 팀휴먼(Team Human)이다"라고 말했습니다. 조직의 진화도 마찬가지입니다. 코파운더, 투자자, N번째 동료 모두가 조직 안에서 인간의 사회적 가치 실현의 의미를 되새기고, 서로 의존하며 팀 휴먼으로 직면한 문제를 주도적으로 해결하고 협력하도록 독려해 주세요. 언더백 기업 경영자의 비즈니스 컨시어지는 바로 옆에 자리한 동료를 신뢰하는 것에서 시작됩니다.

조직에서의 HR은 사업 목적을 달성하기 위한 인적자원을 확보, 개발, 육성, 평가, 보상, 유지하기 위한 관리활동을 뜻하며, 개인의 능력을 최대한 발휘할 수 있는 제도와 환경을 마련하는 역할을 합니다. HR은 HRM과 HRD의 영역으로 나뉘는데 이에 해당하는 세부 업무는 다음과 같습니다.

❶ **공통 영역 :** 조직직무설계, 인력자원 계획, 성과관리시스템, 채용, 선발과 배치
❷ **HRM의 영역 :** 인사관리시스템, 노조노사관계, 평가, 보상, 복리후생, 근로자지원(EAP)
❸ **HRD의 영역 :** 교육훈련(개인개발), 조직개발, 경력개발

출처 : McLagan(1989)

각각의 영역에 대해 이해하는 것은 어떤 의미가 있을까요? 먼저, 회사가 성장하면 해당 분야에 대한 전문성이 요구될 때 중요합니다. 외부컨설팅을 받을 때, 경영자는 HR의 세분화된 영역에 따라 전문기관이 다름을 인지하고 이해해야 합니다. 외부전문가를 영입할 때도 마찬가지입니다. 현재 우리 회사가 어떤 전문성과 경험을 요구하는지 검증해야 합니다. 각 기업마다 처한 상황과 전략이 다르기 때문에 HR의 모든 영역을 경험한 경력자를 찾기 쉽지 않습니다. 내부에서 육성 하는 것도 좋은 방법입니다. 내·외부 인적자원에 대한 데이터를 수집하고 분석하는 시스템을 도입한 다음 인적자원을 관리하고 개발할 수 있는 학습기회와 경력단계를 제공하면, 최적화된 실행안을 수립할 가능성이 높아집니다. 인적자원관리와 개발은 회사의 양적, 질적 성장에 있어 우리만의 규범체계를 갖추고 점진적으로 시스템화하여 효과적으로 성과를 내는 데 목적이 있습니다. 다시 말해 회사의 성장과 더불어 구성원들에게는 더 생산적이고 창의적인 일에 시간을 사용하도록 하는 요구가 증가할 것입니다.

만약 경영자가 HR 세부영역에 대해 관심을 기울이지 않는다면 구성원들은 회사는 성장하는데 개인의 일과 능력이 머물러 있다고 느낄 수 있고, 더 나은 성장환경을 제공하는 동종산업 또는 타산업으로 이동을 고려할 수 있습니다. 구성원들이 소속한 기업과

함께 성장해 나가는 얼라인언스로 여길 수 있도록 경영자로서 HR의 역할을 지속적으로 상기하여 주시기 바랍니다.

근로자지원프로그램(Employee Assistance Program, EAP)은 구성원 개인의 필요와 욕구 즉, 구성원의 심리역량을 지원하는 프로그램입니다. 최근 Gallup의 조사에 따르면 무려 48%의 직원이 회사의 케어를 받지 못한다고 느낄 때 업무에 적극적으로 참여하지 않는다고 응답했습니다. 이는 업무 몰입에 악영향을 미칠 뿐만 아니라 최소한의 일만 하겠다는 조용한 사직의 형태로 근무하는 문제로 이어지기도 합니다. 직원만족을 넘어 조직몰입, 직원경험, 직원웰빙 등 개인의 성장과 건강, 행복을 위한 지원까지 고려해야 하는 HR의 역할이 강조되고 있습니다. 이러한 차원에서 근로복지공단에서는 중소기업 근로자를 위한 지원프로그램(EAP)을 온·오프 상담 및 특강 형태로 무상 제공하고 있으니 검토해보시기 바랍니다.

❶ **직장영역 :** 직무스트레스, 조직내 소통능력(갈등), 불만고객응대, 육아휴직, 직장내 괴롭힘 등
❷ **개인영역 :** 성격진단, 스트레스관리, 생활습관(금연, 절주, 비만 등), 대인관계, 자살 등
❸ **가정영역 :** 부부관계, 자녀학습, 또래관계, ADHD(과잉행동장애), 가정 내 정신질환, 부모봉양 등

02 X-Y이론, 조직과 사람·행동에 관하여

맥그리거(Douglas McGregor, 1906-1964)는 저서 『기업의 인간적 측면』에서 기업의 경영행위, 특히 인적자원관리의 형태는 인간에 대한 기본적 가설에 따라 달라진다고 주장했습니다. 가설은 두 가지의 대립된 형태가 있는데 X이론, Y이론이라고 합니다. X이론은 인간은 본래 일하기를 싫어하고 지시 받은 일밖에 실행하지 않는다는 인간관으로 엄격한 감독과 명령을 통해 통제해야 함을 의미합니다. 반면에 Y이론은 인간은 노동을통해 자기의 능력을 발휘하고 자아를 실현하고자 하는 욕구를 가지고 있다는 인간관에 기초하여 자율성에 의해 동기부여됨을 의미합니다.

이 이론은 1900년대 중반 이후 전 세계적인 산업화에 따른 기업의 부작용인 자본가와 노동자들의 대립, 노동조합 결성, 파업, 실업을 우려한 태업으로 인해 노동생산성이 개선되지 않는 문제에서 착안하였습니다. 당시 이러한 문제를 해결하고자 1911년 엔지니어 출신의 경영자인 프레드릭 테일러가 출간한 『과학적 관리의 원칙, The Principles of Scientific Management)』이 주목을 받았습니다. 테일러는 작업시간과 동작에 대한

연구를 중심으로 하루의 공정한 작업량을 측정하고 이를 통해 종업원을 관리하는 방식을 고안했습니다. 아쉽게도 의도와는 달리 인간을 기계적으로 취급하고 효율성의 논리만 추구하는 노동착취의 상징으로 인식되어 오히려 비난을 받게 되었습니다.

X-Y 이론 중 어떤 인간관으로 경영을 하고 계십니까? 개인을 어떤 관점으로 보느냐에 따라 동기부여 방식이 달라지고 경영의 성과에 영향을 미칠 수 있습니다. X이론의 관점은 명령과 통제에 의한 엄격한 관리, 결과 중심, 규정 준수, 수직적 위계, 표준화, 고용조건의 획일화와 같은 경영방식을 보일 수 있습니다. 이러한 방식은 조직의 효율성을 강조하지만, 창의성이나 개인의 자율성은 제한할 수 있습니다. 인간을 Y이론으로 본다면 참여적 의사결정, 변화와 도전 가치 중시, 이해관계 조정과 합의, 협력 강조, 수평관계 중시, 다양한 고용 조건 등의 경영방식을 보일 수 있습니다. 이러한 경영자의 인간에 대한 가정과 전제는 경영 방식뿐만 아니라 개인의 일하는 방식, 성과 행동과도 연관이 있습니다.

반면에 직원의 입장에서는 기대했던 업무와 다르거나, 상사나 동료와 갈등상황에 놓여 있거나 회사에 불만이 있을 경우 누구나 X론적 태도와 행동을 보일 수 있습니다. 또한 역량이 부족한 사람에게 Y이론은 조직에서 추구하는 업무방식과 성과행동에 비추어 볼 때 전반적으로 수동적인 태도와 행동을 보이게 할 수 있다는 점도 간과하지 말아야 합니다. 경영자는 구성원 개인이 조직의 환경과 어떻게 상호작용하고 있는지 행동을 통해 관찰하고 어떠한 욕구가 충족되었을 때 동기가 극대화되는지 또한 모색해야 합니다.

테일러 이론은 기계화, 자동화 등의 기술과 직업변화, 데이터가 기업의 중요한 요소가 된 현상을 고려해 보았을 때 다시 한번 주목해 보아야 할 이론이기도 합니다. 경영에 있어 숫자 또한 생산성, 성과 차원에서 중요한 키워드이기 때문이죠. 두 이론 모두 조직에서의 인간적 측면을 관리하는데 수십 년이 지난 지금도 여전히 많은 영향력을 발휘하고 있습니다. 이는 인간의 조직행동을 이해하는 경영의 기초 프레임이 될 수 있습니다.

2 전략적 인적자원관리로 경쟁우위 확보

전략이란 조직이 자원을 효율적이고 효과적으로 활용하여 비전과 목표를 달성하기 위한 방향, 방법, 구체적인 계획 및 실행안을 잘 연계한 대안들을 설계하는 것입니다. 이처럼 전략적 인적자원관리란 조직전략의 인사관리가 경영환경, 사업전략, 조직의 특성, 조직역량과 밀접하게 연계되고, 인사관리 및 운영 방식 간에도 연계 및 통합되어 조직의 목적을 달성시키는 과정이라고 할 수 있습니다. 전략적 인적자원관리의 실행은 조직의 목적과 목표달성에 있어 인재란 어떤 사람인지 정의가 필요하고 이를 어떤 방법으로 채용하는 것이 적합한지, 평가·육성·보상·이직 차원에서 어떤 대안들과 연계하면 전략적일지, HR대안들을 매칭하는 것이라 할 수 있습니다. 경영에 있어 의사결정 속도가 중요할 때도 있지만, 인적자원관리에 있어서는 그렇지 않을 수 있습니다. 구성원들의 참여와 동의가 필요하거나 개인의 생존 즉, 삶과 직결되는 정책적인 부분에서는 상당한 에너지와 준비가 필요합니다. 이러한 이유로, 인적자원관리로의 경쟁우위를 점하는 것은 어렵지만, 차별화된 경쟁력이 될 수 있습니다.

01 조직전략과 인적자원관리 통합

『좋은 기업을 넘어 위대한 기업으로』의 저자인 짐콜린스(James C.Collins)는 "1%의 Value Statement와 99%의 Alignment(정렬)가 필요하다."라고 강조했습니다. 얼라인(Align)이란, 조직과 팀, 개인의 목표를 하나로 일치시키는 작업으로, 구성원들이 모두 같은 방향을 바라보며 노력할 때 조직이 비로소 하나의 유기적 공동체로 존재하게 된다는 의미를 갖고 있습니다. 기업의 핵심이념을 보존하고 발전시키기 위해서는 기업 내 모든 요소가 조화를 이뤄 움직이도록 조정해야 합니다. 예를 들면, 회사가 성장위주의 전략을 실행한다면 새로운 사업기회를 모색하고 위험 감수에 대한 요구가 있기 때문에 외부인재를 검토하고 성과에 대한 파격적인 인세티브 제도를 운영하는 것이 적합합니다. 반면에 안정 위주의 전략이 요구된다면 화합과 협력이 중요하므로 내부의 핵심인재를 선발하고 리더로 육성하는 체계를 갖추는 접근이 필요합니다.

비즈니스 전략 차원에서 차별화 우위 전략을 실행해야 한다면 혁신적인 아이디어와 인재가 요구됩니다. 이를 위해 교육개발에 적극적으로 투자하고 애자일 조직을 운영하여 빠르게 시장에 대응, 선도해야 합니다. 반면, 비용이 중요한 전략요인이라면 낭비요인을 제거하고 인력을 최소화하며 비용을 통제하는 방식인 HR옵션이 적합합니다. 경영자의 철학에 따라서도 HR의 전략적 대안이 달라질 수 있습니다. 경영자가 위험선호성향이 강하고 구성원들의 참여를 격려하고 수평관계를 중시하는 경우에는 성과급 중심의 보상, 참여적 의사결정, 개발중심의 평가제도, 다면평가 등의 HR전략을 가질 가능성이 높아집니다. 반대로 위험회피성향이 강하고 권위적인 경영철학을 가진 경영자는 고정급 중심의 보상, 중앙집권적 의사결정, 통제중심의 HR전략을 선호할 가능성이 높습니다.

쿠팡의 로켓배송은 배송 속도에서의 경쟁우위전략을 성공으로 이끈 대표 사례입니다. 로켓배송의 성공에는 인재확보에 있어 다양성을 추구한 HR전략이 있습니다. 쿠팡의 채용은 인종과 성별, 학력, 연령 등의 배경에 제한을 두지 않고 능력에 따라 인재를 선발하여 많은 외국인들이 일하고 있습니다. 한국문화를 잘 모르는 외국인이라도 채용절차만 통과된다면 적극적으로 뽑는다는 것입니다. 이는 상사의 지시를 그대로 따르는 관행이 몸에 배어 있는 한국 사람들과 달리 자신이 느낀 바를 그대로 얘기하고 토론으로 해결하는 업무 방식으로, 테크 기업에서는 개발자 사이의 소통이 얼마나 동등한 환경에서 이뤄지는가가 중요한 항목이었기 때문입니다. 2014년 미국 실리콘밸리의 기술기업 캄씨를 인수한 이유도 인재확보 측면이 강했습니다. 이러한 경영자의 조직전략과 HR의 전략적 통합이 지금의 로켓배송을 가능하게 했습니다.

02 가치선언문과 한방향 정렬, 토스의 행보

비바리퍼블리카는 누구나 쉽고 간편하게 송금하는 시장을 만들기 위해 2013년 8월 이승건 대표가 설립한 기업입니다. 핀테크 스타트업으로 현재 언론에서 공개된 기업가치는 9조에 달합니다. 금융시장에서 차별화 전략과 성장형 조직전략을 구사하고 있고, 업계에서는 높은 업무 강도뿐만 아니라 피어 프레셔(peer pressure:: 높은 성과를 내는 주변 동료들을 통해 각 구성원이 지속적으로 높은 성과를 낼 수 있도록 유도하는 것)가 높은 회사로 정평이 나 있지만, 명확한 기업의 정체성에 열광하는 인재가 모여 빠르게 성장하는 힘을 갖추었습니다. 직원을 영입하거나 영입 직후에도, 대표이사를 필두로 이들이 표방하는 가치를 철저히 실행할 수 있는 인재를 채용하고 내재화하는 활동을 지속하고 있습니다.

뿐만 아니라 전략과 미션, 기업문화를 얼라인(Align)하는 활동을 지속하고 있습니다. 2021년에 설립된 토스씨엑스는 금융권의 AI음성봇, 챗봇 상담원의 도입의 변화속에서 사람 상담원의 중요성을 강조합니다. 상담원을 정규직으로 채용하고 금융지식의 전문가로 육성하며 최고의 고객경험을 제공하겠다는 최근의 행보는 이들의 Value Statement와 일관된 모습을 보여줍니다. 비바리퍼블리카의 몇 가지 제도를 벤치마크해 보시길 제안드립니다.

- **미션 :** 금융시장의 고객경험을 재정의한다. 기업문화를 차별화하고, 유지하고 전파한다.
- **기업문화 :** 인간에 대한 신뢰를 바탕으로 한 자율과 책임, 효율성과 유연성 동시 추구
- **핵심가치 :** 더 높은 수준을 추구하라. 빨리 실패할 용기를 갖는다. 개인의 목표보다 토스팀의 미션을 우선시한다. 신속한 속도로 움직인다.
- **3개월간의 온보딩 프로그램 :** 토스의 Core Value와 시장에서 살아남을 수 있는 생존 전략 체험 가능
- **자율과 책임의 제도, DRI(Directly responsible individual) :** 실제로 만들고 있는 주체가 책임을 지고 결정한다는 시스템으로 CEO도 거스를 수 없는 온전한 결정의 권한과 책임감 부여
- **얼라인먼트데이(Alignment Day) :** 2018년 4월부터 3개월 단위로 시행, 현재는 얼라인먼트 위크로 온·오프 병행 진행. 회사성과 및 방향에 대한 명확한 이해, 정보의 비대칭 및 사일로 해결, 실패 사례 공유, 베스트러닝 쉐어상, 빅재미상 시상 내용으로 원팀 문화 지속 확보
- **더 신속하고 유연하게 미니 CEO제도, PO운영 :** Product Owner의 약자로 프로덕트의 목표와 사일로의 비전을 세우고 핵심지표를 정의하고 실험설계 프로덕트를 성공시키는 미니 CEO제도. PO/개발자/프러덕트디자이너/데이터분석가 등 6~8명이 하나의 사일로를 이루어 스타트업처럼 자율성을 갖고 일함
- **고객만족의 차별화 경험, 토스씨엑스 :** 단 한 번의 통화로 상담이 해결되는 고객센터, 다른 금융사와 차별화된 고객경험의 와우 모먼트를 제공하기 위해 비대면 금융상담원을 조직하고 생생한 Customer Hero분들을 통해 전달되는 의견을 금융혁신으로 이어감

3 채용 브랜딩 디자인 Movement

요즘 취업준비생들 사이에서 인기 있는 기업 네카라쿠배, 당토직야, 몰두센을 알고 계신가요? 네카라쿠배는 네이버, 카카오, 라인, 쿠팡, 배달의 민족을 의미합니다. 당토직야는 당근, 토스, 야놀자, 직방을 말하며 몰두센은 몰로코, 두나무, 센드버드코리아를 뜻합니다. 12개의 기업 중에서 7개가 기업가치 1조원 이상의 스타트업에 해당됩니다. 몰로코는 정규직으로 입사하면 모든 직원에게 양도제한조건부주식(RSU)을 지급하고 입사 1년 뒤에는 스톡옵션을 제공합니다.

두나무는 2022년 3월 등기이사를 제외한 직원 370명의 인당 평균연봉이 3억 9,293만원으로 대기업 평균연봉의 2~3배를 웃돌았습니다. 더불어 이러한 회사들의 유연함과 자율성에 바탕을 둔 수평 문화는 인재가 대거 유입될 수밖에 없는데, 이러한 추세가 채용에 미치는 파급력이 큽니다. 대기업, 금융권, 공공기관의 경력직 사원들이 스타트업으로 이직을 하거나 고려하고 있어, 인재 유출을 막기 위해 HR의 대응이 필수적으로 요구되는 상황입니다. 중소기업과 스타트업은 여전히 지원자가 부족하거나 채용 진행 중에 이탈하는 등 채용 양극화 문제에 직면하고 있는 게 현실입니다. 또한 이러한 고액연봉의 주인공은 개발자들로, 비개발자들은 연봉 격차로 인한 상대적 박탈감을 호소하고 있으며, 일부에서는 노조설립의 움직임도 포착되고 있습니다. 문과 출신 취업준비생들은 개발자가 되기 위해 코딩학원에 시간과 비용을 투자하고 있지만 실제 채용 시 코딩테스트에서 비전공자는 상대적으로 경쟁력이 낮은 실정입니다. 이렇듯 채용은 고용시장의 다양성, 평등함, 공정함을 인식하고 일자리를 창출하며, 지역 및 국가경제 발전을 지원해야 하는 사회적 책임까지 포함해야 합니다. 동시에 기업이 인재를 확보하고 유치하고 유지하는 전반에 걸쳐 경쟁력 확보를 위한 치열한 노력, 경영자의 절대적인 의지가 뒷받침된 참여와 의사결정이 매우 중요합니다.

01 채용 트렌드와 핵심 활동

조직에서 채용의 의미는 무엇일까요? 우리가 전략적 인적자원관리를 통해 공부했듯이 조직은 결국 사람을 통해 경쟁우위를 확보하는 것입니다. 이런 측면에서 채용은 문화와 전략 차원에서 다양성과 창의성을 공급하고 지속가능한 성장을 추구하는 일이며, 팀 차원에서는 서로 의존하며 성장할 수 있게 함으로써 더 나은 팀을 만드는 역할을 합니다. 또한 조직구성원들에게는 좋은 동료를 만나게 해주는 보상과 같습니다. 채용의 의미를 실현하기 위해 제시해드리는 핵심 활동과 사례들을 참조하시어 인재 경쟁력을 확보하기 바랍니다.

(1) 인성검사

채용에서의 인성검사는 개인의 성격으로 인한 행동패턴과 사고방식을 통해 우리 조직에 적합하고 성과를 내는 요인을 갖추고 있는지 예측하기 위함입니다. 또 하나는 조직에서 부정적인 영향을 줄 수 있는 심리상태나 심리적 어려움을 추정하고 확인할 수 있습니다. 전자는 인성의 영역의 요인들인 잘 드러나지 않는 태도, 가치관, 욕구, 동기 등이 어떻게 행동으로 드러나고 다른 사람과 관계할 때 내적으로 통제하고 조절되며 사용되는지 면접 장면에서 참고자료로 활용될 수 있습니다. 후자는 공격성, 의존성, 반사회성, 충동성, 우울, 불안, 강박 등에 해당됩니다. 조직에 문제를 일으킬 수 있는 성격적 요인을 채용 시점에서 거르기 위한 것이죠(screen-out), 최근 기업은 후자에 더 집중 활용하는 경향이 있습니다. 직장 내 성희롱, 험담, 따돌림, 감시, 강요, 차별, 폭언 및 폭행, 업무 미부여 등의 이슈들이 성격적 요인에 기인합니다. 이러한 문제는 결국 채용관점에서 조직 부적응자가 선발되어 발생한 결과에 책임이 따르기 때문입니다.

(2) 마이다스의 AI역량검사

마이다스가 개발한 AI역량검사는 자기소개, 기본질문, 성향파악, 상황대처 질문, 전략게임, 심층 질문 등으로 60분간 진행, 과제해결을 어떻게 하는지를 보고 면접자의 역량을 분석, 평가합니다. 학력과 스펙 중심인 기존의 채용문화를 역량 중심으로 개선하기 위해 개발되었습니다. 기업 차원에서는 비대면 면접의 요구, 수시 채용의 증가에 따른 효율성 측면에서 유리합니다. 지원자는 원하는 편안한 장소에서 검사에 참여할 수 있고, AI를 통해 공정하게 평가받을 수 있다는 장점이 있습니다.

(3) 평판조회

이전 직장에서 함께 일했던 상사, 동료들의 진술을 토대로 평가가 이루어지는 방식입니다. 과거에는 주로 임원을 영입할 때 레퍼런스 체크 용도로 사용되었지만, 현재는 전 직급에 걸쳐 적극적으로 진행하는 추세입니다. 화려한 이력과 상반되는 실무 역량, 훈련된 면접자, 잦은 이직 등의 이유로 평판조회의 중요성이 더욱 부각되고 있습니다. 평판조회를 진행할 때에는 후보자의 동의를 받고 진행해야 한다는 점을 유의해야 합니다. 후보자에게 지정을 요청하거나, 지정하지 않고 블라인드 방식으로 이루어지기도 합니다. 평판조회를 직접 진행할 경우, 최종면접 직전 단계를 추천합니다. 채용 프로세스 초반에 진행하면 평판 조회단계에서 생긴 우호적 또는 부정적 감정이 왜곡된 영향을 미칠 수 있고, 여러 명의 후보자에게 연락을 취해야 하는 에너지 소모도 크기 때문입니다. 최종 면접 이후에 진행하면, 평판조회를 하는 사람에게 좋지 않은 감정이 생길 수도 있습니다. 평판조회에서 물어볼 수 있는 질문은 일하는 방식, 성과, 강·약점, 리더십, 인간관계, 퇴직사유, 추천 여부 등입니다. 외부 전문기관에 맡길 경우, 일정 비용이 소요되며, 스펙터, 체커 등의 평판조회 플랫폼뿐만 아니라 채용플랫폼인 사람인, 인크루트 등에 의뢰할 수 있습니다.

(4) 인프랩 대표 채용브랜딩, 편지

인프랩은 2017년에 설립된 교육 플랫폼 인프런과 커리어 플랫폼 랠릿을 운영하는 회사입니다. 인프랩은 노션이라는 플랫폼을 통해 회사의 목표, 사회적 가치와 의미, 성장그래프 등을 투명하게 공개하고 있습니다. 또한 돈, 인맥, 경험 등 어떤 것도 없이 서비스를 만들어온 역량과 잠재력이 있는 회사라고 소개합니다. 인프랩의 노션에는 '인프랩 편지'라는 카테고리가 있습니다. 시청각 자료에 익숙한 우리에게 편지, 즉 글은 진정성을 상징합니다. 인프랩의 이형주 대표는 좋아하는 만화 '헌터X헌터'의 문구를 적어 놓았습니다. "내내 원했던 건 왕묘의 진실을 확인한 것이 아니라, 함께 안에 들어갔던 녀석들과 얼굴을 마주하고 악수를 한 순간이었어."라고 말하며 더 자세한 이야기를 만나서 나누자고 초대하고 있습니다. 대표의 편지는 인프랩 지원자들에게 회사의 비전과 가치를 전달하고, 함께 일할 동료들과의 만남을 기대하게 만듭니다. 인프랩의 진정성과 열정은 공감을 일으키고, 지원자들에게 인프랩에 대한 관심과 지원을 유도하고 있습니다.

(5) 대학내일의 일하는 방식, Culture Fit

대학내일은 2007년에 설립된 20대 연구소이자 MZ 인사이트 마케팅 그룹입니다. 이 회사는 대학생 채용 마케팅 컨설팅을 전문으로 하며, NHR을 포함한 5개의 자회사와 1개의 파트너사를 보유하고 있습니다. 대학내일은 젊고 창의적인 동료를 찾기 위해 포스터에 '고인물이 되지 말자', '시켜서 하는 건 숙제지 일이 아니다', '우리 월급은 우리가 번다'와 같은 일하는 방식 7가지를 명시하고 있습니다. 이러한 문구들은 대학내일이 MZ 세대를 연구하고, 그들의 가치관과 관심사를 반영하며, 젊은 인재들을 발굴하고 성장시키는 데 주력하고 있음을 보여줍니다.

(6) 당근마켓의 간편지원 채용캠페인

당근마켓의 60 ~ 70% 직원은 개발자입니다. 개발자를 타겟으로 한 채용캠페인을 공격적으로 구사하고 있습니다. 서류전형을 간소화하고 지원자가 제출한 핵심내용을 토대로 포지션 적합성을 평가해 24시간 이내 서류결과를 안내하는, 4주간 릴레이 방식으로 1분기에 100명의 직원을 채용하는 전 직군 간편지원 채용 캠페인을 실시하고 있습니다. 동시에 동료 추천 프로모션을 통해 기존 직원들이 인재를 소개할 수 있도록 유도하고 있습니다. 추천한 인재가 함께 지원하여 합격할 경우, 특별 인센티브를 제공하는 방식입니다. 지원자가 같은 회사에서 근무경험이 있는 다른 지원자를 소개할 수 있으며, 모두 입사할 경우 두 사람 모두에게 인센티브가 주어집니다. 추천인 수에는 제한이 없습니다.

(7) 구조화된 면접과 면접의사결정

구조화된 면접은 해당 직무에서 요구하는 역량을 정의하고, 행동수준을 설정하고, 이에 기반한 면접질문을 개발하여 모든 지원자들에게 동일하게 적용, 평가할 수 있도록 정립된 프로세스입니다. 이를 통해 질문의 순서, 무엇보다 면접관의 주관적 판단이나 편견에서 발생하는 의사결정의 위험을 최소화하고 직무를 수행하는 데 적합한 후보자를 찾을 가능성이 높습니다. 면접은 회사가 요구하는 역량을 지원자가 보유하고 있는지 판단하는 것이 중요합니다. 이를 위해 과제수행(PT면접, 토론, 역할연기, 인바스킷 등)을 통해 관찰하고 과거의 유사한 경험 또는 가정된 상황에서 어떤 행동을 할 것인지 질문을 통해 개인의 성격, 태도, 동기, 인성을 평가합니다. 평가기준에 부합하는 근거를 충분히 확보하지 못한 경우, 면접의 절차에 오류가 있는지 체크하고, 의사결정에서 타당성을 높이는 최적의 인재를 선발할 수 있습니다. 채용지원 컨설팅 서비스는 공정채용컨설팅이라는 명칭으로 국가정책지원사업으로 매년 진행되고 있습니다. 2024년에는 NCS 국가직무능력 표준사이트에서 신청 및 접수가 되었습니다. 이러한 국가정책지원사업을 활용하면 공정하고 효과적인 채용 프로세스를 구축하는 데 유용합니다.

02 오프보딩의 작별문화

오프보딩은 기업 전반에서 중요한 프로세스입니다. 스타트업뿐만 아니라 기업 전반적으로 이직이 잦아졌고 대퇴사, 대이직의 시대에 언제든지 다른 회사에서 재회할 수 있고 재입사의 가능성이 높아졌기 때문에 중요하게 다루어야 합니다. 이전의 퇴사절차는 회사 내부의 정보 유출을 막기 위해 시스템적으로 퇴사처리를 서두르는 경향이 있었습니다. 이로 인해 구성원들은 감정적인 서운함을 느끼기도 하고, 퇴사자와의 인수인계 및 재입사 시점을 맞추는 과정에서 의견 차이로 인해 갈등이 발생하기도 했습니다. 퇴사 면담의 미흡함은 회사에 대한 원망을 가중시키기도 했습니다. 이러한 관행을 바꾸고 최근의 오프보딩은 회사에 대한 긍정적 기억, 함께 일하던 동료들과의 의미있는 작별의 시간과 경험을 제공하기 위해 노력하고 있습니다.

예시를 참고하여, 좋은 인재들이 퇴사 의사를 번복할 수 있도록 돕고, 동시에 기존의 인재를 유지하고 재입사를 염두에 둘 수 있도록 해야 합니다.

❶ **퓨처플레이 :** 3개월 이상 재직한 퇴사자 대상 페어웰(이별인사) 키트 제공, 친환경 운동화 올버즈 선물, 개인 프로필 사진이 담긴 액자 및 추억앨범 제공, 롤링페이퍼 전달

❷ **콴다 :** 퇴사 1주일 전 기존 식사비용의 2배 지원, 동료들과 회포를 식사와 함께 나누자는 취지

❸ **강남언니 :** 타운홀 미팅에서 이별인사를 할 시간 제공, 공로상 수여, 롤링페이퍼 전달

❹ **케어링 :** 직무전환을 제안, 가장 적합한 직무에서 역량을 발휘하고 있는지가 중요한 회사 가치

❺ **원티드랩 :** 퇴사자의 직속리더가 퇴사예정자가 그간 이뤄낸 성과, 업무를 알리는 퇴사 메일을 퇴사 1~2주 전에 전 직원에게 보냄

이 밖에 퇴사자 서베이를 통해 인사 및 조직문화개선에 반영하고 전직지원서비스를 제공하기도 합니다.

4 성과관리와 피드백 선순환으로 몰입하다

일반적으로 성과라고 하면 측정할 수 있는 지표, 일의 결과물을 떠올릴 수 있습니다. 이러한 정의는 보통 재무적인 성과로 결과만 좋으면 된다라고 여겨질 수 있습니다. 수단과 방법을 가리지 않고 일하게 될 수 있고 협력보다는 과열된 경쟁을 부르며 리더는 일의 과정 차원에서의 합의가 필요한 의사결정에 있어 방임의 형태로 보일 수 있습니다.

또한 편법이 조장되므로 우리 사업과 개인의 일의 가치에 대한 의미가 훼손됨에 따라 장기적으로 조직문화를 결정짓는 부정적인 요인이 됩니다. 성과에 대한 정의는 구성원의 생각과 행동을 결정하기 때문에 매우 중요합니다. 성과는 결과뿐만 아니라 과정, 방법, 기술, 역량 등을 고려하고 조직의 목적과 전략, 지향점으로 갈 수 있도록 잘 짜여져 있어야 합니다.

01 효과적인 성과관리 프로세스

고성과 직원의 특징을 살펴보면 조직의 지향점에 유효한 성과평가기준을 수립하고 팀 공동의 목적달성을 위한 책임을 다하며 이에 연계된 개인의 목표를 설정하고 기존의 프로세스, 방법을 발전시켜 결과물을 만들어냅니다. 여기서 유효한 성과평가 기준이란 우리의 전략적 타겟이 사회인지, 산업인지, 고객인지, 조직내부인지 선별하며 도움이 되는 목표와 달성시키는 방법까지 팀과 중요한 이해관계자 간에 충분한 상호 합의하는 과정을 거쳐 만들어집니다. 이렇게 의도한 결과물이 기대했던 것과 얼마나 부합하는지를 확인하고 개선해 나가는 프로세스에 따라 실행을 반복해 나갑니다. 이러한 과정에 충실했을 때 구성원들은 목표에 몰입하고 성과를 창출할 수 있습니다.

[효과적인 성과관리 프로세스와 핵심]

❶ **효과적인 목표설정, 수용성 향상 :** 몰입 환경 조성 및 직원 참여 유도

❷ **관리자 역할변화 :** 평가자에서 성과관리자와 코치로서의 역할 수행

❸ **평가자 훈련 필요 :** 조직과 개인의 성장 관점, 공정한 평가 진행

❹ **피드백과 정보공개원칙 :** 정기적인 피드백 제공 및 투명한 정보 공개

❺ **쌍방적 영향을 통한 공동 문제해결 :** 협력적인 문제 해결 분위기 조성

『무엇이 성과를 이끄는가』의 저자 닐도쉬와 린지맥그리거는 성과를 전술적 성과와 적응적 성과로 나누어 정의합니다. 전술적 성과(Tactical performance)는 계획을 잘 따르고 실천하는 능력으로 분기별, 년도별로 달성해야 할 목표, 영업이익, 시장점유율, 효율성, 개선율에 대한 비율이 해당합니다. 적응적 성과(Adaptive performance)는 계획에서 벗어날 때 유연하게 대처하는 문제해결능력, 협업행동, 끈기 등으로 설명할 수 있습니다.

군대에서 사용하는 VUCA(변동성, 불확실성, 복잡성, 모호성)를 인용하며 전술적 성과로는 VUCA를 수행할 수 없다라고 전술적 성과의 한계에 설득력이 있습니다. 전술적 성과와 적응적 성과를 달성하는 목표 체크인 예시를 제시하오니 성과관리 프로세스에 적용하여 보세요.

전술적 목표 : 자사 상품 두 가지를 구매하는 고객층을 5% 증가시킨다
적응적 목표 : 두 가지 상품이 만나 창출하는 가치에 대해 세 가지 새로운 관점을 들어 설명한다

02 기업가치 창출을 위한 성과관리 방법론

성과관리는 궁극적으로 조직의 성과를 높이고 구성원들의 의욕을 자극하기 위한 도구로 활용되어야 합니다. 이러한 도구를 통해 경영자는 객관적이고 공정하게 구성원들의 성과를 관찰하고 판단할 수 있어야 하고 성과를 내는 데 있어 개선점에 대해서는 조언하고 피드백하는 프로세스를 통해 업무를 지원하고 육성하는 역할도 수행할 수 있어야 합니다. 아래의 성과관리 프레임을 익히고 우리 조직의 성과관리프로세스를 정립하는 것은 경영자가 우리의 비즈니스가 어떤 가치를 창출하느냐와 직결될 수 있는 과업이기 때문에 아주 중요한 의미가 있습니다.

(1) OKR(Objectives and Key Results)

구글의 성장에 기반이 성과관리 프레임으로 1970년대 OKR의 창시자인 인텔의 앤디 그로브에게 존도어가 배워 구글에 적용한 것입니다. 말 그대로 목표(O)는 궁극적인 목적지와 연관된 목표를 말하며 핵심결과(KR)는 목표를 달성하기 위해 수행해야 하는 객관적 지표로 조직 전체가 비전, 목적에 집중하게 해주는 경영도구입니다. 목표 1개당 3~5개의 핵심결과를 묶는 것이 적당하다고 조언하며 존도어가 인텔에서 근무할 때 처음으로 작성한 OKR은 다음과 같습니다.

Objective : 모토롤라 6800과 비교하여 8080의 뛰어난 성능을 보여주기
Key Result : 5가지 벤치마킹 작성 ·데모개발 ·현장근로자를 위한 세일즈 교육 자료 개발, 고객업체 세 군데를 방문하여 자료의 유용성 확인

목표는 일반적으로 가슴 뛰게 하는 도전적인 목표로 설정하는 초점을 두는 경향이 있지만, 실제 구글에서는 OKR을 필수적인 OKR(신제품출시, 예약, 채용, 고객)과 도전적인 OKR(세상이 어떻게 되길 바라는지 소망하는 목표)로 어느 정도의 실패를 염두에 둡니다. 이에 지속적인 체크와 모니터링, 피드백이 필수입니다.

OKR이 일반적인 성과관리와 크게 다른 점은 두 가지입니다. 첫 번째는 핵심 결과물이 평가와 연계되지 않는다는 점이고 다른 하나는 달성률 목표가 100%가 아닌 70~80%라는 점입니다. 전자는 성과를 상중하와 같은 그룹으로 강제 배분하고 이를 기반으로 승진, 연봉, 성과급을 지급하는 것에 초점을 두었던 상대평가 방식이었는데, 목표를 달성하고 성과를 내는 데 크게 도움이 되지 않았음을 인식한 것입니다. 그래서 무엇을 달성했는지 정량적인 결과도 중요하지만 협업과정에서 서로의 정보를 최대한 공유하며 피드백을 주고받고 문제해결을 위한 지속적인 커뮤니케이션이 구성원 개인의 자발성과 책임감을 키우는 동시에 조직역량을 강화시키는 도구로 적합했습니다.

후자는 70~80%만 달성해도 성공이라고 보는 이유는 그만큼 도전적인 목표라는 충분한 상호합의를 거쳤고 도전 자체에 의미를 두며 실패를 통해 배우고 성장하는 일하는 방식과 문화를 만들어내자는 취지가 포함되어 있어서입니다. 360다면평가(동료평가), 피드백시스템, 피드포워드 제도들 또한 도입되어 모든 변수를 통제할 수 없는 업무환경에서 철저한 계획보다는 업무관리에 있어 빠른 적응과 업무관리 방향을 바꾸는 중요한 레퍼런스로 활용될 수 있도록 지원하고 있습니다.

(2) KPI(Key Performance Indicators)

핵심성과지표를 의미하며, 조직이 달성해야 하는 성과를 구체화하고 회사, 팀, 개인의 순서로 캐스케이딩 됩니다. 회사의 성과를 추적하는 개별 메트릭이라고 부르기도 합니다. 지표를 가능한 한 수치화해서 보여주기 때문에 성공의 의미를 구체적으로 정의하고 성공에 대한 개인 역할을 인식하고 적극적으로 참여할 수 있도록 합니다. 투입-활동-산출-결과라는 목표달성과정의 4가지 유형에서 성과를 내기 위한 다양한 지표들을 도출하고 조정함으로써 핵심성과요인을 지속적으로 추적해 나갈 수 있습니다.

그러나 핵심성과가 나올 수 있었던 원인과 과정을 규명하기 어렵고 목표달성이 평가와 연계됨으로 도전적인 목표보다는 달성가능한 목표를 설정합니다. 이러한 과정에서 기업의 장기적인 관점의 성과가 간과될 수 있으니 유의해야 합니다.

(3) BSC(Balanced Scored Card)

재무적 성과측정뿐만 아니라 비재무적 관점을 포함한 4가지 균형적인 관점에서 전략을 구현하는 활동과 지표로 구성된 성과관리 기법입니다. 재무(Finance), 고객(Customer), 내부 비즈니스 프로세스(Internal Business Process), 그리고 학습과 성과(Learning and Growth)의 관점에서 성과지표들의 인과관계가 궁극적으로 미래의 재무목표일 수 있는 투자수익율, 수익성 등의 지표와 연결되어 포괄적이고 균형추구가 쉽지 않습니다.

고객관점의 지표는 시장점유율, 고객 확보율, 고객 수익성 등이 대표적이며 내부 프로세스 관점의 지표는 고객만족 프로세스품질, 프로세스타임, 프로세스 원가 등이 있습니다. 마지막 학습과 성장관점에서는 직원만족도, 교육훈련, 신제품 비율 등의 지표가 해당됩니다. 네 가지 중에서 가장 미래 지향적인 관점으로 장기적인 잠재력에 대한 투자가 얼마나 이루어지고 있고 다른 세 가지 관점의 목표를 성취하기 위한 기업의 핵심역량을 파악할 수 있도록 설정할 수 있습니다.

경영자의 조직 성과 향상을 위한 활동은 필수적입니다. 특히 목표와 열정, 실행력 등의 이유로 성과가 나지 않는 직원이 있다면 우리의 성과관리 프로세스에서 그 해답을 찾을 수 있기 때문입니다. 성과관리 프로세스는 조직의 경영 뿐만 아니라 직원 경력개발차원에서도 매우 중요한 활동 중 하나입니다.

5 미래투자전략 일순위, 인적자원개발

경영자 여러분은 인적자원개발(Human Resource Development, HRD)에 대해 스스로에게 그리고 구성원들에게 어떤 투자를 하고 계신가요? 인적자원개발은 과거의 교육훈련(Training& Development) 위주에서 학습과 성과(Learning & Performance) 중심으로 전환되고 있습니다. 그렇다고 교육훈련(T&D)이 중요하지 않다는 건 아닙니다. 교육훈련(T&D)은 필요한 지식과 기술을 훈련해 성과를 향상시키는 숙련도와 관련이 있다면, 학습과 성과 중심(L&P)이란 조직의 공식적, 비공식적 학습활동과 경험을 통해 개인의 성장 뿐만 아니라 빠르게 변화하는 경영환경에서 적시에 필요한 정보와 지식을 파악하고 대처해야 하는 요구에 부합되는 차이가 있습니다.

단기적으로는 조직에서 요구되는 역량의 차이를 인지하고 배우고 익히는 교육훈련과 동시에 미래의 사업과 조직에 필요한 역량에 대해서도 구성원의 학습에 대한 동기를 유발하고 학습조직으로의 변화를 만들어내는 것도 인적자원개발의 중요한 영역입니다. 경영자는 인적자원개발을 미래를 위한 가치 있는 투자로 인식하고 인간은 학습과 경험을 통해 성장의 욕구를 채우고 발달하는 존재임을 기억해주세요. 매슬로우의 자아실현욕구의 정의처럼 자기개발과 목표성취를 위해 끝없이 노력하는 자세와 행동으로 회수될 것입니다.

01 학습의 목적은 행동 변화

학습이란, 교육학에서는 지식의 획득, 인식의 발전, 습관의 형성 등을 목표로 하는 의식적 행동을 말합니다. 심리학에서는 심리적·행동적 경험을 쌓음으로써 행동의 양태가 변화 발전하는 일, 본능적인 변화인 성숙과는 달리, 직간접적 경험이나 훈련에 의해 지속적으로 자각하고, 인지하며, 변화시키는 행동 변화라고 정의하고 있습니다. 경영자로서 개인의 학습이 어떻게 일어나는지 이해하는 것은 학습행동이 성과행동으로 이어지기 위한 적절한 개입이 무엇인지 유추하고 효과적인 학습전략과 행동변화를 끌어내는 데 도움을 받을 수 있습니다. 이를 설명하는 중요한 이론을 소개합니다. 크게 우리가 행동을 바꾸고 싶을 때 인지능력을 향상시키는 인지론과 경험을 통해 향상시키는 행동주의 이론으로 설명할 수 있습니다.

(1) 사회학습이론(Social Learning Theory)

환경, 행동, 인지의 상호작용을 통해 행위가 습득되는 것을 뜻합니다. 예를 들어, 사람의 행동은 다른 사람의 행동이나 상황을 관찰하거나 모방한 결과로 이루어지는 데, 자신과 비슷하다고 생각하는 사람들이나 동일한 성별을 가진 사람들, 사회적으로 지위나 신분, 전문성이 높은 사람들의 행동을 더 잘 모방하고 여러 명일 때 이를 더 모방하게 됩니다. 이러한 모방을 통한 학습은 조직에서 일을 할 때 자신이 만든 기준과 타인이 만든 기준을 탐색하고 비교·평가하는 과정을 통해 다양한 이해관계자가 기대하는 역할을 인식하고 행동하는 과정에 적용해 볼 수 있습니다. 빠르게 변화하는 경영환경에 대한 대응, 공동의 목적 달성이라는 조직의 미션 수행을 위해 구성원들이 유연하게 자신의 역할을 찾고 이에 부합하는 행동을 할 수 있도록 조직 내외부의 다양한 이슈, 문제해결에 더 많은 구성원들이 참여할 수 있는 기회와 환경을 제공해야 합니다.

(2) 경험학습

미국의 교육학자 에드가 데일(Edgar Dale)은 연구에 따르면 학습, 경험의 추는 학습할 때 읽은 것은 10%, 들은 것은 20%, 본 것은 30%를 기억하지만 말하고 실제로 행동한 것은 90%를 기억한다고 합니다. 능동적 학습의 효과를 말하는데요, 전문성이 높다는 것을 평가할 때 책을 읽거나 영상을 통해 배운 간접 경험보다는 직접 체험하고 경험해본 것에 대해 더 의미를 두는 것도 비슷한 맥락입니다. 특히 리더가 한쪽 분야의 경험만 가지고 있다면 역할을 부여하기가 어려운 점이 직접 경험, 즉 능동적 경험의 중요성이 될 수 있습니다. 교육학자 존듀이는 경험학습은 경험을 통해 성찰하고 원리나 법칙을 발견하는 개념화 단계를 거쳐 현실에서 적용하고 조정하는 단계를 거쳐야 확고한 지식으로 자리잡는다고 했습니다. 성찰이 없으면 경험학습사이클은 지속될 수 없음을 의미합니다. 경험을 통해 무엇을 배웠는지, 경험 전후의 차이는 무엇인지, 성공한 점과 실패한 점은 무엇인지, 더 탐구하고 싶은 것은 무엇인지, 다음 단계에서 시도하고 적용해 볼 것은 무엇인지, 어떤 책임감이 생겼는지 등의 성찰과정이 반드시 학습에 포함되어야 합니다.

(3) 행동강화법칙

구성원의 긍정적인 학습행동과 성과행동의 지속적인 발현을 이끌기 위해서 리더가 구성원에게 칭찬을 해주는 등의 동기부여로 설명할 수 있습니다. 목표달성행동에 대한 인센티브, 포상 등의 보상도 포함됩니다. 이러한 긍정적 강화 요인을 얼마나 자주 또는 어느 시점에 제공하는 것이 적절할까를 미국의 행동주의 심리학자 스키너와 동료학자들이 연구했는데요. 바람직한 행위가 있을 때마다 보상을 하거나 일정한 간격을 두고 주는 것보다 불규칙한 시간 간격과 횟수가 더 강력한 행동 수정 효과를 가져오는 것으로 확인되었습니다. 매출이나 이익에 기초한 변동적으로 지급되는 성과급제도나 인센티브, 기간이 정해진 프로젝트의 자발적 참여와 성공, 평소 동료를 돕고 지원하는 등의 행위에 대해 간헐적 보상을 적절히 활용하면 행동변화를 촉진할 수 있다는 의미입니다. 간헐적 보상은 개인뿐만 아니라 조직 내 간접 학습 효과로 나타나기에 교육훈련의 목적이 행동변화의 목적이라면 대체하거나 보완할 수 있는 방법이기도 합니다.

02 교육훈련방법과 학습지원

(1) 역량 기반 교육훈련

역량(competency)이란 조직에서 탁월하고 효과적으로 업무를 수행해 낼 구성원의 행동특성으로 효과적 수행자와 비효과적인 수행자를 분별하는 일관된 행동, 동기, 특질, 등을 포함하고 있습니다. 직무수행에 필요한 지식, 스킬, 태도로 구성되며 조직에서는 구성원들에게 해당 업무를 성공적으로 수행할 수 있도록 역량에 기반한 교육체계를 수립하고 해당 직무에 요구되는 역량을 보유한 인재를 채용, 배치, 승진의 장면에서 활용할 수 있습니다. 국가직무능력표준(NCS, National Competency Standards)은 산업 현장의 직무를 수행하기 위해 필요한 역량을 국가적 차원에서 표준화 했습니다. 모든 직종이나 직위에 상관없이 요구되는 직업기초능력부터 한국고용직업분류(KECO: Korean Employment Classification of Occupations)에 따라 직무의 유형을 1,093개까지 확인할 수 있고, 그동안 NCS사이트를 통해 중소중견기업에 제공된 다양한 기업 활용사례들 또한 접할 수 있으니 좋은 가이드가 될 수 있습니다. 또한 인력개발을 위한 다양한 교육방법론을 활용할 때 가장 큰 효용은 실제 직무에 사용하고 활용되기 위함임으로 그 목적에 따라 효과를 볼 수 있는 방법을 찾는 것이 바람직합니다. 목적별로 어떤 방법이 효과가 있는지 우선순위를 제공하오니 참고하기 바랍니다.

[훈련 및 개발 방법의 효과성 우선순위]

훈련방법	지식획득	태도변화	문제해결능력	대인관계기능	참가자수용	지식기억
사례연구	4	5	1	5	1	4
토론	1	3	5	4	5	2
강의	8	7	7	8	7	3
경영게임	5	4	2	3	2	7
비디오학습	6	6	8	6	4	5
프로그램식 학습	3	8	6	7	8	1
역할연기법	2	2	3	1	3	5
감수성 훈련법	7	1	4	2	6	8

(2) 학습지원

디지털 업무 환경 변화로 인해 핵심 직무기술이 신기술로 대체되고 이에 따른 일자리의 변화는 향후 요구되는 직무에 대한 업스킬링, 리스킬링을 요구하고 있습니다. 일정한 지식, 기술, 인식, 행동 등을 배워서 익히는 학습능력이 조직의 필수적인 경쟁력이 되었습니다. 이로 인해 학습자가 학습 주도권을 가지고 다양한 성장의 욕구를 충족하고 조직은 이를 촉진시키는 인적자원개발이 중요해졌습니다. 스스로 학습 목표에 따라 적합한 교육을 설계하고 주도적으로 자기개발을 할 수 있는 학습 플랫폼(예: 인프런, 베어유, 가인지캠퍼스, 패스트캠퍼스, 유데미, 클래스101, 스킬샵, KOCW 등) 지원, 경력개발을 위한 전문적인 교육과 자격취득을 교육 지원(산학연계교육훈련 및 외부전문교육수강 등 학습비 지원), 동료들과 함께 학습하며 문제를 해결하고 협업을 장려하는 학습커뮤니티 구축, 회사 고유의 기술을 지식화하는 데 구성원들이 참여할 수 있도록 하는 콘텐츠 제작 참여, 학습데이를 운영하는 등의 다양한 제도가 배움에 대한 행복과 성장 문화를 만드는 방법이 될 수 있으니 고려하여 주세요.

6 경영자의 인재관리, 코칭과 멘토링

시공간을 넘어 경제활동의 기회가 창출되며 창업이 진로대안 중 하나로 여겨지는 시대에 살고 있습니다. 기회의 시장에서 보다 고용에서 자유로워지고 싶고 경제적 자유를 누리고 싶은 욕구, 자신의 능력과 재능을 발휘해 인류와 사회에 공헌하고 싶다는 열망은 커져가고 있습니다. 이러한 욕구와 열망이 기술력, 새로운 비즈니스 모델과 만나 수많은 유니콘 기업과 더불어 산업혁신을 일궈 냈습니다. 경영자의 사업성에 대한 호기심과 자신감, 위험을 감수하고 뛰어드는 과감함, 위기를 돌파할 수 있는 강인함, 올바른 의사결정에 대한 확신이 뒷받침된 결과라고 할 수 있습니다. 하지만 최근 창업자가 일반 성인보다 우울하고 불안함을 크게 느낀다는 조사 결과도 늘고 있습니다.

그만큼 성공 이면에 자리 잡고 있는 책임감과 두려움, 절박함, 외로움, 고립감의 무게를 대변하는 것이고 그렇지 않더라도 경영인이 이러한 위험에 처할 가능성이 높다는 것을 시사합니다. 정리하자면, 창업 성공은 자신의 욕구와 열망에 대한 올바른 인식부터 자신의 성공자원뿐만 아니라 한계를 직면하며 온전히 나를 알아가고 다스릴 수 있는 아주 높은 수준에서의 자기인식능력과 멘탈관리가 중요함을 의미합니다. 즉, 자신이 처한 상황에서 무엇을 알고, 모르는 지를 파악하고 더 높고 넓은 시각에서 자신의 한계와 가능성을 객관화하는 메타인지 능력 (Metacognition)이 중요함을 말합니다. 어쩌면 사실 우리가 업무와 일상에서 하는 작은 행동들이 사실은 눈에 잘 보이지 않는 확고한 자의식이나 관념에 인과한 것일 수 있고 과거의 부정적인 경험과 때론 상처들이 현재 부정적 감정과 불안감으로 형성되어 어떤 문제나 현상을 보는 데 왜곡을 만들 수 있습니다. 이럴 때 경영자는 어떤 상황에 즉각 반응하지 않고 한 발 물러나서 감정과 생각을 바라보아야 합니다. 메타뷰 질문이 도움을 줄 것입니다.

❶ 당신의 나침반은 어디를 가리키고 있습니까?, 왜 그곳으로 가고 싶습니까?
❷ 목표 너머 목표는 무엇입니까?
❸ 지금 다루고 있는 이 이슈는 삶 전체에서 바라볼 때 어떤 점에서 중요합니까?
❹ 과거의 경험(자원)이 현재, 미래에 어떤 작용을 하고 있습니까?
❺ 현재 지점이 과거와 미래를 연결하는 데 어떤 역할을 하고 있습니까?
❻ 지금 다루는 있는 이 이슈는 삶 전체에서 바라볼 때 어떤 점에서 중요한가요?

01 1on1 대화 훈련, 코칭

코칭이란, 고객의 개인적 직업적 잠재력을 극대화하기 위해 영감을 주고 일깨우는 창의적 프로세스에 파트너가 되는 것(국제코치연맹, ICF)이라고 정의합니다. 모든 사람은 온전하고Holistic, 해답을 내부에 가지고 있으며Resourceful, 창의적인Creative 존재라는 인간관이 철학입니다. 이러한 코칭의 의미와 철학이 반영된 업무현장에서의 상호작용은 주로 질문과 답변, 대화를 통해 나타나는 데 내면의 생각과 느낌을 인식하고 행동으로 통합시켜 가는 근원적인 변화와 인간으로서 성숙을 다루는 과정과도 같기 때문에 효과적이고 강력한 질문, 지속적인 대화 훈련이 필요합니다. 제시된 가이드 외에도 시중에 도움 받을 수 있는 전문코치와 서적, 기관이 있으니 개인의 잠재력을 발휘한 실제적이고 창의적인 조직으로의 성장을 위해 훈련하기 바랍니다.

(1) 구조화된 코칭모델 활용

존 휘트모어의 저서『성과향상을 위한 코칭리더십』의 GROW 모델은 대화의 목적과 방향을 잃지 않고 개인의 강점과 잠재력을 실행으로 연결해주는 대화 프로세스입니다. 통상 목표를 설정할 때 과거의 성과를 바탕으로 현실에 기반한 목표를 설정하게 되는데, 이러한 목표는 문제에 대응하고 과거의 성과에 제약 받고 단순한 외연확대로 인한 창의성이 결여되고 단기목표에 주력할 수 있기 때문에 미래의 가능성이 배제될 수 있습니다. 그래서 현실 파악보다 먼저 목표(Goal)를 설정하고 원하는 것이 무엇인지 파악하는 것을 선행해야 합니다. 목표설정 단계에서 구성원 스스로 무엇을 이야기하고 싶은지, 가장 시급하고 중요한 과제와 이슈는 무엇인지, 어떻게 되길 바라는지, 이 이슈가 해당 구성원에게 어떤 의미가 있는지 등의 접근과 발견은 스스로 책임감 있게 일하는 방식을 선택하고 실행하며 성과를 내게 하는 힘을 갖추게 할 것입니다.

G(Goal) – 목표설정, 무엇을 원하는가? (What do you want?)
R(Reality) – 현실파악, 현재는 어떤 상태인가? (What is happening?)
O(Option) – 대안탐색, 무엇을 할 수 있는가? (What could you do?)
W(Will) – 실행의지, 무엇을 하겠는가? (What will you do?)

(2) 성장자원을 찾도록 돕습니다

목표와 현재의 갭을 확인하고 원인을 파악하는 단계(Reality)에서는 지금까지 이 문제에 대해 어떤 행동을 취했는지, 어떤 효과가 있었는지를 묻게 됩니다. 구성원의 현재 생각, 감정, 태도에 관한 것뿐만 아니라 조직의 전략, 규정과 프로세스, 이해관계 등을 배경으로 현재의 상태를 분석합니다. 과정에서 직면한 구성원의 어려움, 고충을 외면하지 않는 것이 중요합니다. 과거의 성공 경험, 자신의 강점, 시도와 실패로부터 배운 것으로 형성된 성장자원을 인식하고 나아가게 하는 에너지를 불어넣어 주어야 합니다. 가장 자랑스러운 순간은 언제였는지, 동료들로부터 받은 찬사는 무엇이었는지, 어떤 상황일 때 그런 잠재력이 발휘되는지, 어떤 강점이 지금의 일을 가능하게 했는지 등의 질문으로 잠재하고 있거나 축적된 성장자원을 찾도록 도와야 합니다. 이러한 성장자원의 발견은 대안을 탐색하는 단계에서 어떤 방법이 더 효과적일지, 부족한 부분은 누구에게 도움을 받을 수 있는지 등을 고려하고 우선순위를 정할 수 있게 합니다.

(3) 적극적 경청, 인정과 격려의 언어로 안전한 대화공간을 만듭니다

코칭에서의 적극적 경청은 구성원이 원하는 것이 무엇인지(욕구), 현재 당면한 문제나 이슈에 대해 어떤 감정에 머물러 있는지(마음), 구성원이 지각한 정보는 무엇이며 어떻게 해석하고 평가하고 있는지(생각)를 파악하는 활동에 초점을 두어야 합니다. 경영자 자신의 가치관, 가정, 신념에 의해 판단하는 마음을 내려놓고 "정말 팀에 기여하고 성공하고 싶은 마음이 느껴지네요(욕구), 그 행동에는 동료에 대한 배려가 있었군요(마음), 누구도 생각하지 못한 남다른 시각과 해석입니다(생각)"등의 대화 중에 구성원의 긍정적 의도를 알아차리고 인정하고 격려하는 언어가 수반되어야 합니다. 이러한 코칭 대화는 구체적인 실행계획을 세우고 실천하는 데 있어 자신감을 불어넣어주고 실패에 대한 두려움을 줄이며, 예상되는 장애물에 대해 사전에 솔직하게 합의, 조정하며 목표달성을 위한 변화행동에 집중하게 해줄 것입니다.

02 멘토링, 리버스 멘토링

멘토링은 멘티가 속한 산업이나 분야의 풍부한 경험을 활용하여 멘티의 경력개발에 전문적인 개발을 돕는 것입니다. 앞서 다룬 코칭과 비교하자면 코칭은 정해진 기간 내 개인이 가지고 있는 특정분야의 문제를 중점적으로 다루고 스스로 구체적인 실행계획을 수립, 즉각적인 목표달성을 위한 행동변화에 초점을 두고 있습니다. 반면에 멘토링은 멘티 대비 수준 높은 경지의 전문성으로 개인의 전환점에서 요구되는 지식과 경험을 전수하고 부여된 역할을 수행하는 데 멘토의 경험을 토대로 필요한 조언을 합니다. 코칭은 지식과 정보, 역량, 의지가 부족할 경우, 멘토링은 멘토의 과거의 경험 여부에 따라 그 효과가 제한적일 수 있습니다. 경영자로서 구성원에 대한 개발을 다룰 때 대상에 따라 어느 쪽에 비중을 두는 것이 적합한지 판단하고 활용하면 좋습니다.

멘토링은 한마디로 삶의 전환(Transition)이라는 측면에 집중한 기술입니다. 생애주기에 따른 역할변화, 책임이 따르는 리더십 개발, 개인 경력 개발과 선택 등의 갈림길에서 찾아오는 혼란속에 진로의사결정은 쉽지 않습니다. 조직 및 리더십 개발의 대가인 피터 호킨스(Peter Hawkins)는 이러한 현실에서 무엇에 집중해야 할지, 집중할 이슈를 선별하고 정리할 수 있는 가이드 질문을 제시합니다. 그 질문은 "다가오는 세상이 요구하는 것에 맞춰 내가 할 수 있는 특별한 것(역할)은 무엇인가."입니다. 우리는 세상에 기여하기 위해 많은 생애를 할애하고 있고 각각의 기여가 모두 특별하다는 관점과 더불어 개인 삶의 전환을 돕는 멘토링의 핵심을 강조한다고 볼 수 있습니다.

리버스 멘토링은 선배가 후배를 가르치는 기존 멘토링과는 달리 조직 내 주니어 직원이 시니어 또는 경영진을 멘토링하는 것입니다. 리버스 멘토링은 1999년 제너럴 일렉트릭(GE)에서 시작되었는데 조직 내 밀레니얼 세대 직원이 연령대가 높은 임원진에게 인터넷 사용법을 가르치는 것에서 시작했습니다.

시니어들이 최신 기술과 작업방식을 최근 상태로 유지하도록 돕기 위한 것으로 리버스 멘토링에 참여한 시니어들은 밀레니얼 세대 사이에서 보편화되어 사용되는 프로그램이나 기술을 배워서 직접 사용할 일은 없지만 고객의 경험을 이해할 수 있고 필요한 경우 해당 경험을 극대화할 수 있도록 개발자에게 요구할 수 있기 때문에 유용한 학습이었다고 말했습니다. 최근 기업은 학습 및 성장 문화 조성을 위한 형태뿐만 아니라 리버스 멘토링을 조직 내 세대 간 직접적인 소통과 공감을 위한 프로그램을 시행하고 있습니다. 주니어 세대들과 경영진이 새로운 기술과 트렌드에 관련한 문화를 직접 경험하고 고객과 시장을 이해하며, 조직 내 안건들을 토론하는 주체로 이들을 참여시켜 도출된 의견을 사업에 반영하고 있습니다.

리버스 멘토링을 도입할 때에는 몇 가지를 고려해야 합니다. 수직적인 한국 기업문화에서 매칭된 멘토와 멘티가 부담을 여길 수 있고 의사소통능력과 일정부분 업무시간을 할애하여 진행되기 때문에 회사와 경영진, 동료들의 충분한 지원과 지지가 없으면 진행이 어려울 수 있습니다. 멘토와 멘티를 매칭하는 단계부터 자발성을 고려하고 진행사항을 수시로 모니터링하며 목표가 달성되고 있는지, 지원할 사항은 없는지 확인하고 참여 자체와 작은 성공에 대해서도 축하하는 문화를 만들어 주기 바랍니다.

7 Next step을 위한 준비, 팀 조직 개발 Skillfull

우리가 팀으로 일하는 이유는 다양한 관점을 가진 개인들이 공동의 노력을 통해 복잡한 이슈를 해결하고 상호 지식과 기술을 배우고 활용하며 창의적인 성과를 기대할 수 있기 때문입니다. 하지만 팀의 현실은 그렇지 못한 부분이 많습니다. 성별, 세대, 가치관의 차이로 소통을 회피하는 다양성에 대한 부정적 영향, 과업을 혼자 수행할 때보다 팀으로 진행할 때 노력을 덜 기울이는 링겔만 효과(Ringelmann effect), 자기 부서의 이익만 추구하는 사일로 현상(Silo effect) 등이 그 예입니다. 조직이 성장하면서 이러한 요인들이 다양한 장면에서 갈등으로 번지고 의사결정의 속도와 질을 낮추며 성과를 가로막는 요인으로 자리 잡게 될 것입니다. 그래서 경영자는 팀을 구성할 때 팀 효과성 요인들에 대해 충분히 고려하고 필요하다면 교육이나 워크숍을 통해 팀이 온전히 기능할 수 있도록 해야 합니다. 먼저 효과적으로 기능하는 팀의 요건을 살피십시오.

01 효과적으로 기능하는 팀 만들기

❶ **적은 수 :** 최대 숫자는 없지만 보통 10명 이상일 때 팀 구성원들이 방관자가 되고 매니저의 개입이 어려워집니다. 애자일 방법론에서는 7명이라고 합니다.

❷ **보완적 스킬 :** 팀 다양성을 고려합니다. 배경이나 성격유형, 편견이 같은 사람을 많이 뽑을수록 자신과 비슷한 사람을 더 채용합니다. 기술, 전문지식, 문제해결 및 의사결정능력을 포함한 다양한 팀스킬을 고려하여 주세요.

❸ **헌신하는 사람 :** 집단적 노력에 관심을 갖는 능동적이고 구체화된 참여 행동을 보입니다.

❹ **공동의 목적 :** 팀은 개인 집단이 성취할 수 없는 집단적 노력이나 목적이 있을 때 존재합니다. 우리 팀의 존재 이유를 견고히 하고 동기부여 될 수 있도록 해 주세요.

❺ **성과목표설정 :** 구체적이고 측정 가능하고 실행가능한 목표가 없다면 그저 좋은 의도와 포부에 머물게 됩니다.

❻ **공유된 접근법 :** 공동의 목적 달성을 위해 함께 일하는 최선의 방법에 동의하는 것입니다. 일하는 원칙, 프로세스, 시스템, 프로토콜, 이를 검토하고 점검합니다.

❼ **상호 책임지기 :** 팀에 대한 책임이 리더에게만 있지 않고 모든 구성원에게 책임이 유지되는지 확실히 합니다.

❽ 사기를 높이고 한 방향으로 정렬하는 효과적인 회의와 의사소통 : 토론과 효과적인 의사결정 등의 팀 프로세스는 한 방향으로 정렬되어 있을 때 에너지가 올라갑니다.

❾ 모든 주요 이해관계자와의 효과적인 참여 : 구성원은 팀을 대표하며 다른 사람을 통해 성과를 창출하는 방식으로 팀의 다양한 이해관계자들이 참여하게 합니다.

❿ 지속적인 학습과 개발 : 고성과 팀은 지속적으로 스스로의 집단능력을 키워갈 뿐만 아니라 팀구성원 모두에게 개인의 학습과 개발을 제공해야 합니다.

⓫ 팀의 효과성과 팀개발을 위한 질문과 평가 : 우리팀은 누구를 위해 일하는가, 현재와 미래 고객이 고마워하고 어려움을 느끼고 원하는 것은 무엇인가, 미래의 세상이 필요로 하며 우리가 독특하게 할 수 있는 것은 무엇인가, 부분의 합보다 더 많은 것을 얻고 협력하기 위해 무엇을 원하거나 필요로 하는가, 우리가 병행해서 할 수 없는 일 가운데 우리가 함께라면 할 수 있는 것은 무엇인가 등 팀의 성과를 높이기 위한 질문을 개발하고 평가합니다.

02 집단의사결정의 기술, 퍼실리테이션

퍼실리테이션이란 서로 다른 의견을 가진 3인 이상의 집단을 대상으로 하나의 결론에 효율적으로 도달하기 위한 논의 과정과 방법입니다. 조직 내 독단적 의사결정을 막고 집단지성을 발전시켜 문제를 해결하는 학습을 가속화 하는 데 목적이 있습니다. 경영자의 퍼실리테이션 스킬은 회사가 성장하면서 불가결하게 만들어지는 조직 비전 및 전략 수립, 신규 프로젝트 팀 구성, 연간업무추진계획, 신제품개발, 서비스개발 및 디자인, 조직활성화 행사기획, 분기별 성과평가, 인사제도개선 아이템 발굴, 조직개편 및 업무분장 등의 아젠다들을 구성원들과 논의하고 의견을 수렴하는 집단의사결정에 사용할 수 있습니다.

무엇보다 중립을 지키는 노력이 가장 중요합니다. 의견에 대해 중립을 선호하고 참여자들이 다양한 관점에서 탐색할 수 있도록 합니다. 정해진 답으로 향해가도록 편중된 의견으로의 탐색과 편중된 사람들이 참여해 의도된 결론을 만들어 내지 않도록 중재해야 합니다. 프레임 활용도 추천합니다. 프레임은 현상을 쉽게 이해할 수 있도록 대비시켜 놓은 틀입니다. 토마스 킬만(Thmas-Kilmann)의 갈등해결모형에 따르면, 갈등이 불거지지 않는 것은 갈등이 없어서가 아니라 당사자가 피하거나 일방적으로 수용해 버렸기 때문임을 알 수 있습니다. 그리고 갈등을 해결하는 방법에는 타협을 넘어 협업이 있다는 시사점을 말할 수 있습니다.

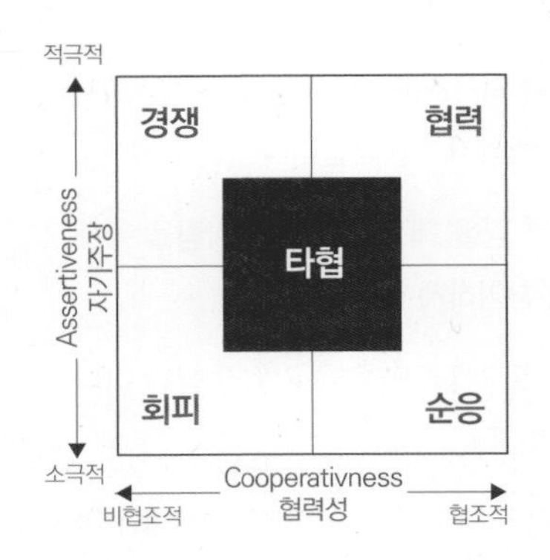

경쟁 : 자신의 관점을 관철시키는 데 초점
회피 : 갈등에서 물러서서 그냥 돌아가도록 둠
순응 : 휴전을 위하여 타인의 관점을 받아들임
협력 : 서로에게 이득이 되는 해법을 함께 찾음
타협 : 모든 사람에게 받아들여지는 합의에 도달

다음으로 역동을 촉진할 수 있는 방법론을 검토하세요. 문제해결이라는 목적을 위해 어떤 방식으로 접근해 나가면 효과적일지에 관한 것입니다. 전문가가 아닌 이상 다양한 방법론을 사용하는 것이 어려울 수 있지만 문제의 근원을 찾고 싶을 때, 조직의 긍정적 요인들을 탐색하여 조직의 강점을 전략에 반영이 필요하다고 판단될 때, 고객 즉 사용자의 경험분석을 통한 공감과 디자인혁신을 이끌고 싶을 때, 학습과 행동변화가 문제해결에 중심이 될 때 등 문제해결에 부합한 방법으로 접근할 때 효과적일 수 있습니다. 5Why기법, 강점탐색(Appreciated Inquiry), 디자인씽킹(Design Thinking), 오픈스페이스기법(Open Space Technology), 액션러닝(Action Learning), 문제중심학습 방법론(Problem Based Learning) 등 다양한 방법론을 검토하고 조직에 적용하는 것을 추천합니다.

진단, 개선, 예측을 위한 다양한 도구를 활용하는 방안도 검토해야 합니다. 조직이 커지면서 수면 위로 떠오르는 다수의 문제는 주로 발언권이 있거나 참여에 적극적인 한정된 사람들의 관점일 때가 많습니다. 또한 조직이 커질수록 경영자는 조직의 전반적인 흐름을 놓치고 있거나 조직에서 실제로 일어나고 있는 일들과 동떨어질 가능성이 높습니다. 그래서 진단은 구성원 전체의 의견을 수렴한 정보, 의견을 제시할 수 있는 동등한 구성원으로서의 자격, 참여를 유도하고, 우리 조직 전반의 바람직하지 않은 행동양식, 계층·집단 간의 인식차, 우선 해결과제들을 도출할 수 있습니다. 또한 진단을 통한 데이터의 축적은 우리기업의 추이를 파악하고 예측 또한 가능하게 합니다. 직원만족도조사, 조직문화진단, 직원몰입도조사, 직원경험설문 등이 그 예시입니다.

팀 차원에서는 팀효과성 진단, 팀역량진단이 대표적입니다. 성과를 내는 기본단위인 팀의 구조, 역할, 팀동기와 정서, 팀상호작용, 팀역량과 행동, 팀내외부 협력관계, 팀장의 리더십을 살펴볼 수 있습니다. 이를 통해 개인 및 팀 성과를 방해하거나 향상시킬 수 있습니다.

개인차원의 검사 및 진단도 중요합니다. CPI(California Psychological Inventory) 인성검사, 강점진단, MMPI(Minnesota Multiphasic Personality Inventory)검사, 리더십진단, 직무스트레스진단 등이 대표적입니다. 신뢰와 타당도가 검증된 검사들을 활용해 채용, 승진, 팀빌딩, 리더십 코칭, 상담 등의 장면에 활용할 수 있습니다. 개인의 가치관과 욕구가 어떤 모습으로 나타나는지, 어떤 일하는 방식을 선호하는지, 어떤 환경과 상황에서 스트레스와 일탈 행동을 보이는지 등 구성원들에게 진단 기회뿐만 아니라 이에 적절한 피드백을 제공함으로써 개인의 정체성과 일과 삶의 의미, 가치가 일치하는 성장 여정을 서로 돕고 촉진할 수 있도록 지원할 수 있습니다. 개인의 변화관리는 자기인식에서, 조직의 변화관리는 타인의 이해와 수용에서 시작됩니다.

[참고도서 및 기사(아티클)]

- 문정엽, 피터드러커 경영수업(21세기북스, 2016), 71 ~ 87P.
- 우규창, 박우성 공저, 리더를 위한 인적자원관리(시대가치, 2023) 101 ~ 110P.
- 이수민 기자, 스타트업이 아름다운 이별을 맞이하는 법(feat. 오프보딩), 아웃스탠딩 아티클, 2023
- 권석균, 이병철, 양재완 공저, 지속가능성장을 위한 인적자원관리(시대가치, 2021), 312P, 248P.
- 남희헌기자, 하버드 출신 미국 국적 김범석, 쿠팡의 '외국인' 인재 채용 유독 많은 까닭, BUSINESS POST, 2023.
- 닐 도쉬, 린지 맥그리거, 무엇이 성과를 이끄는가?(생각지도, 2016) 68 ~ 75P.
- 백기복, 간편조직행동론(창민사, 2017), 117 ~ 124P.
- Peter Hawkins, Nick Smith 저 코칭, 멘토링, 컨설팅에 대한 슈퍼비전 (박영스토리, 2018), 62 ~ 73P.
- 박창규, 임파워링하라(넌참예뻐, 2015) 130 ~ 132P.
- 피터호킨스(Peter Hawkins), 리더십 팀코칭(한국코칭슈퍼비전아카데미, 2022) 60 ~ 65P.
- 구기욱, Koo's Facilitation, 2023 169 ~ 171P. 343 ~ 350P.

13 PART

리더의 조직문화 & Culture Engine

저자의 핵심 메시지

"문제를 인식한다면 해결하기에 가장 적합한 시기는 '지금'입니다.
조직이 변화에 저항할 때, 지금이 바로 문제에 대응할 때입니다.
변화를 기회로 활용하여 문제를 해결하는 조직은 경쟁력을 강화하고 새롭게 도약할 수 있습니다."
_권미경

1 언더백 기업의 지속 가능성을 이끄는 원동력

01 전략적인 목표 설정의 중요성

'한국 스타트업의 별'이라고 불리는 회사가 있습니다. 바로 우아한형제들입니다. 이 회사가 2010년 출시한 앱 '배달의민족'은 한국 최고의 배달 앱으로 자리매김했습니다. 우아한형제들은 앱 출시 초기부터 사용자 편의성을 극대화하는 목표를 세웠습니다. 이 목표는 단순한 배달 서비스 제공을 넘어 사용자 경험을 획기적으로 개선하는 데 초점을 맞추었습니다. 초기 목표에 집중하여 사용자 경험을 지속적으로 개선한 결과, 고객 수는 매년 빠르게 늘었습니다. 2024년 성과보고에 따르면 전년도 대비 매출은 15.9%, 영업이익은 65% 증가한 것으로 나타났습니다.

우아한형제들과 달리 많은 언더백 기업이 명확한 목표 설정을 소홀히 하고 단기적인 이익을 추구하는 데 집중해 실패의 함정에 빠질 때가 있습니다. 창업 후 5년 이내에 약 60% 이상의 스타트업이 폐업한다는 통계(중소벤처기업부, 창업기업실태조사(2023))는 이러한 사실을 증명합니다. 2000년대 초반까지 구글과 어깨를 나란히 하며 인터넷 검색 시장에서 선도적인 위치를 차지했던 야후는 명확한 목표와 전략의 부재로 주요 사업을 매각하고 경쟁력을 잃었습니다. 이는 목표 설정을 소홀히 할 때 어떤 결과를 초래할 수 있는지 여실히 보여줍니다.

세계적인 경영학자 피터 드러커는 그의 저서 『자기경영노트(The Effective Executive)』에서 "효율성은 일을 올바르게 하는 것이며, 효과성은 올바른 일을 하는 것이다."라고 강조했습니다. 이 말은 목표 설정이 단순한 시작점을 넘어서 조직의 핵심적인 원동력임을 의미합니다. 목표는 숫자를 채우는 것 이상의 의미를 가지며, 기업의 사명 및 비전과 조화를 이루어야 합니다. 언더백 기업의 경영자는 이러한 근본적인 원칙을 바탕으로 목표를 설정하고, 지속적으로 관리함으로써 사업을 성장의 궤도로 이끌 수 있습니다.

02 목표 설정에 유용한 프레임워크

변화하는 시장 환경 속에서 경쟁력을 유지하고 지속 가능한 성장을 이루기 위해서는 명확한 목표 설정이 필수적입니다. 다양한 프레임워크 가운데 목표 설정에 유용한 도구를 소개합니다.

SMART 법칙 : Specific, Measurable, Achievable, Realistic, Time-bound 등 다섯 가지 요소로 이뤄진 목표 설정 방법론입니다. 이를 통해 목표를 뚜렷하게 정의하고 이행 가능성을 높이며 성과를 평가할 수 있는 기준을 제공합니다. 세부 내용은 다음과 같습니다.

❶ **Specific(구체적) :** 목표는 구체적이고 명확해야 합니다. 무엇을 달성하고자 하는지 명확하고 세부적으로 정의해야 합니다. 구체적인 목표는 해결해야 할 문제나 달성해야 할 결과를 정확하게 이해하는 데 도움을 줍니다. 예를 들면 '매출을 증가시킨다' 대신 '최근 제품 라인을 확장하여 분기별 매출을 15% 증가시킨다'는 목표가 효과적입니다.

❷ **Measurable(측정 가능) :** 목표는 측정 가능해야 합니다. 성과를 정량적으로 측정하고, 목표 달성 여부를 명확하게 판단하는 지표나 매개 변수가 필요합니다. '고객 만족도를 높인다' 대신 '고객 만족도를 75%에서 90%로 향상시킨다'는 목표를 세울 수 있습니다.

❸ **Achievable(달성 가능) :** 목표는 실현 가능해야 합니다. 설정한 목표가 현실적이고 달성 가능한지를 평가해야 합니다. 지나치게 높거나 낮은 목표는 동기부여에 부정적인 영향을 미칠 수 있습니다. '매출을 200% 증가시킨다' 대신 '매출을 전년 대비 15% 증가시킨다'는 목표가 달성가능성을 높일 수 있습니다.

❹ **Realistic(현실적) :** 제한된 자원과 환경적 제약을 고려하여 목표를 수립해야 합니다. 일례로 '6개월 안에 마케팅 예산을 50% 증가시켜 전 세계적으로 시장 점유율을 30% 달성한다.'는 목표는 현실성이 떨어집니다. '6개월 내 기존 대비 매출을 10% 증가시켜 목표시장 내에서 5% 이상 성장시킨다.'는 목표가 보다 현실적입니다.

❺ **Time-bound(시간 기반) :** 목표는 명확한 마감기한이 있어야 합니다. 일정이 정해지면 업무 계획을 수립하고 진행 상황을 모니터링할 수 있습니다. 더 나아가 목표 달성까지의 시간 압박은 목표 달성을 촉진합니다. '2027년 12월 신제품 출시 후 첫 분기 매출을 20% 증가시키다.' 등이 예시입니다.

SMART 기법은 명확한 방향을 제시하고, 목표에 대한 이해와 동기부여를 높이며, 성과 평가와 향후 전략 수립에 도움을 줍니다.

(1) OKR 기법

목표(Objective)와 핵심결과(Key Results)를 설정하여 조직이나 개인의 목표를 관리하고 달성하는 방법입니다. 명확하고 간결한 목표를 설정하고 이를 실현하기 위한 핵심결과를 구체적으로 정의하는 것이 특징입니다. 예를 들어, Google의 2008년 OKR 중 하나는 '온라인 검색 시장에서 시장 점유율을 확대하기 위해 기존 검색 알고리즘을 개선하고 검색 엔진 사용자 경험을 향상시키는 것'이었습니다. 이를 위해 구글은 기술 향상, 사용자 피드백 반영, 검색 결과의 정확도 향상 등에 집중했습니다. 현재는 OKR의 단점을 보완하고 연중 직원 개발과 학습 및 발전에 중점을 둔 새로운 제도 GRAD(Google Reviews And Development)를 도입하기도 했습니다.

(2) 파레토 원칙

80/20 법칙은 경제학자 빌프레도 파레토가 제시한 개념으로, 전체 결과의 80%는 전체 원인의 20%에서 비롯된다는 의미입니다. 이는 핵심적인 요소에 집중하여 최대의 효과를 창출할 수 있다는 점을 강조합니다. 많은 기업이 파레토 원칙을 활용하여 목표를 달성하고 있습니다. 고객 분석, 마케팅 전략 수립, 생산 관리, 자원 할당 등 다양한 분야에서 파레토 원칙을 적용하여 효과를 높이고 있습니다. 파레토 원칙을 활용하기 위해서는 우선 주요 이슈나 핵심적인 활동을 식별하고 우선순위를 부여해야 합니다. 80%의 결과를 만들어내는 20%의 요소를 파악하는 것이 중요합니다. 핵심 요소를 파악한 후에는 집중적인 분석과 투자를 진행합니다. 데이터 분석, 전문가 의견 수렴, 시장 조사 등을 통해 핵심 요소의 중요도를 확인하고, 자원을 배분합니다. 지속적인 개선도 필요합니다. 핵심 요소에 집중하여 목표를 달성한 다음에도 꾸준히 결과를 분석하여 더 나은 방안을 모색해야 합니다.

(3) SWOT 분석

개인이나 조직의 강점(Strengths), 약점(Weaknesses), 기회(Opportunities), 위협(Threats)을 체계적으로 분석하는 전략적 도구입니다. 이 분석은 내부 요인(Strengths, Weaknesses)과 외부 요인(Opportunities, Threats)을 모두 고려하여 현 상황을 파악하고 미래를 위한 전략을 수립하는 데 유용합니다.

- **강점 식별 :** 기업이 갖고 있는 내부 자원과 능력을 파악하여 경쟁우위를 확보합니다.
- **약점 개선 :** 내부적으로 개선해야 할 부분을 확인하고 개선 전략을 마련합니다.
- **기회 발굴 :** 새로운 시장의 기회를 포착하고 활용하여 성장 기회를 창출합니다.
- **위협 대응 :** 경쟁사나 외부 환경의 위협을 사전에 파악하여 대응합니다.

기업의 성공적인 경영을 위해서는 명확한 목표 설정과 전략 수립이 필수적입니다. SMART, OKR, 파레토, SWOT 등 다양한 방법론을 활용하면 경영 방향을 명확히 정하고, 지속 가능한 성장 전략을 수립하는 데 유용합니다. SMART 기법을 활용하여 5년 이내 사용자 기반을 두 배로 확대하고 매출을 50% 증가시키겠다는 목표를 설정할 수 있습니다. OKR 방법론을 통해 목표 및 주요 결과 지표를 정하고 목표 달성 여부를 측정하는 것은 물론, 파레토 원칙을 활용하여 핵심 고객층에 집중 투자할 계획을 세울 수 있습니다. 또한 SWOT 분석을 통해 경쟁 우위를 파악하고 위협에 대비하는 전략을 수립할 수 있습니다.

여기에서 제일 중요한 점은 조직에게 적합한 방법을 선택하는 것입니다. 다양한 방법론이 존재하지만, 모든 기법이 해당 조직에 딱 맞지 않을 수 있습니다. 조직의 요구와 특성을 고려하여 방법을 선택하고 실천해야 합니다. 예를 들어, 협업과 소통을 중요시하는 조직에서는 팀 기반 목표 설정 및 달성 방식을 활용하는 것이 효과적입니다. 반면에 개인의 성과를 중요시하는 조직에서는 개인별 목표 설정 및 평가 시스템을 도입하는 것이 적절합니다. 열린 소통과 협업을 통해 다양한 의견과 아이디어를 수용하고, 유연하게 조합해야 합니다. 조직은 가치와 목표에 부합하는 방법을 선택하고, 구성원들의 역량을 최대한 활용하여 목표를 향해 나아갈 수 있습니다.

2 시장의 요구와 조직의 강점 균형 찾기

01 언더백 기업이 퍼즐을 완성하는 비결

강의를 하거나 컨설팅을 할 때 "잘하는 일을 해야 할까?", "좋아하는 일을 해야 할까?"라는 질문을 자주 받습니다. 그럴 때마다 저는 그림을 예시로 들어 설명합니다. 아래 다이어그램은 시장의 요구와 자신의 강점이 교차하는 영역에서 성공 가능성이 높아진다는 것을 시사합니다.

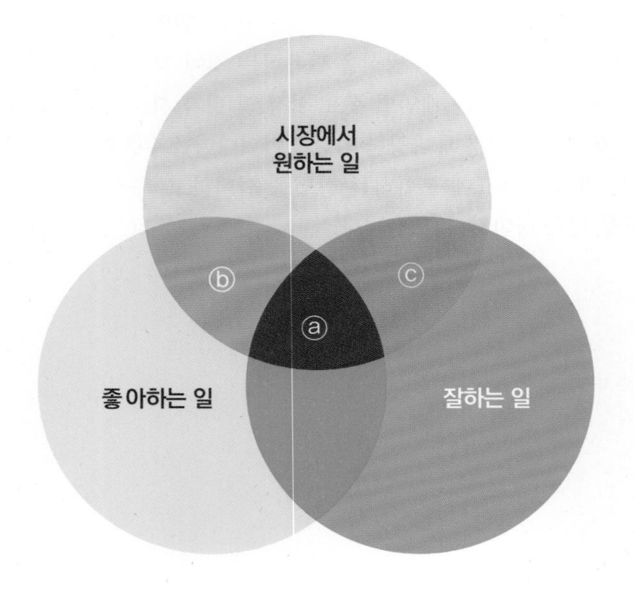

대부분의 사람들은 잘하는 일과 좋아하는 일 사이에서 한 가지를 선택해야 한다고 생각합니다. 하지만 중요한 것은 시장이 무엇을 원하는지 파악하고, 자신의 강점과 관심사를 연결하는 노력입니다. 다이어그램은 세 가지 영역으로 나뉩니다.

> 잘하는 일(초록색)과 좋아하는 일(하늘색), 시장에서 원하는 일(노란색)입니다. 좋아하는 일과 시장에서 원하는 일의 교집합이 ⓑ이고, 잘하는 일과 시장에서 원하는 일의 교집합이 ⓒ입니다. 가장 이상적인 일은 세 가지의 교집합인 ⓐ입니다.

좋아하는 일과 시장에서 원하는 일의 교집합인 ⓑ의 예시로는 커피를 좋아해서 바리스타가 되거나, 카페를 운영하여 수익을 창출하는 사람입니다. 특기가 곧 직업이 된 ⓒ의 경우는 가창력이 뛰어나서 가수나 성악가가 된 사람을 예로 들 수 있습니다. ⓐ 영역은 잘하면서도 좋아하는 일이 시장에서도 수요가 있어 원하는 일을 직업으로 수익을 창출하는 경우입니다. 이는 가장 이상적이며, 많은 사람들이 추구하는 목표입니다. 하지만 현실에서 과연 몇 퍼센트의 사람들이 이러한 조건을 충족할까요? 정확한 통계는 없지만, 세 가지 영역의 교집합이기 때문에 ⓐ에 속하는 사람은 많지 않을 것입니다. 그렇다고 해서 자신이 하는 일을 즐기지 못하는 것은 아닙니다. 강점과 시장을 연결하거나, 새로운 기술을 습득해 퍼즐을 완성해 나갈 수 있습니다. 핵심은 시장의 요구에 귀를 기울이고 필요한 것을 제공함으로써 수익을 창출하고 자신의 역량을 발전시켜 나가는 시도입니다.

기업도 마찬가지입니다. 구성원의 강점과 역량, 관심사와 열정을 파악하고, 시장의 요구에 부응하며, 고객에게 만족을 제공하기 위해 노력해야 합니다. 언더백 기업의 이상적인 시나리오는 세 영역 모두의 교차점에 있습니다. 조직 내 강점과 시장의 요구가 일치하는 ⓐ영역이 바로 궁극적인 목표입니다. 이를 달성하기 위해서는 전략적 접근과 의지가 필요합니다. 경쟁 우위를 명확하게 정의하고, 타겟 시장의 요구를 철저히 조사하며, 시장 변화에 따라 비즈니스 모델을 유연하게 조정해야 합니다. 개인이나 기업 모두 성공의 핵심은 고객에게 가치를 창출하는 데 있습니다. 개인은 자신의 강점과 역량을 활용하여 고객에게 필요한 서비스를 제공하고, 기업은 시장의 요구를 충족하는 제품과 서비스를 개발하여 고객 만족을 확보해야 합니다. 퍼즐을 완성하기 위해서는 지속적인 노력과 발전이 필요합니다.

02 30년 간 쌓은 가치 창출의 여정

지난 30년 동안 직장 생활을 하고 사업을 운영하며 가치 창출이라는 목표를 향해 끊임없이 노력해 왔습니다. 이 과정에서 얻은 경험과 노하우를 소개하고자 합니다. 20대부터 40대까지 국내 취업포털 및 서치펌에서 채용 관련 B2B 비즈니스 업무를 수행하면서 다양한 사람을 만나고 경험을 쌓았습니다. 4대 취업 포털에서 영업조직을 체계화하고 마지막으로 재직한 곳에서는 영업 이익을 극대화하기 위해 이벤트 기획부터 채용 트렌드를 파악하며 인사담당자에게 전달하는 뉴스레터 발간까지 진행했습니다.

여러 업무를 수행하면서 새로운 시도를 하는 것이 좋았고, 기존에 없던 일들의 결과를 확인하는 것도 큰 즐거움이었습니다. 다양한 업무를 통해서 제가 잘하는 일과 시장에서 원하는 일, 좋아하는 일을 확실하게 이해하고 강점을 파악했습니다. B2B 업무와 컨설팅을 통해 얻은 경험을 바탕으로, 시장에서의 요구와 강점을 결합하여 몇 년 전부터 창업을 하고 새로운 길을 걷고 있습니다.

세부적으로 진로와 취업, 채용, 창업, 전직, 생애설계 등 다양한 분야에서 교육 컨설팅을 제공하고 있습니다. 그 외에도 공정채용컨설팅, 역량평가, 전문면접관 활동, 신중년 관련 전문인력 (채용면접전문가, 생애설계전직컨설턴트, 신중년전직전문가) 양성사업을 진행하고 있습니다. 또한 생애설계에 대한 이해를 바탕으로 고객 중심 서비스를 마련했습니다. 중·장년층이 스스로 인생 2막 준비를 어느 정도까지 했는지 확인할 수 있는 생애설계 액티브 자가진단을 선보였습니다. 생애설계 8대 영역(가족·사회관계, 여가생활, 직업·경력, 자기개발, 건강·웰빙, 자산관리, 사회공헌, 주거설계)에 대한 설문 응답을 토대로 경제수준, 나이, 업종 등이 비슷한 사람들의 답변을 분석하여 자가진단 결과를 제공합니다. 은퇴를 앞둔 베이비부머 세대나, 미리 은퇴 이후의 삶을 준비하고자 하는 X세대들이 주 고객층입니다.

사회변화와 직업 트렌드에 발맞춰 진로, 전직, 채용 서비스를 제공하는 한편 다양한 도구와 프로그램을 활용하여 개인과 파트너사의 성장과 발전을 적극적으로 지원하고 있습니다. 전문적인 컨설팅과 교육 서비스를 통해 개인과 고객사의 성공과 만족도를 극대화하는 것이 사업 목표입니다. 다양한 분야의 전문가들과 구축한 네트워크는 고객에게 최상의 서비스를 제공하는 토대가 됩니다. 40대부터 60대까지의 전직 대상자를 위한 생애설계 서비스와 재취업 희망자를 위한 JOB GO-재취업 서비스를 확장하고 있습니다. 앞으로도 중·장년층의 새로운 출발과 청년층의 자기개발을 돕는 다양한 프로그램과 서비스를 선보일 계획입니다.

이러한 경험을 통해 우리가 선택하는 일이 시장에서 원하는 것과 어떻게 연결되는지 이해하는 과정이 핵심임을 배웠습니다. 시장의 요구와 강점을 조합하여 새로운 길을 모색하는 일은 쉽지 않습니다. 저 또한 많은 시행착오를 거쳐 왔습니다. 다양한 경로를 시도하며 강점과 시장의 수요를 꾸준히 고려했습니다. 이를 바탕으로 가치를 창출하고자 노력했습니다. 개인은 물론 기업이 가장 잘하는 일을 선택하고, 그것을 통해 즐거움을 느끼는 것이 성공과 만족을 동시에 얻을 수 있는 비결이라고 생각합니다.

3 변화하는 시대, 성장하는 조직

바쁜 일상의 속도에 휩쓸려 주변에서 일어나는 미묘한 변화를 간과하는 경우가 있습니다. 이는 단순히 신체적인 변화뿐만 아니라 심리적인 변화까지 포함합니다. 어느 날 우연히 거울에 비친 모습을 보거나, 나이가 비슷한 사람들과 이야기를 나누면서 비로소 변화를 인지하게 되는 경우가 많습니다. 일상에서 나타나는 섬세한 변화들은 우리 삶에 큰 영향을 미칩니다. 개인의 건강과 웰빙은 물론 조직 구성원 간의 관계, 업무 효율성, 심지어 리더십에도 영향을 줄 수 있습니다.

예를 들어, 조직 구성원이나 리더가 자신의 변화를 인식하지 못하고 적절히 대처하지 않으면 업무수행 능력이 저하되거나, 동기부여 감소, 의사 소통 갈등 등 다양한 문제로 이어질 수 있습니다. 따라서 우리는 끊임없이 자신을 돌아보고 주변의 변화에 민감하게 반응하는 자세가 필요합니다. 육체적인 변화를 감지하고 건강한 생활 습관을 유지하며, 심리적인 변화를 이해하고 적절한 스트레스 관리 방법을 찾는 것이 중요합니다. 또한, 조직 구성원 간의 소통을 활성화하고, 변화에 대한 적응력을 높이기 위해 노력해야 합니다.

이러한 섬세한 변화에 대한 깨달음은 개인과 조직 모두에게 성장과 발전을 위한 중요한 촉매제로 작용합니다. 변화를 알고 적절하게 대처함으로써 더욱 건강한 삶을 살 수 있으며, 지속 가능한 조직을 만들어 나갈 수 있습니다. 변화는 끊임없이 일어나는 필연적인 과정입니다. 변화를 부정하거나 두려워하지 말고, 적응하는 능력을 키워야 합니다. 이러한 노력을 통해 개인과 조직 모두 성장할 수 있습니다.

01 생애주기에 따른 조직 구성원들의 다양성 이해

생애주기는 인간이 태어나서 죽음에 이르기까지 여러 단계를 포괄하는 개념입니다. 이는 생물학적, 심리적, 사회적 측면에서의 발달과 성숙을 의미합니다. 아기에서부터 어린이, 청소년, 성인, 노인까지의 생애주기에는 각기 다른 신체적, 심리적 변화와 발달 과업이 있습니다. 어린 시절에는 육체적인 성장과 함께 인지적, 사회적 기술이 발달하면서 성인이 되기 위한 기초가 형성됩니다. 청소년기는 자신의 정체성과 역할을 탐색하는 과정으로, 사회적 상호작용과 독립성을 기르는 것이 중요합니다.

[LIFE CYCLE PICTOGRAM]

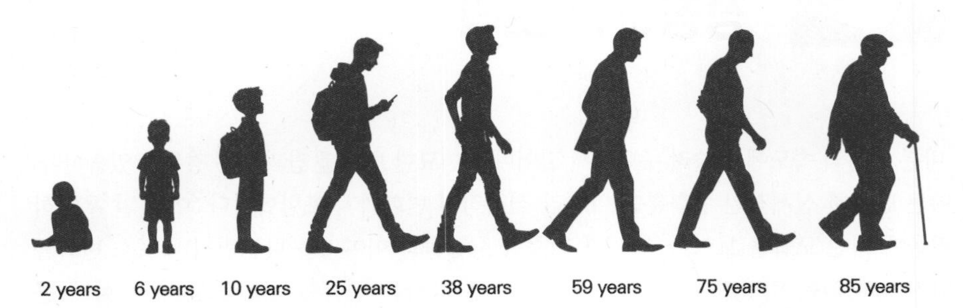

출처 : ZERO LETTER

우리는 가족, 직업, 사회적 책임 등 다양한 역할을 맡는 과정에서 심리적인 성장과 변화를 경험합니다. 성공과 실패, 사랑과 상실, 스트레스와 안정 등 다양한 감정과 경험을 통해 성숙해집니다. 노년기에 접어들면 신체기능이 저하되고 인지능력이 감소하면서 생리적인 변화를 경험합니다. 그러나 동시에 지혜와 경험이 풍부해짐에 따라 내적으로 더욱 성숙해지고 평온해지는 경향이 있습니다. 생애주기에 따른 신체와 심리변화를 이해하고 자신의 변화를 자연스럽게 받아들이는 사람은 그렇지 못한 사람보다 스트레스를 덜 받습니다. 자신을 더 깊게 이해하고 존중하며, 더 나은 선택을 할 수 있습니다. 생애주기에 따른 변화를 이해하고 자신의 변화를 자각함으로써, 더욱 건강하고 성숙한 삶을 살아가는 데 도움이 됩니다.

조직은 다양한 연령대, 가치관, 경험을 가진 개인들로 구성되어 있습니다. 이러한 다양성은 조직의 활력과 발전의 원동력이 될 수 있지만, 동시에 갈등과 오해의 소지도 있습니다. 경영진은 각 구성원의 생애주기와 개인적 특성을 이해하고 존중하는 문화를 조성해야 합니다. 다양한 세대 간의 소통을 촉진하고, 상호 이해를 바탕으로 협업을 강화하는 노력이 필요합니다. 또한, 각 구성원이 자신의 역할과 책임을 인지하고 적극적으로 참여할 수 있도록 지원해야 합니다.

작고 미묘한 변화들이 개인의 삶뿐만 아니라 조직에도 상당한 영향을 미칠 수 있습니다. 언더백 기업 경영진은 구성원들의 가치관, 우선순위, 업무 스타일의 변화를 지속적으로 관찰하고 분석해야 합니다. 이러한 변화를 파악하고 적절하게 대응함으로써 조직은 변화하는 환경에 적응하고 지속 가능한 성장을 이루어낼 수 있습니다. 변화는 조직에 위협이 될 수 있지만, 동시에 새로운 기회와 가능성을 열어주는 계기입니다. 변화를 이해하고 적응하는 능력을 키우는 것은 개인과 조직 모두에게 필수적인 능력입니다.

02 코딩의 특징을 활용한 MZ세대와의 소통 전략

맞춤형 조직문화를 구축하기 위해서는 다양성을 이해하고 존중하는 노력이 필수적입니다. 특히 MZ세대와의 소통은 최근 몇 년간 큰 주목을 받고 있습니다. 『90년생이 온다』, 『MZ세대가 쓴 MZ세대 사용설명서』, 『지금은 2000년생이 온다』 등과 같은 책이 쏟아져 나왔습니다. 업무 현장에서는 MZ세대와 소통에 어려움을 호소하기 시작하였고, MZ세대에 대한 이해 부족으로 기존의 업무를 진행하는 과정에서 다양한 문제가 발생하였습니다. 이에 대처하기 위해 기업은 어떻게 하면 문제를 해결할 수 있을지를 놓고 고민하기 시작하였습니다.

저 또한 이미 기성세대이기 때문에 MZ세대를 100% 이해한다고 말할 수는 없습니다. 다만 그들을 이해하는 계기가 있었습니다. 20대 시절 입사하고 일을 시작했을 때 컴퓨터가 보급되기 시작했습니다. 저는 누구보다 쉽게 컴퓨터를 활용하여 업무를 했습니다. 그러나 상사들은 컴퓨터를 배우고 익히는 데 시간이 걸렸고, 종이가 아닌 컴퓨터 프로그램으로 하는 문서 작성을 어려워했습니다. 그 당시 나이가 지긋한 임원 한 분이 계셨는데 모든 업무 문서를 가장 막내인 저에게 작성하도록 지시하셨습니다. 맡겨진 일이었기 때문에 일을 묵묵히 처리했지만, 속으로는 '조금만 배우면 할 수 있는데 왜 시간을 안 내실까?'라는 생각을 하기도 했습니다.

세월이 흘러 이제 제가 기성세대가 되었네요. 지금 MZ세대들이 기성세대를 보고 20대 때의 저와 비슷한 생각을 할지도 모르겠습니다. 그들은 코딩을 배운 세대들입니다. 컴퓨터에 명령을 전달하기 위해 코드를 작성하고, 정해진 문법과 규칙에 따라 코드를 작성하는 일 말입니다. 코딩은 규칙이 있고, 잘못된 수식을 입력하면 오류가 발생합니다. 코딩은 이해관계를 명확하게 표현하고, 작업을 통해 원하는 결과를 얻는 과정입니다.

MZ세대는 이런 사고 체계를 가지고 성장하였습니다. MZ세대의 특징은 '규칙대로 하기', '명확하게 표현하기', '원하는 결과 얻기'라는 세 가지 키워드로 표현할 수 있습니다. 기성세대는 바로 코딩의 특징을 닮은 MZ세대의 사고방식을 이해해야 합니다.

첫 번째, '규칙대로 하기'라는 특징은 MZ세대가 문제 해결을 할 때 체계적이고 논리적으로 접근한다는 것을 의미합니다. 이들은 문제를 해결할 때 일정한 프로세스나 규칙을 따르며, 효율적으로 작업을 수행합니다. MZ세대는 기존의 방식이 비효율적이라는 생각을 하면 가장 효율적인 방식을 찾아 왜 이 방식이 좋지 않은지 자신의 의견을 가감 없이 이야기합니다. 때로는 기존 방식을 따르지 않고 자신의 방식을 고집하여 당황스러운 상황이 연출되곤 합니다.

두 번째, '명확하게 표현하기'는 MZ세대가 의사소통에서 정확하고 명확한 정보를 주고받는 것을 중요시하는 특징을 말합니다. 코딩에서는 코드가 명확하게 작성되어야만 작업을 원활하게 할 수 있습니다. 이와 유사하게 MZ세대는 의견이나 아이디어를 명확하고 직접적으로 표현하기를 선호합니다. 어느 날 외부면접관으로 에너지 공기업에 참여한 적이 있었습니다. 내부 면접관으로 오신 분과 잠깐 시간이 있어서 이런저런 이야기를 하다 신입사원의 회사생활이라는 주제로 이야기를 나누었습니다. 요즘 젊은 친구들에게 일을 맡기는 것이 힘들다는 내용이었습니다. 왜 그런가 질문했더니 과거 자신이 신입사원이었을 때는 상사가 하나의 일을 시키면 알아서 두세 개의 일을 했는데, 요즘 신입사원들은 하나를 지시하면 정말 하나만 해 온다는 것이었습니다. 이 말을 듣고 주변에 있던 면접위원 대부분이 고개를 끄덕이면서 공감하는 모습을 보았습니다.

MZ세대들에게는 명확하게 표현해야 합니다. 우리 세대에서는 '눈치껏'이라는 말을 덕목으로 여겼지만, 이는 너무 모호한 지시어입니다. 20대에게 물어보면, 10명 중 9명이 "하나만 하라고 해서 하나만 했다"고 대답할 것입니다. 원하는 결과가 A~C까지인데 A만 지시했다면 결과도 A만 받을 확률이 높습니다. 코딩에서 모호한 명령어는 존재하지 않습니다. 따라서 원하는 결과물을 얻고 싶다면 지시할 때 명확하게 표현해야 합니다. A부터 C까지 분명하게 요구하고, 그에 따른 결과물을 얻기 바랍니다.

마지막으로, '원하는 결과 얻기'는 MZ세대가 목표를 설정하고, 이를 달성하기 위해 지속적으로 노력하는 특징을 나타냅니다. 코딩에서 원하는 결과를 얻기 위해 코드를 작성하고 수정하는 과정과 마찬가지로, MZ세대는 목표를 설정하고 노력하며 성취감을 얻습니다. 또한 MZ세대는 원하는 결과를 얻기 위해 즉각적인 피드백을 받는 환경에서 성장했습니다. 코딩 과정에서의 오류 메시지는 즉각적인 피드백의 한 예시로, MZ세대는 피드백을 통해 문제를 식별하고 수정하는 과정을 경험했습니다. 이들은 설정한 목표를 향해서 다양한 방법을 모색하고 노력합니다. 반대로 노력의 결실을 얻지 못할 때에는 좌절감과 함께 분노를 느끼기도 합니다. 따라서 MZ세대에게 업무를 지시할 때 '알아서 하겠지'라는 생각은 잠시 접어두세요. 일이 어떻게 처리되고 있는지 점검하고, 어떤 점이 잘못되었는지 정확히 말해주어야 합니다.

MZ세대와의 상호작용을 위해서는 사고 체계와 접근 방식을 이해하는 것이 핵심입니다. 그들의 관점을 고려하여 명확하고 간결하게 의사를 전달해야 합니다. 문제 해결과 목표 달성을 위한 노력을 인정하고 지원하는 환경은 조직에게도 이익을 가져다줍니다. 이러한 접근은 조직 내 협력을 촉진하고, 성과를 향상시키는 데 유용합니다.

4 흐름을 이끄는 변화관리 지금부터다

조직의 변화는 불가피한 과정이지만, 성공적으로 관리되지 않으면 불필요한 혼란과 비용을 초래할 수 있습니다. 따라서 조직 변화를 효과적으로 이끌기 위한 체계적인 접근이 필수적입니다. 이번 장에서는 커트 레빈의 변화관리 이론을 통해 조직 변화를 성공으로 이끄는 세 가지 주요 단계를 소개합니다. 이 모델은 조직 내 변화가 어떻게 계획되고 실행되며, 마침내 안정화되는지를 명확하게 보여줍니다. 조직이 현재 직면한 도전을 극복하고 지속적인 성장을 위한 변화를 구현하는 데 필수적인 통찰을 제공합니다.

01 조직 변화를 위한 3가지 단계

커트 레빈(Kurt Lewin)에 따르면, 기업이 변화하기 위해서는 크게 3가지 단계를 거칩니다. 고착화된 구조를 녹이는 단계(해빙, Unfreezing), 기업의 방향성에 맞게 재정립하는 단계(변화, Changing), 그리고 새로운 구조로 정착시키는 단계(재동결, Refreezing)입니다. 그림은 커트 레빈의 3단계 모델을 나타낸 것으로, 변화관리와 조직개발 분야에서 중요한 개념입니다. 조직 내 변화를 효과적으로 관리하기 위한 세 단계를 간략하게 살펴보면 다음과 같습니다.

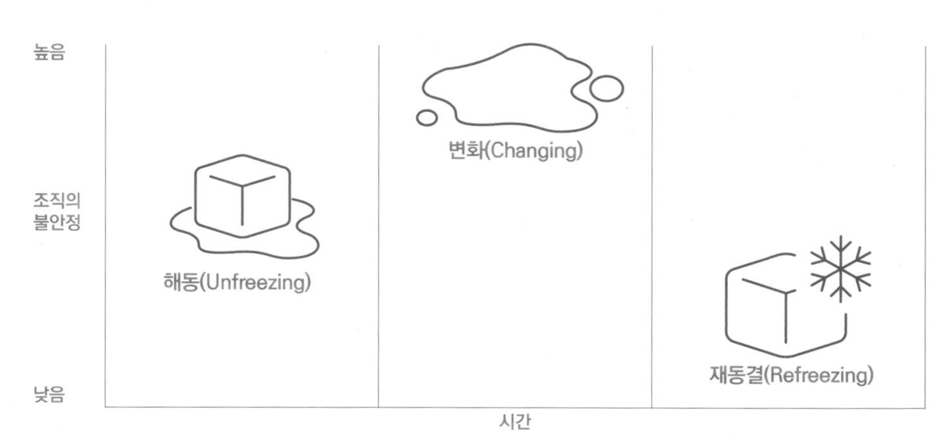

❶ **해동(Unfreezing) :** 변화를 위한 준비 단계로, 현재의 상태를 파악하고 변화에 대한 인식을 조성하는 과정입니다. 조직구성원이나 이해관계자들이 변화의 필요성을 인식하고, 기존의 질서와 관행을 새롭게 바꿔야 한다는 공감대를 형성합니다.

❷ **변화(Changing) :** 현 상태를 유지하려는 힘과 이를 깨뜨리려는 힘의 균형이 깨지면서 새로운 가치와 행동이 발전합니다. 새로운 아이디어, 가치관, 구조 등을 도입하고 실행하는 단계로 실제 변화가 일어나 새로운 방향으로 진행됩니다.

❸ **재동결(Refreezing) :** 새로운 관행이 안정화되는 과정입니다. 이 단계에서는 새로운 가치와 행동을 정립하고 강화하여, 지속적으로 유지될 수 있도록 구조화합니다. 또한 새로운 변화가 조직 문화의 일부로 자리 잡을 수 있도록 지원합니다.

커트 레빈의 3단계 모델은 조직의 변화를 이해하고 관리하는 데 유용합니다. 조직이 변화하기 위해서는 초기에 불안정성이 높아지지만, 변화 단계를 거쳐서 정착되면 조직은 안정화되고 새로운 조직문화를 확산시켜 나갈 수 있습니다. 이 밖에도 변화과정모형, 실행연구모형, 긍정적 탐구모형, 조직변화모형 등 조직 변화를 이해하고 구현하기 위한 다양한 접근 방법과 모델이 있습니다. 이러한 모델들은 조직 변화를 이끌고 관리하는 데 유용한 도구입니다. 각각의 모델은 조직의 특성과 상황에 맞게 선택하여 적용할 수 있습니다.

조직 변화 연구에 대한 수요가 높은 이유는 많은 기업이 변화를 갈망하고 있기 때문입니다. 조직은 지속적인 성장과 발전을 위해 변화를 추구하며, 이를 위해 다양한 모델과 접근 방법을 활용합니다. 변화를 이해하고 구현하는 것은 기업의 성공과 지속 가능성을 위해 중요한 요소입니다.

02 변화를 성공으로 이끄는 비공식 리더의 힘

급속도로 바뀌는 시대에서 조직은 변화를 추구하고, 바뀌어야 살아남을 수 있습니다. 조직은 변화에 대한 욕구와 요구를 인식하고, 이를 통해 더 나은 방향으로 나아갈 수 있습니다. 그러나 모든 변화가 성공적으로 이뤄지는 것은 아닙니다. 변화는 항상 도전적이며, 조직 구성원들의 참여와 협력이 필요합니다.

제가 조직을 변화하기 위해 진행했던 사례입니다. 기존의 영업조직을 정비하여 새로운 영업조직을 구성하였습니다. 이 과정에서 영업을 잘할 수 있는 인재들을 적극적으로 영입하였고, 영업을 위한 조직의 규칙도 수정하고 보완했습니다. 부당하다고 느껴지는 부분을 수정하고, 팀원들에게 이익이 될 수 있는 사항들을 추가했습니다. 업계에서 파격적이라고 할 만큼 영업부서 구성원들에게 좋은 기회를 주기 위해 노력하였습니다. 그 결과, 어떤 변화를 초래하였고 성공적인 결과를 얻었을까요? 제가 희망하는 조직으로 변화되었을까요? 전혀 그렇지 않았습니다. 좋은 결과를 기대했지만, 회사에 만연했던 분위기는 쉽게 변하지 않았습니다. 동종 업계에서 가장 좋은 성과보수를 제공하고, 경쟁 구도를 조성하여 역동적인 분위기를 만들기 위해 노력했지만 새로 들어온 사람들이 기존의 사람들에게 흡수되어 새로운 구성원들에게 기대했던 시너지 효과를 보지 못했습니다.

그래서 결심한 것이 바로 지금 보여줄 수 있는 변화였습니다. 지금은 퇴근 시간에 맞춰 퇴근하는 것이 당연시되는 문화이지만 10여 년 전만 해도 그렇지 않았습니다. 우선 눈에 보이는 변화를 시작했습니다. 영업조직의 특성상 고객사의 요청이 있으면 어쩔 수 없지만, 제가 담당한 본부의 직원들에게는 퇴근 시간이 되면 바로 퇴근하도록 지시했습니다. 일명 '칼퇴근'입니다. 이를 정착시키기 위해 '정시 퇴근을 하지 않는 직원은 무능력함을 보여 준다'고 공표했습니다. 제가 직접 직원들의 책상을 돌아다니면서 컴퓨터 전원을 직접 끄기도 했습니다. 하지만 구성원들은 제가 퇴근하지 않으면 눈치를 보면서 퇴근하지 않고 기다렸습니다.

이러한 문화를 변화시키는데 꽤 오랜 시간이 소요되었으며, 많은 저항과 싸워야 했습니다. 우선 대표님을 설득하는 과정이 있었고, 타 부서 구성원들의 부정적인 시선과 여론을 잠재워야 했습니다. 저를 도와주어야 하는 팀장들을 설득하고 그들의 마인드를 바꾸는 데 시간을 보내야 했습니다. 하나의 부서를 바꾸는 것도 이렇게 힘든데 조직의 변화 관리는 더 어려울 것입니다. 더 많은 변수와 저항이 있으며, 순간순간 많은 문제가 발생할 것입니다.

변화는 분명 어려운 작업입니다. 그러나 조직의 가치와 목표에 부합하는 모델과 전략을 변화의 원동력으로 삼는다면 성공적으로 발전할 수 있습니다. 저는 이것을 몸소 확인했습니다. 영업조직 구성원들의 근무시간에 대한 태도 변화를 지켜보았고, 이러한 변화가 매출의 신장으로 이어졌음을 확인했습니다. 변화를 수용하고 적극적으로 대응하는 조직은 미래에 대한 준비와 성공을 이룰 수 있다고 생각합니다. 그때 당시 대표님은 적극적으로 저의 의견을 수용해 주셨고, 다른 본부장님들도 지지해주며 변화에 동참해 주셨습니다.

조직이 변화에 저항할 때 그 조직 내부에는 깊이 자리잡고 있는 비공식 인플루언서들이 있습니다. 조직에서 분위기를 조성하고, 주변 사람들에게 영향을 끼치는 사람이 있습니다. 즉, 조직의 문화적 리더가 있을 것입니다. 이들이 폭넓은 활동의 구심점이라는 사실을 기억하고, 조직문화에 큰 영향을 미치는 진정한 리더들에게 도움을 받아서 변화를 성공적으로 이끌 수 있습니다. 문제를 인식하고 있다면 이것을 해결할 수 있는 최적의 시기는 바로 지금입니다. 조직이 변화에 저항할 때 지금이 문제에 대응할 적기입니다. 변화를 기회로 삼아 문제를 해결하고 성장하는 조직은 경쟁력을 유지하며 새로운 도약을 이룰 수 있습니다. 더 나아가 현재의 적극적인 변화는 미래의 성공을 위한 발판이 될 것입니다.

5 변화의 흐름을 잡으면 미래가 보인다

미팅이 있을 때 일부러 약속 시간보다 일찍 도착하여 인근의 카페를 찾습니다. 한적한 카페에서 주변 사람들을 보고 그 사람들의 대화를 듣는 것이 때때로 시장의 소리를 현실적이고 생동감 있게 듣는 방법 중 하나라고 생각하기 때문입니다. 커피 한 잔과 함께 이야기에 기울이다 보면, 여러 소문과 소비자들의 니즈, 그리고 현재 트렌드 등을 직접 체험할 수 있습니다. 이런 소소한 만남이 시장에서 어떤 변화와 요구가 일어나고 있는지 이해하는 데 큰 도움이 됩니다.

01 클로락스와 커버링의 변화 성공 사례

시장에서는 끊임없는 변화가 이뤄지고 있습니다. 소비자의 취향과 선호도, 경쟁사의 전략, 기술의 발전 등이 시장의 요구를 형성하고 바꿉니다. 예를 들어, 소비자들의 건강과 환경에 대한 관심이 증가하면서 친환경 제품과 서비스에 대한 수요도 함께 늘고 있습니다. 즉, 소비자의 요구를 파악하는 것이 중요합니다. 고객의 취향과 선호도는 시간과 함께 변화하며, 이에 맞춰 제품이나 서비스를 개발해야 합니다. 시장의 니즈를 충족시키지 못하는 기업은 경쟁력을 잃을 수 있습니다. 이에 따라 기업은 환경 친화적이고 지속 가능한 제품을 개발하고 마케팅 전략을 조정하면서 이러한 변화에 대응하고 있습니다.

기술 진보와 혁신은 산업 전반에 걸쳐 큰 변화를 가져왔습니다. 인공지능, 빅데이터, 사물인터넷 등 혁신적인 서비스가 등장하면서 기업은 디지털 전환에 주력하고 있습니다. 모바일 애플리케이션, 온라인 플랫폼, 클라우드 컴퓨팅 등의 기술을 활용하여 제품과 서비스를 개선하고 고객 경험을 향상시키고자 노력합니다. 첨단 기술의 등장과 발전은 새로운 시장 요구를 만들어내고 있습니다. 기술 혁신을 통해 새로운 제품이나 서비스를 개발하고, 시장 반응을 파악하는 일도 중요합니다. 지속적인 기술 향상을 바탕으로 시장의 요구를 선도하는 기업은 경쟁우위를 확보할 수 있습니다.

기업이 시장의 변화를 예측하여 변화를 꾀한 첫 번째 사례는 미국의 클로락스입니다. 이 회사는 우리에게 '락스'라는 세제로 잘 알려진 기업으로, 환경을 중시하는 소비자 증가와 친환경 시장의 확대를 예측하여 친환경적 제품 라인인 그린웍스를 개발했습니다. 그린웍스 제품군은 환경 보호와 지속가능한 소비를 장려하기 위해 설계되었습니다.

이들 제품은 환경 친화적인 재료와 제조 과정을 통해 생산되며, 재사용이 가능하고 자연 분해되는 속성을 갖추고 있습니다. 클로락스 그린웍스는 친환경 제품 라인을 홍보함으로써, 소비자들이 환경을 생각하며 효과적으로 청소를 할 수 있는 선택지를 제공하고 있습니다. 클로락스 그린웍스는 소비자 요구를 반영하고 친환경 제품을 제공함으로써 시장에서 큰 인기를 얻고 있습니다.

두 번째 사례는 시장 트렌드와 기술 발전을 활용하여 새로운 사업영역을 개척하고 확장하는 기업입니다. '커버링''이라는 회사는 생활 쓰레기 수거 사업을 하는 스타트업입니다. 커버링은 모바일 앱을 통해 쓰레기 수거 서비스를 제공함으로써 현대 사회에서 증가하는 쓰레기 처리의 편리성과 효율성 요구에 부응하고 있습니다. 특히 1인 가구 증가와 함께 편리한 생활쓰레기 처리에 대한 수요가 높아지는 시대적 트렌드를 파악했습니다. 커버링은 이에 맞춰 모바일 플랫폼을 통한 편리한 서비스를 제공하여 소비자의 니즈를 충족시키고 있습니다. 또한 환경문제에 대한 인식이 높아짐에 따라 이는 지속가능한 사업의 성장을 촉진하는 주요 요인으로 작용하고 있습니다. 이 회사는 쓰레기를 엄격하게 선별하고 처리하여 재활용 업체에 전달함으로써 편리함뿐만 아니라 환경적인 측면에서도 소비자의 요구를 충족시켜 지속적인 성장을 이뤄내고 있습니다. 이러한 사례들은 새로운 비즈니스 모델과 기술의 도입을 통해 시장의 요구에 민첩하게 대응하는 기업이 미래 시장에서도 성공할 수 있음을 보여줍니다.

02 시장 동향을 선도하기 위한 리더의 역할

리더는 조직 성공에 있어 매우 중요한 역할을 하는 존재입니다. 뛰어난 리더십을 갖춘 리더가 이끄는 조직은 시장 경쟁력을 유지하고 지속 성장을 이룰 가능성이 높습니다. 시장 동향을 선도하기 위한 리더의 역할은 무엇일까요? 크게 네 가지 측면에서 살펴볼 수 있습니다.

(1) 첫 번째, 변화에 대한 두려움 극복

❶ **비전 제시 :** 리더는 변화의 필요성과 목표를 명확하게 제시하여, 조직 구성원들이 변화를 더 잘 이해하고 받아들일 수 있도록 도와야 합니다.

❷ **참여와 소통 :** 구성원들을 변화 과정에 참여시키고, 열린 소통을 통해 구성원들이 의견을 자유롭게 나눌 기회를 제공함으로써 변화에 대한 두려움을 줄일 수 있습니다.

(2) 두 번째, 실패를 허용하는 문화 조성

❶ **실패 경험 공유 :** 리더는 자신의 실패 경험을 공유함으로써, 구성원들이 실패를 부끄러워하지 않고 공개적으로 나눌 수 있는 분위기를 만들 수 있습니다.

❷ **피드백 문화 :** 실패를 통한 피드백 문화를 조성함으로써, 실패를 학습과 성장의 기회로 전환할 수 있습니다.

(3) 세 번째, 학습과 성장을 장려하는 분위기 조성

❶ **자기개발 기회 제공 :** 리더는 교육, 트레이닝, 개발 기회를 제공하여 구성원들의 역량 향상을 촉진하고 지속적인 학습을 유도해야 합니다.

❷ **성과 공유 :** 성공 사례를 공유하고 인센티브를 통해 성장과 성과를 인정하는 문화를 조성함으로써 학습과 성장을 장려할 수 있습니다.

(4) 네 번째, 투명하고 포용적인 조직문화 구축

❶ **투명한 의사소통 :** 리더는 조직목표, 전략, 변화 등의 정보를 투명하게 전달하여 구성원들이 조직의 방향성을 이해하고 공감할 수 있도록 해야 합니다.

❷ **피드백 문화 강조 :** 구성원들에게 정기적인 피드백을 제공하고, 이를 통해 개선점을 찾아가는 문화를 조성하여 조직 전반에 걸친 개선을 이끌어야 합니다.

리더는 이러한 역할들을 통해 조직 내에서 변화와 성장을 이끌어내고, 시장 요구에 적극적으로 대응하여 조직을 지속적으로 발전시킬 수 있습니다. 시장의 원리를 이해하고 변화에 적극적으로 대응하는 것은 리더에게 중요한 과제입니다. 깊이 있는 시장 분석과 민첩한 리더십을 통해 기업은 성장과 발전의 길을 열어갈 수 있습니다. 이러한 과정에서 지속적인 관찰과 배움이 필요하며. 함께 하는 구성원들과의 협력과 소통이 미래의 성공을 위한 핵심 요소임을 기억해야 합니다.

6 열린 조직문화의 힘, 직원 행복 그리고 성과 향상

01 구글코리아, 직원을 위한 최고의 사내문화

몇 해 전 기업정보 플랫폼에서 주목할 기업 30개 사를 선정하여 발표한 적이 있습니다. 선정기준은 전·현직 직원들이 올린 평점에 근거했습니다. 과거 근무 경력이 있거나 현재 재직 중인 사람들이 자신의 회사에 점수를 부여한 것입니다. 복지 및 급여, 업무와 삶의 균형, 사내 문화, 승진 기회 및 가능성, CEO 지지율 등 5개 항목을 합산하여 점수로 표시했습니다. 이러한 기준으로 30개 기업이 선정되었는데, 그중 3위가 구글코리아였습니다.

구글코리아는 '사내 문화' 항목에서 5점 만점에 4.5점으로 높은 점수를 받았습니다. 전·현직 직원들의 평가를 보면 '자유롭게 도움과 대화를 요청할 수 있는 문화', '말이 필요 없는 회사' 등의 평가가 나왔습니다. 전·현직 직원들이 높게 평가한 구글만의 사내 문화 특징은 무엇일까요?

구글의 사내 문화는 혁신적이고 열린 환경을 조성하여 직원들이 자유롭게 의사소통하고 협력할 수 있도록 독려합니다. 이를 위해 구글은 다양한 방법을 활용하고 있습니다.

❶ **사내 인트라넷을 통한 정보 공유 :** 구글은 회사의 모든 정보를 공유합니다. 예를 들면 제품 로드맵, 출시계획, 직원 및 팀의 분기별 목표, 직원별 주간 활동 현황 등입니다. 거의 모든 정보를 인트라넷에 공개하여 직원들끼리 소통과 협력을 촉진합니다.

❷ **TGIF 미팅 :** 매주 금요일에는 전 직원이 CEO와 대화할 수 있는 시간을 가집니다. 리더와 직원 사이에 신뢰와 소통을 강화하고, 의견을 나누고 질문할 수 있는 플랫폼을 제공합니다.

❸ **단순한 직급체계 :** 구글은 직급을 개별 기여자(individual contributor), 관리자(manager), 감독자(director), 이사(executive) 등 4가지로 단순화했습니다. 이를 통해 위계적인 구조를 완화하고, 개별적인 기여를 강조합니다. 직급 간의 차별이 없으며, 모든 직원에게 공평한 복지 혜택을 제공합니다.

❹ **20% 제도 :** 직원들이 근무시간의 20%를 업무와 관련된 개인 프로젝트에 투자할 수 있는 제도입니다. 이를 통해 직원들의 창의성과 자기개발을 지원하는 동시에 혁신적인 아이디어를 이끌어냅니다.

❺ **G2G(Googler-to-Googler) 프로그램 :** 구글은 직원들끼리 지식을 공유하고 서로 가르치는 G2G 프로그램을 운영합니다. 6,000명 이상의 구글 직원들이 자발적으로 참여하여 다른 동료들이 학습할 수 있도록 자신의 시간을 기꺼이 할애합니다. 회사에서도 강의횟수, 강의만족도 등을 근거로 보상을 제공하여 참여를 유도하고 있습니다. G2G 프로그램을 통해 직원들은 서로의 전문 지식을 공유하고 함께 성장할 수 있습니다.

다양한 사내 문화 요소들은 구글의 열린 조직문화를 형성하고, 직원들의 창의성과 협력을 촉진하여 회사의 성공에 기여하고 있습니다. 이런 조직문화 속에서 일하는 직원들은 어떤 느낌을 받을까요? 구글코리아에서 마케팅 업무를 담당하고 있는 직장인 A씨는 구글코리아의 복지와 조직문화에 대한 인터뷰에서 "단지 일하는 것뿐만 아니라 '회사가 나를 신경 써주고 있구나'라는 감정을 느낄 수 있는 요소들이 많다."고 말했습니다.

02 신뢰를 이끌어내는 직원 중심 조직문화

구글과 같은 거대기업의 문화를 언더백 기업이 그대로 따라하기는 어렵지만, 우리가 눈여겨봐야 하는 것은 직원들이 회사가 자신을 신경 쓴다고 느끼는 점입니다. A씨가 인터뷰에서 말한 것처럼 직원들이 회사가 자신을 신경 쓴다고 느낄 때, 그들은 더욱 헌신적이고 열정적으로 일할 가능성이 높아집니다. 이러한 문화는 모든 조직에서 실현할 수 있습니다. 의사소통의 열린 문화, 리더의 관심과 지원, 업무와 삶의 균형, 포상과 인정, 다양성과 포용, 학습과 발전을 위한 기회 제공 등이 대표적인 예시입니다.

❶ **의사소통의 열린 문화 :** 회사 내에서 의사소통이 자유롭고 열린 문화가 조성되어야 합니다. 직원들은 자유롭게 의견을 나누고 질문을 제기할 수 있어야 하며, 의견이나 제안에 대한 피드백이 존중되고 고려되어야 합니다. 즉 직원들이 심리적 안정감을 느낄 수 있어야 합니다.

❷ **리더의 관심과 지원 :** 리더는 직원들의 개인적인 발전과 성장에 적극적으로 관심을 표현하고 지원하는 것이 중요합니다. 직원들의 개인적인 목표와 욕구를 이해하고, 그에 맞춰서 지원해야 합니다. 임원과 사원이 함께 하는 동호회 활동, 멘토링 프로그램 등 회사 상황에 맞게 리더와 함께 하는 시간을 가져야 합니다.

❸ **업무와 삶의 균형 :** 업무와 개인 생활 사이의 균형을 유지할 수 있는 환경이 조성되어야 합니다. 유연한 근무시간, 휴가 정책 등을 통해 직원들의 웰빙을 향상시킬 수 있습니다.

❹ **포상과 인정 :** 직원들의 성과를 공정하게 평가하고 보상함으로써 직원들이 자신의 노력과 기여를 인정받을 수 있도록 해야 합니다. 인센티브와 보상 시스템을 통해 성과를 공정하게 평가하고 인정해야 합니다.

❺ **다양성과 포용 :** 다양성을 존중하고 수용하는 조직문화를 조성해야 합니다. 서로 다른 배경과 관점을 가진 직원들이 서로 존중하고 소통할 수 있는 분위기를 만드는 것이 중요합니다.

❻ **학습과 발전을 위한 기회 제공 :** 직원들이 지속적으로 학습하고 성장할 수 있는 기회를 제공해야 합니다. 교육 프로그램, 직업훈련, 자기개발 지원 등을 통해 직원들의 역량을 향상시킬 수 있습니다.

조직 구성원들이 소속감을 느끼고, 자신의 업무에 열정을 가지도록 하는 것은 조직문화를 구축하는 과정에서 매우 중요합니다. 이러한 구성요소는 조직에서 큰 역할을 하며, 조직문화와 가치에 맞게 다양한 방식으로 활용될 수 있습니다. 함께 하는 조직문화를 구축하기 위해 여러 가지 요소들을 시도하고 유지함으로써 구성원들의 참여도와 만족도를 높일 수 있습니다. 이는 조직의 성과 향상과 긍정적인 업무 환경 조성으로 이어집니다.

성공적인 조직 변화를 위한 필수 요소

01 다양성을 존중하는 조직문화 조성하기

조직 구성원은 다양한 세대로 이뤄져 있습니다. 그렇다면, 어떻게 해야 세대 간 차이를 존중하면서도 조화로운 문화를 조성할 수 있을까요? 무엇보다 개개인의 성향을 고려하면서 조직의 가치 및 비전과 부합하는 문화를 만들기 위해 노력해야 합니다.

❶ **플렉시타임 도입 :** 많은 직원이 유연한 근무 환경을 선호합니다. 맞춤형 조직문화에서는 플렉시타임과 같은 유연한 근무 정책을 도입하여 개인의 일생과 조직의 업무를 조화롭게 조절할 수 있도록 합니다. 이는 효율성을 높이면서도 구성원들에게 업무와 개인 생활의 균형을 유지할 수 있는 기회를 제공합니다.

❷ **다양한 학습 및 자기개발 프로그램 :** 생애주기의 다양성을 고려하여 각 개인에게 맞춤형 학습과 자기개발 기회를 제공합니다. 예를 들어, 초기 경력단계에 있는 사원에게는 전문가 멘토링 프로그램을 제공하고, 중년층 관리자에게는 리더십 강화 프로그램을 지원하는 방식입니다.

❸ **소셜 이벤트 및 팀 빌딩 활동 :** 다양한 구성원들의 상호작용을 활성화하는 방법으로 친목 이벤트와 팀 빌딩 프로그램이 효과적입니다. 이러한 활동을 통해 다양한 세대 간의 소통을 촉진하고, 조직 내 협력과 유대감을 높일 수 있습니다.

❹ **디지털 채널을 통한 의사소통 강화 :** 최근 디지털 플랫폼을 활용한 소통을 선호하는 구성원이 늘었습니다. 맞춤형 조직문화에서는 이를 반영하여 업무 소통에 디지털 채널을 활용하여, 구성원들의 의견을 존중하고 수용하는 환경을 조성합니다.

맞춤형 조직문화는 조직 내 다양성을 존중하고, 각 구성원이 최상의 업무 성과를 발휘할 수 있는 환경을 만듭니다. 다양한 세대와 개인의 특성을 고려함으로써 조직의 유연성과 적응성을 높이고, 지속적인 성장을 이루기 위한 기반이 됩니다. 조직 내에서 각 세대와 다양한 개인이 자신의 강점을 뽐내고, 창의성과 관점을 존중받을 때, 혁신적인 아이디어가 탄생하고 조직 경쟁력도 강화될 수 있습니다. 맞춤형 조직문화는 구성원들 간의 협업과 소통하는 분위기를 형성합니다. 각자의 다양한 관점을 존중하고 공유함으로써, 조직 내 정보 교류가 활성화되고, 문제 해결과 의사결정 과정에도 긍정적인 영향을 미칩니다. 맞춤형 조직문화는 조직의 지속적인 발전과 성공에 필수적인 요소로 작용할 것입니다.

02 위기를 기회로, 변화를 이끄는 리더십의 힘

성공적인 변화 관리는 사람, 조직, 의지의 세 가지 요소가 조화롭게 작용할 때 가능합니다. 저는 이 세 가지 요소가 어우러질 때 조직이 직면한 모든 도전을 극복하고 놀라운 성과를 달성할 수 있다는 것을 몸소 경험했습니다.

제가 경험한 조직 변화의 여정은 업계 선두의 취업포털 회사를 떠나 업계 4위 회사로 이직하면서 시작되었습니다. 이전 직장과는 대조적으로 그 회사는 매출 하락과 영업 조직의 축소가 진행 중이었습니다. 주위에서 모두 말렸지만, 회사의 잠재력과 저의 능력을 믿고 이직을 결심했습니다. 취업포털 회사에서 20년간 매출 1위를 놓치지 않았던 경험과 5개의 영업조직을 구축한 경험이 자신감의 근거였습니다. 그러나 실제 상황은 기대와 다르게 펼쳐졌습니다. 입사 후, 한해에 대표가 3번이나 바뀌면서 구조조정이 연속적으로 진행되었고, 많은 직원들이 회사를 떠났습니다. 그럼에도 불구하고, 저는 과감한 변화를 추진했습니다. 그 결과, 저희 팀은 매년 기존 목표 대비 3~5배의 매출 성장을 달성했습니다. 이는 업계 내에서도 주목할 만한 성과였습니다. 이 성과의 핵심은 조직문화의 깊은 이해와 맞춤형 조직 재설정에 있었습니다. 구체적인 방법은 다음과 같습니다.

(1) 리더십과 목표 의식의 일치

조직 변화의 첫걸음으로, 영업조직을 새롭게 구축하며 위기를 기회로 바꿨습니다. 몇 안 되는 직원들마저 사직서를 들고 다닐 정도로 사기가 떨어졌습니다. 이 상황에서, 저는 비전을 공유할 수 있는 새로운 인재를 찾는 데 주력했습니다. 직접 발로 뛰어 목표 의식을 함께할 수 있는 팀원들을 모집했고, 이들이 기존 직원들과 협력하도록 적극적으로 조정했습니다. '함께라면 할 수 있다'는 신념을 바탕으로 서로를 독려했으며, 팀원들이 회사의 비전을 공유하도록 만드는 데 초점을 맞췄습니다. 이는 조직 내 새로운 활기를 불어넣었고, 이러한 접근 방식은 결국 조직의 근본적인 변화를 이끌었습니다.

(2) 비전과 동기부여

여러 번의 구조조정과 경영진 교체가 일어났고 많은 직원들이 회사를 떠났습니다. 이 과정에서 저 역시 업무에 몰두하며 번 아웃을 경험했습니다. 하지만 이러한 상황에서도 '우리는 성공·성장할 수 있다'는 메시지를 끊임없이 전달했고, 목표에 집중할 수 있도록 동기를 부여했습니다. 이러한 믿음은 팀에게 힘을 주었고, 저 역시 팀원들에게 마인드 컨트롤 방법을 배우며 어려움을 극복할 수 있었습니다. 힘든 시기에서도 영업조직이 꾸준히 성장할 수 있었던 이유는 같은 목표를 향한 단합된 의지였습니다.

(3) 보상 시스템의 재정립

직원들이 잠재력을 극대화할 수 있도록 새로운 보상 시스템을 구축했습니다. 구성원이 자신의 능력을 최대로 발휘할 수 있도록, 인센티브 중심의 보상 체계를 강화했습니다. 특히 회사 사이트가 작아서 영업 성과가 경쟁사에 미치지 못하는 한계가 있었습니다. 열악한 환경에서도 높은 성과를 달성할 수 있도록 수당을 15% 상향 조정했습니다. 팀원들이 성취할수록 더 많이 보상받는 구조를 만든 것입니다. 새로운 보상제도가 안정화되면서 직원들은 업계에서 최고 수준의 임금을 받았습니다. 처음에는 변화를 주저하던 팀원들도 열정과 재미를 느끼며 더 높은 목표를 향해 동기부여 되었습니다. 보상은 단순히 금전적인 것만이 아니라, 인정과 존중의 표현이기 때문입니다.

(4) 부서 간 협업 강화

타 부서와의 협력을 촉진함으로써 조직 내 시너지를 극대화했습니다. 입사 초기, 부서 간 협업의 부재는 목표 달성의 큰 장애가 되었습니다. 필요한 지원을 얻기 위해 다른 부서에 먼저 다가가서 협력의 손길을 내밀었습니다. 이를 위해 그들의 업무를 이해하려고 노력했고, 제가 도움을 줄 수 있는 부분을 찾았습니다. 예를 들어, 영업 경험을 활용하여 캠퍼스 리크루팅이나 채용 박람회에 필요한 기업을 대신 섭외하겠다고 제안했습니다. 이러한 접근 방식은 점차 협업의 문을 열었고, 다양한 사업 부문 간에 업무를 공유하고, 서로를 지원하는 문화가 조성되었습니다. 부서 간 협력 강화는 결국 매출 증가로 나타났으며, 조직 전체의 성과 향상으로 이어졌습니다. 조직 내 모든 구성원이 함께 노력할 때 더 큰 성공을 달성할 수 있습니다.

(5) 고객의 필요를 충족하기 위한 새로운 시도

고객의 요구에 부합하는 새로운 서비스를 개발했습니다. 당시 기존의 방식이 효과가 없었고 업계 선두가 아니었기 때문에, 우리 사이트는 주목을 받지 못했습니다. 이에 기업에게 어떤 가치를 제공할 수 있을지, 그리고 분기별로 어떤 준비를 해야 할지 깊이 고민했습니다. 효과적인 영업 전략을 위해 타겟 시장을 분석하고, 기업 맞춤형 서비스를 제공하기 위해 기존에 시도하지 않았던 새로운 방법들을 도입했습니다. 예를 들어 '나는 공채다'라는 공채신문을 제작했습니다. 어려운 과정이었지만, 경험을 쌓아 결국 출간도 했습니다. 또한 인사 담당자를 위한 맞춤형 뉴스레터를 발행하여, 연봉 정보나 면접 질문과 같은 유용한 내용을 제공했습니다. 이러한 경험을 바탕으로 현재 11권의 책을 펴낼 수 있었습니다. 고객 중심의 접근 방식은 눈에 띄는 성과를 이끌어냈습니다. 1년 만에 2배의 매출을 달성했고, 이후 4년 동안 매년 전년 대비 3~5배의 성장을 이루었습니다. 우리 부서는 '특공대'라는 별명을 얻었으며, 이 과정에서 많은 것을 배우고 성장할 수 있었습니다.

위기 상황에서도 조직을 꾸준히 성장시킬 수 있었던 비결은 조직을 이해하고, 할 수 있다는 의지로 조직에 부합하는 새로운 환경을 조성한 것입니다. 조직을 이해하지 못했다면 힘든 시기에 부서원들도 모두 떠나갔을 것입니다. 제가 직원들에게 보여주는 비전의 중심에는 늘 '사람'이 있습니다. 30년 이상의 사회생활을 통해 사람의 힘을 여실히 깨달았습니다. 조직 내 팀원뿐만 아니라 다른 기업·기관 관계자들과의 네트워크를 구축하고 협업하여 목표를 달성하는 경험을 쌓으며 사람이 최고의 자산임을 확인했습니다.

자, 마지막으로 질문 하나 드리겠습니다.
"어떤 회사에서 일하고 싶으세요?"라는 질문에 어떤 대답을 하시겠습니까?
저는 "회사가 나를 챙기고 내가 회사를 챙길 수 있는, 그런 곳에서 일하고 싶습니다." 라고 답하겠습니다. 개인과 조직이 서로 열린 자세로 소통하고 이해하는 문화 속에서 상호 발전을 이룰 수 있다고 생각합니다. 제가 꿈꾸는 이상적인 조직이자, 함께 일하는 연구원과 파트너, 그리고 이 책의 독자와 나누고 싶은 마음입니다.

[생애설계 액티브 자가진단]

'생애설계 액티브 자가진단'은 자신의 삶을 돌아보며 100세 시대에 맞는 학습·여가·직업을 통합적으로 재설계하는 데 도움을 주는 진단 도구입니다. 진단을 통해 얻은 데이터를 바탕으로 개인의 미래 생애계획에 대한 실행 가능한 전략을 제안하는 라이프플랜 Report를 제공합니다. 지금 바로 미래를 설계하고, 행복한 삶을 만들어가세요!

생애설계 액티브 자가진단은

가족 · 사회관계, 자기개발, 건강 · 웰빙, 여가활동, 직업 · 경력, 사회공헌, 주거설계, 자산관리 등 생애설계에서꼭 필요한 8대 영역에 대한 진단 도구입니다.
생애설계를 위해 중요한 8대 영역을 스스로 점검할 수 있는 체크리스트 형태의 진단지로, 현재 자신의 영역별 준비도를 확인하고 핵심 정보도 얻을 수 있습니다.

- **특징** : 생애영역별 10개, 총 80개 문항으로 구성 5점 척도 자가진단, 15page 내외 결과보고서 제공
- **방법** : 기본정보 입력 후 영역별 설문 문항 체크
- **시간** : 약 15분 소요
- **비용** : 11,000원 (VAT 포함)

02 생애설계 액티브 자가진단의 구성 및 특징

03 진단을 통해 무엇을 확인할 수 있나요?

8가지 생애 영역별 자신의 관심정도와 40~60대의 준비도 평균을 확인할 수 있습니다.

8가지 영역 중에서 가장 준비가 필요한 영역에 대한 핵심정보를 탐색할 수 있습니다.
(국가·민간자격증, 추천교육기관, 추천 직업 등)

본인의 경력목표에 대한 준비방향과 구체적인 방법을 확인하고 계획을 수립할 수 있습니다.

보다 전문적이고 체계적인 정보가 필요하거나 구체적인 실행방안을 도출하고 싶다면, 심층 상담 서비스가 가능합니다.

성장 전략 | 리스크 관리 | 제도 정비 | 출구 전략

BUSINESS
비즈니스 컨시어지
CONCIERGE

자금 전략 | 인증 및 특허 | 노무 | 세무 | 라이프 플랜

인 쇄	2024년 8월 24일			출판신고번호	제2015 - 00014호
발 행	2024년 9월 5일			주 소	경기도 과천시 문원 청계5길60 1층
발행처	㈜커리어컨설팅			전 화	02-502-1948
기 획	권미경	Editor	신길자, 이혜영	홈페이지	careerconsulting.kr
저 자	이제희, 서항주, 신길자. 홍명기, 장호종, 안지윤, 최덕주, 장예린, 우수빈, 우정화, 민소라, 장윤실, 권미경			I S B N	979-11-90006-15-6(13320)
등록일	2015년 10월15일			이 메 일	sbsikwon@naver.com